KB069579

SCHOOL ART THERAPY
THEORY AND PRACTICE

학교미술치료

이론과 실제

류진아 저

학지사

머리말

저자는 상담 및 심리치료 전공자들을 가르치고 슈퍼비전하면서 이 책의 필요성을 느꼈다. 교육대학원에서 상담심리전공 대학원생들을 지도하며 학교상담 현장의 상담자들이 언어적 방법에 대한 한계를 호소하는 것을 많이 접하였다. 학교현장에서는 학생 내담자들의 발달적 특성과 선호도를 고려하여야 한다. 초·중·고등학교 학생 내담자들은 미술치료에 대한 호기심과 관심이 많으며, 전문상담교사를 포함한 학교상담자들은 미술매체를 활용하고 있다. 학교상담적 측면에서도 미술치료에 전문적으로 접근하는 것이 필요하고, 현장 특성을 고려하여 참고할 수 있는 학교미술치료 전공서에 대한 요구가 있었다.

학교는 학생 내담자가 많은 시간을 보내는 공간이다. 학교는 내담자에게 중요한 대상인 교사, 또래들과 학업이라는 과업을 함께하는 공적 공간이면서 밥을 함께 먹는 생활 공간이다. 따라서 학교에서의 적응은 현재의 행복감뿐만 아니라 미래의 성장, 발달의 밑거름이 된다. 학교상담 및 심리치료자들은 내담자들의 선호도와 요구를 고려하여 공부하고 전문성을 함양하여야 한다. 학교상담과 미술치료에 대한 기존의 책들은 학교현장의 요구도를 충족하기에는 미흡한 면이 있다. 현장의 요구도와 전문성 향상을 위해 조금이라도 더 노력하고 싶은 마음에서 이 책의 구상과 집필이 시작되었다.

이 책은 학교현장의 임상적 현실과 필요성을 중심으로 주제와 방향을 구성하였다. 학교상담 및 심리치료 현장을 보다 전문화하기 위해 내용을 체계적으로 구성하고자 노력하였다.

최근에는 상담 및 심리치료에서 근거기반접근에 대한 인식과 요구가 높아지고 있다. 학교에서 상담 및 심리치료를 실시할 때 이론적 토대 위에서 과학적인 연구 결과와 근거에 기반을 두고 적용하는 것이 필요하다. 이는 상담 및 심리치료자의 전문성과도 관련이 있지만 실천적 윤리와도 관련이 있다. 낯선 지역을 갈 때 지도를 가지고 큰 길에서 갈린 작은 길을 보는 법을 알면 목적지에 도달하기가 수월하다. AI가 발달한 요즘은 낯선 곳을 여행할 때 검증된 볼거리, 먹을거리 정보를 검색하여 활용하는 것이 유용하다. 이 책이 전공자들에게 근거기반 미술치료 수행을 위한 지도와 유용한 정보가 되기를 기대한다. 이러한 기대를 담아서 이론과 각 주제에 대한 이해를 돕기 위해 학회지와 학위논문에 소개된 사례와 기법을 정리하여 소개하였다.

학교와 미술치료가 합해진 학교미술치료(school art therapy)는 미술(art)과 심리치료(psychotherapy)를 접목한 미술치료를 바탕으로 하고 있다. 학교미술치료는 치료자가 미술이라는 매체를 활용하여 학생들이 내면 깊은 곳에 숨겨 둔 감정과 심리적 문제를 시각적 심상을 통하여 보고 창조적으로 접근한다. 내담자는 초 · 중 · 고등학교 학생 중에서 학교미술치료에 참여하는 내담자이므로 아동, 청소년 내담자와 일맥상통한다. 저자는 심리치료를 설명한 Garfiled(2002)의 다음과 같은 말을 인용하며, 이 책의 필요성과 특성을 독자들에게 말하고 싶다.

> 심리치료는 과학이기를 추구하지만 한편으로 측정될 수 없고 객관화할 수 없는 예술(art)로서의 측면을 갖는다.

인간의 마음은 인간이 만들어 낸 과학으로 객관화하고 측정할 수 없는 부분이 여전히 많다. 앞으로 과학과 심리학이 더욱 발전한다고 하여도 그럴 것이다. 아이와 노인까지 어느 누구에게도 삶은 창의적이고 하나뿐이라는 특성이 있으므로 삶은 하나의 예술이며 객관화하는 데 한계가 있다. 상담 및 심리치료는 내담자의 주관적인 마음의 세계를 다루고 탐구한다. 따라서 과학이기를 추구하며 끊임없이 연구하고 발전하지만 객관화하는 데 한계가 있다. 이러한 측면에서 상담 및 심리치료에서 미술과 같은 예술의 활용은 중요하고 필요하다. 저자는 독자들이 기본적으로 학생 내담자의 존재와 삶을 하나의 창의적인 예술로 바라보기를 바란다. 이러한 관점에서 내담자의 심리적 어려움과 부적응 문제에 접근하며, 이론적 · 임상적 내용과 근거들을 하나의 지도와 정보로 사용하기를 바란다.

이 책은 상담 및 심리치료를 전공하는 학생들뿐만 아니라 학교현장의 전문상담교사, 미술치료자, 학교상담자 등을 위한 지침서로 마련되었다. 미술을 활용하므로 주제와 기법에 따라서는 영유아, 노인을 포함한 다양한 연령과 대상에게 적용할 수 있는 측면도 있다.

이 책의 구성은 3개의 부로 나뉜다. 제1부는 이론을 기초로 한 학교미술치료의 개관이다.

제2부의 정서행동 문제에 대한 5개의 주제와 제3부의 가정 및 학교 문제에 대한 3개의 주제는 각 주제에 대한 이론적 이해, 학생의 특징, 미술치료 접근, 연구동향을 중심으로 소개하였다. 내담자 문제의 개념과 원인, 증상에 대한 이론적 이해를 바탕으로 미술치료의 이점과 유용한 그림검사, 기법을 소개하였으므로 실습과 토론 자료로 활용하기를 바란다. 또한 그림검사 해석과 미술치료 기법을 중심으로 기술한 다른 문헌들을 함께 참고하여 깊이 있게 공부하기를 권장한다.

이 책의 사례와 기법, (사진으로 제시한) 작품, 프로그램은 각 주제와 관련 있는 연구와 전문서적에서 인용하거나 저자의 사례나 책 집필을 위한 창작 작품인 경우도 있다. 각 장마다 소개한 주제와 관련된 1~2개의 그림검사와 2~3개의 기법은 그 장의 주제에만 활용할 수 있는 것이 아니라 다른 주제에도 창의적으로 활용할 수 있다. 지면의 한계로 모든 것을 담을 수 없어 예시를 통해 이해를 돕고 안내하였다. 아동과 청소년의 사례가 대부분이며 이론을 더 잘 설명할 수 있는 경우에는 성인 사례를 제시하였다. 상담자와 치료자는 혼용되는 측면이 있지만 이 책에서는 치료자를 사용하였으며, 그림검사의 진단보다는 사례개념화를 위한 정보원과 치료적 측면을 강조하면서 검사 상황을 기술할 때도 피검자보다 내담자라는 용어를 사용하였다.

이 책이 나오기까지 세심하고 끊임없이 수고해 주신 학지사의 김진환 사장님과 편집부 이영민 과장님께 감사드린다. 이 책을 준비하면서 소중한 사례와 그림을 제공해 주신 내담자 분들과 도움을 준 오은경 박사님, 김명희 선생님, 방은진 선생님에게 감사의 마음을 전하고 싶다. 또한 이 책의 필요성을 깨닫게 하고 집필하도록 저자의 마음을 이끌어 준 제자들과 슈퍼바이지들 그리고 무엇보다도 학생 내담자들에게 고마운 마음을 전하고 싶다.

저자 류진아

차례

제2부
정서행동 문제에 대한 학교미술치료의 실제

학교미술치료 이론과 실제

제**1**부

학교미술치료의
개관

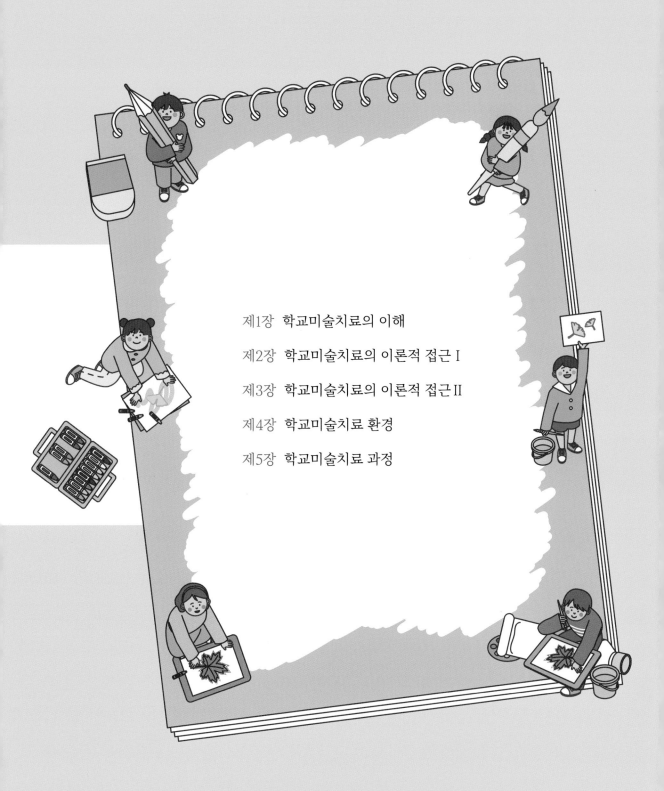

학교미술치료 이론과 실제

제 1 장

학교미술치료의 이해

이 장에서는 학교미술치료의 전반적인 이해를 위하여 학교미술치료의 개념, 필요성과 특성, 목표와 장점, 역사, 윤리적 문제를 중심으로 살펴본다.

1. 학교미술치료의 개념

학교미술치료의 개념을 이해하기 위해 미술치료의 개념을 먼저 살펴볼 필요가 있다. 미술치료(art therapy)는 미술과 심리치료를 접목한 예술치료의 한 영역으로 발전해 왔다. 학교와 미술치료를 합친 학교미술치료의 개념은 학교라는 장소의 특수성을 바탕으로 이해하여야 한다. 또한 학교상담과 미술치료의 전문적 고유 영역의 맥락으로 이해하여야 한다.

1) 미술치료의 개념

미술치료는 1961년에 발간된 『Bulletin of Art Therapy』 창간호에서 Ulman이 처음으로 언급한 용어이며, 미술과 심리치료를 접목한 예술치료의 한 영역이다. 심리치료뿐만 아니라 교육과 재활 영역에 이르기까지 여러 분야에서 폭넓게 활용되고 있다. 미술이라는 매개체를 활용하여 비언어적 시각적 심상을 통해 개인의 내면 깊은 곳에 숨겨진 감정을 자연스럽게 표현하도록 한다. 이러한 과정에서 내담자의 자기 방어, 긴장과 불안이 완화되고 내담자는 창작자로서 작품을 통해 자기표현을 할 수 있다. 즉, 매체를 활용하여 다양한 방식으로 자신을 표현하는 과정에서 억제되거나 왜곡된 무의식을 의식화하면서 자신의 내면을 탐색한다. 내담자는 손을 사용하여 그리거나 만드는 창조적 과정을 경험하면서 억제된 공격성, 적대감, 분노 등을 사회적으로 인정되는 방법으로 해결하고 카타르시스를 경험한다 (Malchiodi, 2006, 2008). 손을 사용하기 때문에 정신과 육체가 함께 참여하는 비언어적인 창조적 작업이다. 이로써 자신에 대해 새로운 인식을 가지고 새로운 관점에서 자신을 통찰하며 자기 이해를 바탕으로 학습 능력을 증진할 수 있다. 개인의 정신적 · 신체적 문제와 증상을 완화하고 잠재력과 가능성을 발전시키므로 삶의 질을 개선하는 치유적인 힘이 있다. 내담자의 심리적 문제와 증상 개선과 같은 치료적 효과뿐만 아니라 전반적인 삶의 질 향상에도 도움이 된다(Wadeson, 2008). 또한 인간의 전체성과 치유 및 성장의 잠재력을 제공하기 때문에 통합된 인간으로 성장할 수 있는 방향성을 제시한다.

미술치료가 일반적 상담 및 심리치료와 다른 점은 미술이라는 매개체를 활용한다는 것이다. 일반적 상담 및 심리치료가 내담자와 치료자 간의 이원적 구조관계인 반면, 미술치료는 내담자, 치료자, 미술이라는 삼자관계로 이루어진다. 미술치료의 도구인 미술은 중요한 치유요인이며, 여기에는 미술매체, 미술작업, 미술작품이 포함된다. 개인의 생각, 감정, 혼돈, 소원 혹은 기억 등을 시각적으로 표현하는 것으로 시작하고, 미술활동을 기본으로 하지만 언어도 사용한다. 미술치료는 개인을 대상으로 실시할 뿐만 아니라 집단미술치료의 형태로도 실시한다. 집단미술치료에서는 집단치료의 특성이 적용된다. 집단원들이 창의적 미술활동을 통해서 다양한 감정 및 경험을 표현하므로 부정적 에너지를 해소하고 긍정적 에너지로 전환할 수 있다. 집단미술치료는 특정한 대상을 집단으로 구성하고, 구성원 간의 관계와 상호작용을 통해 내면의 갈등을 표현하고 해소함으로써 심리적 문제를 치유하는 것을 목적으로 한다. 비슷한 상황에 있는 구성원끼리 서로 공감하고 지지해 주며 집단적 상호작용과 치유의 힘을 통해 자존감을 높이고 심리적 문제를 해결해 간다. 또한 힘든 주제의 프로그램에 참여한 집단원의 경우 서로 도와주며 포기하지 않고 집단의 목표를 완성함으로써 함께 성장할 수 있는 기회를 가진다.

2) 학교미술치료의 개념

학교미술치료는 'School art therapy'를 번역한 용어로, 학교와 미술치료가 합해진 개념이지만 그 정의는 학자마다 다양하다. Bush(1997)와 Moriya(2006)는 학생들이 교육 환경 내에서 최대한의 가능성에 도달할 수 있도록 미술이라는 매체를 통해 돕는 심리치료라고 하였다. Wadeson(2008)은 미술매체를 활용하여 비언어적 혹은 언어적 표현으로 학생의 잠재된 문제를 탐색하고, 미술 창작과정에서 신체적·정서적·학습적 기능을 개발한다고 하였다. 학교미술치료는 학교교육의 목표를 실현하기 위한 하나의 서비스이다. 학교에서 교육의 보상적 평등을 제공하기 위하여 학생의 정서적 발달에 장애가 되는 요소를 제거하는 데 도움을 준다(Malchiodi, 1998, 2010). 장애아동을 대상으로 한 개별교육으로 처음 시작되었고, 현재는 학생의 다양한 어려움을 돕기 위해 실시되고 있다. 학교에서 수행하는 다양한 학습과 활동에 도움을 주고 학교 적응력을 향상시키는 데 도움이 된다. 국내 학자들의 정의를 살펴보면, 전문적인 심리치료의 역할과 함께 학교교육의 목적 달성, 개인과 환경에 대한 총체적 접근을 강조하고 있다. 주된 대상은 학생이지만 학생을 둘러싼 주변 체계인 가족, 학교, 지역 환경까지 초점을 두어 개인의 잠재된 능력을 최대한 활성화하고(최외선 외, 2006) 환경적인 요소와 예방적 접근을 포함한다(옥금자, 2013). 이근매(2016)는 학교미술치료를 학교상담의 맥락에서 이해해야 한다고 하였다.

학교미술치료는 학교라는 특수한 장소에서 학생의 적응을 돕는다는 개념에서는 학교상담과 맥락을 함께하지만, 상담자, 학생 내담자, 미술의 삼자관계로 이루어지는 특성을 고려하여 학교미술치료라는 고유 영역으로 구분하여야 한다. 상담학 사전에서는 학교미술치료란 학교장면에서 미술활동을 통하여 개인의 발달과업 수행을 돕고 잠재력 계발을 촉진하며 정서적 어려움을 해소하고 문제행동을 개선하는 데 도움을 주는 활동이라고 정의한다(김춘경 외, 2016). 모든 학생을 대상으로 하지만, 특히 개인적인 위기상황 때문에 학교생활에 문제가 있거나 문제행동을 보일 때, 일반 교육과 특수교육을 병행해야 할 때 등과 같이 중재적인 도움이 필요한 경우에 시행한다. 따라서 학교미술치료는 학교라는 교육 환경에서 학생들의 적응과 잠재력 및 가능성을 최대한 발현할 수 있도록 미술치료를 활용하여 돕는 활동이며, 학생과 학부모, 가족, 지역사회 등에 대한 총체적 접근이다.

2. 필요성과 특성

학교미술치료의 필요성은 학생들이 발달과정 중에 있다는 점에서 시작된다. 미술매체의 치료적 활용은 언어적 자기표현의 한계가 있는 학생들이 능동적으로 자기를 탐색하고 주체적으로 참여하는 데 유용하다. 학교미술치료는 교사가 학생들에게 제공하는 교육의 질을 높이고, 학업이나 학교생활에서 실패를 경험한 학생들에게 미술치료 활동을 통해 보상적 경험을 제공함으로써 긍정적인 인격을 형성하는 데 도움을 준다. 학교현장은 학생과 학부모가 쉽게 접근할 수 있기 때문에 예방적 프로그램을 실시하기 용이하다. 학교체계가 가진 장점을 살려서 학생들에게 장기적 · 지속적 · 예방적인 차원의 개입을 적절하게 제공할 수 있다. 학교미술치료가 전문적이고 체계적으로 시행된다면 학생들의 심리적 문제해결뿐만 아니라 학교적응 및 통합적인 인격으로 성장하도록 효율적으로 도울 수 있다. 이근매(2016)는 학교미술치료의 필요성을 학교상담의 필요성과 이점을 바탕으로 다음과 같이 제시하였다.

- 학교는 문제해결뿐만 아니라 문제의 조기 발견과 예방을 위한 최적의 장소이다. 학교폭력, 학업중단, 비행 등의 문제에 신속하고 효과적으로 대처하기 위하여 학교상담이 요구된다.
- 학교에서는 담임교사와 전문상담교사, 학부모의 협력을 통해서 학생들을 위한 체계적이고 발달적인 지도가 가능하다.
- 학교는 학생에 관한 자료를 이미 많이 가지고 있기 때문에, 이를 통해 즉각적이고 지속적인 상담이 가능하다.
- 학교상담은 장기지도와 추수지도가 가능하다.
- 가정과 연계하기가 쉽고, 가정이 문제의 원인인 경우 가정에 대한 해결적 접근이 용이하다.

학교의 정규 수업 일정 속에서 학생들의 심리적 문제에 개입하고 정서와 사회성을 증진하고 촉진하는 것은 한계와 어려움이 있다. 제한된 시간과 여건 속에서 자율성과 주도성을 촉진하기 위해서는 학생들에게 익숙한 미술과 놀이와 같은 매체를 사용하는 것이 유용하다. 치료자가 심리적 문제의 해결을 위해서 학생 개인이나 소수의 집단을 대상으로 미술치료를 적용하는 것도 중요하지만 교사나 치료자가 학급 단위로 학교미술치료를 활용하여 적용하면 잠재적 적응 문제와 심리적 어려움을 예방할 수 있다.

학생들에게 있어서도 미술매체의 선호도가 높아 학교현장에서 미술치료는 유의한 개입 및 중재 방안이다. 교육부(2022a)는 매년 학생 정서 · 행동특성검사를 실시하여 심리정서적으로 어려움을 겪는 학생들을 선별하고 Wee센터나 정신건강복지센터, 병 · 의원 등 학교 안팎의 전문기관에 연계하여 상담 및 심리치료 등을 지원하고 있다. 이와 함께 학교폭력 예방과 학업중단 감소 및 긍정적 관계 형성 등을 위해 미술치료, 음악치료, 독서치료와 같은 심리치료 프로그램을 연계하여 실시하고 있다. 국내 아동을 대상으로 한 심리치료 연구 동향

(이혜진, 2015)에 따르면, 미술치료가 51.2%로 놀이치료, 음악치료, 무용/동작치료, 표현예술치료 등에 비해 가장 활발하게 활용되고 있다. 아동의 학습요인에 관한 예술심리치료 개입 동향(김진희, 이근매, 2016)에서도 미술치료가 가장 많이 적용되었다.

교육현장에서 미술치료 활동을 할 때는 특히 주의해야 할 점들이 있다. 치료자는 무엇보다 학생이 표현하고자 하는 것을 형태와 내용을 통하여 충분히 나타낼 수 있도록 심사숙고하고 미술치료 활동이 될 수 있는 작업을 고안해야 한다. 학생들에게 다른 교과목처럼 과제가 되거나 지나치게 자기문제를 표출하도록 유도하는 역할이 되지 않아야 한다. 창작활동에서 표현을 자극하도록 돕는다는 것이 지나쳐서 미술수업처럼 작품활동이 중심이 되지 않도록 해야 한다.

3. 목표와 장점

학교미술치료는 학생들이 창작의 주체가 되도록 하는 것이며, 창의적인 활동을 통해 자아를 탐구하고 강화하여 학생의 심리정서적 문제를 해결하고 잠재적 능력을 최대한 활성화하도록 돕는다.

1) 학교미술치료의 목표

학교미술치료의 일차적인 대상은 학생이다. 구체적인 목표는 학교교육의 목적을 지원하고 학생 개인이 가진 정서 및 심리적 문제를 극복하도록 돕는 것이다. 학생의 욕구와 특성에 적합한 목표를 달성하기 위해 학생을 둘러싼 모든 체계에 총체적으로 접근하여 문제를 최소화하고 잠재된 능력을 최대한 활성화한다. 학생 개인의 환경에 대한 적응과 관계 개선뿐만 아니라 가정과 학교 및 지역사회 같은 학생을 둘러싼 환경을 긍정적으로 조성하는 것도 목표로 한다. 이는 학생 개인의 잠재된 능력을 최대한 활성화하고, 학생이 학교에 적응하여 교육의 목적을 획득하는 것을 목표로 두기 때문이다. 또한 문제나 장애를 가지고 있는 학생만을 대상으로 하는 것이 아니라 일반 학생에게도 예방적 차원에서 심리정서적 지원을 제공하는 것을 목표로 한다.

학교라는 장소 내에서 실시되는 미술치료는 일반적인 치료실에서 진행되는 것과 다른 장점과 특성이 있으며 이는 치료에 긍정적인 역할을 한다. 정서적 어려움이나 문제를 지닌 학생에 대한 개입에 학교라는 장소의 장점을 적극적으로 활용하는 것도 목표이다. 학생의 상황이나 성향에 맞추어 단기 혹은 장기 미술치료 프로그램을 유연하게 구성하여 제공할 수 있다는 장점이 있다(Glassman & Prasad, 2013). 국내에서는 대체로 장애나 문제가 있는 학생을 대상으로 단기간에 걸쳐 실시되거나 병원, 상담센터 등에 연계하여 미술치료 프로그램이 진행되었다. 하지만 학교에서 미술치료가 더욱 전문적이고 활발하게 이루어지면 치료자가 학교체계의 특수성을 이해하고 교사와의 협력체계를 유지하여 모든 학생을 위한 공동의 목표를 설정해 접근할 수 있다. 이를 통해 치료 및 예방 효과를 높이고 학생의 문제에 대한 장기적이고 지속적인 지원이 가능하며 학교의 전반적인 건강성을 증진할 수 있다.

2) 학교미술치료의 장점

미술치료는 비언어적인 매체를 활용하기 때문에 언어로 표현하지 못하는 마음을 미술활동을 통해 편안하게 드러낼 수 있다. 미술 자체에 감정을 정화하는 기능이 있기 때문에 자신의 생각을 말로 표현하는 것이 어려운 학생들의 손상되고 불안한 감정을 완화한다. 유희적이고 시각과 촉각을 자극하는 미술의 특성은 위축되거나 방어적인 학생의 긴장을 풀고 닫힌 마음의 문을 열어 쉽게 다가가도록 한다. 학생의 잠재된 욕구를 이해하여 처리하도록 돕고, 흥미와 동기를 유발하며, 유희적이어서 편안하게 접근할 수 있다. 미술치료의 장점을 효과(Kaplan, 2013; Kramer, 2007; Malchiodi, 2003a; Peterson & Rappaport, 2014; Rubin, Joost, & Aron, 2008; Wadeson, 1980, 1994, 2008, 2012) 중심으로 정리하면 다음과 같다.

- 미술은 심상을 표현하므로 언어적 접근법보다 유리하다. 인간은 심상으로 생각하고 언어로 표현되기 전의 사고는 대부분 심상의 형태이다. 미술매체는 심상을 반영하고, 심상들의 산출을 자극하여 창조적인 과정을 고취하며, 삶의 예술적인 감각과 해결책을 발전시키도록 돕는다.
- 미술치료는 내담자의 방어를 줄인다. 미술은 비언어적 수단으로 언어보다 의식적 조장과 검열을 덜 받기 때문에 무의식적 내용과 갈등을 파악하는 데 용이하다. 인간의 의사소통에서 주된 방법은 언어인데 우리는 언어로 쉽게 표현하고 조작하는 경향이 있으며 말하고 싶지 않을 때는 말하는 것을 억제하기도 한다. 미술은 덜 익숙한 대화의 수단이므로 통제하기 쉽지 않으며 미술의 특징을 통해 무의식이 자연스럽게 표출될 수 있다.
- 미술작업을 통해서 구체적인 유형의 자료를 얻을 수 있고 객관화가 용이하다. 미술치

료 과정을 통해서 결과물인 작품이 완성되고 작품을 통해 자신을 객관화한다. 내담자에게는 생각과 감정이 반영되어 있는 자신의 작품을 통해 스스로를 대상화하고 객관적인 시각으로 자신을 인식할 수 있는 기회가 제공된다. 치료자는 내담자와 함께 협력하여 적절한 해석, 감상방법, 질문을 활용하여 내담자가 스스로 작품을 이해하고 작품과 현실과의 관계를 깨달을 수 있도록 이끈다.

- 미술치료의 유용성은 작품의 영속성에 있다. 미술작품은 시간이 흘러도 남아 있으므로 그 당시의 감정을 재현하거나 자신의 발전과정을 알아차릴 수 있다. 시간이 흐른 후에도 자신의 작품을 통해서 과거의 경험과 특별한 순간을 기억할 수 있어서 새로운 통찰을 경험할 수 있다. 치료의 진행 순서에 따라 작품을 나열해 보는 과정 속에서 자신만의 패턴이나 변화를 발견하게 되므로 내담자에게 도움을 준다.

- 미술치료는 창조적인 에너지를 활성화한다. 미술이라는 매체는 다루는 과정에서 창조성과 신체적 에너지가 유발된다. 미술활동에 몰입하면 자연스럽게 에너지가 생성되고 창조성이 증가한다. 이러한 변화를 경험한 내담자는 치료에 더욱 적극적으로 참여한다.

- 미술치료 활동과 과정은 창작자인 내담자의 자긍심을 고취한다. 신체적 에너지가 창조성을 발생시키고 미술작업을 통해 환희와 즐거움을 경험할 수 있다. 내담자는 미술작업의 과정에서 자신의 새로운 면을 발견하고 개발할 수 있다. 시각심상으로 자신을 표현하는 작업을 통해 기쁨을 느끼며 자긍심이 고취된다. 또한 자신이 작업한 작품에 대해 주변인에게 인정받고 긍정적인 자존감을 형성할 수 있다.

- 미술치료는 공간성을 지니고 있어서 언어규칙에 따르지 않고 자유롭게 표현할 수 있다. 공간적 기반으로 인해서 다양한 정보를 동시에 표현할 수 있다. 한 장의 작품에 표현된 심상에 담겨 있는 다양한 정보를 통해 효과적인 의사소통을 할 수 있다.

◆Wadeson(2008)이 제시한 미술치료의 장점◆

- 심상(이미지)을 사용한다. 무의식적 내면 경험은 언어보다 이미지 형태로 나타나므로 말보다 미술을 통한 이미지를 사용하여 직접적으로 표현한다. 미술치료는 비언어적이며 감각적 자료를 사용한다. 어린 시절의 감각적 경험은 언어적으로 처리되거나 저장되지 않고, 비언어적이고 감각적 수준에서 처리되어 흔적이 남아 있다. 이러한 경험에 접근하고 다루기 위해서는 언어가 아닌 감각적 통로가 중요하다.

- 방어가 완화된다. 말로 표현할 때는 생각이 많아지거나 할 말을 선별할 수 있다. 하지만 미술로 표현할 때는 내적 검열과정이 더 느슨해지고 통제와 억압이 줄어든다. 내적 검열을 덜 하므로 치료가 가속

화될 수 있다.

- 구체적인 유형의 자료를 즉시 얻을 수 있다. 구체적인 미술작품을 통해 자신을 객관화하고 대상화할
  수 있다. 자신에 대한 생각과 느낌, 욕구와 갈등 등이 작품에 녹아서 표현되므로 내담자는 자신을 대
  상화하여 거리를 두고 바라보게 된다.
- 자료의 영속성이 있다. 미술작품은 보관이 가능하므로 필요한 시기에 재검토하여 치료의 효과를 높일
  수 있다. 내담자의 작품 변화를 통하여 치료 과정을 한눈에 보고 이해할 수 있으며 자신에 대하여 회
  상할 수 있다.
- 공간성을 지닌다. 언어는 일차원적 의사소통 방식으로 대체로 한 가지씩 나아간다. 미술표현은 문법,
  통사론, 논법 등의 언어적 규칙을 따를 필요가 없다. 미술에서는 공간 속에서의 연관성이 발생하여 모
  든 것을 동시에 경험한다. 예를 들면, 내담자가 언어로는 가족 관계에 대하여 아버지, 어머니, 형제 등
  한 사람씩 표현하지만 그림에서는 동시에 표현된다. 본질적으로 공간적이며 시간적인 요소도 없다.
- 창조성과 신체적 에너지를 유발한다. 미술작업을 시작하기 전에 신체적 에너지가 떨어져 있던 내담자
  도 미술작업을 진행하며 토론하고 감상하면서 활기찬 모습을 띤다. 체내의 에너지 정도가 변화한다고
  느끼고 창조적 에너지가 발산된다.

학교장면에서 학급 단위의 학교미술치료 접근이 필요할 때가 있다. 학급 단위의 접근은
학생들이 불필요한 낙인효과와 불편감을 느끼지 않도록 하면서 문제를 해결하고 예방을 통
해 전체 학생들의 성장을 자연스럽게 이끌 수 있다. 학생의 정서조절과 학교생활 적응을 돕
기 위해 집단미술치료 프로그램을 적용한 연구들을 살펴보면, 부적응, 저소득층, 학습부진
과 같은 특정한 학생들을 대상으로 한 것이 대부분이다(김미희, 김정일, 2015; 박재신, 2013).
학교에서 특정한 대상에게 학교미술치료를 적용할 때 어려움이 있을 수 있고 이차적인 효
과를 고려할 때 학급 단위의 접근이 필요할 때가 있다. 특정 대상 집단을 구성하는 과정이나
진행 과정에서 나타나는 낙인효과와 불편감으로 대상 학생들이 부정적인 반응을 보일 수 있
다. 정규 수업 계획으로 학급 단위 집단미술치료 프로그램을 진행한다면 낙인효과와 부정
적인 반응이 감소될 수 있다. 또래와의 사회적 상황에서 정서조절, 분노와 두려움에 대한 긍
정적인 표현방법을 더 잘 배울 수 있다. 학급 내 학생들이 미술매체를 활용하여 보다 적극
적으로 자신을 표현하고 즐겁게 활동하면서 자신의 긍정적·부정적 감정을 인식하고 적절
하게 표현하는 방법을 배울 수 있다. 또한 이차적인 효과로 학급 안에서 인기 있는 친구들
을 모델링하거나 자연스럽게 정서조절방법을 배우는 기회를 가질 수 있다. 학생 개인이 지
닌 단점이나 부족한 측면을 학급 안에서 집단학교미술치료를 통하여 함께 채워 나간다면 학
급 분위기 안정에 도움이 되고 학생들이 모두 편안하고 즐거운 학교생활을 할 수 있을 것이

다. 학생이 평소에 익숙하고 편안한 학급 환경 안에서 자신의 경험을 인식하고 상황에 맞게 감정을 적절하게 표현할 수 있는 능력을 자연스럽게 향상시키며, 부정적인 정서를 수용하여 긍정적인 정서로 변화시킬 수 있다. 나아가 학생이 학급 안에서 집단활동 기회를 제공받음으로써 스스로 노력하는 동기가 강화된다. 또래들과 긍정적인 관계형성은 물론 편안하고 즐겁게 학교생활에 적응할 수 있도록 도움을 받는다.

4. 학교미술치료의 역사

학교미술치료의 역사를 이해하려면 미술의 심리사회적 역사와 미술치료의 역사를 함께 살펴보아야 한다. 미술은 원시 시대부터 인간의 내면을 표현하고 치유적인 역할을 해 왔으며, 근현대에는 낭만주의, 표현주의, 초현실주의 및 아웃사이더 아트가 대표적으로 미술치료에 직접적인 영향을 주었다. 학자들은 치료에서의 미술(art in therapy), 치료로서의 미술(art as therapy), 융합된 통합체적인 관점을 주장하며 논쟁을 통하여 미술치료를 발전시켜 왔다. 미국의 학교미술치료는 1970년대 이후에 도입되어 학생들의 잠재력 발현을 돕기 위한 학생복지의 중요한 서비스로 인식되어 제공되고 있다. 우리나라에서는 학교상담의 맥락에서 학교미술치료가 이해되고 있다. 학교현장에서 실시되고 있으며 2000년대 이후 전문적인 노력이 이루어지고 있다.

1) 미술의 심리사회적 역사

(1) 원시 시대

미술은 원시 시대부터 인류의 삶과 함께했지만 우리는 미술이 어떻게 시작되었는지 명확히 알지 못한다. 언어가 어떻게 시작되었는지 모르지만 우리의 삶과 뗄 수 없는 것처럼 이 세상에 미술과 관계없이 살아가는 사람은 없다. 역사를 거슬러 올라갈수록 미술작품이 제작된 목적은 명확하고 그 목적이 현대인에게는 생소하다. 선사 시대의 인류는 실재하는 세계에서 생겨난 심상을 동굴 벽화에 이미지화하고 상징적으로 표현하였다. 원시인의 유물들은 그림의 위력과 믿음을 보여 주는 가장 오래된 것들이다. 기원전 1만 5,000~1만 년경에 만들어진 스페인 알타미라 동굴 벽화의 〈들소〉나 프랑스 라스코 동굴 벽화의 동물들은 짐승을 사냥하고 그 짐승들을 잘 알고 있던 원시인이 그리고 채색한 것이다. 사람들이 쉽게 접근할 수 없는 산속의 동굴 아래로 내려가거나 좁은 통로를 걸어 들어가서 작품을 남겼다. 작품 속에 그들이 전달하고자 하는 관념을 담았으며, 위험으로부터 자신들을 보호하고 풍요로운 먹이와 노동력을 얻는 데 필요한 다산에 대한 염원을 작품에 담았다.

스페인 알타미라 동굴 벽화의 〈들소〉   프랑스 라스코 동굴 벽화의 동물들

(2) 고대문명 시대

이집트 문명에서는 내세관을 바탕으로 영원한 삶을 위해 죽은 자와 닮은 형상을 보전하고자 하였다. 조각가를 '계속 살아 있도록 하는 자(He-who-keeps-alive)'라고 일컫고 미술은 그들의 세계관을 반영하고 있다. 그리스 문명에서는 아테네의 민주주의가 최고의 수준으로 발전했을 때 미술도 최고로 발전하였다. 미술이 이전까지의 원시적인 귀신 우상을 벗어나 신성(神性)에 대한 새로운 개념을 부여하였고 편견 없이 사물의 본질을 탐구하기 시작하였다. 미술가들은 감정이 육체의 움직임에 미치는 과정을 정확하게 관찰하여 영혼의 활동을 표현하였다. 로마 초기에는 고대 이집트처럼 실제 인물을 닮은 것이 영혼을 보존한다고 믿었기 때문에 선조의 밀랍을 들고 장례 행렬을 하였고 그리스 문명의 영향을 받아 실물을 꼭 닮은 초상을 제작하였다.

(3) 중세 시대

중세의 교황 Gregorius는 "글을 읽을 수 있는 사람에게 책이 해 주는 역할을, 글을 읽을 줄 모르는 사람에게는 그림이 대신 해 줄 수 있다."라고 하였다. 종교가 지배하던 중세 시대에 미술은 설교보다 더 강력하게 사람들의 마음속에 살아남았다. 중세 말의 프랑스 시인

François Villon이 어머니에게 바친 시에서 이를 알 수 있다.

> 저는 가난하고 늙은 여자입니다.
>
> 아주 무식해서 읽을 줄도 모릅니다.
>
> 그들은 우리 마을 교회에서
>
> 하프가 울려 퍼지는 천국과
>
> 저주받은 영혼들을 끓는 물에 튀기는 지옥의
>
> 그림을 보여 주었습니다.
>
> 하나는 나에게 기쁨을 주지만
>
> 다른 하나는 두려움을 줍니다…….

중세 시대에는 미술이 교회의 가르침을 완벽하게 구현하고 그림이 글을 대신하는 형식이었기 때문에 미술가들은 자연 속의 음영과 농담을 고려하여 모방하지 않았다. 이러한 자유는 그들이 초자연적인 세계의 관념을 전달할 수 있게 해 주었다.

(4) 르네상스

르네상스(Renaissance)는 재생 또는 부활을 의미한다. 이 시기에는 현실 세계를 거울같이

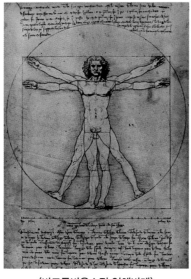

〈비트루비우스적 인체비례〉
Leonardo da Vinci 작품

〈피에타〉
Michelangelo Buonarroti 작품

반영하는 그림을 그리는 새로운 관념이 발전하였다. 권력자들이 자신의 이름을 영원히 남기고자 지위에 어울리는 기념물을 건축이나 그림으로 제작하였다. 권력자들 사이에선 거장이 그린 초상화를 받는 것을 영광으로 여겼다. 거장이 그린 예술적 초상화를 통해서 영원히 살 수 있다는 확신을 얻을 수 있었기 때문이었다. 대표적인 거장인 Leonardo da Vinci는 인체 해부학과 자연에 대한 과학적 탐구를 바탕으로 균형 있고 조화로운 작품을 제작하였으며, 인간의 행위와 반응에 대한 깊은 통찰력과 상상력을 통하여 사람들에게 생생한 작품을 보여 주었다.

(5) 근현대미술

18세기 중반에 유럽에서 시작된 산업혁명은 사회변화를 가져왔다. 산업화, 도시화로 인해 개인의 존재가 수단화되고 소외됨에 따라 적응 문제와 정신병리를 겪는 사람들이 늘어났다. 이후 19세기 후반에는 Freud를 시작으로 인간의 무의식에 대한 관심이 증가하였고, 예술적 표현을 통해 인간의 내적 세계를 이해하고 분석하려는 시도가 활발해졌다. Anna Freud, Rorschach 등의 정신분석가는 환자의 그림을 연구하였다. 독일의 정신과 의사인 Hans Prinzhorn는 정신질환자의 그림으로 조형 예술, 심리학, 정신병리학적 논의를 하였고 미술작업이 환자들의 심리에 중요한 영향을 미친다고 하였다.

19세기(2차 산업혁명)에서 20세기 초반(제1차 세계대전)까지 근대의 미술은 낭만주의, 표현주의 등이 대표적이다. 낭만주의는 보이는 것보다 느껴지는 것에 관심을 가지고, 객관적인 표현보다 주관적인 표현을 중요하게 다루었다. 이성보다는 감성을 중요하게 여기고 자기표현이 증대되었다는 점이 심리치료와 맞닿는다. 표현주의는 미술의 기본 목적을 자연의 재현으로 보는 것을 거부하고 예술의 진정한 목적을 감정과 감각의 직접적인 표현이라고 주장하였다. 감정을 더욱 강렬하게 전달하기 위해 구성(구도)의 균형과 아름다움에 대한 전통적 개념을 무시하는 측면이 있었다. 초현실주의는 Freud의 정신분석의 영향을 받아 무의식의 세계 또는 꿈의 세계에 대한 표현을 지향하였다. 억압된 무의식의 세계를 표현하고 현실적인 연상을 뛰어넘는 불가사의한 것, 비합리적인 것, 우연한 것 등을 표현하였다. 제1차 세계대전 이후의 불안한 모순된 현실에 대한 반동으로 20세기 특유의 환상예술이 발달되었다. 종래의 공간의식과는 다른 비현실세계를 표현하기 때문에 새로운 테크닉을 필요로 하였다. Dominguez의 데칼코마니, Ernst의 프로타주, Larionov와 Goncharova의 광선주의 등이 그 대표적인 예이다.

아웃사이더 아트는 정식으로 미술 교육을 받지 않은 사람들이 기성 예술의 유파나 지향에 관계없이 창작한 작품을 말한다. 아웃사이더란 사회나 특정 집단에 소속되지 않고 그 범위 밖에 있는 사람으로서 국외자 혹은 권외자, 이방인이라는 뜻으로 번역된다. 아웃사이더 아트는 미술사에서는 주류를 이루는 흐름과는 무관하게 존재하는 경향을 통칭하는 폭넓은 개념이다. 미술에서 오염되지 않은 순수한 아마추어적인 흐름을 나타내며 소박화가, Art Brut 등을 지칭한다. 특정 집단에 구속되지 않으므로 풍부한 창조성을 마음껏 발휘할 수 있고, 기성의 가치관이나 세계관을 벗어나 틀 밖에서 사물을 보고 표현할 수 있는 자유로움이 공통적 특징이다. 아웃사이더 아트는 정신병동에서의 예술에 대한 관심으로 1920년대부터 성장하기 시작하였다. 극단적인 정신상태, 관습적이지 않은 아이디어, 정교한 공상 세계를 묘사하는 경우가 많다.

2) 미술치료와 학교미술치료의 역사

(1) 미술치료의 역사

미술치료라는 용어가 1960년대에 확립된 이후 독일, 영국, 미국에서 본격적인 학문적 발전을 시작하였다. 지금까지 학자들은 미술치료의 이론에 대하여 논쟁을 이어 왔다. 대표적인 학자로는 Margaret Naumburg, Edith Kramer 그리고 Elinor Ulman이 있다. Naumburg는 정신분석적인 틀을 기본으로 하여 치료에서의 미술의 관점을 주장하였다. 미술 안에서 상징적인 언어를 통찰하고, 전이를 중요하게 생각하며, 드러나지 않은 의미와 무의식적인 표현 그리고 언어적 해석을 강조하였다. Kramer는 미술작업 과정에서 승화의 경험과 통합을 중요하게 생각하였고, 언어적 해석과 통찰보다는 미술 자체의 치료적 힘을 강조하는 치료로서의 미술의 관점을 주장하였다. Ulman은 미술치료라는 용어를 처음 사용하였고, 미술치료란 시각예술을 이용해 인격의 통합을 돕기 위한 시도라고 보았다. 미술과 치료 두 가지 의미를 포함하는 견해를 주장하며, 미술과 치료가 진정으로 함께해야 미술치료라고 하였다. Ulman은 어떤 한 부분이 지나치게 강조되면 안 된다고 하며 치료적·창조적인 측면을 모두 포함하여 통합된 견해를 주장하였다.

미술치료는 치료적 요소와 창조적 요소 중에 어느 한 부분에만 치우치지 않은 모두 융합된 통합체이다(Wadeson, 2008). 심리학뿐만 아니라 행동과학, 신경과학, 신경생리학, 뇌 영상과학 등 다학제적 이론과 접근(Hass-Cohen & Carr, 2008; Hinz, 2009; McNiff, 1998)이 지속적으로 이루어지고 있다. 특히 생의 초기 단계에 발생한 심리적 문제는 언어 차원의 경험이 아니라 언어 이전(pre-verbal) 차원에서 발생하는 경험이므로, 최근에는 뇌발달을 고려한 접근이 강조되고 있다. 좌뇌적 · 언어적 스트레스를 우뇌적 미술활동을 통해 해소할 수 있다.

(2) 학교미술치료의 역사

　미국에서는 학생들의 잠재력 발현을 돕기 위해 학생복지의 중요한 서비스로서 학교미술 치료가 제공되고 있다. 1970년대 이후에 도입되어 모든 연령층과 학년에게 치료적 진단과 문제해결에 도움이 되는 것으로 보고되고 있다. 미국은 학교미술치료 프로그램 개발에 대하여 적극적이다. 다수의 공립학교는 모든 학생의 잠재력을 개발하고 강화하기 위해 학교 미술치료를 제공한다. 각 학교에 1명부터 10명 이상까지 미술치료자를 고용한다(Prasad et al., 2013). 학교미술치료는 개별교육계획(IEP)으로써 미술치료를 제공하거나 방과 후 프로그램으로 제공된다. 1985년 미국미술치료협회(American Art Therapy Association)에서는 학생들의 성공적인 교육을 위해 학부모와 학교행정가, 교육자들이 미술치료의 효과와 활용방안을 제대로 인식해야 한다는 성명서를 발표하였다. 미술치료는 장애아동뿐만 아니라 사회적 · 정서적 문제를 지닌 비장애아동들에게 학교와 가정환경에서 발생한 문제해결에 도움을 줄 수 있는 효율적 수단이라고 주장하였다. 모든 연령층 및 학년에게 치료적 진단 및 문제해결적 접근방법을 제공할 수 있는 것으로 보고하였다. 그 외로 이스라엘에서도 미술치료자가 학교 시스템에 효과적으로 적응하도록 지속적으로 노력을 하고 있다(Moriya, 2000). 영국과 아이슬란드와 같은 유럽 국가에서도 다양한 학교미술치료 프로그램을 실시하며 학교를 학습의 장에서 치료 지원의 장으로 확대하여 광범위한 서비스를 제공한다(Tytherleigh & Karkou, 2010). 학교미술치료자는 학교교육 시스템에 적응하고 지역 교육청 또는 비영리 기관 산하에서 일한다. 전 세계 여러 국가는 학교미술치료를 교육 시스템에 적용하려는 노력을 하고 있다. 하지만 아시아의 학교미술치료는 아직 초기 단계이다(Prasad et al., 2013).

　우리나라에서는 학교미술치료가 전문적이고 체계적으로 이루어지고 있지는 않다. 학교 체계 내에서 공식적인 학교미술치료가 시행되지는 않지만 방과 후 프로그램과 학교상담 실에서 실시하는 사례들은 점점 확산되고 있다. 학교와 학생의 문제해결을 위해 학교미술 치료를 도입하려는 움직임이 생겨나고 있다. 우리나라 학교미술치료의 모태인 학교상담 은 1950년대 미국교육사절단이 활동하면서 시작되어 1960년대부터 1980년대까지의 정착 기를 거쳐, 1980년대 이후 현재까지 성장기에 이르고 있다. 2000년대 중반까지는 일반적으로 생활지도 차원에서 학교상담이 이루어졌으나 1999년 전문상담교사양성제도가 실시되어 2005년 지역교육청에 전문상담교사가 배치되었다. 2008년 Wee 프로젝트가 실시되면서 학교상담이 발전되어 왔다. 우리나라에서 학교미술치료로는 1997년에 Janet Bush의 『A handbook of school art therapy』가 소개되었고 2005년 전후부터 논문과 전문서적이 발간되고 있지만 아직은 미흡하다. 방과 후 프로그램과 학교상담실에서 실시하는 사례들은 점점 확산되고 있다. 미술치료가 학문적 태동부터 다학제적 이론과 접근이 이루어졌으므로 학교미술치료도 미술, 정신의학, 교육학, 심리학, 사회복지학, 신경생리학, 뇌과학과 관련된 다학제적 이론 및 기술과 접목되어 더욱 연구되고 발전될 필요가 있다.

5. 학교미술치료 윤리

상담 및 심리치료 분야에서 윤리적 문제는 중요하다. 미술치료에 대한 관심과 요구가 높아지면서 합의된 신념인 윤리적 측면이 강조되고 있다. 지금까지 윤리적 중요성과 딜레마는 여전히 존재하며 앞으로 전문적인 연구와 합의가 더욱 필요한 영역이다. 여기서는 윤리적 고려의 중요성을 강조하며 학교상담과 미술치료의 윤리적 이해를 살펴본다.

1) 윤리적 고려의 중요성

사회변화와 미술치료에 대한 요구가 높아지면서 비밀보장, 자료의 보관과 같은 윤리적 측면이 강조되고 있다. Remley와 Herlihy(2005)는 윤리강령을 공유된 신념이라고 하였다. 윤리강령은 전문 분야 안에서 합의된 신념이다. 치료자가 지켜야 하는 윤리강령은 전문성을 향상시키고 전문가의 길로 안내해 준다. 내담자의 복지에 대해 위임받은 전문적 권리와 책임감 사이에서 균형을 찾고 공공과의 사회적 약속이 이루어지도록 한다(Jackson et al., 2001). 윤리강령은 사회구성원이 전문가에게 무엇을 기대해도 되는지에 대한 구체적인 정보를 알려 주고, 내담자들의 권리를 보호하는 중요한 역할을 한다. 윤리강령은 내담자뿐만 아니라 치료자를 위해서도 중요하다. 치료자로서 적절한 행동에 대한 전문적 기준을 알아야 내담자에게 의도하지 않은 피해를 주는 일을 방지할 수 있다. 정신건강 전문가는 전문적인 윤리강령 및 응용 프로그램을 알고 있어야 할 의무가 있다.

2) 학교상담 윤리의 이해

(1) 내담자의 복지와 권리의 존중

상담은 내담자 복지 증진을 목표로 하며, 사전동의, 내담자의 권리와 다양성 존중 등이 고려되어야 한다. 내담자는 상담을 받을지, 누구에게 상담을 받을지 등을 결정할 수 있는 권리와 자율성을 가진다. 사전동의는 상담을 시작하기 전에 상담에 대한 정보를 제공함으로써 내담자가 충분한 정보를 바탕으로 상담 시작 여부를 결정하도록 돕는 것이다. 내담자는 성별, 인종, 종교, 성적 기호, 장애 등의 이유로 차별받지 않아야 한다. 예를 들면, 다문화 배경을 가진 학생이 증가하면서 내담자가 자신의 배경으로 인해 차별받지 않도록 상담자가 문화적 다양성에 대한 이해와 감수성을 갖추어야 한다.

(2) 상담자-내담자 관계

상담자와 내담자의 신뢰롭고 협력적인 관계는 상담의 기본이며 상담효과에 중요한 요인이다. 상담자는 내담자와 개인적 관계를 맺지 않아야 하며 전문적인 도움을 주는 관계를 유지해야 한다. 상담에서 전문적 관계의 경계를 넘는 다중관계에 대한 예는 다음과 같다.

- 친한 친구의 자녀를 상담하는 경우
- 내담자를 집에 초대하여 식사를 하는 등 사회적 관계를 맺는 경우
- 상담자가 내담자 또는 보호자와 연인관계가 되는 경우
- 내담자의 보호자에게 투자 정보를 얻거나 돈을 빌리는 경우 등

학교상담에서는 다중관계지만 상담을 진행하는 것이 하지 않는 것보다 이익이라면 상담을 하기로 결정할 수도 있다. 예를 들면, 교사 이외에 상담을 받을 수 있는 상담자가 없는 경우 등이다. 상담을 전공한 담임교사가 학급의 학생을 일정 기간 동안 상담을 하는 등 다중관계가 형성되는 경우가 있다. 이런 경우에는 슈퍼비전이나 자문을 받고 상담에 대한 객관적인 기록을 남김으로써 학생이 잠정적으로 해를 받지 않도록 노력해야 한다.

(3) 비밀보장

상담의 내용뿐만 아니라 내담자가 상담을 받고 있다는 것을 내담자 및 법정 대리인을 제외한 타인에게 제공하지 않는 것이 기본이다. 상담자는 상담을 시작할 때 비밀보장에 대한

내용을 내담자에게 설명한다. 상담 초기에 내담자와 부모의 동의를 받는다. 내담자가 상담 사실을 부모에게 알리고 싶어 하지 않을 수 있다. 필요에 따라 한두 회기 정도는 부모 동의 없이 진행할 수도 있지만 장기적인 상담이 필요하면 동의를 받는 것이 좋다. 내담자의 비밀을 보장하면서 미성년자인 자녀를 이해하고 도와야 하는 보호자의 권리 사이에서 균형을 유지하는 것이 중요하다. 상담 관련 기록에 대해서도 비밀이 보장되어야 하므로 다른 사람들이 문서나 파일에 접근하지 못하도록 관리해야 한다. 내담자와 법적 보호자가 상담기록 보기를 원할 경우에는 볼 권리가 있다.

　　○○와 상담한 내용에 대해 비밀을 지킬 거야. 다른 학생이나 부모님에게도 상담 시간에 나눈 이야기는 비밀이야. 하지만 상담을 하다 보면 부모님이 알고 ○○를 도와주는 것이 좋을 듯한 내용이 있을 수 있어. 선생님이 부모님에게 이야기하고 도움을 구하는 게 필요하면, ○○의 의견을 먼저 물어본 후에 부모님께 말씀드릴 거야.

비밀보장의 예외 상황도 있으므로 다음과 같이 설명하며 구조화를 할 수 있다.

　　상담을 진행하면서 비밀을 보장할 수 없는 경우가 있어. ○○가 스스로를 해치거나 다른 사람을 해칠 위험이 있을 때, ○○가 학대를 당하고 있다는 것을 알게 되었을 때, 성과 관련된 범죄의 대상이 되었다는 것을 알게 되었을 때야. 그러면 선생님은 ○○를 보호하기 위해서 필요한 절차를 밟게 될 거야. ○○를 보호하기 위해서 부모님과 도움이 될 기관에 알리고, ○○가 안전하게 지낼 수 있도록 도와줄 거야.

(4) 전문적 능력과 태도: 유능성과 충실성

　상담자에게는 학교상담에 대한 지식과 상담을 진행하는 능력을 포괄하는 유능성이 있어야 한다. 내담자에게 관심을 가지고 성실하게 상담을 진행하는 충실성도 중요하다. 내담자의 관점과 요구를 우선적으로 고려하고, 개인적 사정으로 적절한 상담을 진행하지 못할 때는 다른 상담자에게 의뢰하는 등 내담자에게 충실해야 한다. 때로는 상담자가 특정 문제에 개입할 만큼 유능한지를 판단하는 기준이 모호할 때가 있고, 특정 문제를 다루기 어렵다고 생각되어도 다른 상담자에게 내담자를 의뢰할 여건이 안 될 경우도 있다. 내담자에게 적절한 조치 없이 상담을 종결하거나 전문적이지 않은 개입을 한다면 내담자의 복지 증진을 기대하기 어렵다. 상담자는 내담자에게 최선의 도움을 주기 위해 꾸준히 인간적 · 전문적 자질을 함양하기 위해 노력하며 역량을 향상시켜야 한다.

(5) 윤리적 갈등과 의사결정

윤리적 갈등 상황은 상담 윤리, 법, 임상적 판단 등과 관련된 다양한 기준이 충돌할 때이다. 상담 윤리와 관련된 개별적 기준에는 바람직하더라도 특정 상황에서 모든 기준을 동시에 충족하기 어려운 경우가 있다. 상담자는 윤리적 갈등상황임을 인식하는 것이 중요하다. 어떤 기준을 적용하는 것이 바람직할지 의사결정을 하고 후속적 개입을 해야 한다. 예를 들어, 학교관리자가 상담자에게 학교폭력 피해자의 문제 및 변화 과정에 대한 상담기록지를 보고 싶다고 하는 경우, 상담자는 비밀보장과 기관 협조관계의 유지에 대한 기준 사이에서 갈등할 수 있다. 관리자가 학교폭력 피해 정도와 회복 상태를 파악한 후 학교폭력위원회에서 의사결정에 참고자료로 사용한다면 정보제공이 내담자 복지 증진에 도움이 될 수도 있다. 법적·윤리적 고려, 임상적 판단을 적용하여 내담자 및 부모의 동의를 얻어 관리자에게 상담기록을 전달할 경우라도 정보제공이 필요한 부분을 다시 정리하여 전달할 필요가 있다. 상담자는 내담자 정보를 최대한 보호하려고 노력해야 하고 전문가의 자문을 구해서 결정을 숙고할 필요가 있다.

3) 미술치료 윤리의 이해

(1) 미술에 기초한 평가

① 전문가로서의 태도를 지니고, 심리검사 및 평가방법에 대해 전문적이어야 한다

내담자의 작품을 평가하는 방법과 진단도구 사용방법을 정확하게 알아야 한다. 내담자의 문화, 인종, 성별, 성적 취향, 연령, 종교, 교육, 장애 등을 고려하여 평가해야 한다. 미술작업은 객관적인 자세로 보아야 한다. 함부로 해석하거나 충고할 경우 윤리적인 문제를 일으킬 수 있고, 왜곡된 임상연구 결과를 오용하지 않아야 한다.

② 문화적 다양성과 내담자의 문화를 이해하여야 한다

미술작품에는 내담자가 속한 문화적 특성이 반영된다. 치료자는 문화적 다양성을 인식하고 내담자에게 개입해야 한다. 치료자는 자신이 가진 편견을 이해해야 하며 문화적인 편견과 관련된 비윤리적 행동을 조심해야 한다. 문화적 특성과 관련된 억압의 본질을 이해하고, 내담자의 문화와 고유 강점에 대한 정보를 미리 이해하는 것이 필요하다.

(2) 비밀보장과 작품의 보관

① 내담자의 작품을 존중해야 한다

치료자는 치료 과정을 기록하고 문서화하기 위해 매번 작품을 스케치하고 사진을 남긴다. 중요한 사항을 기록하고 그에 대한 사진을 여러 장 찍어 놓는다. 내담자의 관점에서 스케치하고 사진을 찍어야 한다. 작품 또는 작품 사진을 보관하기 위해서 내담자와 보호자에게 동의서를 받아야 한다. 치료자와 내담자는 치료 기간 동안과 치료가 끝난 이후에도 작품 보관 장소를 정하는 것에 서로 합의한다. 내담자의 작품을 공적으로 이용하거나 사례발표를 할 때는 서면으로 동의를 구해야 한다.

② 내담자의 제작물 및 치료 과정의 내용은 비밀을 보장해야 한다

내담자의 작품은 비밀스러운 의사소통의 내용이 담겨 있다. 치료자는 작품과 대화를 통해서 얻은 내담자의 정보를 보호해야 한다. 건강과 생활에 심각한 위험이 있는 상황을 제외하고 비밀이 보장되어야 한다. 동의가 필요한 사항은 동의를 서면으로 받는다. 미술 제작물, 녹화, 녹음 등을 하려면 촬영 전에 촬영 허용 여부를 내담자와 법적 보호자에게 동의받아야 한다. 또한 비밀보호의 한계에 대해 내담자에게 공지해야 한다. 미술작품은 의학적, 법적 기록이 될 수 있으므로 안전한 곳에 보관한다. 특히 학대, 외상, 폭력과 관련된 상황에서 만든 작품은 반드시 보관해야 한다.

(3) 작품의 전시와 소유권

① 작품의 소유권은 쉽게 답을 내릴 수 없지만 윤리적으로 중요한 문제이다

치료 기간 동안에는 내담자에 대한 책임이 치료자에게 있으므로 작품에 대한 책임도 치료자에게 있다. 하지만 내담자, 보호자, 기관이 소유해야 한다고 생각할 수도 있다. 내담자가 작품을 갖고 싶어 한다면 치료적 관점에서 이를 존중해야 한다. 내담자의 자아존중감과 성취감을 향상시킨다면 복사본을 만들어 주고, 원본은 치료실에 보관할 수 있다. 작품의 내용이 법적 증거로 사용될 수 있을 때는 치료실에 보관해야 한다. 신뢰관계를 형성한 치료자가 작품을 보관한다면 내담자는 안전감을 느낄 수 있다.

② 내담자에게 긍정적인 경험으로 작용할 때 작품을 전시할 수 있다

치료 과정에서 만들어진 작품은 비밀유지를 해야 하며 작품 내용이 사적이라는 점을 항상 고려해야 한다. 하지만 내담자의 동기 유발과 자아존중감 향상과 같이 긍정적으로 도움이 된다면 전시를 할 수 있다. 이러한 경우에도 내담자의 의사를 존중하고 위협적이지 않은 범위에서 전시한다. 내담자의 노력, 성취, 능력을 격려하고 지지하는 사람들과 작품을 공유하는 것은 내담자의 자기가치와 의미부여에 도움이 된다. 치료실 내외부의 안전한 공간에 전시하였을 때 내담자에게 긍정적 의미를 줄 수 있다.

제**2**장
학교미술치료의 이론적 접근 I

심리치료이론을 이해하는 것은 매우 중요하다. 치료자가 어떤 이론적 접근을 사용하느냐에 따라 내담자에 대한 이해, 문제와 병리를 이해하는 관점, 치료에서의 목표, 전략, 과정, 기법 등이 달라진다. 다양하고 유용한 심리치료이론 중에서 치료자의 교육적 훈련과 선호도 등에 따라 중심이 되는 이론을 선택한다. 하지만 하나의 이론이 모든 것을 설명할 수 없고 각 이론마다 특성과 유용성이 있으므로 다양한 이론을 이해할 필요가 있다.

현대 미술치료는 20세기 초기에 시작되었으며, 발달과정에서 Freud의 정신분석과 Jung의 분석심리학 이론의 영향을 매우 크게 받았다. 최근에는 통합적 접근에 대한 필요성이 대두되고 있다. 내담자는 심리적 고통에 다양하게 반응하므로 고정된 특정 기법이나 매체보다는 다양한 접근이 필요하다. 효과적인 개입을 위해서는 융통성 있고 통합적인 관점이 필수적이다(Norcross & Wampold, 2011a, 2011b). 다양한 내담자를 위해 다양한 방법이 필요하며, 통합적 접근을 통해 개념과 방법을 체계적으로 혼합할 필요가 있다(Norcross, 2005). 통합적 접근을 위해서는 치료자의 이론에 대한 명확한 이해와 교육훈련이 바탕이 되어야 한다. 이 책에서는 최근에 더욱 중요하게 부각되고 있는 뇌과학을 포함하여 대표적인 이론적 접근에 대하여 살펴보았다. Malchiodi(2012)의 『Handbook of Art Therapy』에서 제시한 이론적 맥락을 바탕으로 각 이론에 대한 기본적 이해, 치료적 개념과 기법을 구성하였다. 이 장에서는 뇌과학과 미술치료, 정신분석 미술치료, 분석심리 미술치료의 기본적인 이해와 치료적 개념 및 기법을 소개하였다.

1. 뇌과학과 미술치료

1) 기본적 이해

최근에는 발달심리, 신경과학과 심리치료를 통합하려는 시도가 이루어지고 있다. 정신건강 분야에서 신경과학의 연구 성과는 중요하다. 정서 및 생리 장애에 대한 뇌과학적 이해는 미술치료의 이론적 기반이 되고 치료자의 수행 역량을 향상시킨다. 치료자와 내담자의 뇌는 상호작용을 통해 영향을 받는다. 뇌과학 기반 치료작업은 더 정확하고 성공적인 결과를 얻을 수 있다.

뇌 가소성(brain plasticity)은 후천적 경험이나 환경에 따라 뇌가 구조적 · 기능적으로 변화하고 적응하는 능력이다. 뇌는 새로운 경험에 적응하기 위하여 새로운 신경경로를 만들어 낸다. 발달적 학습과 외상으로 손상된 뇌가 보상하기 위해 증강되고 복원되어 어느 정도까지 재배선할 수 있는 뇌의 능력이다. 뇌는 전 생애에 걸쳐서 구조적 · 기능적으로 변화한다. 신경 가소성(neural plasticity)은 신경망을 전체적으로 리모델링하는 것이다. 뇌는 신경망을 스스로 다시 연결할 수 있고, 환경 변화에 민감하며, 다가오는 도전에 부응하기 위해 끊임없이 스스로를 재조직한다. 반복되는 경험은 특정 시냅스의 사용 빈도를 변화시킨다. 시냅스는 구조와 기능을 변화시키고 조절함으로써 달라진 환경에 적응한다. 학습은 이러한 반복된 시냅스 가소성을 통해 이루어진다. 인간의 마음은 유전적으로 프로그래밍된 신경시스템의 성숙과 함께 발달하고 개인의 지속적인 경험을 통해 형성된다(Underwood & Rosen, 2011). 뇌의 결과물인 마음이 다시 뇌를 조정하는 것도 가소성 때문이다.

환경적 자극이 풍부하면 뇌는 잠재 능력을 최대한으로 발휘한다. 환경적 자극이 많을수록 수상돌기는 다른 뉴런으로 정보를 받기 위해 가지를 뻗친다. 다른 뉴런과 연결된 수상돌기가 많을수록 복잡한 정보를 더욱 많이 받아들일 수 있다. 또한 수집한 정보를 더욱 쉽게 창의적으로 활용할 수 있다. 긍정적이고 적응적인 건강한 마음으로 변화하고 잠재력을 개발하기 위해서는 뇌가 재배선될 수 있도록 적절하고 풍요로운 환경이 제공되어야 한다. 심리치료는 내담자와 치료자에게 뇌가 스스로 변할 수 있는 능력을 활용하는 기회를 제공하는 풍요로운 환경으로 작용한다. 효과적인 심리치료는 뇌 안에서 유용한 뉴런 간의 새로운 연결을 만들어 내고 새로운 신경망의 발달을 통해 뇌를 변화시킨다.

창의적 예술치료와 신경생물학적 메커니즘에 대한 근거들은 꾸준히 축적되어 왔다. 감각적 예술치료와 놀이치료는 뇌 가소성을 향상시킨다. 신경생물학과 마음-신체 반응 연구자들은 심리적 외상을 다룰 때 고통에 대한 신체적 반응을 먼저 다루어야 한다고 강조한다. 예를 들면, 아동에게 외상 사건에 대처하는 인지적인 전략을 적용할 때도 뇌가 작동하는 방식을 고려하여야 한다. 발달적으로 적합하고 감각에 기반한 예술치료, 놀이치료와 같은 개입을 활용해야 한다. 아동이 복잡한 학습과 행동을 하는 데는 감각 기반 활동이 중요하다. 안정적인 정신 상태가 되기 위해서는 뇌의 좌우 반구 기능의 통합이 필요하며, 이는 예술활동에 의해 촉진된다. 미술치료는 뇌의 좌측 피질 기능에 관여함으로써 변연 정서 조절에 도움이 된다(Hass-Cohen & Carr, 2008). 감정을 말로 바꾸는 것은 부정적 정서 반응을 조절하는 데 효과적인 전략이다. 매 회기 미술작품에 제목을 붙이고 작품에 대해 이야기를 나누는 것은 내담자를 습관적이고 자발적으로 만든다. 자발적으로 감정에 대해 이야기를 나누고, 감정에 이름을 붙이는 활동을 통해 편도체 활동의 감소와 전전두피질 활동이 증가된다(Lieberman, 2007). 공포반응에 일차적으로 반응하는 정서의 관문이라는 편도체는 감각과 운동기관 둘 다에 연결되어 있다(LeDoux, 2002). 전전두피질은 의식의 근원지이며, 인격을 형성하는 주관적 반응과 관련이 있다. 행동의 계획과 집행을 통해 자기조절력을 더 많이 창조한다.

　미술치료는 긍정적인 새로운 감각 경험을 공포-각성 반응과 연결함으로써 안도감을 제공할 수 있다. 공포반응에 성공적으로 대처하는 것은 정서적 경험을 조절하고 통합하는 데 도움이 된다. 예를 들어, 촉촉한 점토로 작업하는 데 움찔하는 내담자가 있다. 어릴 때 손톱 밑이 더러워지자 엄마가 자신을 질책했다고 이야기하였다. 치료자는 잠시 멈추고 내담자가 드러낸 것을 경험하도록 격려한다. 현재의 내가 누구인지, 기억 속의 내가 누구였는지, 그 차이점에 대해 치료자와 함께 다루어 본다. 내담자는 '다른 사람들과 함께하기'라는 제목의 항아리를 만들고, 자신과 동생, 어머니뿐만 아니라 내담자와 치료자의 관계를 상징하는 것이라고 설명한다. 자신이 제작자라고 하며 조심스럽게 자신의 이름을 새긴다. 내담자의 힘든 기억이 긍정적 경험으로 수정될 수 있다.

　미술치료자와 내담자의 뇌와 신경체계는 서로 대응하며 동시성을 갖는다(Siegel, 1999). 사람이 상호 반응할 때 유사한 뇌 영역이 반응하고 발화하며, 공감적 공명이 일어난다(Gallese, 2006; Gallese, Keysers, & Rizzolatti, 2004). 다양한 매체를 활용하는 미술치료 과정에서 정서적으로 공명하는 관계는 감정을 표현함으로써 긴장을 풀고 감정을 재인식하며 조절할 수 있게 한다. 내담자가 치료자와 함께 긍정적 체험을 되풀이하고 반복적인 자기 경험을 한다면, 내담자의 붕괴된 애착이 회복되고 안정감과 신뢰감이 발달된다(Perry, 2009). 정서가 안정되고 편안할 때 내담자의 뇌는 정보를 대뇌피질로 보낼 수 있고, 치료자와 내담자의 정서적 공명은 무의식적 변연계 작용과 전두엽에서 주의력을 높이는 동기를 제공한다.

2) 치료적 개념 및 기법

(1) 뇌의 구조와 기능

인간의 뇌는 3층으로 나눌 수 있다. 파충류의 뇌라고 하는 뇌간, 포유류의 뇌라고 하는 변연계, 인간의 뇌라고 하는 대뇌피질이다. 뇌간, 소뇌, 시상, 시상하부, 편도, 해마는 무의식적으로 작용을 한다. 정보를 처리하고 기억하는 데 결정적인 역할을 하지만 개인이 의식적으로 인지하지 못한다. 인간의 뇌에서 의식적인 수준에서 작용하는 구조는 대뇌피질이다.

1차: 생존 정보, 반사적 · 수면-각성, 체온, 호흡, 식욕, 성욕

2차: 감정 정보, 반사적 · 위험 포착, 대비, 싸움-도주 반응

3차: 새로운 학습 정보, 성찰적 · 창조(문화, 예술, 과학, 음악)

① 생명의 뇌: 뇌간(뇌줄기)과 소뇌

두뇌의 가장 오래된 부위이며 가장 아래에 위치해 있다. 태아기부터 생후 15개월까지 발달하며 가장 먼저 발달하는 부위이다. 기본적인 구조가 파충류의 두뇌와 닮았기 때문에 파충류의 뇌라고 한다. 생존을 위해 필요한 호흡을 하거나 심장박동, 혈액순환, 생화학적인 반응 등 내장의 작용을 무의식적으로 조절하므로 자율신경계라고도 한다. 자율신경계의 최고 중추는 뇌간 밑에 있다. 반사운동과 신체 기능을 통제하므로 출생할 때 이미 성숙한 상태이며 완전하게 기능한다. 뇌줄기가 손상되면 혼자 힘으로 생명을 유지할 수 없는 뇌사 상태에 빠진다.

② 감정의 뇌: 변연계

뇌간과 피질 사이에 있으며, 시상의 일부와 시상하부, 편도체, 해마 등이 있다. 동기, 감정, 학습, 기억 등을 담당하고 인간의 본능적 욕구에 대한 중요한 역할을 하며 포유류의 뇌라고 한다.

- 시상은 뇌간 바로 윗부분에 있으며, 2개의 호두 크기만 한 구조로 두뇌의 가운데 깊은 부위에 자리한다. 감각기관과 피질 간의 정보 흐름을 안내하는 중계소 역할을 하며, 피질에 감각기관의 정보를 전달하는 대문 역할을 한다. 후각을 제외한 거의 모든 감각기관의 정보가 시상에 있는 뉴런에 전달되고, 시상은 정보와 신호를 분류하여 피질의 각 영역으로 보낸다. 후각 자극은 피질에 바로 전달된다.
- 시상하부는 시상 아래에 있고 엄지손톱 크기로 뇌하수체와 함께 항상성에 필요한 내분비계와 자율신경계를 조절한다. 자율체계에 중요한 부위이며 정상적인 신체상태 유지, 감정의 신체적 표현(감정 표출)과 관련이 있다. 예를 들면, 체온이 너무 높으면 땀 분비를 증가시키고, 체온이 떨어지면 모세혈관을 수축시켜 열손실을 줄이면서 몸을 덜덜 떨게 하여 열을 발생시킨다. 혈액에 염분이 많으면 농도를 낮추기 위해 물을 마시라는 신호를 보낸다. 본능 충족과 관련된 쾌감과 불쾌감을 느끼며, 감정을 신체적으로 표출함으로써 생존과 관련하여 중요한 역할을 하고, 성욕, 수면, 공격적인 행동, 쾌락 등을 조절한다. 예를 들면, 무서운 동물을 보고 놀란 경험이 있는 경우, 유사한 경험을 하면 갑자기 심장박동이 증가하고 손바닥에 땀이 나며 호흡이 빨라진다.
- 해마는 최근의 기억을 유지하고, 최종적으로는 기억한 내용을 피질에 전달한다. 새로 경험하고 학습한 것을 기억하는 것과 관련 있고 해마에서 유지된 기억은 피질에 장기

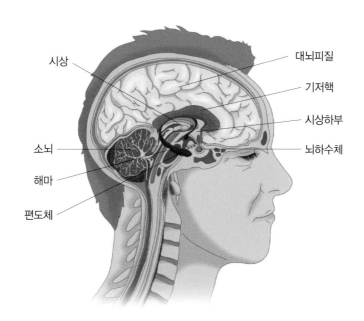

기억으로 저장된다. 의식되는 기억을 담당하고, 단기기억에서 장기기억으로 변환시키고 서술기억을 처리하여 고착시키는 데 중요한 역할을 한다. 해마가 심하게 손상되면 새로운 기억을 부호화할 수 없기 때문에 최근의 일을 회상할 수 없다. 해마는 다른 부위에 비해 늦게 성숙하고, 약 4세 정도에 완전히 성숙하여 제 역할을 한다.

• 편도체는 변연계의 가장 깊은 곳에 위치하며 정서를 조절하고 기억하는 데 중요한 작용을 한다. 예를 들면, 과거에 교통사고를 당한 경험이 있는 경우, 자동차 브레이크 소리를 듣기만 해도 가슴이 두근거리거나 두려움을 느낀다. 편도체는 해마보다 빨리 성숙한다. 3세 이전의 경험들은 의식되지 않지만 무의식적인 정서 기억을 형성한다. 이 기억은 해마의 기억과 종류가 다른 사건-자서전적 기억이다. 모두 특별한 맥락이 기억과 함께 존재하는 것으로 감각(sensation), 감정(emotion) 등이 기억과 연관되어 있다. 성인이 되었을 때 관련 자극이 있으면 왠지 모르게 불안해지는 경험을 할 수 있다. 예를 들면, 3세 이전에 개에 물린 경험을 한 내담자는 의식적인 기억은 없지만 개를 보면 불안하고 무서운 느낌이 들게 된다.

③ 생각의 뇌: 대뇌피질

대뇌피질은 인간 고유의 정신기능을 담당하고 인간(이성)의 뇌라고 한다. 뇌 무게의 80% 이상을 차지하며, 가장 많은 뉴런과 시냅스를 가진 뇌 구조이다. 지속적으로 성장하기 때문에 뇌의 어떤 부위보다 환경의 영향에 민감하며 두 개의 반구로 나뉘어 있다. 좌반구와 우반구는 모양은 같지만 신체의 각기 다른 영역을 통제하는 서로 다른 기능을 한다. 좌반구는 신

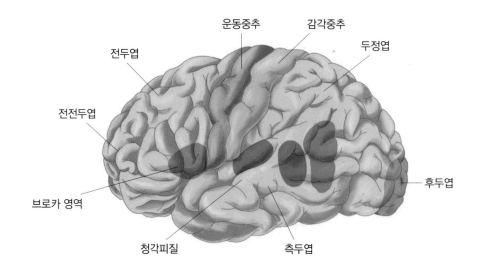

체의 오른쪽 부분을 통제하며, 언어 능력, 청각, 언어기억, 의사결정, 기쁨과 같은 긍정적 정서표현 등을 조절한다. 우반구는 신체의 왼쪽 부분을 통제하며, 공간지각 능력(거리지각, 지도 읽기, 기하학적 도형에 대한 이해 등), 촉각, 음악과 같은 비언어적 소리, 슬픔과 같은 부정적 정서표현 등을 조절한다. 한 가지 자극보다 오감을 통해 종합적으로 정보를 접하는 것이 의식을 명료하게 유지하여 지식을 효과적으로 습득할 수 있다.

대뇌피질은 네 영역으로 구분되어 있고 각 영역은 세분화된 기능을 한다.

- **후두엽**: 시각 중추가 있어서 시각피질이라고 한다. 눈으로 본 물체의 모양이나 위치, 운동 상태를 분석한다. 눈이나 나머지 시각 경로에 이상이 없어도 시각피질이 손상되면 장님이 될 수 있다.
- **측두엽**: 청각 조절 중추가 있어서 청각피질이다. 인지 기능과 기억 기능을 조절한다. 측두엽이 손상되면 환각이나 기억장애가 나타날 수 있다.
- **전두엽**: 가장 큰 대뇌엽이고, 변연계와 밀접하게 연결되어 있다. 인간성과 도덕성을 관장하며 위험한지 여부를 결정하는 데 중요한 역할을 한다. 동기부여, 주의집중, 계획 세우기, 결심하기 등의 목표 지향적 행위를 주관한다.
- **두정엽**: 외부 정보를 조합하고 문자를 단어로 조합하여 의미가 있는 것으로 만든다. 어떤 것을 생각하여 만들어 내는 기능을 하므로 손상되면 무인식증(Agnosia: 알지 못하는) 상태가 되어 공부뿐만 아니라 어떤 일도 할 수 없게 된다.

(2) 신경발달과 미술치료

뇌과학에 기초한 예술적 활동은 뇌 발달에 긍정적인 영향을 미친다. 미술치료는 내담자의 손을 통해 창조되고 제2의 뇌라고 불리는 손은 뇌의 운동감각기관을 활성화시켜서 창의적 사고를 표현한다. 외부의 환경자극은 긍정적 감성과 결합하여 뇌가 긍정적 마음을 일으키게 하고 마음이 변화하면 뇌 역시 변화한다. 감각적 예술치료는 뇌 가소성을 향상시킨다. 좌뇌가 발달하기 위해서는 언어 자극이 필요하고 우뇌가 발달하기 위해서는 정서적 자극에 노출되어야 한다. 우뇌의 산출물(output)은 감정과 사건을 묘사하기 위해서 그림이나 시각적 이미지와 같은 비언어적 방식으로 표현된다(Siegel, 2012).

외상과 같은 힘든 정서적 경험은 감각자극으로서 대뇌변연계와 우뇌에 암호화되어 저장된다(van der Kolk, 2006). 이러한 기억의 표현과 처리 과정은 성공적인 치료적 개입에 중요하다(Rothschild, 2000; Steele & Malchiodi, 2012). 미술치료 활동은 좌측 피질 기능에 관여하면서 감정을 말로 바꾸고, 부정적 정서 반응을 조절함으로써 고통스러운 정서를 경감시킨다. 어떤 경우에는 하나 혹은 그 이상의 표현양식을 통해 기억이나 이야기를 전달하는 것이 말보다 더 쉬울 수 있다. 예를 들면, 심각한 외상을 입은 아동의 경우, 외상적 기억이 특별히 복잡하거나 압도적이라면 미술이나 놀이활동을 통해 그 경험을 반복할 것이다(Gil, 2006; Malchiodi, 1997, 2008). 그림 그리기, 놀이활동, 역할놀이, 운동 등을 통한 비언어적 표현은 그것 자체로도 치료적 경험일 수 있다. 생애 초기의 관계 트라우마와 애착장애를 경험한 아동에 대한 신경 기반 미술치료 사례연구(Schore, 2014)에 따르면, 뇌 구조의 발달 및 통합을 이끌고 특히 정서조절, 정서적 상호작용, 창의성과 같은 우뇌 기능을 촉진하였다. Malchiodi(2012)는 뇌 영역과 미술치료 개입에 대한 신경발달학적 측면을 Lusebrink(2010), Malchiodi(2011), Perry(2006)의 표현예술치료 연속체(Expressive Therapies Continuum: ETC)를 바탕으로 다음과 같이 제시하였다.

뇌 영역	기능	ETC단계	미술치료 개입
뇌간 (뇌줄기)	• 집중 • 타인과의 동조 • 타인과의 애착 • 스트레스에 대한 반응	운동감각/ 감각 중추	• 미술재료의 감각적 사용 • 질감과 촉각의 요소 • 자기위로적 예술경험(시각, 음악, 무용) • 접촉과 승인의 경험 • 의식적/구조적인 표현
중뇌, 간뇌	• 운동 기능 • 협응 • 스트레스에 대한 반응 • 타인과의 동조 • 타인과의 애착	운동감각/ 감각 중추	• 신체 중심 활동(중앙선 넘기, 신체활동) • 미술과 놀이를 통한 학습기술 • 자기위로적 예술경험(시각, 음악, 무용) • 관계와 승인의 경험 • 의식적/구조적인 표현
대뇌 변연계	• 정서조절 • 기쁨 • 관계 • 동조 • 애착	지각/ 정서적	• 투사와 관계 놀이를 위한 가면과 손인형 • 창의적인 표현과 기술 증진을 위한 미술과 공예 • 집단미술치료/가족미술치료 • 자기위로적인 예술경험(시각, 음악, 무용) • 의식적 · 구조적 표현
피질	• 인지 • 수행 기능 • 자아상 • 사회적 유능성 • 의사소통	인지적/ 상징적	• 인지 기반 양식이 가능하지만 감각과 정서 기반 방식 또한 여전히 필요 • 미술과 놀이와 함께 독서치료 • 기술 증진과 자존감을 위한 미술치료 • 집단미술치료에서의 팀워크 • 문제해결 기술

미술치료의 신경생물학적 효과에 대해 살펴본 연구들이 있다. 설미정과 이근매(2011)는 콜라주 미술치료가 청소년의 스트레스에 대한 자율신경계 활동에 미치는 효과를 살펴보았다. 적당한 스트레스는 어려움을 극복하고 목표 성취나 동기 유발에 긍정적으로 작용하지만 지나치게 높은 스트레스는 불안, 정서장애, 신체화 증상으로 나타난다. 일반적으로 스트레스의 신체화 증상은 심계항진, 동공 확대, 소화불량 등이다. 스트레스로 인한 신체화는 자율신경계의 교감 및 부교감신경 간의 항상성 부조화에 의해 발생한다. 자율신경계의 교감신경이 자극되면 심박수 증가, 동공 확대, 위장관의 효소 분비 억제 등과 같이 신체가 긴장되고 이와 반대로 부교감신경의 자극은 심박수 감소 등과 같이 신체가 이완된다. 콜라주 미술치료는 짧은 회기 동안 간단한 매체를 사용하여도 효과적으로 스트레스가 이완되었고, 자율신경계 상태를 스트레스 전의 상태로 회복시키며, 컴퓨터 게임이나 텔레비전 시청을 할 때보다 심리적 이완 상태가 유지되었다. 만다라를 활용한 집단미술치료가 초등학생의 뇌 기능에 미치는 효과를 살펴본 이봉화와 최선남의 연구(2011)에서는 집단미술치료 후 뇌 기능의 변화가 있었으며, 특히 자기조절, 주의(좌뇌와 우뇌), 활성(우뇌), 정서에 효과가 있었다.

2. 정신분석 미술치료

1) 기본적 이해

Freud의 정신분석은 대부분의 심리치료이론의 근간이 되었으며 지금까지 미술치료 발달에 중요한 영향을 미치고 있다. 정신분석 치료의 목표는 무의식을 의식화하여 자아를 강화하고 성격 구조를 건강하게 변화시키는 것이다. 증상의 제거에 초점을 맞추기보다 증상을 일으키는 무의식적 갈등과 성격적 문제의 해결을 목표로 한다. 자기이해와 통찰을 위해 현재의 문제와 관련있는 억압된 무의식적 충동과 갈등을 깊이 있게 탐색한다. 내담자의 무의식적 갈등을 탐색하여 의식화함으로써 자아가 강화되고, 강화된 자아의 통제하에서 본능적 충동과 무의식적 갈등에 현실적이고 합리적으로 적용하며 문제가 해결된다. Freud는 꿈이 무의식의 왕도라고 하였으며 시각적 심상을 설명하는 것이 대부분의 내담자에게 가장 의미 있다고 하였다. 그는 첫 번째 아동분석 사례인 Little Hans 사례에서 그림을 활용하여 분석하였으며 정신분석 미술치료 접근의 기초가 되었다.

우리는 독특한 심상으로 꿈을 경험하고…… 꿈의 일부를 설명하기 어려운 것은 이러한 심상을 언어로 해석하지 못하기 때문이다. 꿈을 꾼 사람들이 종종 우리에게 "나는 그것을 그릴 수 있어요." "그러나 그것을 어떻게 말해야 할지는 모르겠어요."라고 말한다(Freud, 1977).

Freud의 견해는 무의식의 내용을 심상을 통해 표현하는 투사기법의 발달 등에 영향을 미쳤다. 정신분석이론에서 자아방어기제(ego defense mechanism)는 중요한 개념이다. 건강하고 바람직한 방어기제 중 하나인 승화는 미술표현과 관련이 있다(Kramer, 2004). 정서와 감정이 깊게 감추어진 내담자일수록 그들의 기억은 무의식 속에 더 깊이 침잠해 있다. 내담자의 무의식적 기억과 심상을 미술을 통해 표현함으로써 건강하게 승화할 수 있다. Freud의 딸인 Anna Freud도 성인에게 적용하는 자유연상기법을 아동에게 사용할 수 없기 때문에 미술표현을 치료의 보조재료로 인정하고 미술과 기타 표현활동을 사용하였다. Naumburg(1966)는 정신분석 과정에서 자유화를 활용하였다. 그녀는 미술치료의 미술표현이 개인의 무의식적 내용을 바로 심상으로 바꾸어 주는 역할을 한다고 하였다.

환자의 환상, 백일몽 그리고 공포로 표현되는 무의식은 언어보다는 그림에 직접적으로 투사될 수 있다(Naumburg, 1966).

Krammer(1979, 2000)는 Freud의 성격이론과 미술치료를 통합하여 아동의 심리치료에 사용하며 Freud가 주장한 자아방어와 승화를 강조하였다. 전통적 정신분석 기법을 훈련받은 Rubin(1978)은 미술치료를 사용할 때 환자에 대한 정신분석적 이해가 증가한다고 하였다.

2) 치료적 개념 및 기법

(1) 전이와 저항

정신분석에서는 전이와 저항에 대해 분석하고 다루는 것이 중요하다. 전이는 내담자가 자신의 삶에서 중요한 인물에 대한 감정을 치료자에게서 느끼는 것이다. 치료자는 자신에 대한 내담자의 태도, 행동, 감정 등을 주의 깊게 관찰하고 전이가 일어나는 것을 살펴야 한다. 전이가 일어날 때 내담자가 보이는 반응이 치료자에 대한 것이 아니라 과거의 주요 인물에 대한 것임을 알아야 한다. 아동상담에서 전이를 다루는 태도는 다음과 같다(Gerald & Gerald, 2004).

- 내담자가 치료자에게 미해결 과제나 특별한 감정을 떠올리는지 명확하게 인지한다.
- 치료자는 객관성을 지니도록 노력하고 부모처럼 행동하는 것을 지양한다.
- 내담자가 자신의 행동에 대해 스스로 인식하도록 한다.
- 내담자가 일반적인 부모−자녀관계에 대한 지각을 가지도록 한 후 자신의 가족을 살펴 보도록 한다.

저항은 내담자가 무의식적으로 현재의 상태를 유지하려고 하며 치료의 진행을 방해하는 것이다. 치료자가 핵심적 문제에 집중하는 것을 방해하는 내담자의 행동들이다. 저항은 내담자가 자신의 문제와 상황에 대한 고통스러운 감정을 회피하려는 이유에서 일어난다. 치료 시간에 발생하는 내담자의 저항은 다양하지만, 예를 들면 다음과 같다.

- 자신이 처한 문제에 대해 말하기를 꺼리거나 회피한다.
- 침묵으로 시간을 보낸다.
- 공격적으로 행동한다.
- 산만하게 행동한다.

치료자는 내담자가 자신의 문제를 해결하고 싶어도 밖으로 드러내기 힘들어한다는 것을 인식해야 한다. 또한 내담자가 저항에 직면하도록 도와야 한다. 예를 들어, 부모에게 신체적 학대를 받은 내담자는 작품활동이나 대화 중에 가족, 부모와 관련된 활동에 참여하지 않으려고 하거나 말을 하지 않고 침묵으로 일관할 수 있다. 때로는 부모에 대한 이야기는 회피하면서 공격적이고 산만하게 재료를 사용할 수도 있다. 이때 치료자는 내담자를 공감하고 지지해야 한다. "아빠와 엄마에 대해 선생님에게 이야기를 하는 게 겁이 날 수도 있겠구나. 선생님도 겁이 나거나 화가 나면 이야기하고 싶지 않을 때가 있어." 등의 반응으로 내담자의 두려움 등 부정적인 감정을 수용하고 인정한다.

(2) 자발적 미술표현

자발적 미술표현(spontaneous art expression)은 정신분석 및 분석심리 접근에서 무의식으로 들어가는 통로로, 미술치료의 핵심으로 간주된다. 내담자가 스스로 심상을 만들어 가는 비지시적인 방법으로 자유화 또는 자유작품이다. 내담자가 원하는 것을 무엇이든 색칠하고 조각하도록 하며, 어떤 재료를 선택하느냐도 내담자의 자율에 맡긴다. 자발적 표현의 목적은 자유연상(free association)처럼 내담자가 자신을 괴롭히는 고통을 가능한 한 많이 표현하도록 하는 것이다. 치료자는 내담자가 자발적으로 심상을 만들고 자신이 표현한 것에 대한 심리적 의미를 찾도록 하는 역할을 한다. 자발적 미술표현을 촉진하는 방법으로 난화가 있다(Cane, 1951; Naumburg, 1966). 미술치료에서 난화기법은 다양하게 활용되지만 정신분석 접근에서 가장 많이 적용된다.

난화기법의 장점과 방법은 다음과 같다.

- 즉흥적으로 심상을 떠올리기 어려운 내담자에게 용이하다.
- 내담자가 심상을 형성하고, 생각과 감정을 투사하기 쉬워진다.
- 가장 간단한 방법은 다음과 같다.
  - 종이 위에 낙서하듯이 선을 그린다.
  - 그린 선들을 보면서 모양, 물건, 형태 등을 연상한다.
  - 점차 정교화시키면서 색깔도 칠해 보도록 한다.
- 자유연상은 두 가지 방식으로 구분하여 진행한다.
  - 내담자가 난화에서 연상할 수 있는 심상을 찾는다.
  - 그런 다음, 난화에 내포된 심상을 생각, 감정, 생활경험과 연관시켜서 언어화한다.
- 재료는 연필, 사인펜, 색연필, 크레파스, 물감, 파스텔, 색스티커, 색종이, 호일, (색)모래 등 다양하게 활용할 수 있다.
- 종이는 중량감이 있는 8절 도화지 이상을 사용하는 것이 좋다.
- 개인과 집단에서 활용할 수 있고, 데칼코마니, 협동화 등 다양한 기법을 적용할 수 있다.

치료자는 다음과 같은 것을 고려해야 한다.

- 심상을 만드는 것은 비지시적이고 내담자의 자율이라는 것을 인식한다.
- 미술매체를 활용하는 방법을 잘 모르는 내담자에게는 활용법을 설명해 준다.
- 필요하다면 간단한 시범을 보여 준다. 예를 들면, 파스텔이나 붓을 사용하는 방법, 난화(scribble) 같은 기법을 보여 준다.
- 미술표현은 상징적 표현을 위한 것이지, 미적 감각을 담아내는 것은 아니라는 것을 알려 준다.
- 내담자의 모든 표현을 수용하고, 가능한 한 많은 정서와 갈등을 담아내도록 격려한다.

난화기법으로는 자유롭게 그린 선들에서 연상되는 이미지를 찾거나 이야기를 만들어 내는 등의 활동을 한다. 난화기법은 활동 자체를 즐길 수 있고 그리기에 대한 부담이 적은 기법이다. 직선, 곡선, 구불구불한 선, 지그재그 선 등 다양한 선에 나타난 이미지와 형상으로 내담자의 무의식적 본능이 표출되고 정서적·행동적 문제와 관련 있는 억압된 정서, 성격을 이끌어 낸다. 규제가 적고 생각과 심상을 자유롭게 표현하므로 편안하고 손쉽게 사용할 수 있다. 난화 속의 이미지는 처음에는 이미지의 완성이나 생각의 추적이지만 창조적 작품으로 이어진다. 난화기법은 다양한 상황에서 사용되지만 특히 다음과 같은 내담자에게 유용하다.

- 자신의 생각이나 감정을 언어로 표현하기 어려운 내담자
- 그림을 그릴 수 없다고 반응하는 내담자
- 자존감 낮아 위축된 행동과 감정으로 그리는 것에 대한 불안이 있는 내담자
- 작품의 독창성이 없으며 고착된 사고방식을 가진 내담자

(3) 꿈 시각화

꿈은 치료적으로 중요한 의미를 지니며 내담자가 미술작품을 통해 자기문제를 이해하고 통찰하는데 도움을 준다. 꿈에 치료적 가치를 부여한 최초의 인물은 Freud이며 꿈을 인과론적 입장에서 이해하였다. 꿈은 인간의 무의식을 파악할 수 있는 유용한 방법으로 자유연상을 통해 개인의 욕구나 충동, 갈등을 비롯한 과거의 상처 등을 알아내고자 하였다. 꿈을 통해서 내담자의 성격구조 특징, 주로 사용하는 방어기제, 겉으로 나타난 행동 뒤에 숨겨진 정신병리, 치료 예후에 대한 정보 등을 알 수 있다(Altman, 1975). 꿈의 중요성은 Freud 이후 Jung 학파, 신 Freud 학파 등에 의해 강조되고 치료에서 중요하게 다루어지고 있다. 치료 초

기의 꿈들은 치료의 초점과 전체에 대한 조망을 준다(Saul, 1972). 치료 초기에 내담자의 방
어가 강화되기 전에 핵심 문제와 갈등을 탐색할 수 있다. Saul(1972)은 꿈의 해석이 정신분
석 기법의 초석이라고 하면서 꿈을 이해하기 위해서는 아동기 양식, 당면한 현실, 전이의 세
가지 측면으로 꿈의 의미를 보아야 한다고 하였다. 초기 아동기의 꿈, 아동기와 이후에 반복
되는 꿈, 과거부터 현재까지 공통적인 꿈의 형식, 현재의 꿈들, 특히 중요한 것은 치료면담
전날 밤 또는 약속이 정해진 날 밤의 꿈이다. 이러한 꿈은 내담자의 문제, 치료와 치료자에
대한 내담자의 전체적 태도를 잘 드러낸다고 하였다.

그림을 통한 꿈 분석에서 내담자는 자신의 꿈을 그림으로 시각화하여 표출한다. 반복되
는 상징적인 꿈에 대해서 공통적인 특성을 발견하고 이를 연상하고 해석함으로써 자신의
핵심 문제를 더 쉽게 이해할 수 있다(전순영, 2011). 꿈을 시각화하여 작업하고 창작물에 대
한 연상과 해석을 통해 통찰과 성장을 도모해 가는 과정이 내담자의 꿈 시각화이다(송제연,
2016). Naumburg(1966)는 무의식의 상징적 경험인 꿈이나 환상이 그림의 실제적인 이미지
들로 나타나고 치료를 통해 직접 변화된다고 하였다. 내담자가 지닌 내면의 이미지를 외부
의 그림에 투사함으로써 희미하고 빨리 잊히는 꿈과 환상의 기억을 고정하고 정화해 준다
(Naumburg, 1966). 정신분석 미술치료에서는 내담자의 내적인 경험의 표현을 격려한다. 내
담자는 치료 시간에 자신의 꿈을 그림으로 시각화하여 표출한다. 꿈을 만들기나 그리기 등
다양한 방법으로 표현하는 것은 꿈과의 창의적 만남이 되어 더 많은 연상을 얻을 수 있고 생
기를 되찾을 수 있다(Taylor, 2007). 꿈 내용은 내담자의 핵심 문제와 아동기 갈등 및 전이 문
제를 압축하고 있으므로 매 회기마다 작품으로 남기면 중요한 자료가 된다. 또한 반복적으
로 꾸는 상징적인 꿈에서 공통적인 특성을 발견하여 연상하고 해석함으로써 자신의 핵심 문
제를 더 쉽게 이해할 수 있다. 하지만 꿈에 나타난 상징의 의미는 모든 사람에게 동일하지
않으며 상징이 가진 의미는 한 가지 이상일 수 있으므로 꿈을 꾼 사람이 그 의미를 찾아내야
한다(Ackroyd, 1993).

꿈에 대한 관점은 이론들마다 차이가 있지만 정신분석, 분석심리, 개인심리, 실존주의, 게
슈탈트 등 여러 이론과 학자가 꿈의 치료적 가치를 제시하였다. 꿈의 이미지와 상징을 시각
화하여 미술치료에 적용하는 대표적인 이론은 정신분석과 분석심리 치료접근이다.

(4) 해석

해석은 내담자의 통찰과 문제 극복을 위하여 중요하며 전통적 정신분석에서 주요한 치료
방법이다. 치료자가 내담자의 정신적 삶을 충분히 이해하고 공감하며 상호작용하는 것이 무

엇보다 중요하다. 내담자의 미술활동뿐만 아니라 다양한 활동과 전체적인 행동을 모두 중요하게 관찰한다. 해석에서는 내담자의 발달적 특성과 준비도를 고려하여야 한다. 내담자가 아동이라면 해석을 전달하는 시점과 방식을 더욱 신중하게 결정하여야 한다. 일반적으로 깊은 무의식적 자료보다 표면적인 자료를 먼저 해석하고 욕동보다 방어를 먼저 해석한다. 치료자의 해석을 내담자가 이해하고 받아들일 수 있는 시점과 방식을 선택하여야 한다. 이러한 점을 보완하기 위하여 미술치료에서는 치료적 은유를 사용하여 해석하기도 한다. 정신분석 미술치료에서는 미술활동 안에서 치료적 상징과 은유가 될 수 있는 미술을 사용하기 때문에 이러한 과정에서 자연스럽게 해석을 전달할 수 있다. 나이, 정서적 성숙 정도, 갈등의 내용과 질에 따라 내담자가 치료자의 해석을 이해하고 수용하는 정도는 다르다.

이론가에 따라서 해석에 대한 접근에 다소 차이가 있지만 정신분석의 기본적 원칙은 치료의 초기 단계부터 성급하게 해석하면 안 된다는 것이다. 미술이라는 매체 자체만으로도 활동이 촉진되고 치료적으로 의미가 있을 수 있다. 초기 단계의 성급한 언어적 해석은 내담자에게 위협이 될 수 있다. 초기에는 미술활동이나 작품에 등장하는 인물(또는 동물, 사물)에 대해 조심스럽게 해석을 시도한다. 내담자가 제3의 인물(또는 동물, 사물)을 통해 심리적 간격을 충분히 유지한다면 안전감을 느끼며 문제를 통찰하고 극복하는 정신적 활동을 촉진할 수 있다. 예를 들면, 내담자가 그림을 통하여 가족에 대한 분노, 공격성, 좌절감 등을 표현한다고 가정해 보자. 치료자는 먼저 가족 안에서 느끼는 내담자의 감정을 살펴보고 가족 내 역동을 추론해 볼 수 있다. 내담자의 정서와 가족의 역동을 직접적으로 해석해 주는 것보다 그림 속의 유사한 모습을 나타내는 인물(또는 동물, 사물)을 선택하여 내담자의 감정과 역동을 해석해 줄 수도 있다. 이와 함께 내담자의 공격성을 보다 효과적으로 표출하고 조절하도록 도와야 한다. 이러한 과정에서 유용한 매체는 물감, 고무, 찰흙, 종이, 색연필 등이다(Kernberg & Chazan, 1991). Klein(1955)은 Freud와 다른 정신분석가들의 원칙과는 조금 다른 해석을 실시하였다. Klein은 내담자의 불안과 방어를 가장 중요하게 여겼고 내담자가 보여 준 자료들 중에서 가장 긴급하다고 생각되는 것을 해석해 주었다. 그녀는 치료의 초기 단계에서도 부정적인 전이가 일어나면 내담자가 당황하지 않는 상황에서 바로 해석을 해 주었다.

꿈의 이미지와 상징을 시각화하는 미술치료 사례

　미술치료에서는 무의식의 상징적 경험인 꿈과 환상이 내담자가 그린 그림에 이미지로 표현된다. 미술을 통한 꿈 분석에서 내담자는 꿈을 시각화하여 표출한다. 특히 내담자가 반복적으로 꾸는 상징적인 꿈에 나타나는 공통적인 특성을 발견하여 연상하고 해석하는 것으로 내담자의 핵심 문제를 더 쉽게 이해할 수 있다.

　미술치료에서 내담자의 꿈 시각화와 꿈 변화를 연구한 송제연(2016)은 꿈의 한 장면을 시각화하는 것은 중요한 치료적 과정이므로 내담자의 표현을 지지하고 저항을 줄이기 위해 매체의 선택이나 활동, 주제 및 내용을 내담자가 원하는 방식으로 결정하게 하였다. 미술매체가 위협적이지 않도록 내담자에게 친밀한 매체를 주로 준비하였다. 초기에는 치료적 동맹관계 확립, 중기에는 자발적이고 적극적인 꿈 탐색, 종결에는 섬세하게 감정을 인식하고 수용하도록 심리적 변화를 도왔다. 매 회기(60분)마다 명상과 함께 꿈을 다시 꾸어 보는 꿈의 재경험화 과정, 꿈 내용을 시각화하는 작업, 연상과 확충 작업, 통찰된 메시지를 찾는 작업으로 구성하였다. 이 연구에서는 고도로 훈련된 전문가뿐만 아니라 미술치료 현장에서도 꿈을 다룰 수 있는 방법을 제안하기 위해 정신분석이나 분석심리 등 특정한 이론을 적용하기보다 꿈 시각화 작업은 치료자와 내담자 간의 협력적 과정이며 내담자가 자신을 이해하고 받아들이는 과정으로 접근하였다. 또한 꿈과 미술은 내담자의 내면 깊숙한 무의식이 다루어질 가능성이 크기 때문에 어느 정도 내담자의 자아강도가 필요하다고 제언하였다. 치료자는 다수의 꿈 분석을 포함한 4년간 170회의 정신분석을 받은 경험이 있다. 꿈 시각화를 통한 미술치료가 진행되면서 내담자는 심리적 변화가 나타나고 꿈의 내용과 주제도 변화하였다. 미술치료 상황에서 이루어진 심리적 변화는 일상생활에 반영되었고 다시 꿈의 내용에 영향을 미쳤다.

　내담자(44세, 여)는 전문직 남편, 자녀 1명과 살고 있으며, 청소년기부터 악몽에 시달렸기 때문에 꿈에 대한 관심이 높았다. 여성 속옷 디자이너였는데, 출산 후 큰 언니에게 위탁하여 키운 자녀가 아스퍼거 증후군 진단을 받고 죄책감과 직장 내 관계의 어려움 등으로 은퇴하였다. 4년 전부터 프리랜서로 일하면서 미술치료 석사과정에 진학했고, 졸업 후 아동발달센터를 운영하며 원가족과 경제적인 문제로 법적 분쟁 중이다. 주호소 문제는 다음과 같다. 첫째, 치료자로서 자신에 대해 객관적으로 알고 싶다. 둘째, 내면으로부터 올라오는 괴로운 감정, 즉 공허감과 불안감의 원인을 파악하고 싶다. 셋째, 폐소공포나 고소공포, 오래된 신체화 증상의 완화이다. 디자이너라는 직업을 즐겼다고 말했지만 항상 날카로운 칼끝에 서 있는 기분이었고 회의 때마다 호흡곤란과 같은 신체 증상이 있었다.

꿈 내용 시각화	해석
1회기의 꿈과 꿈 시각화: 인테리어 설계 중인 센터에 살아 있는 것도 같고 죽어 있는 것으로도 보이는 커다란 나무 뿌리가 바닥에 있었고 그 모습이 멋있어서 보존하려고 위에 유리판을 깔았다는 꿈이다.  자궁 속의 씨앗, 색 캔트지, 270×390mm	치료(연구)에 참여하기로 결정한 다음 날 꾼 첫 회기 꿈을 탐색하며 내담자는 자신의 근원은 물론 세상을 관통하는 법칙을 찾고 싶다고 했다. 내담자는 전능감의 힘을 사회적 능력으로 활용하여 성공했지만 감추어진 공허감과 외로움, 불안은 샤머니즘에 대한 의존 등 상반된 모습으로 나타났다. 뿌리는 식물체를 지지하고 물과 양분을 흡수하는 기능을 하며 다른 식물기관에 비해 형태적 일치를 보인다. 땅속 깊은 곳, 바로 세계의 중심에서 지하수와 접촉하는 나무의 세계로 자라는 나무이다(Cooper, 1978). 최초의 꿈은 미래의 방향성을 암시하기도 하는데 치료자는 내담자가 찾고 있는 근원이란 인간 종(種)으로서 보편적 특성을 인식해야 함이며 보다 인간적이고 한편으로 야성적인 것임을 제안하였다. 이에 대해 내담자는 꿈에서 성장을 위한 잠재 능력의 상징(Ackroyd, 1993)으로서 씨앗을 보았고 자기를 상징하는 만다라로 시각화하여 받아들였다.

정신역동 미술치료 사례

정신분석에 기초를 둔 정신역동 치료는 내담자의 무의식적 갈등과 유아동기 핵심감정을 중요하게 다룬다. 정신역동(Psychodynamic)은 과거의 감정흐름이 내면에 자리잡아 '지금-여기' 현실에서 끊임없이 반복적으로 일어나는 감정양식이다. 정신역동 미술치료는 정신분석 미술치료에 기초를 두며 Naumburg는 자신의 접근을 역동적 미술치료(Dynamically oriented art therapy)라고 하고, 치료에서 미술을 적용할 때 정신분석가들의 방법을 모델로 하여 자유연상을 치료기법으로 활용하였다. 내담자의 그림을 상징적 대화의 한 형태로 보고 언어적 의사소통도 중요하게 여겼다. 정신역동 미술치료의 목표는 첫째, 문제를 일으키는 억압된 내적 갈등을 드러내고, 둘째, 무의식적인 생각과 느낌이 현재 자신의 행동과 어떻게 연관되는지 통찰하며, 셋째, 치료과정을 정서적·인지적으로 이끌어 전이가 일어나면 내담자가 전이를 통찰하도록 돕고, 넷째, 통찰을 통해 학습한 것을 시행착오를 겪어도 일상생활에서 지속적인 훈습을 통해 재학습하도록 도와준다.

전순영(2003)은 집단따돌림 피해 학생의 어머니(35세)와 아동(7세, 여)을 대상으로 정신역동 미술치료를 적용하였다. 어머니를 대상으로 30회기 동안 실시한 내용의 일부를 소개한다. 내담자는 자라는 동안 직업이 없고 가정폭력을 일삼는 아버지 때문에 장사를 하며 생계를 책임지느라 바빴던 어머니의 관심과 사랑을 받지 못하고 늘 불안하였다. 치료의 초기 단계에는 자유연상에 기초한 자유로운 미술표현 활동을 중심으로 억압된 감정을 표출하고 그 느낌에 대해 말로 자유롭게 대화함으로써 자신의 문제를 이해하도록 하였다. 중기 단계에는 내담자의 아동기 핵심감정이 과거와 현재에도 계속 작용하고 있다는 것을 치료 초기보다 명백히 드러내도록 하며 이를 내담자가 통찰하도록 하였다. 종결 단계에서는 그림을 통해 자신의 핵심감정의 원인과 패턴을 어느 정도 이해하고 계속적인 훈습을 통해서 의존성은 독립심으로 책임전가는 책임수용으로 변화시켜 나아가도록 하였다. 아동에 대한 공격적·적대적 양육태도가 감소하고 수용적·애정적으로 변화함으로써 아동의 집단따돌림과 일상생활 행동이 개선되었다.

꿈 시각화 작품	내용
 • 어린 시절 기억: 어머니의 사랑을 못받음. 어린 시절의 첫 기억은 남동생과 내가 같이 홍역을 앓았는데 어머니가 양옆에 나와 동생을 눕히고 번갈아 안아 주고 보살펴 주었다. 항상 일로 바빠서 나를 포근히 안아 주지 않던 엄마가 오랜 시간 동안 안아 주고 보살펴 주어서 몸은 아팠지만 마음은 너무 기뻤다. 두 번째 기억은 아버지가 집에 들어서면서 대문을 발로 차고 고함을 치면서 공포 분위기를 만들고 트집을 잡았다.	• 핵심 역동: 무시와 박탈. 이에 따른 부정적인 자아상 • 적대적 양육태도: 자신의 부정적인 모습을 그대로 닮은 딸이 불쌍하면서도 밉고 보기 싫다. 몸이 약하고 왜소한 딸의 모습을 보거나 시댁식구나 동네 사람들이 "왜 저렇게 아이가 약하지." 하면 마치 자신을 무시한 것 같고 분노가 치솟으며 그러한 감정을 주체하지 못하고 딸에게 그 원망과 불만을 퍼붓게 된다.

• **반복되는 꿈:** 고등학교 때 불우학생 장학금을 성적 우수 장학금으로 거짓말한 것이 알려져서 창피했던 사건으로 우울, 죽고 싶은 마음과 잡념으로 공부에 집중할 수 없었다. 이후 지금까지 고등학교 때 나랑 별로 친하지 않은 여자아이들이 여러 명 나타나서 나를 비웃고 있는 꿈을 반복적으로 꾼다.

• **연상:** 이런 꿈을 꾸고 나면 항상 기분이 불쾌해지고 반드시 시어머니, 동서와의 갈등으로 몇 일간 마음고생을 한다. 시어머니가 질책하며 동서와 비교하고 동서의 야유와 얄미운 행동들이 자신을 자신감 없게 만들어 사람 만나는 것을 더욱 두렵게 만든다.

• **아이 꽃과 나의 꽃:** 치료를 마치면서 지금의 아이와 나를 함께 생각해 보면서 그렸다. 이것이 제일 시급하고 고쳐야 할 나의 문제이다.

• 요즘 아이의 문제행동이 좋아져서 마음이 안정된 것 같아 겉으로는 마음이 잔잔한 호수같지만 내면은 불안정하고 추락하는 마음이 여전히 잠재해 있다. 아이의 장미꽃은 이제 사랑으로 피어나지만, 반대로 내 장미꽃의 반쪽이 시들고 병들어가는 모습이다. 아이의 집단따돌림은 해결되었지만 초등학교 진학 등 미래에 대해 불안이 표현되었다. 미리 걱정하는 성격에 대해 통찰하고 앞날에 대하여 희망을 가지려고 한다.

• **양육태도 개선–아이의 집단따돌림 피해 개선:** 아이에게 화내고 짜증내며 신경질을 내는 것을 자제하고 그런 마음이 들어 도저히 못 참겠으면 밖에 나와 산책을 함으로써 상황을 회피하고 나를 되돌아본다. 만약 부적절하게 화를 내면 아이에게 사과하고 자신의 상황과 입장을 설명한다. 아이의 이야기를 잘 들어주고 자신의 양육태도가 변화하여 아이도 집단따돌림을 덜 받고 자기주장이 생기며 엄마 눈치를 덜 보고 명랑해졌다.

3. 분석심리 미술치료

1) 기본적 이해

Jung은 인간의 무의식을 한층 더 심층적으로 연구하였다. 무의식을 개인무의식과 집단무의식으로 나누어 개념화하고, 인류 역사 이래로 전해져 내려온 집단의 정신문화인 집단무의식을 찾고 이해하려고 하였다. Freud가 무의식을 발견하였다면, Jung은 모든 인간이 집단무의식을 공유하고 있다고 하였다. 모든 문화권은 공통된 일반적인 원형(archetypes)을 가지고 있고, 원형은 신화, 동화, 관습 등에 내재되어 있으며 꿈이나 미술 속에도 담겨 있다. 자아(ego)는 의식의 중심으로 '의식화함으로써' 생겨나고 끊임없이 변한다. 자아는 개인마다 다르고, 시대의식과 문화권에 따라 그 특성과 방향이 다르다. 자아가 의식의 중심이라면 자기(Self)는 전체 정신의 중심이다. 자기실현은 무의식을 의식화하여 의식의 중심인 자아가 전체 정신의 중심인 자기에 가까이 가는 과정이다. 아무도 개인이 무엇을 가지고 태어났는지 모르며, 개인 정신활동의 무한한 가능성이 아직 무의식 속에 있다. 정신은 무의식을 의식화함으로써 전체가 되며 아직 모르는 크기의 전인격을 실현한다. 분석심리 미술치료는 심리적 문제의 원인이 되는 무의식의 내용을 의식화하는 작업을 통해 무의식의 내용을 의식에 통합시켜 내담자의 자아를 새롭게 해 준다. 이를 통해 내담자가 스스로 자기실현의 길을 가도록 돕는다. 자아는 자기실현의 전제조건이다. 자아는 의식의 중심으로서 의식을 통제하고 견고히 하며, 동시에 무의식의 내용을 의식으로 받아들여 동화시키거나 그 뜻을 인식한다. 아동청소년기에는 자아와 의식을 강화하고, 페르소나를 형성하여 외부세계와 긍정적인 관계를 맺으며 적응해야 한다.

아동청소년기는 사회적 책임, 사회적 행동규범을 확실하게 배워 나가는 시기이며, 그 가운데서 자아가 취해야 할 결단과 의지를 모색한다. 청소년기는 삶 속으로 나아가는 시기이며, 청소년기 신경증은 삶을 두려워하거나 삶에서 물러서려 할 때 생긴다. Jung은 무의식의 의식화를 강조하면서도 태어난 환경, 부모-자식 관계, 부모의 양육태도, 심리상태가 아동에게 미치는 영향도 중요하게 생각하였다. 문화적 다양성이 다양한 성격에 영향을 미치고 전통문화로부터의 단절이 심각한 심리적 문제를 일으킬 수 있다고 하였다. 전체 정신은 무의식뿐만 아니라 자아의식, 페르소나를 모두 포괄하는 것이다. 자아의식과 페르소나도 본래는 무의식에 뿌리박고 자란 것이기 때문에 그것들과 무의식의 통합은 자기실현의 과제이다. 분석심리학에서는 가족력이나 생활사만으로 그 개인의 전체를 판단하지 않는다. 문화적 · 환경적 제약을 넘어서는 개인의 창조성과 발전 가능성을 무의식에서 찾는 것이 특징이다.

미래의 전인격을 상징하는 자기원형상은 이미 아동의 꿈에 활발하게 나타나고 아동의 의식에 밀려들어 잊을 수 없는 인상을 남기며 사춘기에도 강력한 원형적인 꿈들이 의식의 문을 두드린다. 자기실현이 본격적으로 시작되는 시기는 중년기 이후부터이며 그 이전에는 자아의식의 강화와 발전이 중요하다. 하지만 그 이전에 무의식은 일찍부터 개체의 전체성을 일깨우고 상징적 메시지를 내보낸다. 청소년기는 자아의식이 발전하고 이상적인 자신의 모습을 구현하는 과정에서 무의식의 열등 인격(기능)인 그림자가 짙어지고 외부로 투사되는 경향이 있다. 친구 사이에도 싫고 좋음이 뚜렷하며 모든 것을 선과 악으로 구분한다.

Jung은 미술치료에서 심상의 상징적 역할에 대해 Freud와 다른 견해를 보였다. 자기분석의 방법으로 미술을 사용하였고, 분석과정에서 개인의 경험을 심상의 중요한 기초로 사용하였다. 개인의 숨겨진 가능성을 찾는 것이 중요하며 인생의 의미와 통합을 구현하는 자기실현을 돕기 위해서 개인의 심상을 찾는 작업에 몰두하였다. 의식과 무의식 간의 대화 통로를 마련해야 심리적 평형을 이룰 수 있다는 신념을 가지고 있었다. 이러한 평형에 도달하는 방법으로 미술, 꿈과 같은 상징재료를 찾아냈다. 융은 환자에게 그림을 그리게 하고 다음과 같이 이야기하였다.

> 이 방법의 목적은 무의식의 내용에 접근해 보는 것입니다. 당신이 이해할 수 있게끔 무의식의 내용에 더 가까이 다가가기 위한 것입니다(Jung, 1934).

영국의 미술치료자인 Schaverien(1977), McNeilly(2005), Simon(2005) 등은 Jung의 분석원리와 미술치료를 통합하여 미술치료 과정에서 심도 있게 접근하였다. Jung 분석으로 훈련받은 영국의 치료자인 Edwards(1987)는 분석심리학과 미술치료를 통합하려고 하였고 이러한 시도는 최근에도 이어지고 있다. 분석심리학적 접근은 심상의 중요성을 강조하고 미술표현과 꿈을 통한 원형재료를 이용하며 이러한 원형재료는 정신의 변환 기능을 가진 중요한 변환체이다.

2) 치료적 개념 및 기법

(1) 자발적 미술표현

정신분석 미술치료와 같이 분석심리 미술치료에서는 자발적 미술표현이 핵심적 치료 개념이며 기법이다. Furth(1988)와 Bach(1966, 1990)는 분석적 접근으로 미술표현을 이해하는 것을 선호하며 자발적 표현이 정서적 갈등, 신체적 고통, 죽음을 전제로 하는 내담자에게 유용하다고 하였다. 자발적인 그림은 즉흥적인 표현활동이기 때문에 무의식의 내용뿐만 아니라 개인의 직관과 내적 치유 능력을 찾아내는 데 유용하다. Jung, Furth 그리고 Bach는 자발적 미술표현이 개인의 심리적 내용을 변형시키기도 하지만 억압된 감정을 담아낸다고 하였다. 자발적 표현이 중요한 기법이지만 Furth는 질병을 앓고 있는 내담자에게 분석심리 접근을 할 때, 투사적 그림(예: 집-나무-사람 검사) 또는 치료자가 지시한 그림이 유용하다고 하였다. 즉석에서 그리도록 함으로써 내담자가 무의식적 내용을 드러내어 효과적이라는 것이다.

그림을 그림으로써 이미지의 상징을 통해 무의식의 내용을 표현하고 감정 기능을 활성화시켜서 무의식의 창조적 기능을 자극한다. 구체적인 대상을 그리게 하는 작업 위주가 아니라 무의식을 가능한 자유롭게 표현하도록 한다. 내담자의 꿈이나 환상에서 보았던 것을 실제로 그리도록 한다. 환상이나 꿈같은 무의식의 내용을 그리거나 손이 가는 대로 무의식에 내맡기는 태도가 중요하다. 미술이라는 매개를 통해 내면의 숨겨진 부분을 밝힘으로써 의식적 이해와 성장을 위한 변형을 촉진한다. 모든 생명체는 자연스러운 성장 경향이 있고 미술치료는 내담자의 창조성과 잠재된 능력을 발현하도록 한다. 색채, 공간, 형태 등은 상징표현으로서 내담자의 무의식에 있던 문제들을 의식으로 끌어올린다. 그림의 상징은 치유적인 힘을 활성화시키고 예언적이면서도 미래지향적 의미를 도출한다. 작업을 하다 보면 그림에 새로운 색과 형태 상징을 추가하게 되는데, 이는 자신에 대한 이해가 넓어졌음을 의미한다. 심상을 그림으로 표현하는 과정에서 건강한 창조성을 통해 자아에 대한 자각이 일어난다.

사람마다 개인차는 있겠지만 치료 초기에는 그림자(shadow)를 다루게 되고, 후반기로 접어들면 여성 속의 남성성인 아니무스(animus), 남성 속의 여성성인 아니마(anima)가 의인화되어 나타난다. 처음에 이러한 것들은 투사를 통해서만 경험되는데, 치료자는 그림자, 아니마, 아니무스가 내담자의 내적인 부분들이라는 것을 인식하고 통합하도록 돕는다. 무의식의 집단적 혹은 개인적인 영역은 이미지와 상징을 통해 그림에 표현된다. 내담자가 매체를 통해 표현한 수많은 상징은 창조적 원천으로서 자신을 긍정적으로 찾아가는 탐색 과정이며 개성화 과정이다. 미술에 미숙한 사람들이 그린 자발적인 미술이 오히려 더 생생하고 독창적일 수 있다. 미술치료자는 내담자의 개성화 과정에 안내자 역할을 해야 한다. 개성화 과정은 상대적으로 인생의 후반부에 더 중요한 과업이다. Jung은 인생의 전반기인 젊은 이들의 주요 과제는 외부세계에 적응하고 자아정체성을 형성하는 것이라고 하였다(Jung & Pacheco, 1969). 이처럼 아동청소년기 학생의 치료적 작업에서는 외부세계와 현실에 적응적인 자아의 탄생과 발달이 더 중요하다.

(2) 확충과 능동적 심상화

Jung(1964)은 정신적 평형을 회복시키고 유지하려는 목적론적 입장에서 꿈을 바라보았고, 의식을 보상하는 것이 꿈의 근본적인 기능이라고 하였다. 분석심리 미술치료에서는 꿈 작업을 미술치료에 활용하고 연상과 확충을 사용하였다. 확충(amplification)은 중요한 분석심리학적 접근법이다. Jung이 개발한 꿈 해석의 한 방법으로 꿈과 환상에 나타난 이미지, 행동, 사건 등에 대한 내담자의 연상을 모아서 신화, 속담, 비교종교학적 의미에 비추어 알아가는 과정이다. 치료자와 내담자가 상징들의 이해를 확장하려는 시도로 어떤 주제가 탐색될 때까지 같은 상징들을 계속해서 재평가하고 재해석한다. 꿈의 이미지에서 생각나는 연상이 전혀 없는 경우도 있다. 어떤 경우든 개인적 연상을 통한 확충을 시도한 다음에는 인류가 아득한 옛날부터 무엇을 연상해 왔는지를 알아볼 필요가 있다. 꿈에 나타나는 모든 것, 동물과 식물, 물과 산, 바위와 돌, 인물, 괴물, 신령 등은 모두 심리적 콤플렉스들의 상징적 표현이다. 자유연상은 개인무의식적 콤플렉스에 도달하게 하지만 꿈의 상징들이 말하는 것을 찾아내려면 상징 그 자체에 초점을 맞추어 머물러야 한다. 그래서 비개인적인 연상 역시 수집되어야 하는데, 그것들이 꿈의 원형적 혹은 초개인적인 영역을 이해하는 데 중요한 단서를 제공한다.

자유연상으로는 본래의 이미지가 다른 이미지로 비약되기 때문에 본래의 이미지를 중심으로 연상을 집중적으로 하는 확충을 사용한다. 이러한 과정에서 심상은 그 내용 자체만으로 해석되지 않고, 그 내용이 상징하는 것과 상징 그 자체가 의미 있게 해석되는 측면이 무엇인지 추측해 나간다. 예를 들면, 신발 그림에 대하여 자유연상을 하면, 신, 발, 신발장, 옷, 침대라고 말할 수 있다. 자유연상은 후속되는 연상자극 간의 연결고리를 촉진하는 측면이 있다. 하지만 확충의 경우, 신, 발, 샌들, 스타킹이라고 말하게 된다. 확충은 가급적 신발이라는 최초 심상에 가까이 있도록 격려한다. 분석심리 미술치료에서는 그림이 꿈과 같이 알려지지 않은 것들을 나타낸다고 가정하며, 그림의 서로 다른 요소들에 이러한 확충을 적용

시킨다.

내담자의 그림에 대해 개인적 연상을 이야기하도록 하면서, "무엇이 그림을 창조하게 했는가? 어디에서 그리기 시작했나? 그 다음에 무엇이 떠올랐나?"와 같은 질문에 답하도록 유도한다. 이런 과정을 통해 치료자의 편견이나 투사에 의해 내담자의 그림이 손상되지 않도록 하고 치료 작업에 집중하여 살펴볼 수 있도록 한다. 내담자는 미술재료를 선택한다. 내담자의 매체 선택은 이미 무엇인가를 우리에게 말을 해 주고 있으며 매체에 대한 확충이 필요하다. 예를 들면, 내담자가 종이를 선택했다고 하자. 선택된 종이의 질은 심층에서 떠오른 이미지에 부여된 가치를 반영한다. 어떤 내담자가 화장실용 화장지를 선택했다면, 그것은 그려진 것에 가치를 적게 부여했다는 것이 될 수 있다. 하지만 집단적 가치로 나아갈 수 있는 가능성에 대한 암시일 수 있다. 심혼이 상징적 표현을 담아낼 운반자를 값싼 재료로 삼았다는 것이 될 수도 있다(Abt, 2007).

상징과 연관된 것을 찾기 위한 확충으로 능동적 심상화 기법을 사용한다. 능동적 심상화는 Jung(1916)이 꿈과 환상을 이용하여 개인 내면의 창의성(creativity)을 자극하는 방법이다. 융의 제자인 Von Franz는 능동적 심상화를 4단계로 설명하였다(Keyes, 1983). 심상을 일으키려면 이완이 필요하고, 심상에 주의를 기울이면 긴장이 발생한다. 이완과 긴장 간의 균형을 잡기가 어려우므로 많은 인내와 연습이 필요하다.

- 명상과 같은 방법으로 마음을 비운다.
- 어떤 대상에 대한 심상을 떠올리며 정신을 집중한다. 한 심상을 너무 오래 떠올리지 않고 주마등처럼 심상이 지나가게 한다.
- 무엇을 보았는지 기록하거나 경험한 것을 어떤 형태, 즉 미술작품으로 남기게 한다.
- 체험을 통해 얻은 내용을 깊이 생각하도록 한다.

미술표현과 작품은 그 자체로 능동적 심상화의 한 형태이다. 자발적 그리기, 색칠하기, 조각하기 등을 통해 생겨난 심상은 확충과 능동적 심상화의 재료가 된다. 내담자의 심상에 대한 이미지나 꿈을 미술매체를 사용하여 색과 형태로 드러내고, 꿈이나 주제에 대해 떠오르는 상징들이 자신의 내적인 이미지와 일치하는지 탐색한다.

분석심리학적 꿈 분석과 미술치료 사례

Jung은 "이 꿈은 나를 어디로(where to) 인도하려는 것일까?"라는 목적론적 관점으로 꿈에 접근하였다. 꿈은 우리의 신체적 · 정신적 에너지를 조절하고 균형을 잡으려고 시도한다. 내면적인 부조화와 정서적인 고통의 근본 원인을 드러낼 뿐만 아니라 개인이 지닌 잠재력을 가르쳐 준다. 예를 들면, 꿈꾼 이가 의식적 측면만 강조하고 무의식을 무시했거나 소홀히 하여 정신적인 삶에 불균형이 생겨났을 경우, 그에게 부족한 부분을 가르쳐 준다. 정신의 균형을 위해 개선 가능한 자료를 제공하며 변환하기 위해서 꿈을 꾸게 된다. 꿈은 무의식의 메시지이며, 순수하고 비논리적이며 비현실적인 잠재의식을 통하여 현재의 상태에 대한 해답을 상징적이지만 분명하게 제시한다. 여기서 무의식을 존중하고 의식화하려는 자아의 태도가 중요하다. 반복되는 꿈은 정신을 통합하기 위해 특별히 중요한 꿈이다. 특히 개인의 정신적 태도에 대한 특징을 나타내는 무언가를 말해 준다(Jung, 1973).

Jung의 분석심리학적 꿈 분석과 미술치료 접근을 통해 미술치료자로서의 자기성장 과정을 탐구한 김보경(2020)의 연구를 소개한다. 연구자는 자신에 대한 정체성과 진정한 삶의 목적을 발견하고자 미술치료 공부를 시작했지만 회의감이 들고 이제 1년 반 정도의 경력을 가진 초보 미술치료자로서 "이대로 괜찮은가?"에 대한 의문으로 몹시 혼란스러웠다. 자꾸만 의욕을 잃고 쓰러지는 자아를 일으키고자 안간힘을 쓰며 힘든 시간을 보내고 있을 때, 분석심리 꿈 분석과 미술치료와의 만남은 중요한 전환점이 되었다. 연구자는 매주 1회기 60분 동안 상담자와 함께 꿈에 대해 살펴보고 이야기를 나누며 그것에 대해 그림도 그렸다. 연구자의 무의식을 잘 나타내는 대표적인 꿈과 그림, 미술치료 수업 시간에 그린 그림, 인공물을 모두 연구 자료로 수집하였다. 연구자는 최근까지도 길을 찾아 헤매는 꿈을 반복적으로 꾸었다.

"나는 어딘가에서 길을 헤매고 있었다. 낯선 도심의 복잡하게 연결된 골목길, 주변에 상가건물이 많이 보이고 여러 가지 간판도 눈에 띄었다. 초조하고 불안한 마음으로 정신을 가다듬어 목적지를 찾으려고 노력했지만 계속 수포로 돌아갔다. 마침 호의적인 20대의 젊은 남자에게 찾으려는 길을 물었더니, 길을 잃지 않고 잘 찾는 방법을 알려 주겠다고 한다. 안도감이 들면서 이번에는 길을 잘 찾을 수 있겠다는 생각이 들었다."

내용
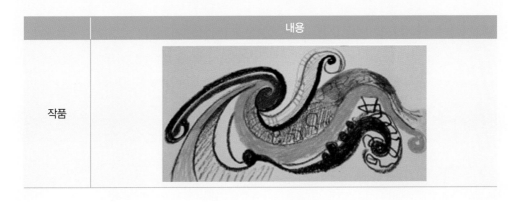

작품

그림에 대한 해석	**꿈에서 길을 찾아 헤매다** 길을 찾아 헤매는 꿈을 파스넷으로 그렸다. 복잡하고 어지럽게 펼쳐진 회색, 갈색, 어두운 푸른 빛 등의 어두침침한 여러 갈래의 길은 다다르면 결국 앞에 벽이 가로막혀 있거나 너무 좁아져 더 이상 갈 수 없는 길들이었다. 구불구불한 나선형의 곡선은 마음의 해방을 바라지만 불확실함에 대한 불안, 우유부단함, 의존적 성향에서 벗어나지 못했음을 나타낸다. 회색의 의미는 양극적 대립들의 통합이나 혼합, 지혜의 상징이거나 서글픈 상실, 악화의 상징이다. 갈색은 대지의 색으로 양분을 주고 보호하고 안정을 주기도 하지만 부패하고 짓누르는 현실(Abt, 2008)을 나타내기도 한다. 어두운 파랑은 평화로운 회귀, 재생, 또는 파괴적 정신에 사로잡힐 수 있음을 표현하고 있다.
꿈에 대한 해석	길은 새로운 세계로 갈 수 있는 연결통로가 된다. 동시에 그것은 한 존재에서 다른 존재로 분리되고 전환되는 길이기도 하다(이상호, 1990). 무의식, 심혼 안에서는 인생의 후반기, 중년의 개성화를 위한 삶을 새롭게 조명하고 내적 목소리에 관심을 기울여야 한다고 요청하고 있다. 내 안의 그림자는 실수를 저지르거나 모순된 행동으로 사건을 일으키기도 한다. 개성화의 과정은 명확하게 알려져 있거나 밝게 드러난 길을 향하여 가는 길이 아니라 아직 알려지지 않은 길, 우리의 본성을 찾아서 주어진 진리를 따라 그에 맞추어 살아가는 것이다(박은숙, 2008).

제**3**장
학교미술치료의 이론적 접근 II

이 장에서는 인지행동 미술치료, 인간중심 미술치료, 게슈탈트 미술치료, 대상관계 미술치료의 기본적인 이해와 치료적 개념 및 기법을 소개하였다.

1. 인지행동 미술치료

1) 기본적 이해

인지행동이론(Cognotive Behavior Therapy: CBT)은 Ellis의 합리적 · 정서적 행동치료, Meichenbaum의 인지행동 수정, Beck의 인지치료 등 인지를 강조한 몇 가지 접근을 융합한 것이다. 부정적 감정을 일으키는 사건에 대한 개인의 해석과 기대, 가정을 이해하는 것이 핵심 개념이다. 개인의 심리적 혼란은 대부분 인지 과정의 혼란으로 인해 생겨나고, 인지를 바람직하게 변화시키면 정서와 행동도 긍정적으로 변화한다. 개인의 행동 이상과 병리적 문제는 성장 과정에서 형성된 고정된 도식에 의해 판단된 왜곡된 사고 형식으로 인해 계속 일어난다. 내담자의 부정적인 행동과 감정의 원인이 되는 부정적 가정이나 규칙을 확인하고 보다 현실적이고 긍정적인 규칙과 기대를 하도록 인지적 재구성을 하며 대안적 방법을 발견하도록 돕는다. 치료자와 내담자 간의 협동적 관계가 기본이며 일반적으로 시간 제한이 있고 심리교육적 요소가 포함된다.

Beck의 인지적 기법, Meichenbaum의 스트레스 접종, Ellis의 REBT는 증상 제거에 기본적으로 목표를 둔다. 인지행동 접근은 지시적이고 구조화된 접근을 하며, 내담자에게 능동적 참여와 심리교육적 중재를 제안한다. 내담자의 부정적 사고를 확인하고 재구조화하여 제거하는 것이 핵심 요소이다. 심리교육을 통해 불안과 우울 같은 증상을 일으키는 내담자의 자동적 반응을 통제하도록 하며 증상에서 벗어나기 위한 기술을 습득하도록 한다. 미술치료, 상담, 심리학, 사회복지 영역의 임상가들은 미술치료와 인지행동이론을 결합하여 사용하고 있다. 인지행동 접근은 외상에 대한 개입에 가장 많이 적용되고, 외상 사건을 재구조화하고 처리하는 과정을 포함한다(Malchiodi, 2008; Steele & Raider, 2001). 일반적으로 미술치료와 인지행동치료는 위기에 처한 아동이 자신의 경험을 묘사하도록 하여 개인적 감정과 부정적 사고를 재구성함으로써 외상 사건의 후유증을 낮추어 준다. 성학대 아동(Pifalo, 2007), 학대 아동(Gil, 2006), 학교집단치료에서 사회성 기술 증진으로 자폐 및 기타 증상(Epp, 2008) 등의 개입에 활용되고 있다.

미술치료는 심상에 기초하지만 인지행동 미술치료는 언어를 활용한다. 치료자는 내담자와 함께 논리적으로 문제를 접근하고, 인지적 평가를 실시하며, 질문에 대답하도록 이끌어 간다. 내담자의 부정적 생각을 글로 쓰고 언어화하며 마음속으로 추적하도록 한다. 내담자에게 목록과 차트를 만들고 정서 수준에 순서를 매겨서 심각성의 정도를 결정함으로써 진행 과정을 스스로 감시하도록 한다. 구조화된 인지행동 접근에서 비언어적 미술표현과 심상 형성 기법을 활용하는 데 중요한 고려점이 있다. 미술활동이 예술적이어야 한다는 내담자의 생각에 대한 대처와 개입이다. 예를 들면, 그림을 그려 보라고 하였을 때 내담자가 "나는 그림을 잘 못 그려요." "나는 그림에 재능이 없어요." "당혹스러워요." "실패할 거예요."와 같이 습관적으로 반응할 수 있다. 이러한 반응에 대한 대처와 개입은 다음과 같다.

- 미술이라는 용어보다 심상이라는 용어를 사용한다.
- "심상을 표현해 보세요."와 같은 요청을 한다.
- 예를 들면, "우울 혹은 불안에 대한 심상을 그려 보세요."라고 말한다.

인지행동 접근에서 정서 형태를 연습하는 방법으로 심상 기법을 사용한다(Meichenbaum, 1985). 심상이 좀 더 정확한 용어이기 때문에 심상이라는 용어를 사용하여 내담자의 갈등을 줄일 수 있다. 내담자에게 우울이나 불안에 대한 심상을 그려 보라고 하면 덜 당황하고 덜 경직될 수 있다. 인지적 재구성을 위한 첫걸음이며, 작품인 미술 심상 형성을 통해 부정적 도식과 가정이 재구성되었는지 확인할 수 있다. 치료자는 내담자들이 원하는 생각, 느낌, 행동을 시각적으로 상상해 보도록 하고, 내담자는 부정적이고 불안을 일으키는 도식과 인지에 대하여 구체적인 표상과 심상을 만들게 된다. 심상 형성은 내담자를 치료적 변화와 회복 과정에 적극적으로 참여시킬 수 있고, 내담자는 그림, 콜라주 등 매체를 통하여 실천 전략을 스스로 깨달을 수 있다. 인지행동 미술치료의 특징은 다음과 같다. 첫째, 구체적인 지시와 설명을 제공하는 구조화된 회기로 진행된다. 둘째, 내담자의 무의식, 과거 경험, 성격 역동에 초점을 맞추기보다 구체적 개입과 전략, 효과성 평가에 초점을 두어 문제해결 중심이다. 셋째, 치료 기간은 8~12주로 비교적 단기간이다. 넷째, 내담자가 미술치료 회기에서 도움 받았던 방법을 사용하여 스스로 관리할 수 있도록 숙제를 부여한다.

2) 치료적 개념 및 기법

(1) 심상 형성

인지행동 미술치료 접근에서 첫 회기는 인지행동 절차를 설명하고, 목표를 설정하며, 정보를 수집한다. 두 번째 회기부터 가능한 한 빨리 심상을 형성하도록 이끄는 것이 좋다. 심상 형성의 한 가지 방법은 언어적 지시를 심상 지시로 바꿔서 요청하는 것이다. 예를 들면, 우울을 일으키는 사건을 적어 보는 것보다 우울을 일으키는 문제를 심상으로 표현하도록 한다. 심상과 문제를 분석하기 위하여 다음과 같은 질문이 도움이 된다.

- 무엇이 문제인가요?
- 심상이 그림의 주인공에게 무슨 말을 하나요?
- 심상을 만드는 동안 어떤 생각이 떠올랐나요?
- 지금 어떤 생각이 마음속에 있나요?

심상 형성은 내담자에게 부담을 줄 수도 있으므로 내담자의 자아 상태를 고려하여 적절하게 사용해야 한다. 내담자가 인지적으로 이해를 하더라도 행동으로 실천하려면 많은 노력과 에너지가 필요하다. 인지행동 접근에서 심상을 활용하는 것은 내담자가 다음과 같은 것들을 경험하도록 돕기 위해서이다.

- 스트레스에 대한 심상 형성: 부정적 감정과 느낌을 촉발하는 스트레스를 확인하고, 스트레스에 대처하는 전략을 개발한다.

- 스트레스에 어떻게 대처할지에 대한 심상 형성: "스트레스 상황에서 내가 무엇을 할 수 있을까" "내가 성공적으로 대처하려면 어떻게 해야 할까"에 대한 심상을 형성하도록 격려한다.
- 문제에 대한 단계별 조정을 하는 심상 형성: 어려운 상황과 문제 행동을 극복하는 방법을 배운다.
- 스트레스 감소에 대한 심상 형성: 그림이든 콜라주든 심상을 만드는 행동은 '부정적'에서 벗어나는(time out) 방법이며, 이완을 이끄는 데 유용하다(Delue, 1998; Malchiodi, 1999). 예를 들면, 치료자는 내담자에게 잡지 등에서 자신에게 위안을 주는 그림을 오려서 생활 공간이나 잘 보이는 곳에 걸어 두도록 한다.

인지행동 미술치료 사례

Beck의 인지치료 가설을 바탕으로 Freeman을 참고한 사카노 유지(2005)의 프로그램을 우성주(2007)가 우울한 중학생을 병원 장면에서 치료한 사례이다. 내담자(중 2, 여)는 중학교에 진학하면서부터 공부에 대한 부담감으로 밤잠을 자지 않고 공부에 매달렸다. 몇 개월이 지나면서 극도의 신경불안 증세를 보이고 하루에도 수십 번씩 손을 씻고 이를 닦는 결벽증과 강박행동을 보였다. 집에 혼자 있을 때는 책상 밑에 몸을 움츠리고 있고, 엄마와 잦은 말다툼 끝에 몸싸움까지 하였다. 잠을 못자고 망상, 환청에 시달리던 내담자를 부모님은 정신병동에 입원시켰다. 병원의 진단은 청소년기 가정불화와 억압적 환경에서 스트레스와 성적에 대한 압박으로 인한 불안과 강박, 수면장애로 인한 우울증이었다.

인지행동 개인미술치료는 총 12회기 진행되었고, 성적에 대한 부담감으로 인해 학습에 대해 거부감이 있었는데 학습욕구와 긍정적 미래전망을 지향하는 변화가 있었다. 부모에게 의도적인 무관심을 보였었는데 부모의 장단점을 구분하고 객관화하여 문제에 직면함으로써 개방적인 모습을 보이며 긍정적으로 변화하였다.

기법	내용
인지적 기법	• 내담자가 지닌 특유의 의미를 이해한다. • 부정적 생각을 긍정적 생각으로 변화시킨다. • 유도적인 연상을 활용한다. • 이미지를 바꾸어 놓는다. • 언어화(음성화)를 활용한다. • 기분 전환을 이용한다. • 직접적 논쟁을 유도한다 • 내담자의 사고를 뒷받침하는 증거에 대해 질문한다.

행동적 기법	• 활동계획표를 작성한다(1주일 단위). • 습득 만족감 계획표를 작성한다. • 단계적인 과제의 계획표를 작성한다. • 독서요법을 활용한다. • 이완, 명상, 호흡 훈련을 병행한다.

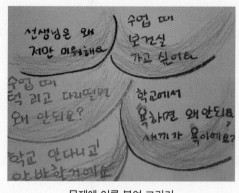

문제에 이름 붙여 그리기

단점에 대안 찾아 그리기

(2) 숙제

인지행동 접근에서는 치료자가 내담자와 협력하여 일상생활에서 실천해야 할 숙제를 개발하여 부여한다. 예를 들면, 자신의 문제 목록을 만들고, 신념을 기록하며, 부정적 자기독백을 정리하고, 내면화된 자기암시를 기록하는 것이 숙제이다. 인지행동 미술치료에서는 신념이나 인지적 가정을 재구성하는 심상을 활용하고, 심상을 통해 내면화된 자기암시를 기록할 수 있다. 예를 들면, 치료자는 노트를 준비해서 내담자가 심상을 노트에 차례로 꽂아두도록 하여 숙제하는 것을 독려한다. 내담자는 비합리적인 생각, 감정을 시각지도로 정리하고 내담자가 경험하는 가장 위축된 생각을 내담자와 협의하여 하루에 1개 이상 적도록 한다. 숙제는 치료 기간 동안에 회기와 회기 사이에 혼자 버티는 시간을 견디고 종결 이후에도 치료효과를 유지하도록 도움으로써 단기치료의 한계를 보완한다.

(3) 부정적 심상의 재구성

내담자가 부정적 생각을 기록하고 충분히 탐색하면, 치료 회기나 숙제를 통하여 자신의 인지적 도식을 인식하기 시작한다. 내담자가 인식을 한다면 인지적 재구성의 과정이 시작된 것이다. 일반적으로 이 과정에서 잘못된 논리를 분석하고, 가설을 검증해 본 후 대안을 찾는다. 합리적인 생각을 하고 실패를 방지하기 위하여 노력한다. 치료자가 내담자의 부정적 사고와 도식을 분석하여 안내하면, 내담자는 미술표현을 통하여 부정적 심상을 변화시키는 경험을 하고 긍정적인 사고와 도식을 개발할 수 있다.

2. 인간중심 미술치료

1) 기본적 이해

인간중심이론은 Rogers에 의해 창시되었고, 기법보다 치료자와 내담자의 관계에 초점을 둔다. 내담자가 삶에 대해 좀 더 자율적이고 자발적이며 자신감을 가지도록 돕는 것이 목표이다. 인간중심 미술치료는 1960~1970년대의 인간 잠재력 운동과 정신분석 미술치료의 반작용으로 발전하였다. 내담자는 문제를 해결하고 치유하며 회복할 잠재력을 자기 내부에 지니고 있으므로 미술치료를 통해 이를 발견하도록 돕는다. 인간은 선천적으로 타고난 성장 가능성을 지니고 있으므로 내담자의 유기체로서 자기실현을 촉진하기 위해 잠재된 창조성을 치유적으로 활용한다. 미술을 통하여 표현되는 내담자의 주관적 경험을 존중하고, 개인이 낙관적이고 건설적인 선택을 한다는 믿음을 토대로 한다. 치료자는 내담자가 자기 내부의 잠재력을 믿고 온전히 발현시키도록 성장환경을 제공해야 한다. 인간중심 미술치료는 Rogers의 철학적 견해에 따라 적극적이고 공감적인 경청과 수용이라는 두 가지 원리를 강조한다.

치료자는 변화하고 성장하려는 내담자의 역량을 촉진하는 수단으로 창의적 미술표현을 사용한다. 인간중심 미술치료에서 '자유'는 중요한 의미를 지니며 관계의 중요한 전제조건이 된다(Rogers, 1977). 자유롭게 작업하는 과정에서 내면의 창조성의 에너지 흐름을 발견하고 조화와 균형을 이루게 된다(Rogers, 2007). 내담자가 경험하는 창조적 작업은 자유로운 자기표현을 높이고 자기이해와 수용을 가능하게 하여 성격적인 균형을 이루도록 돕는다(Rubin, 2001). 자유롭게 매체와 기법을 활용하고 치료자의 공감과 지지 안에서 내담자가 원하는 대로 작업하게 하는 것이 내담자의 자기표현과 자기 믿음을 향상시킨다.

인간중심 미술치료의 목적은 불안(anxiety), 불행감(unhappiness), 기타 감정을 제거하는 것보다 그것들을 미술적 방법을 통하여 참(진정한) 자아의 표현으로 변형시키는 것이다(Garai, 1987). 치료자는 심상과 창의성을 탐색하기 위해서 내담자와 함께 노력하고, 내담자의 자기이해를 위해 지금-여기(Here & Now)에서 내담자의 특별하고 적극적인 참여를 지지한다. 미술치료자인 Garai는 다음의 세 가지 원리에 기초할 때 인간중심 미술치료가 중요하다고 하였다.

- 생활 문제해결을 강조할 때
- 창의적 표현을 통하여 자아성취를 강조할 때
- 자아성취를 대인관계에서의 친밀감, 신뢰성 및 자기초월적 삶의 목표 추구와 연관시키려고 할 때

Silverstone(2009)은 인간중심 미술치료를 다음의 4단계로 제시하였다.

Silverstone(1997)은 인간중심 미술치료에서 미술을 통해서 생각(thinking)과 알아가기(Knowing)의 통합, 의식과 무의식 자료의 통합이 일어난다고 보았다. 이미지 떠올리기는 의도하거나 생각하지 말고 이미지가 저절로 떠오르도록 놓아두는 것이다. 시각적인 이미지로 나타내는 과정은 이미지를 미술형태로 외현화하는 과정이며, 어떤 감정이나 사건들을 묘사하는 그 자체만으로도 치유적일 수 있다고 하였다

2) 치료적 개념 및 기법

(1) 적극적이고 공감적으로 보기

인간중심이론에서 적극적이고 공감적 경청(listening)은 치료자가 내담자에게 완전하게 주의집중하는 것이고 이에 따라 내담자는 자신이 온전히 존중받고 이해받는다고 느낀다. 내담자의 생각과 감정을 반영하고 치료 과정에서 나타나는 것을 명료화하고 요약해 주는 것이다. 내담자의 창의적 표현 과정을 진지하게 지켜보는 것은 적극적이고 공감적으로 보기(seeing)이다. 치료자는 미술을 통하여 내담자가 표현하는 것을 정확하게 이해하고 보아야 한다. Rogers는 치료자가 내담자의 주관적 세계를 이해하고 공감할 때 내담자가 건설적

으로 변화한다고 하였다. 미술표현은 치료자가 내담자의 주관적 세계를 듣는 것뿐만 아니라 보기(seeing) 때문에 내담자의 주관적 세계를 이해하고 공감하는 데 더욱 유용하다. 이 과정에서 치료자는 미술작품을 해석하는 것이 아니다. 내담자가 미술작품을 통하여 말하려고 하는 것을 이해하기 위해서 치료자는 조심스럽게 질문을 한다. 치료자는 미술표현의 내용을 점차적으로 내담자에게 반영해 주고 내담자 스스로 점점 명료화(classification)하도록 돕는다. 예를 들면, 내담자가 집에서 혼자 있는 그림을 그렸다고 가정해 보자. 치료 과정에서 다음과 같은 대화를 나눌 수 있다.

- 치료자는 "네가 그린 것을 내게 이야기해 주렴."이라고 말한다.
- 내담자는 "다른 사람들은 다 가 버렸어요. 혼자 있으니 기분이 별로예요."라고 이야기 해 준다.
- 치료자는 "그림 속의 아이가 집에 혼자 남아서 슬프구나. 누군가 함께 있어 주기를 바라는구나."라고 말할 수 있다.

(2) 수용

치료자가 내담자에게 무조건적이고 긍정적인 존중을 하는 것이 수용이다. 내담자가 미술표현을 통해 치료자에게 무조건적이고 긍정적인 존중을 경험하는 것이 핵심이다. 미술표현의 목적은 내담자가 시각적 양식으로 자신의 느낌과 생각을 자유롭게 표현하도록 하는 것이다. 치료자는 내담자의 창의적 과정을 방해하지 않고 평가하지 않는다. 내담자가 스스로 잠재력을 깨닫고 자기지향과 자기평가를 하며 치료에 대한 책임감을 가지도록 한다. 치료자는 내담자가 긍정적으로 나아가려는 능력이 있다는 믿음과 신뢰를 가져야 한다. 내담자가 어떤 미술표현을 하더라도 판단하지 않고 수용하여야 하며, 내담자가 이러한 치료적 분위기를 느낄 수 있어야 한다. 창의적인 작업이 항상 아름답고 심미적일 필요는 없다는 것을 내담자가 알고 자기표현을 하도록 한다.

Rogers의 딸이자 미술치료자인 Natalie Rogers는 인간중심 미술치료를 적극적으로 옹호하고 이론과 실제에 대한 기초를 제공하였다. 치료자는 내담자의 개인적 경험을 경청하고 존중하는 것이 중요하다. 내담자가 자신의 작품에 대한 느낌과 의미, 해석을 먼저 말하도록 한다. 내담자가 자신의 작품이 무엇을 나타내는지 말하기 전에 치료자가 먼저 피드백이나 해석을 한다면, 미술작품에 대한 내담자의 자발적 반응이나 신선함 등이 사라진다. 내담자의 경험을 존중해야만 자기 지시와 통찰을 위한 분위기가 조성된다. 다음은 임상 장면에서 인간중심 미술치료 원리를 어떻게 적용하는지에 대한 내용이다.

> 나는 미술작품에 대한 내담자의 생각과 느낌을 공유한다. 이후에 나는 "내 생각을 듣고 싶니?"라고 물어본다. 내담자가 그렇다고 하면, 나의 진술한 느낌을 말해 준다. 또한 이것은 내담자의 작품에 투사(projection)하는 나의 마음이라는 것을 말해 준다. 나는 내담자의 작품을 해석하지 않는다. 진솔하게 개인적 반응을 하는 것과 해석을 하는 것은 미세하고 미묘한 차이가 있다. '내가 너의 미술작품을 볼 때, 나는 ……라고 느낀다.' 또는 '나는 너가 표현한 색감을 보면서, ……라고 느낀다.'라는 것은 치료자의 독자적인 반응이다. 예를 들면, "이 작품은 네가 얼마나 우울한지 보여 주는 것이구나. 혹은 너의 현재 삶이 얼마나 혼란스러운지를 보여 주는구나."와 같이 치료자가 해석이나 피드백으로 내담자의 작품이 갖는 의미를 선언적으로 말해 버린다면, 자기이해를 위한 내담자의 분별력이 사라져 버린다(Rogers, 2007).

인간중심 미술치료 사례(곽진영, 원희랑, 2019)

내담자(중 2, 남)는 지금껏 가정 내에서 지지와 수용을 받지 못하였고, 입시 위주의 교육환경 속에서 창조성의 발현의 기회를 경험하지 못하였다. 대안학교에서 일반학교로 전학을 하면서 마주하게 된 통제적이고 규칙을 강조하는 교육환경과 통제적인 모와의 관계로 힘들어하고 있었다. 내담자는 자율성과 자기실현의 기회를 갖지 못하면서 효과적이고 적응적으로 삶의 방향을 설정하지 못하고 우울감을 경험하며 등교거부를 하게 되었다. 프로그램은 크게 4단계로 구분되고 총 16회기가 진행되었다. 치료 초기 내담자가 자신의 문제를 언어적으로 호소하는 회기에서는 개인상담을 진행하여 등교거부 감소를 위한 위기개입으로 진행하고 총 16회기 중 모상담을 2회 진행하였다. 지속된 등교거부로 유급 위기에 있었으며 우울감과 무기력을 호소하는 남학생이었는데 인간중심 미술치료를 통해 등교거부 및 우울감 감소와 더불어 창조성이 높아지는 효과가 나타났다.

치료자는 매 회기 내담자에게 떠오르는 이미지에 초점을 두고 자연스럽게 떠오른 이미지와 주제들로 작업하게 하였다. 비구조화된 자유 작업은 내담자에게 자율성과 창조성 발현의 기회를 제공하며, 자기선택과 자기지시적인 태도를 갖게 해 주는 방법이라고 보았다. 또한 내담자가 자신을 어떻게 느끼고 있는가에 초점을 두면서 일치성과 무조건적 긍정적 존중, 공감하는 태도를 가지려고 하였다. 창조적인 환경을 제공하기 위해 이미지를 판단하지 않고 작업 과정, 완성된 작품을 반영해 주며 적극적이고 공감적으로 함께 작품을 보며 내담자를 지지하였다. 작품은 시각적인 상징물로 자기를 확장하도록 도왔고 치료자는 작품과 내담자를 연결할 수 있도록 반영하였다. 내담자가 떠올려 작업한 이미지는 매 회기마다 창조적 활동 및 일상생활에서의 변화를 이끌었으며 치료자와 함께 작품을 바라보며 상징, 작품과의 연결, 작품의 의미를 내담자가 발견할 수 있었다.

① 초기 단계: 신뢰 형성 및 자기인식 단계(1~4 회기)

치료자는 안전하고 신뢰로운 치료적 환경을 조성하면서 내담자의 등교거부에 우선적으로 초점을 두지 않고 현재 내담자가 느끼는 고통이 어떤 것인지, 어떻게 느끼는지, 가정 및 학교에서 견디기 어려운 갈등이 어떤 것인지 표현하게 하여 내담자가 처한 상황에서 내담자 자신을 인식하였다.

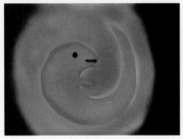

2회기: 자유화(작은 물고기)

내담자는 그림을 보며 "물속 같고 쉬고 있어서 그런지 기분은 좋아 보인다."라고 하였다. 태아 모양의 분화되지 않고 돌봄이 필요한 물고기를 자신의 일부로 표현한 것처럼 보였다. 스스로 자신의 갈등이나 문제해결을 해 나가지 못하고 현실세계에서 퇴행적 동기가 강하게 작용하는 것으로 보였다.

② 자기표현 단계: 내적 욕구 및 갈등 탐색(5~8회기)

내담자가 인식한 자신의 내면에 있는 갈등과 욕구를 탐색함으로써 진정한 자신의 모습을 발견하도록 하였다. 긍정적이고 부정적인 복잡한 감정을 작품을 통해 표현하고 솔직한 자기 내면을 바라보고 함께 느끼고 경험할 수 있도록 하였다.

8회기: 자유화(내 안의 분노)

학교에서 친구가 담배를 맡아 달라고 했는데 문자를 주고받은 것을 모가 보고 크게 화를 내었다. 그때의 상황을 그림으로 표현하도록 하였다. 모가 나이가 많아서 긴 뿔을 달아 주었다고 하였다. 이 분노는 잠자고 있다가 모가 분노할 때 나오는 분노라고 하였다. 실제 일상생활에서도 모의 화를 잡아 주는 역할을 하는 내담자의 상황(반응적인 분노)이 그림으로 표현되었다.

③ 변화 단계: 자기수용(9~12회기)

내담자는 자신이 겪는 고통, 갈등 및 문제를 둘러싸고 있는 배경을 이해하면서 자기를 받아들이는 수용력이 증대되게 된다. 치료자는 지금-여기에서 느끼는 감정을 충분히 명료화하고 감정과 상황을 직면할 수 있도록 도와주고자 하였다. 또한 이 과정을 통해 내담자가 긍정적인 방향으로 성장하는 과정에 있는 자신을 있는 그대로 수용하고 자율적으로 기능할 수 있도록 도왔다.

12회기: 자유화(여행을 떠나는 자동차)

가까운 사람과 여행을 떠나는 자동차이며 분홍색이 따뜻한 색으로 느껴진다고 하였다. 치료자와의 긍정적이고 신뢰로운 관계와 더불어 일상생활에서도 따뜻하고 긍정적인 관계의 경험이 증가하였는데, 작품 안에서 자연스럽게 표현되었다. 자동차는 운전대를 잡고 스스로 방향과 속도를 조절할 수 있는 상징성을 지니는데, 내담자가 자율적으로 스스로의 행동과 규칙을 조절하고 있는 것으로 자기성장의 방향으로 나아가는 것을 나타내는 듯하였다.

④ 종결 단계: 통합 및 조화(13~16회기)

치료자는 내담자가 자신의 모습을 있는 그대로 수용함과 동시에 자신을 믿고 전체로서의 자신을 통합할 수 있도록 돕고자 하였다. 이는 내담자가 일상생활에서 경험하는 감정의 균형, 감정과 사고와 행동의 일치, 자율성과 조절 능력, 나아가서 가족과 환경과의 조화로운 통합을 목표로 하였다.

15~16회기: 자유화(황금손)

게임 시간을 정하는 것과 관련해서 모와 부딪히는 시간들이 있었는데, 앞으로의 대처방법에 대해 몇 가지 나누었다. 공개수업에서 자발적으로 영어 발표를 하였다. 떠듬떠듬했지만 자신 있게 발표하는 모습에 사람들이 긍정적으로 반응하여 기분이 좋았다. 석고붕대로 손 본뜨기를 만드는 과정에서 차가웠다가 따뜻해지며 단단해지는 느낌이 '부서지지 않을 것 같은, 좋은 기분'이며, 금색은 따뜻하고 빛나는 색으로 느껴지고, 이 '황금 손'은 상패같이 보인다고 하였다. 창조적인 활동을 통해 자신을 이해하고 수용하게 되면서 긍정적이고 건설적인 변화를 경험하였고 금빛 조각상이 마치 자신에게 주는 상패를 상징한다고 보았다.

3. 게슈탈트 미술치료

1) 기본적 이해

Pearls에 의해 창시된 게슈탈트는 정신분석에 대한 비판을 바탕으로 생겨난 경험적인 이론이다. 게슈탈트(Gestalt)는 부분의 합 이상의 완전한 형태 또는 윤곽, 전체적 모양(whole form)을 의미하며 '개체에 의해 지각된 행동 동기'이다. 인간은 외부세계의 대상을 인식할 때 각 부분을 분석하여 조립하지 않는다. 대상을 한 번에 전체적으로 파악하고, 여러 부분이 관계성을 지닌 통합된 전체로 인식한다. 게슈탈트 이론에서는 치료자와 내담자 간의 책임감 있고 정직하며 직접적이면서 진술한 대화를 강조한다. 치료 과정에서 치료자와 내담자 간의 감정과 생각을 서로 상호적으로 탐색한다. 게슈탈트 미술치료는 인간이 자신의 문제를 스스로 극복할 수 있다는 신뢰를 가지고 미술적 행위를 통하여 자연스럽게 표현을 익히게 되면, 건강한 게슈탈트를 형성하여 지금-여기(here and now)에서 스스로 문제를 해결하는 계기를 마련한다(김정규, 1995). 이는 자신의 잠재력을 실현하고 성취하려는 적극적이며 헌신과 능력이 있는 내담자에게 적합하며, 여기에서 치료자는 미술을 통하여 내담자를 촉진하지만 이끄는 사람이 아니라 따라가는 사람이다.

개인에게 해소되지 않고 지속되고 있는 문제는 미해결 과제이다. 미해결 과제가 많으면 자신의 욕구를 효과적으로 해소하지 못하고 심리적·신체적 장애를 일으키므로 미해결 과제의 완결이 중요한 목표이다. 감각-운동적 움직임은 개인의 문제 인식과 명료화를 돕고, 내담자의 능동적인 참여를 격려하고 이끌어 낸다. 게슈탈트 치료자이자 조각가인 Zinker(1977)는 창의적 표현의 여러 양식을 개발하였다. 게슈탈트 치료의 최종 목표가 알아차림과 접촉의 증진이며, 미술을 통하여 짧은 시간 내에 게슈탈트에서 말하는 완전한 존재임을 스스로 알게 되므로 치료적이라고 하였다. 창의적 미술활동은 내담자가 완전한 통합적 인간임을 느끼도록 도와준다. Oaklander(1978, 2007)는 아동과 가족을 대상으로 미술, 놀이, 다른 감각양식을 사용한 게슈탈트 접근을 개발하였다. 미술을 게슈탈트 치료에 접목한 Rhyne은 Pearls와 함께 연구하였고, 게슈탈트 미술경험과 통합적 미술치료를 발전시켰다. 그는 미술표현에서 적극적인 움직임을 강조함으로써 경험으로서의 게슈탈트 미술치료를 정립하였다. 또한 내담자가 시각적 메시지의 형태와 양식을 생각해 보고, 선이나 모양, 표면의 결, 색채, 운동이 어떤지를 적극적으로 생각해 보도록 격려하였다. 이러한 형태들이 개인적 의미를 어떻게 표현하는지를 느껴 보도록 하였다. 구체적으로 명상을 통해 긴장을 이완하고 마음에 떠오르는 이미지와 마음속의 느낌에 따라 표현한다. 말하고 싶은 소리, 생각, 손, 팔, 몸의 움직임, 그리기, 찰흙과 지점토를 사용한 입체적인 표현 등을 자유자재로 표현한다(최병상, 1990). 시각, 청각, 몸짓언어, 언어적 의사소통을 포함하여 다각적으로 자신을 표현하는 게슈탈트 미술치료의 원리를 Thomas-Taupin(1976)은 선 게임(line game)을 예로 들어 설명하였다.

- 치료자는 큰 종이를 벽에 붙이고 한손에는 여러 가지 색깔의 크레파스나 분필을 담은 바구니를 들고 시작한다.
- 내담자는 한 번에 한 사람이 술래가 되고 돌아가면서 술래가 된다.
- 술래는 종이에 한 가지 색깔을 골라서 선 혹은 모양을 그린다.
- 다음 술래는 다른 색깔을 골라서 선 혹은 모양을 그린다.
- 술래에게 각 선이나 형태를 그리면서 소리를 내거나 운동을 하도록 요청할 수 있다.
- 집단구성원에게 술래를 모방하고 술래가 그린 각 선이 어떻게 느껴지는지 마음속으로 들어가 보도록 한다.
- 집단구성원에게 술래가 그린 선들이나 모양을 형태화하거나 술래에 대한 말을 하도록 한다.

> 이제 집단에 있는 사람이 다음 선이 되거나 무엇이 되어서 드라마를 구성해 보세요. 몇 분 동안 연극 감독이 되고 주인공도 될 수 있어요. 바로 당신이 만든 연극입니다(Thomas-Taupin, 1976).

2) 치료적 개념 및 기법

(1) 접촉

Mortola(2006)는 아동이 치료를 받으러 오는 이유를 두 가지로 설명하였다. 첫째, 좋은 접촉을 만드는 능력이 없거나 좋은 접촉을 하기 위해 유기체로서 모든 양식과 감각을 충분히 사용하는 능력이 없을 경우이다. 그 능력은 주의 기울이기, 촉감 느끼기, 맛보기, 눈으로 보기, 귀 기울이기, 냄새 맡기와 관련이 있다. 둘째, 자기감의 감소이다. 자기는 신체, 감각, 정서를 느끼고 표현하는 능력과 마음의 복잡한 작용들이 모인 것으로 유기체의 여러 측면이 모인 전체성이다. 자기감은 개인의 정서적·감각적 체험이 방해받으면 감소하게 된다.

아동이 치료를 받는 이유는 접촉을 하지 못하는 것과 관련이 있다. 아동이 접촉하지 못하고 단절되어 있다는 것은 자신의 욕구에 접촉하는 능력과 욕구를 충족시켜 주는 환경이 제공하는 자원에 접촉하는 능력이 단절되어 있다는 것이다. …… 치료자의 일은 아동의 정서를 풀어 주고 아동이 자신의 정서, 신체, 삶에 대처하는 선천적인 능력과 접촉을 되찾도록 돕는 것이다. …… 게슈탈트 이론에서 말하는 유기체의 자기조절이라는 관점에 근거를 둔다. 인간 유기체가 항상성을 유지하고 균형을 찾고자 계속 스스로를 조율하려고 작업하는 방법을 살펴볼 필요가 있다(Mortola, 2006).

유기체의 자기조절은 자신의 욕구를 알아차리고 욕구에 응하고 평형상태를 유지하는 타고난 능력이다. 자기조절 과정은 자기 자신, 감정, 욕구에 대한 알아차림이 제한되거나 막힐 때 생긴다. 게슈탈트 접근에서는 개인이 현재와 접촉하는 것을 돕고 '지금'이라는 자각을 증진하기 위해 "무엇을 느꼈는가" "무슨 일이 일어나고 있는가" 등 현재 시제로 질문을 함으로써 내담자가 지금-자신을 인식하도록 한다.

(2) 자기체험

자기작업의 핵심은 내담자가 자신에 대해 배우고, 더 통합되며, 그런 과정을 통해 자기감이 증진되는 것이다. 이를 통해 내담자가 타인이나 환경과 더 나은 접촉을 하게 된다. 내담자의 자기감을 강화하려면 자신이 잘하는 것과 선택하는 것을 알아차리게 하면 된다. 예를 들면, 자신이 영화를 보거나 농구를 하고 친구를 사귀는 일을 좋아하는지, 사귀는 친구나 어떤 여가활동을 선택하는지를 알아차리게 한다.

미술작업을 통한 감각 체험은 자기작업이 된다. 미술이나 놀이 같은 체험적인 접근방법을 통하여 내담자가 안전하게 자기(self)의 감각적·상상적·정서적인 면을 표현하고 통합한다. 자기감은 여러 가지 감각, 신체, 숙달, 선택, 자기 말, 힘과 통제와 관련된 문제들을 체험함으로써 성취된다. 내담자는 자기작업을 통해 접촉이 만들어지고 강한 자기감을 가지게 된다. 내담자에게 자기체험을 통해 유기체적 자기조절을 지원하고 강화해야 한다. 자기체험을 통해 내담자가 자신에 대해 배우고 더 통합하며 자기감을 증진한다. 치료자는 내담자에게 약간의 권력감이나 통제감을 주어 자기감을 증가시키기도 한다. 예를 들면, 내담자가 그리기보다 찰흙을 선택한다든지, 치료자와 함께 미술작품을 만들거나 놀이를 할 때 지도자가 되어 보게 한다. 내담자에게 더 큰 효능감과 자기 욕구를 충족하는 능력을 제공하는 것이 목표이다. Mortola(2006)는 Oaklander가 사용하는 치료적 체험의 4단계를 다음과 같이 제시하였다.

① 상상이나 환상을 사용하는 체험

- 촉진 반응: "어떤 안전한 장소를 상상해 보렴."

안전한 장소 그리기	안전한 장소로 갈 수 있다고 상상해 보렴. 그 안전함이 네게 무엇을 의미하는지 상상해 보렴. 이 장소는 기억하고 있는 어린 시절의 장소일 수도 있고, 현재 생활 속의 장소일 수도 있고, 네가 만들어 낸 장소일 수도 있겠지. 너는 이 안전한 장소를 만들 수 있어. 그 장소는 달이 될 수도 있어. 어디든 가능해.
찰흙 작업	그리고 눈을 감아 보렴. 손바닥으로 (찰흙의) 온도를 느껴 보렴. 숨을 쉬어 볼 거야. 깊게 숨을 들이마셔 보렴. (함께 호흡하면서) 내쉴 때, 공기가 너의 팔을 통해 손가락으로 내려가서 찰흙으로 전해진다고 상상해 보렴. …… 이제 어떤 형태를 만들어 보렴.

② 그 체험에 대한 감각적 표현

- 촉진 반응: "상상해 본 그 안전한 장소를 그려 보렴."

안전한 장소 그리기	이제 이 안전한 장소를 그려 보렴. 나에게 너의 그림을 이해시키지 않아도 괜찮아. 그럴 필요가 없어. 그건 너의 그림이니까. 네가 하고 싶은 대로 그리면 돼. 어떻게 해야 할지 모르면, 그냥 그리는 게 형태일 수도 있어. 너는 그게 뭔지 알 거야. 추상적이든 구체적이든 네가 원하는 대로 그리면 돼. 어떤 것이든 그릴 수 있어. 여러 가지 방법을 혼합해도 돼. 색깔과 선들과 형태로 그 장소에 대한 느낌을 표현할 수도 있어. 그냥 네가 표현하고 싶은 대로 그리면 돼. 준비가 되면 종이 위에 크레파스나 파스텔로 그리렴.
찰흙 작업	이제 눈을 감아 보렴. 네가 가지고 있는 찰흙은 그 안에 너의 에너지를 많이 가지고 있어. 찰흙으로 어떤 형태를 만들어 보렴. 찰흙이 이끄는 대로 만들어 보렴. 손가락이 움직이는 대로 내버려 두렴. 추상적인 형태거나 형태가 없을 수도 있어. 너가 원하는 동물이나 물체거나 인물일 수도 있어. 그냥 한번 시도해 보렴. 눈을 감은 채로 그냥 어떤 것을 만들어 보렴. 아직 보면 안 돼. 네가 만드는 것이 무엇인지 걱정하지 말고 그저 계속 작업을 해 보렴.

③ 그 감각적 표현에 대한 은유나 이야기 표현

- 촉진 반응: "이제 그 안전한 장소가 되어 보자."

안전한 장소 그리기	(내담자가 침대를 그렸다.) 아, 이제 네가 침대 위에 있는 것을 상상해 보렴. 그냥 이야기해 보렴. '나는 침대 위에 있어.' 그리고 나서 네게 무엇이 떠오르는지 이야기해 보렴.
찰흙 작업	이 찰흙 작품이 되어 보렴. 말해 보렴. '나는 이 찰흙이다.' 그리고 너 자신에 대해 내게 묘사해서 이야기해 주렴.

④ 앞의 세 단계에 대한 의미부여를 정교화하기

　　• 촉진 반응: "이 중에서 네게(너의 삶에) 의미 있는 것이 있니?"

안전한 장소 그리기	(이 중에서 너에게 의미가 있는 것이 있니? 나에게 말을 해 주렴.) 아마 그것은 할머니일 거예요. 할머니는 나를 위해 늘 거기에 있어요. 그건 나에게 세상을 의미해요. 선생님도 늘 나를 위해 아무 조건 없이 거기에 있어요.
찰흙 작업	(네가 말한 게 네 삶에 어떤 의미가 있니? 이야기해 주렴.) 나는 야구공이예요. 어디로 굴러갈지 몰라요. 그리고 나는 작아요. (자기의 가슴을 토닥이며) 나는 그게 정말 싫어요.

게슈탈트 미술치료 사례

　　송주은(2022)이 게슈탈트 심리치료(김정규, 2015)와 아이들에게 열린 창(Oaklander, 2006)을 근거로 베트남 어머니를 둔 다문화가정 초등학생을 대상으로 비대면 집단상담을 실시하였고, 여기서는 내담자 1명의 사례 중 일부를 소개하였다. 내담자(여, 10세)는 자기표현이 잘 되지 않고, 규칙을 지키고 과제를 완수하는 데 어려움을 보이며, 집중력이 약하고, 자신감 부족으로 소극적이다. 동적학교화(KSD) 사전검사에서는 움직임이 없는 경직된 자세로 소극적인 감정상태를 엿볼 수 있었다. 8회기의 집단상담 후 실시한 사후검사에서는 친구와 교실에서 선생님께 수업을 받고 있는 모습으로 적극적이고 긍정적인 욕구가 표현되었다. 게슈탈트 미술치료 프로그램 참여를 통해 불안이 감소되고 사회적 행동이 향상되었다.

주제	좋은 사람, 싫은 사람	
목표	타인과의 관계를 인식하고 수용하며, 대인관계에서의 갈등에 대해 알아본다.	
활동 내용	자신에게 호의적인 사람과 그렇지 않은 사람을 떠올려 보고 1명을 선택해 가면으로 만든다.	
게슈탈트 이론	상호작용 증진 / 접촉 교류, 상호 지지 /관계성 향상	

신체감각이 말해 주는 언어에 귀를 기울임. 자신의 내면을 탐색하고 환경 또는 내적 요인으로 좌절된 욕구를 알아차림. 미해결 과제를 발견함.

나를 둘러싼 관계를 알아차림

　　엄마가 좋지만 싫을 때도 있어요. 학교에서 친구들이 베트남 이야기를 하며 놀려서 엄마한테 이야기하면 친구들과 싸우지 말고 친하게 지내라고 하세요. 제 잘못도 아닌데 엄마는 제 말은 잘 들어 보지도 않고 뭐라고 하세요. 그래서 엄마한테 학교에서 있었던 이야기는 잘 하지 않아요. 엄마와는 대화가 잘 되지 않을 때가 많아서 이럴 때는 엄마가 싫어요.

내담자는 학교에서 친구들에게 놀림을 받아 엄마에게 이야기를 하고 도움을 구해도 엄마는 무심히 넘기거나 한국말이 서툴러서 말로 표현하기보다 화를 내거나 때리는 경우가 많았다. 아빠도 엄마 나라인 베트남을 무시하거나 엄마에게 차별적인 말과 행동을 자주 하였으며 바쁘다는 이유로 이야기를 들어주지 않았다. 내담자는 위축되고 수동적이며 환경에 잘 대처하지 못하고 속상함과 외로움을 많이 느끼고 있었다. 단지 엄마가 외국인이라는 이유만으로 차별과 무시를 받은 내담자는 숨겨 왔던 부정적 감정을 털어놓으며 스스로 갈등적 요소를 알아차렸다.

	주제	내가 사는 마을
	목표	지역사회 관계 속에서 자신에 대한 욕구와 소통에 대해 경험하며 새로운 해결방안을 모색한다.
	활동 내용	더 좋은 마을을 만들기 위해 현실적으로 가능한 방안을 자유롭게 표현하다.
	게슈탈트 이론	자기통합, 감정표현 / 상호지지 / 관계성 향상(미해결 과제 나누기)

에너지 교류를 통한 자기지지, 타인 수용과 긍정적 자기인식을 경험함.

새로운 자신을 알아 가며 또 다른 자신과 만남

동네에 놀이터가 가깝게 있었으면 좋겠어요. 지금은 놀이터가 멀리 있어서 자주 갈 수가 없는데, 놀이터가 가까우면 심심할 때 가서 놀 수도 있고 새로운 친구도 만날 수 있어 좋을 것 같아요. 그리고 집에 마당과 나무가 많은 집이면 더 좋을 것 같아요. 친해지고 싶은 친구들을 집으로 초대해서 마당에서 함께 놀면 좋을 것 같아요.

게슈탈트 미술치료 중기로 접어들면서 주도적으로 자기를 표현하는 변화된 모습을 보이기 시작하였다. 친구들의 놀림으로 스트레스를 받으면서도 주변에 쉽게 감정을 드러내지 못하고 다문화라는 낙인으로 자신감 없고 위축되었던 모습이 좀 더 당당해지고 안정된 모습으로 변화되었다. 자신의 희망과 생각을 현재 살고 있는 지역사회에 접목시켜 미술로 표현함으로써 수동적이었던 태도가 적극적이고 긍정적으로 변화되어 가는 계기가 되었다.

4. 대상관계 미술치료

1) 기본적 이해

대상관계(object relations)는 현대적 정신분석학의 주요 이론 중 하나이며, 대상(object)은 다른 사람(중요한 타인)을 의미한다. 대상관계이론에서는 인간은 관계를 형성하고 지속하려는 본능적인 충동(innate drive)을 가지고 있다고 한다. 현재의 인간 관계가 과거에 형성된 인간 관계에서 영향을 받으며, 사람들과의 관계를 통하여 성격도 형성되어 간다. 현재 대인관계에 영향을 미치고 있는 초기 경험과 대인관계를 비추어 보는 것을 내담자에게 이해시키면서 치료가 진행된다. 이 접근은 분리와 개별화, 의존과 독립, 친밀성의 문제를 가진 내담자를 치료하는 데 유용하다. 대상관계이론의 중심 용어인 대상(object)은 Freud가 처음 사용하였다. Freud는 내담자에게 기쁨을 주는 사람, 물건 혹은 정신적 표상을 대상이라고 하였다. 그의 제자 Klein(1964)은 아동이 욕구, 소망 또는 강렬한 정서를 투사하는 것, 즉 어떤 사람이라고 하였으며 보통 어머니이다. 애착도 대상관계의 기초 개념이다. 어머니와 성공적으로 분리되는 것이 발달과제이며, 성숙함에 따라 어머니의 좋고 나쁜 모든 측면을 경험하면서 자율성을 발달시켜야 한다.

Robbins(1987, 2001)는 대상관계 미술치료의 대표적인 학자이다. 그는 미술치료는 치료자-내담자-미술작품 간의 상호작용과 대상관계를 포함하고, 조직화하며, 거울 역할을 한다고 하였다. 감각자극을 느끼고, 대상을 형성하며, 치료자와 미술작품 간의 상호작용을 격려하는 미술치료 과정은 대상관계 문제를 보완한다. 미술표현을 관찰하고 촉진하는 것은 내담자의 미해결된 대인관계 문제를 증폭시킨다. Henley(1991, 1992)는 발달장애, 정서장애, 기타 장애를 지닌 아동을 위한 대상관계 치료를 개발하였다. 이러한 장애를 지닌 내담자는 자아개념의 결여와 대인관계 형성 경험이 부족하다. 초기의 애착 발달에 문제가 있을 가능성이 있으므로 대상관계 접근이 적절하다. 대상에 대한 애착과 성숙은 일련의 발달 순서로 진행된다. 미술은 치료자와 내담자 간의 새로운 상호작용을 만들어 줄 수 있다. 창의적 작품활동과 새로운 탐색을 통하여 분리(seperation)와 개별화(individuation)를 경험하고 연습하며 완성시킨다. 치료자가 미술매체를 설정하거나 제안하는 것은 내담자가 치료자에게 애착을 느끼게 하고, 내담자가 힘을 얻어서 창의적 표현을 할 기회를 제공해 줌으로써 양육된다는 느낌을 갖도록 한다.

2) 치료적 개념 및 기법

(1) 자발적 미술표현

정신분석과 분석심리, 대상관계에서는 자발적 미술표현을 중요한 핵심으로 여겼다. 대상관계이론가인 Winnicott(1997)은 난화기법을 응용한 난화게임(squiggle game)을 개발하였다. 아동 내담자와 라포를 형성하기 쉽고 자유로운 표현을 격려하는 기법이라고 하였다. 반복해서 그려지는 동안 아동의 갈등을 파악하고 적절한 시기에 그림을 해석하여 아동을 진단하고 치료하였다. 치료자마다 차이는 있지만 번갈아서 그림을 그리는 양식은 비슷하게 적용되어 왔다. 진단보다는 내담자와의 라포 형성을 위한 기법으로 많이 이용되었지만 내담자가 치료자와의 사이에서 한 종이 위에 번갈아 가며 그림을 그리는 상호작용과 이미지를 이용하는 기법의 특성은 내담자의 관계적 측면을 집중적으로 들여다볼 수 있도록 한다. Winnicott은 다음과 같이 난화게임을 임상에서 적용하였다.

> 우리 둘이 함께 놀이를 해 보자. 이 놀이는 게임인데 내가 어떻게 하는지 너에게 보여 줄 거야. 이 게임은 규칙이 없어. 그냥 연필을 가지고 이렇게 가 보는 거야. …… (치료자는 눈을 감고 꾸불꾸불 선을 그린다.) 이것들이 어떤 그림처럼 보이는지, 혹은 여기에 바꾸거나 추가할 것이 있으면 말해 주거나 설명해 주겠니? 그런 다음에 다른 종이에 바꾼 것까지 넣어서 네가 똑같이 그려 주렴. 그러면 그것이 어떻게 보이는지 나도 알 수 있을 거야(Winnicott, 1997).

Malchiodi도 성인과 아동 내담자에게 사용하는 Luesbrink(1990)의 난화 따라하기(scribble chase)를 제안하였다. 이 게임을 시작하기 전에 내담자에게 크레파스나 파스텔에서 색깔 하나를 선택하도록 한다. 그런 다음 치료자는 다른 색깔을 선택한다. 치료자는 다음과 같이 실시한다.

- 치료자는 내담자에게, 예를 들면 "나는 크레파스로 이 종이 위에 낙서를 할거야. 내가 낙서를 하는 동안 너도 선택한 크레파스로 내가 그린 길을 따라와 보렴."이라고 말한다.
- 낙서를 완성한 다음에 내담자에게 완성된 그림을 보도록 한다.
- 내담자에게 어떤 형태나 심상이 떠오르는지 찾아보도록 한다.
- 내담자에게 떠오르는 심상이나 형태가 있으면, 난화에 선을 덧붙여서 그림을 완성하도록 한다.

- 내담자가 좀 더 자세히 표현하도록 이끈다.

번갈아 그리기는 상대의 신호, 기호를 이용한 연상 그림이지만 아동에게 놀이로 받아들여지도록 번갈아 그리기라고 이름을 붙였다(박승숙, 2000). 번갈아 그리기는 놀이의 형태로 치료자가 내담자와 접촉하기 위한 하나의 방법이므로, 놀이에서 무슨 일이 일어나는지는 치료자가 제시하는 재료와 내담자와의 경험을 사용하는 방법에 따라 다양할 수 있다. 번갈아 그리기의 과정은 다음과 같다.

- 하나의 도화지를 놓고 치료자와 내담자가 마주하여 각자의 방법으로 그림을 그린다.
- 치료자와 내담자는 서로 대화를 하지 않는다.
- 먼저 시작하는 사람을 정하고, 그 사람이 먼저 시작한다.
- 다음 사람은 먼저 시작한 사람이 그린 형태, 선을 이용하고 그려진 이미지를 모티브로 떠오르는 것을 그림으로 나타낸다.
- 번갈아 가며 각자 만족할 때까지 그림을 진행한다. 더 이상 그릴 필요를 느끼지 않을 때까지 그린다.
- 치료자와 내담자는 작품이 완성될 때까지의 작업을 공유한다.

(2) 이행(중간)공간과 이행(중간)대상

Winnicott(1953)은 이행공간(transitional space)과 이행대상(transitional objects) 개념을 제시하였다. 이행공간은 내부현실과 외부현실 간의 분명한 구분이 없는 중간경험 영역이다. 미술과 놀이활동은 아동이 주관적 현실과 객관적 현실을 연결시켜 보는 방법이다. 자신의 주변 세상과 관계 맺기 및 애착 형성을 연습하는 방법이기 때문에 이행공간이 된다. 내담자에게 창의적 표현을 촉진하고 이끌어 내는 치료자가 존재하는 과정에서 경험하는 미술활동은 대상관계를 경험하고 발달시키는 환경이 된다.

　이행대상은 담요 혹은 장난감 같은 실제 물건을 말한다. 아동에게 그 물건들은 실제 물건 이상의 의미를 가진 중요한 대상이다. 미술작품도 작품 이상의 의미가 담긴 이행대상이 된다. 예를 들면, 지지적인 치료자에게 의존하고 있는 아동 내담자의 경우, 작품(그리기 혹은 색칠하기 등)은 치료자의 부재(치료 종결이나 헤어짐)로 인한 분리불안을 겪기 싫어하는 내담자에게 이행대상이 될 수 있다. 어린시절에 유기 경험이 있는 청소년이나 성인 내담자가 점토 모형 부모를 만들었을 때 미해결된 분리외상을 보여 주는 것일 수 있다. 미술작품은 그 자체가 이행대상이 되고, 창의적 표현을 촉진해 주는 치료자가 내담자와 관계를 형성하도록 강화해 준다.

대상관계 미술치료 사례

　대상관계 미술치료는 생애초기 주 양육자와 친밀한 상호관계가 결핍된 내담자에게 충분히 좋은 어머니와 같은 환경을 미술치료 장면 속에서 경험하게 한다. 이를 통해 내담자가 초기대상관계를 재구성하고 건강한 자아로 성장하여 사회 속으로 나아가도록 돕는다. 신아름(2011)은 Winnicott의 대상관계 미술치료를 청소년의 인터넷중독과 대인관계 문제에 적용하였다. 미술치료는 내담자의 현실과 내면세계 혹은 과거의 경험을 잇는 다리 역할을 하는 동시에 치료자와 내담자를 연결하는 중간 대상으로서의 역할을 한다. 특히 미술매체와 미술작업이 가지는 비언어적인 속성을 통한 내면 표현이 초기 심리적 문제에 대한 접근을 용이하게 한다(김진숙, 1993). 내담자(고 1, 여)는 생애초기 주 양육자와의 관계에서 충분한 돌봄을 제공받지 못하여 관계의 욕구가 충족되지 못한 채 내면의 욕구를 억누르고 자라 왔으며, 쌓아둔 분노의 감정을 인터넷 세계에서 부적응적인 방식으로 표출하고 있었다. 초기대상관계에서 적절한 관계형성이 이루어지지 않으면, 이후 현실적인 대인관계에 문제를 빚고 가상현실에서 대리만족감을 추구하게 되어 인터넷 중독에 빠질 수 있다. 내담자에게 잃어버린 돌봄을 제공하고 초기의 발달적 욕구를 채워 주는 치료적 만남을 통해 초기 관계에서 얻지 못했던 대화를 완성하도록 돕고, 치료자와의 안정감 있는 관계 속에서 부적응적 행동을 개선하는 것을 도왔다.

　내담자는 고등학교에 입학한 후 심리적 불안감을 호소하며 학교생활에 적응하지 못하고 잦은 지각과 결석을 하며 자퇴의사를 밝혔다. 담임교사에게서 학교상담실의 치료자에게 의뢰되었고, 미술치료 프로그램에 대해 관심을 보여 주 1~2회 매회 50분씩 총 38회기를 진행하였다. 의뢰 당시 내담자는 신경정신과에서 인터넷 중독 증상으로 추정진단을 받고 총 6개월 처방을 받아 한 달째 매일 저녁에 약물을 복용하고 있었다. 고등학교 입학 후 학교생활이 감옥 같고, 모두가 자신을 비판하며, 괴로운 자신을 도와줄 사람이 없다고 생각하고 있었다. 입학 전 방학기간 동안 빠져 있던 컴퓨터 게임으로 인해 인터넷 중독 증상이 시작된 이후 교실이 감옥 같이 느껴지고, 대인관계가 차단되었다고 생각하고 있다. 가끔 환청이 들리고, 스스로 감정통제를 못하고 화를 낼 때가 있으며, 혹시라도 화가 나면 자신이 잔혹한 게임 장면처럼 사람을 죽일 것 같아 불안감을 느낀다.

　주 양육자인 어머니는 내담자를 임신할 당시 학업과 함께 첫째 양육 때문에 신체적·심리적으로 매우 힘든 상태였기에 기쁘기보다 두려운 마음이 들었다고 한다. 이러한 걱정과 불안으로 정서적으로 안정감을 경험할 수 없었던 어머니의 상황은 아이를 돌보는 어머니로서의 양육태도에 직접적인 영향을 미칠 수밖에 없었다. 태어난 아이가 '다행히' 보채지 않고 순하였기에 먹이고, 재우고, 옷을 갈아입히는 등 기본적인 생리적 욕구를 충족시켜 주는 것 외에 안아 주거나 놀아 주는 등 크게 신경쓰지 않았다며 그러했던 어머니로서 자신의 행동이 오늘날 내담자의 문제에 왠지 영향을 미치는 것 같아 미안한 마음이 든다고 하였다. 어머니와의 초기대상경험은 내담자에게 충분히 좋은 어머니와 환경에 대한 박탈적 배경이 될 수 있다. 아버지는 자녀 양육에서 마치 외부인인 것처럼 모든 것을 어머니에게 맡겨 놓고 있었기에 내담자에게 긍정적인 대상 경험이 되기에 부족했다. 언제나 경쟁적 입장에서 내담자를 굴복시키고 부모의 관심과 사랑을 독차지하려고 했던 언니와의 관계 역시 내담자를 위축시키고 불안한 심리를 강화하는 요인으로 작용하였다.

작품	내용
 1회기 상호난화 (번갈아 그리기)	• 공격적이고 폭력적이거나, 감정적으로 슬퍼하고 있는 내용을 담고 있는 그림을 반복적으로 그렸다. 치료자가 작품 속의 사람들이 힘들어 보인다고 읽어 주자, "아무렇지도 않아요. 이러는(공격받는) 건 원래 당연한 거라고 생각해요."라며 언어적 감정표현을 회피하였다. • 대상관계이론적 고찰: 감정표현과 노출을 하지 않는 내담자에게 미술치료가 중간대상이 되어 안전하게 자신의 감정을 표현할 수 있도록 하고, 안전함 속에서 안아 주는 어머니와 같은 편안한 분위기를 느껴 치료자와 내담자 간에 신뢰관계가 형성되도록 노력하였다.
 3회기 나에게 필요한 것	• 점토로 천사를 만들었다. 치료자가 작품을 칭찬해 주자 뿌듯한 표정을 지으며 회기 내내 작품을 어루만졌으나 치료시간이 종료되자 작품에 신경쓰지 않고 치료실을 나갔다. • 대상관계이론적 고찰: '나에게 필요한 것'을 물질적인 것이 아닌 나를 도와주는 천사로 표현하는 것은 내담자의 관계 욕구를 반영한 것이다. 수호신과 같은 천사조차도 행동에 일관성이 없고 자신에게 먼저 접근하지 않는 친근하지 않은 모습으로 표현한 것을 볼 때, 어머니와 초기대상관계를 안정감 있게 형성하지 못한 내담자의 관계형성 과정을 짐작할 수 있었다.

13회기 학교이미지

- 무너지고 있는 학교건물과 먹구름과 철창 같은 정문을 표현하였다고 설명하였다. 학교 안에는 아무도 없고 혼자 학교에 가야 한다고 하며 무섭고 불안한 느낌이 많이 든다고 하였다. 학교에 어떤 일을 하라고 하면, 학교에 불을 지른 후 달려온 경찰들을 모두 죽일 것이라고 하면서 이러한 자신의 상상이 현실이 될까 봐 겁이 날 때가 있다고 하였다.

- 대상관계이론적 고찰: 학교에서의 관계욕구가 충족되지 못하자 분노와 피해의식으로 응축된 내면의 감정이 불을 지르고 다 죽일 듯이 폭주하고 있다. 하지만 그림의 불안하지만 완화된 표현(보라색 하늘)과 면담내용의 관계를 추구하는 측면들은 내담자가 현실을 무조건적으로 회피하고 책임을 돌리기보다 스스로 변화하려는 의지로 보인다. 치료자와의 촉진적 관계 속에서 자신의 솔직한 감정을 인식하고 받아들이며, 새로운 단계로의 성장을 위한 발판의 과정이 되었다.

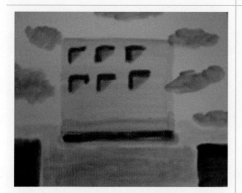

18회기 이상적인 학교

- 자신이 가고 싶은 학교의 이미지는 혼자 노는 아이 없이 모두가 어울리는 곳이다. 무엇보다도 학교에서 좋은 친구들을 만나고 싶은 마음을 읽어 주자, 고개를 끄덕이며 TV에서 본 대안학교 이야기를 꺼냈다. "하지만 좋은 아이들이 있어야 해요. 아이들이 별로면 이런 학교여도 가고 싶지 않아요."라고 답했다.

- 대상관계이론적 고찰: 학교생활에서 친구관계에 대해 가장 많이 신경을 쓰고 있으며, 이전의 수동적이고 폐쇄적인 의식과 비교할 때 조심스럽게 학교에 대한 긍정적인 이미지를 찾으려고 노력하는 모습으로 발전하였다.

20회기 수호신

- 두려운 마음이 드는 것을 호소하여 나를 지켜 주는 수호신으로 천사를 만들었다. 치료자가 "수호신이 왠지 네 모습과 비슷하다."라고 하자, "그런 것 같기도 하네요?"라며 호기심 있게 작품을 바라보았다.

- 대상관계이론적 고찰: Winnicott이 말하는 상대적 의존기의 발달과정에는 대상자가 인지할 수 없어서 모을 수 없었던 '자아의 핵'들을 하나로 모으는 과정이 필요하다. 나를 지켜 주는 '수호신'은 결국 자기 자신이다. 수호신과 같은 이미지의 '자아의 핵'들이 모이고, 하나로 연결되어 통합된 시간감각을 갖도록 도와주었다.

37회기 명함

• 대안학교에서 자신을 알리기 위한 명함을 만들겠다며 정교한 작업을 위해 검정 볼펜을 사용하였다. 정중앙에 자신의 이니셜인 'J'를 그려 별무늬로 꾸미고 그 옆에 자신의 캐릭터를 배치하고 네 귀퉁이에 예쁜 리본이나 문양 같은 오브제들을 정성껏 그려 표현하였다.
• 대상관계이론적 고찰: '나는 J이다.'라는 상징을 자신감 있게 꾸미고 표현하였다. 자신을 대안학교 친구들에게 알리고 홍보하는 것을 즐기는 면에서 대인관계, 특히 학교에서의 대인관계의 측면이 증진됨을 확인할 수 있었다.

「상담이론 기반 미술치료 연구 동향 분석: 국내 학술지 논문(2011~2021)을 중심으로」(동혜정, 박성혜, 2022)에 제시된 상담이론별 미술활동 및 기법은 다음 표와 같다.

구분	미술활동 및 기법	
	상담이론별	공통
정신분석	한국화 물감, 사진, 영화, 어릴적 꿈, 길 그림, 음악 듣고 표현하기 등 자발적 예술 행위, 길 그림, 가면, 버킷리스트, 첫 기억 그리기, 상상하고 그리기 등	난화, 콜라주, 만다라, 손 본뜨기, 점토, 가면 만들기, 색소금, 화산, 감정 파이, 자화상, 장점 찾기, 소망나무,
대상관계	피규어, 중간대상/상징물 만들기, 손인형 역할극, 꿈 이야기 그리기, 첫 기억 그리기 등	
분석심리	꿈 작업, 인형 만들기, 애니메이션 및 영상 시청 후 표현, 적극적 상상, 나/너의 상징 등	
인지행동	나만의 생각노트, 역할/상황극, 행동계획표 그리기, 스토리보드, A-B-C-D-E 과정 만화, 컬러논리 만들기, 버리고 싶은/갖고 싶은 나, 비언어적/언어적 영화 보고 나누기, 이완훈련 및 감정 온도계, 그림일기 등	
인간중심	자유화, 자유조형, 상상의 세상 만들기, 꿈나무 등	

게슈탈트	지금-여기 나의 기분/모습 그리기, 신체감각 인식/표현하기, 감정 단어 찾기, 환상 지시문 듣고 상상 여행하기, 음악 듣고 감정 그리기, 그림 선택 후 이야기 꾸미기 등	상장 만들기 선물 만들기, 동글화, 계란화, 웅덩이화, LMT, 동물 가족화, 9분할통합회화법, 인생그래프, 타임캡슐, 안전한 공간, 걱정인형 등
현실치료	듣고/하고 싶은 말, 인생/행복욕구 계획표, 희로애락 그리기, 소원 낚시, WDEP 알기(욕구탐색), 성공체험 경험, 상황극, 미래/현재 나의 모습, 바램 평가서, 행동생활 계획서 등	
해결중심	기적그림, 기적/예외/대처/관계성 질문, 나의 자원/강점 찾기, 목표나무, 미래에서 온 편지, 해결 상자, 해결 주머니, 변화 나누기, 목표/성공 경험 표현 등	
마음챙김	명상, 마음챙김 스트레칭/걷기, 소중한 존재, 명화 감상 후 표현, MBSR 소개, 호흡/정좌/요가 명상, 감정 알아차림 등	
긍정심리	감사일기 쓰기, 즐거운/적극적인/ 의미 있는 삶, 내 안의 보물, 주인공은 나, 긍정 자화상, 용서/감사하는 마음, 과거 회상, 인생 설계, 기적 선물 만들기, 행복나무 등	
교류분석	스트로크 주고받기, PAC(자아 상태) 경험, 긍정/부정적 스트로크, 너와 나, 의사교류 훈련, 인생 각본/인생 각본 수정, 에고그램, 교류 패턴 파악 등	
기타	현재/과거 가족 이미지, 나의 묘비명, 가족 지도, 가족 역할극, 꿈꾸는 가족(미래), 행복한 마음 등	

학교미술치료 이론과 실제

제4장
학교미술치료 환경

이 장에서는 학교미술치료를 실시하는 데 적절한 환경을 공간과 시간, 미술치료 매체, 매체 활용 시 유의점, 학교미술치료자의 역할과 자질을 중심으로 살펴보았다.

1. 학교미술치료 공간

미술치료실은 치료 과정과 성과에 중요한 영향을 미치는 물리적 환경이다. 심리적 어려움을 지닌 내담자에게 치료실의 분위기는 매우 중요하다. 이론적 배경이나 치료자에 따라 환경과 구성에 대한 입장 차이가 있지만, 미술치료실은 조용하고 자유로우면서 보호받는 느낌을 주는 공간이어야 한다. 안전하고 비밀보장이 될 수 있어야 하며, 편안하고 편리해야 한다. 수용적이고 안전한 신뢰적인 분위기 속에서 치료자가 내담자의 문제를 다루고 치유해 나가는 공간이다. 독립적인 공간에 작품을 걸어 두고 이야기할 수 있는 벽이나 게시판, 작품 보관장을 구비하는 것이 좋다. Landreth(1991), Rubin(1987), Sullwold(1982)의 주장을 바탕으로 미술치료실의 요건을 정리하면 다음과 같다.

- 내담자가 보호받고 있다는 느낌을 받아야 한다.
- 안전하게 느껴지고 권유하는 느낌이 들어야 한다.
- 정리 정돈이 잘되어 있고 조용해야 한다.
- 다양한 매체가 준비되어 있어야 한다.

- 적당한 크기의 공간이어야 한다.
- 너무 넓은 공간에서는 내담자의 행동을 관찰하기 어렵다.
- 너무 좁은 공간에서는 내담자가 자유롭게 자기를 표현하는 데 제한적이다.
- 매체를 배치할 장이나 선반은 가능한 한 내담자가 쉽게 꺼낼 수 있는 높이로 한다.
- 물감이나 점토를 활용한 작업에 필요한 싱크대가 있는 것이 좋다.
- 무엇이든 자유롭게 표현할 수 있어야 한다.

1) 위치

학교 내 미술치료실은 구성원들이 이용하기 편하고 안전감과 사생활이 보장되는 공간이어야 한다. 미술치료 활동에 집중할 수 있는 조용한 분위기가 중요하다. 교사휴게실, 음악실, 급식소 등 소음이 많은 곳에서 떨어진 곳이 좋다. 너무 구석진 곳보다는 외부에서 쉽게 드나들 수 있지만 내담자가 출입할 때 사생활이 보호될 수 있는 곳이어야 한다. 학생들이 이용하는 화장실 근처는 접근 가능성이 좋지만 시끄럽고 비밀보장의 문제를 고려해야 한다.

2) 크기와 분위기

개인 미술치료실은 $11 \sim 14m^2$(3~4평), 집단 미술치료실은 $23 \sim 28m^2$(7~8평) 정도가 적절하다. 치료실이 너무 크면 내담자가 위축감을 느끼거나 산만해질 수 있다. 너무 작으면 답답함을 느끼고 활동이 제한될 수 있다. 미술작품을 벽이나 이젤에 전시하고 토론할 수 있는 공간이 확보되어야 한다. 밝고 따뜻한 분위기가 조성되도록 동남향 방향이 좋고, 냉난방 시설이 쾌적하게 설치되어야 한다. 적당한 빛은 안전한 공간임을 느낄 수 있도록 하는 요소이다. 창문이 없는 것이 비밀보장에는 좋지만 통풍도 고려해야 하며, 창문에는 블라인드를 설치하는 것이 바람직하다. 치료실 안에서 나누는 대화가 밖으로 들리지 않아야 하며, 치료실 밖의 소음이 작업을 방해하지 않아야 한다. 특히 대기실에서 내담자가 기다리면서 시끄럽게 떠드는 것이 치료를 방해할 수 있으므로 방음이 되는 것이 좋다.

3) 벽과 바닥

벽은 내구력이 있고 닦을 수 있는 에나멜로 칠하는 것이 좋으며, 약간 회색빛깔의 흰색이 기분 좋은 분위기를 만드는 데 적절하다. 자극적이고 현란한 색이나 너무 어둡고 칙칙한 색은 좋지 않다(Giordano, Landreth, & Jones, 2005; Landreth, 2002). 바닥은 자유롭게 미술활동을 하는 데 부담이 되지 않도록 청소하기 쉽고 저렴한 자재를 사용하는 것이 좋다. 내담자가 치료실을 더럽히는 데 대한 부담감 없이 자유롭게 활동하도록 분위기를 만든다. 물감 등을 사용한 후 쉽게 청소하고 얼룩이 지워지는 비닐장판도 유용하다. 카페트 같은 것을 바닥에 깔면 내담자는 더럽히는 것을 걱정할 수 있고 치료자도 더러워지는 것에 대한 불안을 느낄 수 있다.

4) 비품과 기구

벽에는 장이나 선반을 두어 매체를 정돈하고 조직적으로 배치한다. 가구들은 단순하고 서로 조화를 이루어야 한다. 치료자와 내담자가 배치된 매체를 쉽게 찾을 수 있고, 위생적인 환경이어야 한다. 선반은 내담자의 신체적 발달을 고려하여 적당한 높이로 만드는 것이 안전하다. 차가운 물만 나오는 싱크대를 배치하고 물을 충분히 활용할 수 있도록 하며 저학년이 사용할 때 치료실 전체에 물이 튀지 않도록 고려한다.

2. 미술치료 매체

미술치료에서 매체(媒體, medium)는 '중간의'라는 뜻의 라틴어 medius에서 유래하였고 media의 복수형이다. 미술치료를 다른 심리치료와 구별해 주는 요인인 미술매체는 자기표현의 수단이며 인공물에서 자연물까지 폭넓고 다양하다. 매체(medium)와 재료(materials)라는 용어가 혼용되고 있는데, Lowenfeld와 Brittain(1987)은 매체와 재료를 혼용하여 사용하지만, 표현에 직접 쓰이는 것이 재료이고 표현의 매개가 되는 넓은 의미로 매체를 구분하였다. 학자들은 미술치료 매체를 분류하여 제시하였다. Wadeson(1980)은 미술매체를 선정할 때 기법적 선택이 중요하다고 하였다. 매체를 표현기법에 따라 드로잉 매체(연필, 펜, 크레용, 목탄, 파스텔 등), 페인팅 매체(파스텔, 템페라, 구아슈, 수채화, 유화물감 등), 모델링 매체(점토, 박스, 철사, 천, 나무, 플라스틱 등)의 세 가지로 분류하였다. Landgarten(1987)은 최소한의 통제적인 것과 더욱 통제적인 것으로 나누어 매체연속체를 제시하였다. 매체의 특성이 내담자의 심리상태를 강화하거나 약화하고 표현의 촉진 정도에 영향을 미친다. Lusebrink(1990)는 미술매체를 유동성과 저항성, 간단함과 복잡함, 구조화와 비구조화성의 세 가지 기준을 바탕으로 분류하였다. Hinz(2006)는 Lusebrink의 이론을 바탕으로 특성에 따라 매체를 분류하고 비교하였다.

[그림 4-1] Landgarten(1987)의 매체연속체

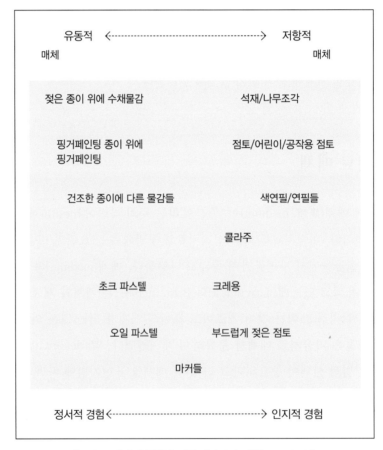

[그림 4-2] 매체 특성에 따른 내담자의 경험(Hinz, 2006)

　조희정과 정여주(2021)는 2000~2020년에 이루어진 주요 미술매체를 활용한 국내 집단미술치료 연구들에 대하여 체계적 문헌고찰을 하였다. 주요 미술매체는 아홉 가지이며, 종이류, 수채화 매체, 한국화 매체, 사진, 콜라주, 점토 및 점성 매체, 자연물, 섬유, 멀티미디어였다. 수채화, 콜라주는 정서 관련, 한국화, 사진, 자연물은 자아 관련, 점토 및 점성, 멀티미디어는 특성 관련 연구에서 많이 다루어졌다. 섬유 매체는 스트레스, 종이류는 삶의 질 관련 연구에 많이 사용되었다. 또한 미술매체를 다음과 같이 분류하였다.

대분류	중분류	구체적 매체
2차원 매체 (2 dimensional)	종이류 매체	종이류(도화지, 한지, 색종이 등)
	드로잉 및 페인팅 매체 (drawing, painting)	연필, 색연필, 수성 마커(사인펜), 유성 마커(매직), 목탄, 콩테, 파스텔, 오일 파스텔(크레파스), 수채화 매체, 아크릴 매체, 한국화 매체(먹, 한국화 물감), 유화 매체, 포스터컬러 매체
	기타 매체	사진, 콜라주
3차원 매체 (3 dimensional)	모델링 매체 (modeling)	점토 및 점성 매체(자연점토로는 찰흙, 백자토, 청자토, 대용점토로는 클레이, 지점토, 천사점토, 석고 등)
	기타 매체	자연물(꽃, 나무, 곡물, 모래 등), 섬유(털실, 여러 종류 섬유, 바느질 및 염색 도구)
다차원 매체 (Multi dimensional)	다중 매체 (멀티미디어: multi-media)	멀티미디어(컴퓨터 프로그램, 모바일 어플리케이션, 동영상 촬영 및 편집 도구)

　치료자라고 해도 모든 다양한 미술치료 매체와 재료, 기술, 과정 등을 알기는 어렵다. 대부분은 전통적인 매체와 재료에 익숙하다. 미술치료에서 중요한 역할을 하는 기본 재료를 살펴보면 다음과 같다.

1) 그리기 재료

　그리기는 사용하기 편리하고 표준화된 재료이다. 이동하기 좋기 때문에 미술치료 평가와 활동에서 가장 많이 사용되는 매체이다. 연필, 크레파스, 색연필, 사인펜, 파스텔, 색분필, 목탄, 콩테 등과 다양한 종류의 종이가 있다.

(1) 연필

연필은 용도가 다양하고 다루기 쉬워서 친숙하게 사용되는 재료이다. 정교하고 세밀한 표현과 활기 있고 대담한 표현 모두 가능하다. 통제성이 가장 강한 매체 중의 하나이므로 어린 아동은 크레파스, 색연필, 분필을 경험한 후 제공하는 것이 바람직하다.

(2) 크레파스

크레파스는 다른 보조기구가 필요하지 않고 사용이 간단하며 쉽다. 질감이 다양하고 색을 구별할 수 있으며, 오랫동안 사용할 수 있어서 많이 사용된다. 치료를 처음 시작하는 내담자도 부담 없이 자유롭게 표현이 가능하다. 하지만 한번 칠한 후에는 고치기 어렵고, 강하게 색칠을 하면 가루가 많이 나오며, 손이나 옷에 잘 묻지만 물로 잘 지워지지 않는다. 크레파스는 색칠하기 활동 등 다른 표현에도 활용된다.

(3) 색연필

색연필은 정확하고 섬세한 선까지 그릴 수 있고, 빠르고 깔끔하게 작업할 수 있다. 강도에 따라 다양한 특성이 있고, 크레파스보다 덜 번지며 더 섬세한 표현을 할 수 있지만 색채가 강하지 않다.

(4) 사인펜

사인펜은 수성과 유성 두 종류가 있으며, 색이 선명하고 사용하기 쉽다. 연함과 강함의 조절이 잘 안 되지만 강하고 세밀한 표현은 가능하며, 색 표현의 확장은 어렵다. 플라스틱이나 매끄러운 표면에 그림이나 글씨를 쓸 때는 유성이 유용하지만 물로 지워지지 않고 냄새가 나므로 어린 내담자는 수성을 사용하는 것이 좋다.

(5) 파스텔

파스텔은 사용하기에 무난하고 변색되거나 퇴색되지 않는다. 다른 매체보다 부드러운 색감이 장점이라서 그림을 잘 그리지 못해도 분위기 있는 그림을 묘사할 수 있다. 반면 손이 더러워지기 쉽고 세밀한 표현이 어렵다. 손이 더러워지는 것을 참기 어려운 내담자인 경우, 계속 손을 씻고 싶어 할 수 있어서 작업에 방해가 될 수 있다. 또한 덧칠을 해도 진한 발색이 되지 않아서 내담자에게 좌절감을 줄 수 있으며, 선명한 색채를 원하는 내담자에게는 심리적 불편감을 줄 수 있다.

(6) 종이

종이는 재질이 부드럽고 가변성이 있어서 융통성 있게 활용할 수 있다. 구기기, 접기, 오리기 등 촉각적 활동과 시각적 변형에 따라 다양한 표현이 가능하다. 종이의 가변성은 치료적 요인이 된다. 다양한 형상을 만들면서 감정을 표현할 수 있으므로 감정이 정화된다. 내담자가 즐거움, 안정감, 만족감, 성취감 등 다양한 긍정적 정서를 느낄 수 있다. 미술치료에서 활용하는 종이는 도화지, 마분지, 색종이, 하드보드지, 화선지, 한지, 와트만지, 머메이드지 등이다. 도화지는 그림을 그릴 때 주로 사용되며, B4(전지 8절)나 B3(전지 4절)가 많이 사용된다. 색지는 색상이 다양하고 감정을 촉진하므로 선택할 때 이를 고려할 필요가 있다.

2) 색칠하기

수채화 물감, 유화 물감, 템페라, 핑거페인팅, 아크릴, 오일, 먹물 등과 브러시, 펜, 손 등이 있다.

(1) 수채화 물감

미술치료에서는 보통 6~30개 색의 수채화 물감이 사용된다. 물감의 사용, 물의 양 조절, 붓의 종류나 형태, 붓 잡는 방법에 따라 내담자의 개성과 독창성이 나타난다. 수채화 물감을 선호하여 선택하면 심리적 긴장감이 있고 이완 욕구를 가진 내담자일 수 있다. 수채화 작업에서 물을 사용하면서 내담자는 물감의 자유로움과 투명하고 경쾌한 느낌으로 인해 불안, 우울, 두려움 등 부정적 감정에서 벗어나 카타르시스를 느끼고 심리적인 균형을 회복할 수 있다. 수채화 물감의 특성은 다음과 같다.

- 물감과 물감을 조합하면서 이완된다.
- 유동적 속성의 색을 사용하기 때문에 정서체험이 촉진된다.
- 즉흥적이고 직관적 표현에 강하다.
- 한 번의 붓 터치로 결과가 나타나므로 한 획을 그을 때 용기가 필요하다.
- 물의 양 조절에 따라 다양한 표현이 나타나므로 자유로움을 느낀다.
- 재료의 속성과 표현 결과가 투명하고 경쾌한 느낌을 준다.
- 색채 변화가 풍부하고 다양한 기법의 표현이 가능하다.

(2) 유화 물감

특별한 기술이 필요하므로 치료자가 재료를 잘 다룰 수 있어야 한다. 색상이 선명하고 덧칠을 효과적으로 할 수 있다. 정밀한 명암 표현이 가능하고, 선을 자유롭게 그을 수 있으며, 물감을 되직하게 개어서 두껍게 바를 수 있다. 반면, 가격이 비싸고 마르는 데 시간이 오래 걸려서 즉각적인 그림의 효과를 보기 어렵다. 이러한 특성이 필요한 내담자에게 유용하다.

(3) 아크릴 물감

아크릴 물감은 합성 아크릴수지로 만든 물감으로 부착력이 강하며, 바탕 재료에 약간의 흡수성이 있으면 채색이 가능하다. 수채화 물감보다 빠르게 마르고 단기간에 제작할 수 있어서 벽화, 공예 등에도 유용하게 사용된다. 유연성이 있어서 갈라지지 않아 유화 물감처럼 두껍게 칠할 수도 있다. 반면, 가격이 비싸고 물에 녹지 않으므로 필요한 양만큼 자주 덜어서 사용해야 한다. 마른 후에는 완전히 고착되므로 수정하기 어렵고 물감의 부피가 줄어든다. 종이나 천과 같은 바탕 재료에 칠할 때는 수축될 수 있으므로 앞뒤 양면 모두 칠하는 것이 좋다.

(4) 먹물

먹물 작업은 먹의 농담을 이용한다. 물을 적게 섞은 진한 먹색은 힘이 있는 표현이 되고, 물을 많이 섞은 연한 먹색은 은근한 표현이 된다. 무채색 매체는 적극적인 감정표현을 어려워하는 방어적인 내담자에게 도움을 줄 수 있다. 내담자가 덜 위협적인 방법으로 무의식을 표현할 수 있다. 반면, 무채색이므로 내담자가 단순함과 지루함을 느낄 수 있다. 먹물은 옷에 묻으면 잘 지워지지 않으므로 부주의하거나 더러워지는 것에 예민한 내담자에게는 적절하지 않다.

3) 점토와 점성 매체

점토는 인류문화와 함께 발달해 온 가장 오래된 매체 중 하나이다. 흙의 한자 표기이며 약 20%의 수분을 함유한 물렁물렁한 재료로 가소성이 있다. 점성 매체는 점토, 지점토, 밀가루, 컬러점토, 아이클레이, 천사점토, 면도크림 등이 있다. 석고는 물과 석고가루를 1:1 비율로 섞어서 사용하며, 석고붕대는 석회가 혼합된 거즈 인 크림 타입의 섬유이다.

(1) 점토

점토는 평면작업도 가능하고, 입체작업도 가능하며, 표현도 자유롭다. 손으로 직접 작업하거나 도구를 사용하여 형태나 틀을 만들고 장식과 양각 등을 할 수 있다. 작품이 마음에 들지 않으면 점토를 뭉쳐서 처음부터 다시 만들 수 있으므로 실패감을 덜 경험하고 성취감을 느낄 수 있다. 부드럽고 촉촉한 점토작업에 몰입하면 건설적인 퇴행(constructive regression)을 경험할 수 있다. 놀이하듯이 장난스럽고 만지작거리는 행동을 자연스럽게 이끌어 내므로 억압된 정서가 표현된다. 반죽하고 주무르는 작업은 손, 발에 연결된 신경들을 자극하고 감각들을 깨운다. 손의 다양한 움직임을 통해 소근육의 능력을 향상시킨다. 촉각 자극을 통해 감각 통합을 촉진함으로써 현실 감각을 향상시킨다. 점토의 특성은 다음과 같다.

- 가소성이 있기 때문에 성취감을 느끼기 용이하다.
- 부드러운 촉감으로 심리적 안정감을 느낄 수 있다.
- 촉감이나 온도감 등을 통해 감각을 자극한다.
- 저렴하고 쉽게 구할 수 있어서 경제적이다.
- 평면과 입체 표현이 모두 가능하다.
- 대근육과 소근육의 통합적 사용이 가능하다.

(2) 석고

석고는 내담자의 흥미와 호기심을 자극하고 주의집중을 높인다. 물에 개거나 가루로 사용할 수 있으므로 손 본뜨기, 얼굴 및 신체 본뜨기 등에 적용할 수 있다. 석고는 처음에 차가운 온도감으로 내담자가 놀랄 수 있지만 차츰 따뜻하고 단단해지므로 치유적 경험을 할 수 있다. 보통 본뜨기를 할 때는 다른 사람과 상호작용을 하므로 신체적 접촉과 돌봄, 긍정적 상호작용을 경험하게 된다. 석고 본뜨기는 치료자가 내담자의 작품 제작을 도와야 할 필요가 있고, 건조된 석고를 떼어 낼 때 피부 자극을 줄이기 위하여 로션을 바르고 시작해야 한다.

(3) 밀가루풀과 면도크림

밀가루풀과 면도크림은 촉감놀이를 할 때 자주 사용된다. 통제력이 낮은 매체이므로 감정이 이완되고 친밀감 형성에 유용하며 내담자의 자발성을 촉진할 수 있다. 밀가루풀은 투명해질 때까지 끓여서 사용하고 농도를 조절할 수 있다. 만지는 느낌이 부드럽고 미끈거리는 느낌을 주기 때문에 라포 형성과 상호작용 촉진, 긴장 이완과 스트레스 해소에 도움이 된다. 끈적거리는 특성이 있으므로 내담자의 선호도를 고려하여야 한다. 농도를 진하게 하면 풀로도 사용할 수 있고, 마른 후에는 종이가 변형되므로 우드락 같은 두꺼운 재료를 사용하는 것이 좋다. 면도크림은 거품을 내거나 짜는 작업 등 다양한 감각적 놀이를 할 수 있고, 물감과 함께 사용하여 다양한 색깔놀이가 가능하다. 긴장 이완과 호기심을 자극하지만 특유의 향이 있으므로 내담자의 선호도를 고려하여야 한다. 피부가 약하거나 향을 선호하지 않는 내담자에게 적합하지 않으며, 생크림을 사용할 수도 있다.

4) 콜라주

콜라주 재료는 종이, 마분지, 캔버스 등에 붙일 수 있는 어떤 것이든 가능하다. 신문, 잡지, 사진 등 2차원 재료와 나무토막, 실, 섬유, 옷, 자연재료, 공작용 소품 등 3차원 재료를 활용할 수 있다. 콜라주는 미술치료에 저항이 있는 내담자에게 유용하다. 그리지 않고 표현이 가능하고 부담이 적으며 작업이 간단하다. 잡지 사진을 주로 사용하므로 회상이나 연상이 잘 이루어지고 작업 과정에서 무의식이 의식화되어 내면적 통찰을 통해 자아를 통합할 수 있다. 내담자가 부담 없이 작업에 몰두할 수 있고 완성도 높은 잡지 이미지는 만족감을 준다. 내담자가 자신의 욕구를 의식화하고 언어적 자기표현을 할 수 있도록 도와준다.

5) 기타 재료

(1) 지우개
지우개는 작품을 수정하고 다시 그릴 수 있다는 편안함을 준다. 미술치료에서는 부드럽게 지워지는 미술용 지우개를 사용하는 것이 좋다. 딱딱한 일반 플라스틱 지우개로 4B 연필로 작업한 그림을 지우면 지저분해져서 내담자가 기분이 상할 수 있다. 내담자가 지우개를 자주 사용한다면 성격적 특징, 방어, 저항을 의미하는 경우도 있다.

(2) 가위
내담자의 연령과 발달수준을 고려하여 가위를 선택한다. 종이의 두께, 헝겊, 철사, 금속 등 재료에 따라서 용도에 적합한 가위를 사용한다. 좁은 면적도 잘 오려지는 끝이 날카로운 가위는 행동 통제가 가능한 성인이나 소근육이 잘 발달한 아동이 사용할 수 있다. 공격적이고 부주의한 내담자의 경우, 가위 사용에 신중하고 끝이 뭉뚝한 가위를 사용할 필요가 있다.

(3) 자연물

자연물은 모래, 돌, 나뭇잎과 나뭇가지, 다양한 곡물이 포함된다. 주변에서 쉽게 구할 수 있고 삶 속에서 친숙하므로 정서적 안정과 편안함을 제공할 수 있다. 자연물을 보고, 만지고, 느끼고, 냄새를 맡는 탐색적 활동으로도 감각과 호기심이 자극되고 활성화된다. 자연물을 탐색하는 과정에서 어린 시절의 기억이나 특정 시점의 기억을 떠올릴 수 있고 상상력이 재구성된다. 자신의 느낌을 자유롭게 표현하면서 창의성이 유발되고 자연물을 꾸미면서 풍부한 표현이 가능하다.

(4) 붓

수채화, 아크릴, 유화, 먹물을 사용하는 활동에는 붓이 필요하며, 활동의 종류에 따라 다른 붓이 필요하다. 수채화에는 털이 부드럽고 탄력이 있으며 자루가 긴 붓이 좋다. 사용 후에는 물기를 적당히 제거한 후에 걸어서 말린다. 유화는 덩어리 물감을 칠하기에 알맞게 빳빳하고 힘이 있는 붓을 사용한다. 사용 후에는 기름으로 물감을 씻어 낸 후 비눗물로 잘 빨아서 보관한다. 먹물 작업에 사용하는 붓은 딱딱하게 굳으므로 사용 후에 즉시 깨끗하게 세척한다. 길고 큰 붓은 내담자의 흥미를 자극하기도 하지만 다루는 데 어려움을 주므로 운동협응력이 부족한 내담자에게 좌절감을 줄 수 있다. 붓 대신 필요에 따라 막대가 달린 스펀지, 롤러, 플라스틱 솔, 나이프, 손을 사용할 수 있다.

(5) 섬유

섬유는 인간이 태어나서 처음으로 경험하고 느끼는 물질이며, 몸을 보호해 주는 매체이다. 섬유의 특징은 부드러움, 유연함, 따뜻함, 포근함이다. 포근한 촉감은 친근감을 느끼게 하고 애정, 안정감과 보호, 모성의 이미지와 관련지을 수 있다. 접거나 구겨도 탄력성이 강하고 유연하므로 형태 변형이 다양하며, 제한 없이 자유롭게 표현하고 다양하게 제작할 수 있는 비정형 매체이다. 작업 과정에서 내담자는 쾌감과 성취감을 쉽게 얻을 수 있고, 안정감과 자신감을 경험한다. 부드러움과 따뜻함은 신체감각을 자극하여 심리적으로 안정되고, 부정적인 기억을 떠올리는 내담자가 작품을 통해 안전함을 느낄 수 있다.

(6) 그 밖의 재료들

미술치료에서는 다양한 재료가 활용된다. 깃털, 솜, 뽁뽁이 등의 부드러운 속성의 재료들은 부드러운 촉감 때문에 위안을 주고 어머니를 연상시킬 수도 있다. 구슬, 단추, 스팽글은 평면작업과 입체작업 모두에 사용할 수 있고 내담자의 창의성을 자극한다. 털실, 노끈, 종이끈, 철사, 장식끈 등 끈 재료는 굵기와 색상에 따라 다양하게 사용할 수 있다. 끈은 선을 나타내고 구부리며 묶을 수 있으므로 다양한 감정과 자기표현이 가능하다. 꼬인 것이 풀어지는 재료는 신비감을 주어 동기 유발에 좋다. 나무조각, 스티로폼, 우드스틱 등과 같은 다양한 꾸미기 재료는 호기심을 촉진하고 창의성을 자극한다. 작품의 완성도가 높아지고 풍성해지므로 다양한 방법으로 활용할 수 있다.

3. 매체 활용 시 유의점

미술치료에서 사용되는 모든 매체는 각각의 특성을 지니고 있다. 미술매체의 선정과 활용방법은 내담자의 자기표현에 영향을 주고, 매체의 특성에 따라 문제해결의 방향성이 다르게 나타난다. 치료자는 매체의 특성을 잘 파악하고 있어야 한다. 치료자가 매체의 특성을 이해하고 활용 방법, 기술 등을 잘 알고 있을 때 내담자의 표현을 촉진하고 작품과 작품활동에 나타난 내담자의 심리를 잘 이해할 수 있다. 미술매체를 활용할 때 유의할 점은 다음과 같다.

• 다양한 정서표현이 가능한 매체를 활용한다.

단순하고 비구조적인 매체일수록 내담자의 심리적 투사가 더 많이 일어난다. 틀에 짜여 있거나 정형화된 매체들은 내담자의 자유로운 활동과 표현을 제한한다. 규칙이나 지시사항을 따라야 할 경우, 내담자의 심리적 투사와 심상 작용은 억제될 수 있다. 약간의 설명으로도 부담 없이 작업할 수 있는 매체가 좋다. 매체를 다루거나 사용방법을 배우는 데 시간과 에너지를 소비한다면 치료의 본질과 멀어질 수 있다.

• 미술매체의 특성을 파악하여야 한다.

미술매체는 특성에 따라 내담자의 심리적 문제에 접근하고 해결하는 데 유용성이 달라진다. 예를 들면, 딱딱한 색연필, 사인펜과 같은 재료는 통제성이 높아서 충동적인 내담자를 통제하기에 유용하지만 강박적이고 경직된 내담자를 더욱 경직되게 할 수 있다. 반면, 물감, 젖은 점토 같은 재료는 통제성이 낮아서 경직된 내담자가 이완하는 데 유용하지만 충동적이거나 자아경계가 분명하지 않은 내담자의 충동성을 심화시킬 수 있다. 치료자는 다양한 매체의 특성을 파악하고 잘 다룰 수 있도록 노력하여야 한다.

• 내담자의 치료목표와 욕구에 적합하여야 한다.

내담자의 심리적 특성과 상태를 파악하여 치료목표에 적합한 재료를 활용한다. 내담자의 심리적 특성과 상태에 따라 매체를 활용하여 감정을 촉진하거나 통제할 필요가 있다. 예를 들면, 자기통제가 어렵고 산만한 내담자에게는 연필, 색연필 등과 같은 딱딱한 질감의 매체를 활용할 수 있다. 이는 내담자의 산만한 행동을 통제하고 불안정한 감정과 행동을 조절하도록 돕는다. 자신의 감정표현에 어려움이 있는 내담자는 물감, 핑거페인팅, 비누거품 등과 같은 단순하지만 일정한 형태가 없는 재료를 활용할 수 있다. 매체의 질감과 특성에 대한 내담자의 기호와 욕구도 고려할 필요가 있다.

• 발달단계와 발달수준을 고려하여 적합한 재료를 준비하여야 한다.

내담자의 발달단계와 발달수준을 고려하여 쉽게 활용할 수 있는 미술매체를 준비한다. 발달단계와 발달수준에 따라 신체적 운동기능과 인지적 능력이 다르다는 것을 염두에 두고 재료를 준비하여야 한다. 같은 매체를 사용하여도 내담자에 따라서 정서적·인지적 반응이 다양할 수 있다. 내담자의 지각 능력, 운동 능력, 심리 상태에 따라서 다양한 표현이 가능한 매체는 작업에 대한 관심과 기대를 갖게 한다. 내담자의 기술로는 해결이 곤란한 것, 너무 가늘거나 큰 것 등 신체적 조건에 적합하지 않은 재료는 피하는 것이 좋다. 예를 들면, 운동협응력이 부족한 유아나 저학년 내담자는 붓으로 그림을 그리기가 어렵기 때문에 핑거페인팅이나 크레파스 등을 활용하는 것이 유용하다. 오려붙이기를 할 때도 가위를 사용하는 것보다 손으로 찢어서 붙이는 것이 좋다. 고학년의 아동, 청소년 내담자는 미술재료 선택의 폭이 넓으므로 다양한 재료를 준비하는 것이 좋다. 심리적으로 퇴행한 경우에는 퇴행을 방지하는 재료를 활용하고, 자아의 상태가 건조하고 긴장되어 있으면 창작활동을 통해 안전하게 일시적 퇴행을 경험하도록 돕는다.

• 접근가능성이 높고, 언제든지 쉽게 사용할 수 있는 재료를 활용한다.

일상생활에서 쉽게 구할 수 있는 재료가 좋다. 주변에서 쉽게 접하고 구할 수 있거나 향토적인 재료는 내담자의 부담감을 덜어 주고 두려움 없이 흥미롭게 작업하는 데 도움이 된다. 또한 내담자가 자신의 감정을 자연스럽게 표현하고 다루는 데 도움을 준다. 적은 경비로 언제든지 사용할 수 있는 재료라면 더욱 좋다. 폐품을 활용할 수도 있다.

• 재료의 질이 좋고 안전하고 위생적이어야 한다.

재료의 질이 좋고 깨끗하게 정돈되어 위생적인 매체는 치료자와 내담자 모두에게 존중의 의미를 준다. 학교현장은 시간, 공간, 예산 등의 제한이 있을 수 있지만 재료의 질은 매우 중요하다.

• 표현을 위한 미술매체에 변화를 주어야 한다.

미술매체는 각기 다른 유용성을 지니고 있다. 아동 내담자의 경우 여러 가지 매체나 도구들의 사용이 인지적·발달적으로 도움이 되고, 호기심과 자발성을 이끌어 낼 수 있다. 매 회기마다 똑같은 재료를 사용한다면 지루해하거나 다양한 정서표현과 창의성이 제한될 수 있다. 내담자의 발달과 능력을 고려하여 수용될 수 있는 범위 내에서 매체에 변화를 주어야 한다.

4. 학교미술치료 시간

미술치료 시간은 목표, 대상, 방법에 따라 진행될 수 있다. 일반적으로 주 1, 2회 실시하고, 아동청소년 내담자를 대상으로 한 개인 미술치료의 경우 30~60분 정도 실시한다. 내담자의 집중력과 성향, 상황에 따라서 조절하고 내담자의 특성을 고려해야 할 때도 있다. 경직되고 강박적인 내담자는 시간에 대한 강박적 생각이 작품활동에 방해가 될 수 있으므로 특별히 시간의 제한을 두지 않을 수도 있다. 충동적이고 자기조절이 되지 않는 내담자는 시간을 철저히 지키도록 한다. 학교장면에서 미술치료를 적용할 경우, 쉬는 시간(10분), 점심시간(식후 20분), 방과 후(60분), 수업시간(45분) 등 다양한 시간과 상황에 따라 이루어질 수 있다. 시간과 내담자의 특성을 고려하여 적절한 개입이 이루어져야 한다.

1) 수업시간 또는 방과 후(30~60분) 개인 미술치료

심층적인 작업이 이루어져야 할 경우, 수업시간이나 방과 후 시간을 활용한다. 수업시간을 이용하여 미술치료가 진행될 경우, 다음과 같은 몇 가지 고려사항이 있다.

- 교사에 의해 의뢰된 경우, 자연스럽게 수업시간을 이용하여 미술치료를 실시할 수 있다. 하지만 자발적으로 내방한 내담자가 수업시간에 작업이 필요하면 학교의 절차를 따를 필요가 있다.
- 치료자가 우선 수업 외 시간에 접수 상담을 하여 수업시간 개입이 필요한지 판단한다.
- 수업시간에 미술치료를 실시할 경우, 내담자의 동의와 담임교사의 허락, 담당교과 교사의 확인이 필요하다.
- 시간, 요일 등을 구조화해야 한다. 수업시간을 이용한 지속적인 미술치료를 실시할 경우, 특정 과목의 수업 결손이 생기지 않도록 세심한 주의가 필요하다. 내담자가 매주 다른 요일, 다른 시간에 미술치료에 참여할 수 있도록 시간을 조정하여 같은 교과를 계속하여 빠지지 않도록 배려할 필요도 있다.
- 수업에 참여하기 싫어서 미술치료에 참여하는 학생이 생기지 않도록 고려하여야 한다.
- 수업시간에 개인 미술치료를 실시할 경우, 내담자가 다른 학생에게 노출되는 것을 고려하여야 한다.
- 방과 후 미술치료의 경우에는 학원, 방과 후 활동, 친구들과 동반 하교 등으로 지속적인 활동이 어려울 수 있다.

- **수업시간에 미술치료 개입을 할 경우**
  - 구조화를 통해 담임교사의 허락과 교과 담당교사의 확인이 필요함을 내담자에게 알리고 동의를 얻는다.
  - 담임교사의 협조를 구한다.
  - 미술치료 약속시간 전에 담임교사에게 알려서(쪽지 혹은 전화) 담임교사가 교과 담당교사에게 결석처리를 하지 않도록 조치를 한다.
  - 미술치료가 끝난 후, 학생이 참여하였음을 쪽지 혹은 전화로 담임교사에게 알린다.

2) 점심시간(식후 20분) 개인 미술치료

점심시간을 활용하여 미술치료를 실시하는 것은 학생들이 쉽게 접근할 수 있다는 장점이 있다. 이 경우 다음의 몇 가지 사항을 고려하여야 한다.

- 내담자에게 자원이 있고, 치료자와 협력하여 자신의 문제를 풀어 갈 수 있는 역량이 있다고 판단될 경우에 이용할 수 있다.
- 호소 내용을 간단히 듣고, 간단하고 가벼운 활동을 실시할 수 있다.
- 내담자의 강점과 자원을 찾아서 격려하고 문제해결중심으로 접근할 수 있다.
- 그림검사 실시 및 해석 시 활용할 수 있다.

3) 쉬는 시간(10분) 개인 미술치료

학교에서는 쉬는 시간을 이용하여 내담자 파악과 간단한 개입을 할 수 있다. 내담자의 상태를 파악하여 개입 여부를 판단하는 시간으로 활용할 수 있다. 이 경우 다음의 몇 가지 사항을 고려하여야 한다.

- 내담자의 심리적 특징과 상태를 파악하는 치료자의 사례 진단 능력이 요구된다.
- 짧은 시간 내에 어떤 개입을 할 것인가에 대한 신속한 판단이 요구된다.
- 주로 라포 형성, 신청서 작성, 면접과 관찰, 정보 획득 등이 이루어진다.
- 자존감 저하, 우울, 지속적인 개입이 필요한 내담자에게 치료자가 지속적인 관심을 보여 줄 수 있어서 개입효과를 높일 수 있다.
- 위기개입이 필요한 내담자에게 신속하게 개입하여 조치할 수 있다.
- 추수상담을 할 때 이용할 수 있다.

- 10~20분을 활용한 라포 형성 및 내담자 개입 기법 Tip

– 준비물: 도화지, 색종이, A4용지, 사람 모형, 크레파스, 색연필, 사인펜, 물감, 파스텔 등
– 색종이를 활용한 '오늘의 기분'
"오늘(지금) 나의 기분을 색깔로 표현하면 무슨 색깔일까요? 마음속으로 색깔을 떠올려 보세요. 떠올렸던 색깔을 색종이 중에서 선택하세요. 이 색깔을 선택한 이유를 (말이나 색종이 뒷면에 글로) 표현해 보세요."
"오늘(지금) 나의 기분을 색종이를 사용하여 표현해 보세요. 작품의 제목을 정하고 작품에 대해서 설명해 보세요."

– A4 용지를 활용한 '오늘 나의 상태'

"지금 나의 기분을 A4 용지를 사용하여 표현해 보세요. 작품의 제목을 정하고 작품에 대해서 설명해 보세요(구겨도 되고, 찢어도 되고, 그림을 그려도 되며, 무엇이든 가능합니다)."

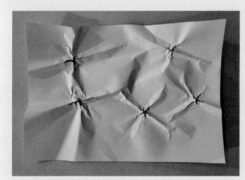 

– A4 용지와 크레파스를 활용한 '오늘의 나는'

"오늘(지금) 나의 기분을 A4 용지에 크레파스(색연필, 사인펜, 물감, 파스텔 등)를 사용하여 표현해 보세요. 작품의 제목을 정하고 작품에 대해서 설명해 보세요."

– 사람 모형을 활용한 '내 안의 마음' 그리기

"오늘(지금) 나의 기분을 사람 모형에 크레파스(색연필, 사인펜, 물감, 파스텔 등)를 사용하여 표현해 보세요. 작품의 제목을 정하고 작품에 대해서 설명해 보세요."

5. 학교미술치료자의 역할과 자질

학교미술치료를 실시하는 사람은 전문적인 교육과 훈련을 받은 치료자여야 한다. 학교미술치료자의 역할과 자질을 이해하기 위해서 미술치료자의 정의와 자질에 대해 먼저 살펴볼 필요가 있다. 미술치료자에 대한 정의를 살펴보면, Rubin(1982)은 개인의 인간적·전문적 자질의 상호작용을 강조하였다. Wadeson(2008)은 미술을 매개로 인간의 기본적인 심리를 파악하고, 창작 과정을 통하여 내면세계를 다루며, 정서적인 갈등을 완화하는 심리치료자라고 하였다. 학자들에 따라 차이가 있지만, 미술을 통해 내담자의 심리적인 문제해결과 인격적 성숙을 돕는 심리치료 전문가라고 할 수 있다. 심리치료 연구자들은 치료적 관계에서 치료자의 중요함을 강조하였다. 학교미술치료자는 치료의 성과를 예측하는 데 있어서 매우 중요하다. 따라서 학교장면에서 미술을 통해 내담자의 심리적인 문제해결과 인격적 성숙을 돕는 전문가로서 자질을 갖추어야 한다. Malchiodi(1999a)는 미술치료를 실시할 때 치료자가 고려해야 할 일반적인 요소를 제시했다. 첫째, 내담자가 감정을 표현하는 방법을 알아야 하고, 둘째, 내담자를 고유의 존재로 인정해 주어야 하며, 셋째, 내담자의 스트레스를 다루어 주어야 한다.

학교미술치료자는 미술의 치료적 이해와 함께 의사소통기술을 지녀야 한다. 경청, 공감, 반영, 구체화, 요약, 질문 등 기본적인 의사소통기술을 지니고 내담자의 미술적 표현, 언어적 표현과 비언어적 표현을 자세히 관찰하여 정확하게 이해할 수 있어야 한다. 내담자의 마음속에서 일어나는 생각과 감정, 의도와 의문 등을 알아차리고, 내담자-작품-미술치료자

삼자관계에서 일어나는 상호작용의 의미를 이해해야 한다. 내담자가 호소하는 문제와 상담을 받고자 하는 이유를 파악할 수 있어야 하고, 내담자의 핵심 문제와 강점 자원을 파악하여 내외적 역동과 스트레스의 근원을 파악할 수 있어야 한다. 미술치료자는 내담자를 한 인간으로서 사랑하고 존중하고, 수용하는 태도를 가져야 한다. 또한 치료자 자신에 대한 객관적이고 폭넓은 이해를 바탕으로 치료자로서의 자신감, 윤리적 태도, 바람직한 치료 신념, 전문성과 자질을 갖추어야 한다

미술치료자는 자신의 성격적 특성과 체험, 그 모두가 합쳐진 전체인 나(total self)로서 치료에 임한다. 미술치료에서 치료자는 하나의 도구이며 가장 중요한 도구는 치료자 자신이다. 미술치료를 실시할 때 장소, 재료, 작업 상황, 내담자의 요인 등은 달라질 수 있지만 치료자–내담자 상호작용을 결정짓는 미술치료자 개인의 특징은 상대적으로 변하지 않고 영향을 미친다. 내담자와의 소통에서 미술치료자가 심리적·정서적으로 어떠한 변화를 경험하고, 내담자의 특성에 따라 치료 장면에서 자신이 어떤 경험을 하는지 이해하는 것이 중요하다. 미술치료는 내담자의 시각화 작업 결과물인 작품이라는 구성요소가 추가되어 치료자–내담자–작품의 삼원적(triadisch) 관계를 이루므로, 치료자는 내담자의 문제해결과 증상 감소에 도움이 되는 적합한 매체와 접근방법을 선택하고 치료를 이끌어 갈 능력이 있어야 한다.

학교미술치료 이론과 실제

제5장
학교미술치료 과정

학교미술치료의 과정은 이론과 학자, 치료자마다 차이가 있지만 계획 및 준비기, 도입기, 진행기, 통찰 및 정리기로 나눌 수 있다. 치료자의 이론적 배경이나 교육 및 수련, 임상 경험에 따라 접근방법과 프로그램 내용 및 전략이 다를 수 있다. 내용과 전략은 치료를 진행하면서 내담자의 문제와 상황에 따라 수정이 가능하고 융통성이 있어야 한다. 이 장에서는 치료적 삼자관계, 미술에 기초한 심리평가, 사례개념화, 회기 진행에서 상호작용, 미술작품의 이해와 해석을 중심으로 소개하였다.

계획 및 준비기	도입기	진행기	통찰 및 정리기

• 사례 접수
• 심리평가
  – 초기 면접
  – 심리검사
  – 행동관찰
• 사례개념화
• 가설 및 계획, 전략 수립
	• 치료적 관계 형성
	• 미술표현 촉진
	• 미술치료와 미술매체 적용
		• 자유로운 자기표현
		• 다양한 미술표현
		• 자기 인식 명료화
		• 문제와 자신에 대한 탐색, 분석, 해석
		• 자기이해와 수용
			• 자기통찰
			• 현실 적응과 대처 능력 향상
			• 치료 결과, 성취 평가
			• 변화 느끼기
			• 종결

1. 치료적 삼자관계

치료의 출발점은 치료자가 내담자와 신뢰적 관계를 형성하고, 내담자가 자신이 치유될 수 있다는 가능성을 인식하는 것이다. 미술치료 과정은 치료자와 내담자가 미술작업을 통하여 내담자의 심리적·신체적 건강 증진을 목표로 나아가는 여정이다. 치료적 관계는 치료자와 내담자의 협동에 의해 형성된다. 내담자는 보통 어디가 힘들고 아픈지 말하기 어렵다. 내담자를 면밀하게 살피고 보이지 않는 고통에 대하여 이해하려는 치료자의 자세가 필요하다. 미술치료에서 치료적 관계는 치료자-내담자-작품의 삼자관계이다. 치료자와 내담자로 구성되는 일반적인 심리치료 체계의 이원적 구조와는 달리 미술치료는 치료자, 내담자 그리고 작품으로 구성된 삼원적 구조체계이다. Rubin(1993)은 미술치료에서 매체에 의해서 치료적 관계가 생성된다고 보았다. 치료자는 매체를 사용함으로써 내담자와 치료적 관계를 수월하게 형성할 수 있다.

치료자는 내담자가 표현한 미술작품을 존중하는 태도를 가져야 한다. 내담자 자신도 자각하지 못한 다양한 정보가 작품을 통하여 시각화된다. 내담자의 이면에 존재하는 제2의 자신이 작품을 통해 발현된다고 볼 수 있다. 치료자와 작품의 관계는 치료자가 작품을 분석하고 해석하는 일차적 관계가 아니다. 치료자는 내담자의 심리적 고통과 갈등을 작품을 통하여 이해하고 이를 치료적으로 사용할 수 있다. 치료자는 다양한 매체의 특성을 활용하여 드러나지 않은 내담자의 정서나 감정 및 경험을 자극하고 표현하도록 촉진한다.

2. 미술에 기초한 심리평가

내담자의 심리적 어려움과 문제행동에 대한 발달적·심리적·환경적 원인과 특성을 파악하고 치료목표와 전략을 세우기 위해서 평가를 실시한다. 내담자의 심리적 어려움이 무엇인지, 원인과 특성을 파악하는 것은 치료목표와 방향을 설정하는 데 매우 중요하다. 이와 함께 내담자의 내외적 잠재력, 강점 등을 파악하여 적절하고 효율적인 치료계획을 세울 수 있다. 심리평가는 개인의 심리적 특성을 이해하기 위한 일련의 전문적인 과정으로서 심리검사, 면담, 자연적 상황과 체계적 상황에서의 행동 관찰, 기타 다양한 기록 등을 포함한다. 필요하다면 부모 및 교사 면담을 통해 정보를 얻을 수도 있다. 내담자의 문제 영역과 정도에 따라 심리평가는 다르게 이루어질 수 있다. 심리검사는 객관적 검사와 투사적 검사가 있는데 이 장에서는 투사적 그림검사를 중심으로 소개한다.

1) 심리평가를 위한 면담 및 관찰

심리평가를 위한 면담은 내담자 자료 수집에 있어서 중요한 수단이 된다. 내담자의 중요한 정보를 면담을 통해 수집함으로써 심리검사 결과를 보완할 수 있다. 면담은 내담자의 발달사와 심리사회적 문제를 평가하고, 임상적 진단의 기초가 되며, 문제를 개선하기 위한 개입 목표 수립과 전략 및 방법을 설정하기 위해 실시한다. 심리평가를 위한 면담의 목적은 다양하지만 구체적으로 다음과 같다.

- 주요 문제 및 증상 파악: 현재 드러나고 있는 문제를 명료화한다.
- 발달사와 과거력 수집: 문제의 발생 기원, 그동안의 적응 과정 및 방식, 현실적 상황의 특징을 확인한다.
- 내담자의 성격, 자아수준 파악: 개인의 성격 및 대인관계 특징, 자아수준을 파악한다.
- 내담자의 자신에 대한 통찰: 내담자가 자신의 출생부터 현재까지의 발달과정과 대인관계 특성을 되돌아봄으로써 자신의 문제에 대한 통찰을 갖도록 한다.

내담자의 호소 문제를 바탕으로 면담을 하고, 첫인상과 행동을 관찰하여 평가하고 이해한다. 발달수준, 언어와 개념화 능력을 고려하고, 내담자가 불안할 수 있으므로 면담의 목적을 간략히 설명한다. 내담자의 질문에 친절하게 응답해 주고, 안정감을 느낄 수 있도록 해야 하며, 내담자와 라포를 형성한다. 면담을 진행하는 동안 내담자의 외양, 행동, 감각과 동작 기능, 언어와 인지 기능, 상호작용 등을 세심하게 관찰한다. 필요하다면 간단한 게임으로 시작하는 것도 라포 형성에 도움이 될 수 있다. 면담에 사용할 수 있는 질문은 다음과 같다.

- 오늘 여기에 어떻게 오게 되었나요? 누가 이야기해 주었나요?
- 여기 왜 왔다고 생각하나요?
- 좋아하거나 싫어하는 과목이 무엇인가요?
- 학교 친구들과 사이는 어떤가요?
- 선생님과는 어떻게 지내나요?

- 가족들과는 어떻게 지내나요?
- 휴일에는 보통 무엇을 하나요?
- 어디에 살고 있나요?
- 그 밖에 감정, 자아개념, 신체 증상, 사고, 기억이나 환상 등에 관한 질문 등

2) 투사적 그림검사

(1) 투사적 그림검사의 개념

그림을 심리학적 평가도구로 사용한 최초의 학자는 Goodenough(1926)이다. 그는 그림을 지능 측정에 사용할 수 있다고 가정하고 Draw-A-Man(DAM) 검사를 개발하였다. 이후 1940년 전후에 그림을 통해 개인의 정서적·성격적 측면을 평가할 수 있다는 주장이 대두되었다. 투사(projection)는 Freud가 처음 도입한 개념으로, 원래 정신병리의 개념이었지만 이후 성격의 정상적인 측면을 설명하는 데 사용하였다. 투사는 방어기제이기도 하지만 개인이 환경에서 제공받은 정보를 해석하는 양식(style)이기도 하다. 개인이 의식하지 못하는 내면의 모습은 일상생활을 하는 데 아주 많은 영향을 미친다. 투사적 그림검사는 사람, 집, 나무와 같은 특정한 형상에 대한 그림이 개인의 성격, 지각, 태도를 반영한다는 가정에 기반한다(신민섭, 2002). 대표적인 투사적 그림검사는 집-나무-사람(House-Tree-Person: HTP), 동적 가족화(Kinetic Family Drawing) 등이며 그 외에도 다양한 검사가 있다. 이 책에서는 학교미술치료 주요 주제와 관련하여 활용할 수 있는 투사적 그림검사의 실시방법과 사례를 소개하였다. 투사적 그림검사의 장점은 다음과 같다.

- 검사의 실시가 비교적 간단하고 시간이 짧다.
- 검사 시간과 에너지에 비해 내담자 정보를 풍부하고 정확하게 얻을 수 있다.
- 검사에 대한 실패와 두려움이 적어서 내담자의 방어가 감소한다.
- 자신도 모르게 내담자 자신의 사고나 감정이 드러날 수 있다.
- 내담자의 무의식이 드러나고 가까이 접근할 수 있다.

다음은 투사적 그림검사의 분류와 종류를 정리한 것이다(김갑숙 외, 2019).

2. 미술에 기초한 심리평가 **111**

인물이 있는 그림검사	인물화, 빗속의 사람 그림, 사과나무에서 사과를 따는 사람, 다리 그림
가족 관련 그림검사	동적 가족화, 동그라미 중심 가족화, 새둥지화, 모자화
자연 관련 그림검사	나무검사, 집-나무-사람 그림, 동적 집-나무-사람 그림, 풍경구성기법, 별-파도 검사, 좋아하는 날 그림
자극그림 및 시리즈 그림검사	발테르 그림검사, 실버 그림검사, 이야기 그림, 얼굴자극평가, 진단적 그림 시리즈

(2) 투사적 그림검사의 시행

투사적 그림검사 실시방법에는 지시적 방법과 비지시적 방법이 있다. 지시적 방법은 내담자에게 구체적인 주제를 제시한 후 그림을 그리게 하는 것이고, 비지시적 방법은 주제를 제시하지 않고 자유롭게 그림을 그리게 하는 것이다. 그림검사의 외적 자극이 모호할수록 투사적 현상이 잘 일어난다. 비지시적 방법은 내담자가 자기도 모르게 의도하지 않은 자유로운 그림을 통하여 사고나 감정을 드러내므로 임상현장에서 많이 사용되며, 개인의 독특한 심리적 특성을 살펴보기 위하여 간단하게 지시어를 제공한다. 투사적 그림검사의 지시어는 불분명하고 모호한 특징을 지닌다.

> 내담자에게 특별한 지시를 하지 않고 사람을 그려 보라고 한다. 내담자는 어떤 사람의 특성(essence)을 잡으려고 노력하면서 자신의 과거, 자신에 대한 느낌을 자연스럽게 들여다보게 된다. 내담자를 가장 잘 아는 사람은 바로 자신이다. 따라서 내담자가 그린 인물화는 자신의 내적 자아와 태도를 묘사한 것이다(Koppitz, 1968).

(3) 투사적 그림검사의 해석

투사적 그림검사는 내담자의 지능, 신체발달, 정서와 사회성 등을 측정하는 도구로 사용하므로 그림의 미적인 측면보다 기능적인 측면을 다룬다. 심리평가를 위한 해석은 발달심리학, 정신병리학, 심리치료이론 등의 관점에 근거해서 이루어진다. 검사 결과로서 그림, 면담, 행동관찰 등을 종합하여 평가한다. 투사적 그림검사와 객관적 검사를 함께 실시하여 결과를 연계하여 평가하는 것도 필요할 때가 있다. 그림검사를 해석하고 심리를 평가하기 위해서는 전문적인 지식과 훈련이 필요하다.

그림검사 해석은 "어떤 정보를 어떻게 읽어 낼 것인가?"이다. 신민섭(2002)은 인상적 해석방법과 구조적 해석방법을 제시하였다. 인상적 해석은 치료자의 주관적 인상에 근거하여 내담자의 심리적 특성을 해석하는 방법이며, 구조적 해석 이전에 이루어진다. 예를 들면, '뭔가 불안한 느낌이다' '화가 나고 무서운 느낌이다' '이 나무는 공중에 떠 있는 것 같다' '이 사람은 병이 든 것 같고 연약해 보인다' 등 직관적이고 정서적인 수준에서 비유적인 인상을 얻을 수 있다. 이러한 인상을 얻는 것은 내담자가 그림을 그리는 과정에서 어떤 경험을 하였는지에 대한 치료자의 공감이 필수적이다. 이러한 전반적인 인상은 그림을 보자마자 떠오를 수도 있고, 처음에는 별다른 느낌이 없었지만 여러 번 반복하면서 서서히 떠오를 수 있다. 때로는 다른 치료자와 그림에 대해 임상적 토론을 하면서 통찰을 얻을 수도 있다. 하지만 인상적 해석만으로 내담자를 정확하게 이해하는 데는 한계가 있다. 내담자의 심리적 상태를 전체적이고 종합적으로 이해하기 위해서는 구조적 해석이 함께 이루어져야 한다.

구조적 해석은 그림의 여러 가지 구조적 요소가 무엇을 의미하는지 고려하는 방법이다. 예를 들면, 그림을 과도하게 크게 그렸다면 자아팽창, 과도한 성취수준, 충동 조절의 어려움 등의 가설을 세울 수 있다. 이 중 가장 적절한 가설이 무엇인지 자료를 근거로 채택하는 것이 구조적 해석방법이다. 구조적 해석에서 가장 유의해야 할 점은 일대일 해석을 하면 안 된다는 것이다. 예를 들면, 집 그림에서 굴뚝에 연기를 그릴 경우, 채워지지 않은 애정욕구가 강하다는 가설을 세울 수는 있지만 이 한 가지만으로 반드시 애정욕구가 강하다고 해석해서는 안 된다. 이러한 해석을 위해서도 다른 임상적으로 뒷받침되는 자료들을 확인하여야 한다. 신민섭(2002)은 구조적 요소를 크게 열세 가지로 구분하였다.

- 그림을 어떻게 그려 나갔나.
- 그림의 크기가 적절한가.
- 그림을 종이의 어느 위치에 그렸는가.
- 연필을 얼마나 힘주어 그렸는가, 즉 필압이 얼마나 강한가.
- 선의 질이 어떠한가.
- 그림의 세부 특징을 어떻게 묘사하였는가.
- 그림을 그리다가 지운 적이 있는가, 무엇을 지웠는가.
- 그림의 대칭적인 측면을 강조하였는가.
- 눈이나 코, 혹은 창문과 같은 그림의 일부분을 왜곡하거나 빠뜨린 것이 있는가.
- 척추뼈가 보이는 사람을 그리는 등 투명성(transparency)이 나타났는가.
- 그림의 대상이 움직이고 있는 모습을 그렸는가.
- 종이의 방향을 돌려 가며 그렸는가.

• 그리라고 지시한 것 이외의 것을 부가해서 그렸는가, 무엇을 더 그렸는가 등.

3. 미술치료 사례개념화

1) 미술치료 사례개념화의 개념

사례개념화는 치료에서 흔히 밑그림 또는 청사진이라고 할 수 있고, 학자에 따라 개념과 범위에는 차이가 있다. 이는 이론을 임상 실제인 사례에 연결하여 내담자의 문제를 전체적으로 이해하는 것이다. 치료 개입 전략을 세울 수 있는 방법을 제공하므로 치료적 개입에 필수요소이다. 사례개념화를 통해 내담자의 정보를 조직화하고, 내담자가 처한 상황과 부적응 패턴을 이해하고 설명한다. 좁은 의미로 내담자의 인지적·행동적·정서적·대인관계적 측면을 통합하고 포괄적으로 내담자를 이해하며 가설을 세우는 활동이다(Eells, 1997; Loganbil & Stoltenberg, 1983). 넓은 의미로는 내담자의 심리적·행동적 문제에 영향을 미치는 원인, 촉발요인, 유지요인에 대한 정보를 바탕으로 가설을 설정하고 이에 기초한 상담목표를 세우며 개입방법 및 전략 등을 계획하는 것이다(이윤주, 2001; Sperry, 2010). Sperry와 Sperry(2015)는 치료 과정에서 발생하는 도전과 장애를 예상하고, 성공적인 종결을 준비하기 위한 방법 및 임상적 전략이라고 설명하며, 사례개념화의 기능을 다음과 같이 제시하였다.

• 정보를 모아서 조직화한다. 초기 사정, 호소 문제, 촉발요인, 유지요인에 관한 패턴을 발견하여 종합적인 평가를 한 후 계속적으로 검증한다.
• 내담자의 부정적 패턴을 바탕으로 가설을 수립하고 내담자의 과거, 현재, 미래에 대해 설명한다. 이러한 설명이 적절한 개입에 대한 근거가 된다.
• 치료를 안내하고 초점을 맞출 수 있다. 앞의 설명을 바탕으로 치료목표와 전략을 구체화한다.
• 치료에서의 도전과 장애를 예상한다.
• 종결을 준비하는 기능을 한다. 목표가 성취된 것을 인식하고, 언제, 어떻게 종결을 준비해야 하는지 알 수 있다.

미술치료에 적합한 사례개념화는 미술치료의 치료적 요인을 고려하여 미술활동, 미술매체, 미술작품을 종합적으로 평가하여야 한다. 미술작품 평가가 구성요소로 포함되어야 하며, 작품 분석과 함께 사례를 전체적으로 볼 수 있는 미술평가가 포함되어야 한다. 내담자가 매체와 상호작용하는 과정도 평가하여 치료목표를 설정하고 개입을 해야 한다. 치료자는 내담자 문제에 대한 이해를 바탕으로 일관성 있게 개입계획을 세우고 치료 구조에 대한 설명체계를 수립하여야 한다.

2) 사례개념화 요소

국내외 사례개념화 선행연구들과 국내의 상담 및 심리치료 현장을 토대로 이윤주(2001)가 제시한 사례개념화 평가 요소는 다음과 같다.

- 내담자의 현재 문제 및 관련 증상
- 문제와 관련된 역사적 배경
- 문제와 관련된 내담자의 개인적 요인
- 문제와 관련된 내담자의 외적(상황적) 요인
- 내담자의 대인관계 특성
- 내담자의 자원 및 취약성
- 문제와 내담자에 대한 종합적 이해
- 상담목표 및 계획

유목명	사례개념화 요소	설명
내담자 현재 문제 및 관련 증상	1. 지금 상담에 오게 된 계기	바로 지금 상담에 오게 된 이유, 내방의 원인이 되는 사건 혹은 문제
	2. 내담자의 구체적 호소들	내담자가 호소하는 제반 문제, 호소 증상
	3. 내담자의 증상	신체적·행동적·심리적 및 기타 증상, 문제의 현재 특징 등
	4. 내담자의 핵심 문제 및 핵심 정서	문제의 핵심연동, 내담자의 핵심 문제와 관련된 핵심 감정
	5. 객관적 정보	지능검사 포함 심리검사 결과 및 진단, 성적, 휴학 여부, 이수 학기 수 등

문제와 관련된 내담자의 역사적 요인	6. 내담자의 발달적 역사	가정환경, 가족 역사 등 내담자의 문제와 관련된 발달 및 역사적 배경
	7. 문제의 기원	내담자의 문제 및 증상이 시작된 시점, 문제의 원인이라고 할 수 있는 사건과 그 당시 상황, 문제의 지속 역사, 외상(trauma), 문제와 관련된 최근의 변화 상황 등
	8. 과거 문제력 및 그 당시 환경 상황	문제와 관련된 과거 역사 중 가족 역사 및 환경 이외의 것들, 문제의 지속 기간 등
문제와 관련된 내담자의 개인적 요인	9. 내담자의 자아개념	각 측면에서의 내담자의 정체성, 자기상(이미지), 자존감, 각 측면에서의 자아효능감, 자아개념 등
	10. 내담자의 통찰 내용과 수준	내담자가 문제와 자신, 자신을 둘러싼 인적·물적·환경적 측면에 대해 가지는 통찰 정도와 그 내용 등
	11. 인지적 스타일 및 특징	인지 내용 및 스타일 인지적 능력 등
	12. 정서적 스타일 및 특징	생활에서 정서순환의 사이클, 표현하는 정서의 폭, 정서의 적절성, 호소 문제에 대한 내담자의 정서, 내담자의 분노, 공포 및 두려움 등
	13. 신체·생리·행동적 특징	행동패턴-섭식패턴, 성적 기능, 수면패턴 등 특징적이고 패턴적인 특징 기술의 경우 이에 해당
	14. 내담자의 원함	상담 및 변화에 대한 동기 및 의지, 내담자가 원하는 해결 방향 및 해결 양상 등
문제 관련 내담자의 외적(상황적) 요인	15. 문제와 관련된 내담자의 현재 생활 여건	거주환경, 여가활동, 재정, 직업, 결혼 상황 등
	16. 문제를 지속시키는 상황적 요인	문제를 지속, 촉발, 강화시키는 요인들과 그 근거 등
내담자의 대인관계 특성	17. 내담자의 대인관계 양상	가족, 친구 등 타인과의 관계(전문 상담자와의 관계 포함), 관계의 지속성 여부, 대인관계 패턴, 대인관계 특성 및 양상에 대한 가치중립적인 기술(記述)
	18. 대인관계 문제 영역	문제 관련 대인관계 영역, 현재 문제가 되는 대인관계 영역 혹은 대상 등
내담자의 자원 및 취약성	19. 긍정적 상황과 강점	외모, 타인에게 주는 호감도, 상담 약속을 지킴, 성공 경험, 지지적인 경험, 지지적인 대인관계망, 스트레스에 대한 인내력, 스트레스 대처 능력, 의사소통 능력, 정서 표현 능력 등
	20. 내담자의 대처 전략	내담자가 문제 및 그 해결에 대해 갖는 대처 전략 혹은 대처 계획
	21. 부정적 상황과 약점	고민, 이슈, 문제, 증상, 대인관계 기술 혹은 문제해결 기술 결핍, 향상의 장애 요소 등

문제와 내담자에 대한 종합적 이해	22. 핵심 문제에 대한 이론적 설명	전문 상담자의 이론적 배경에 근거한 문제 전체, 문제의 원인과 과정 등에 대한 '종합적 설명'이 있어야 이 요소로 분류
	23. 내담자와 관련된 요인에 대한 종합적 이해 및 평가	문제를 촉발·강화시키는 요인 및 조건, 내담자에 대한 종합적 이해, 내담자 및 내담자 문제에 대한 진단 혹은 평가
상담목표 및 계획	24. 최종 목표(혹은 장기 목표)	상담의 종결 시점 혹은 그 이후를 시점으로 하는 목표
	25. 과정 목표(혹은 단기 목표)	상담 중에 도달하게 될 목표, 회기 목표, 중간 목표 등 포함
	26. 상담전략	상담목표를 얻기 위한 탐색 방향 설정, 초기 상담계획, 상담유형, 상담 면담의 빈도와 기간, 투약·집단상담 등 병행할 만한 방법 포함
	27. 상담목표 달성의 장애로 예상되는 요소들	상담목표 달성에 장애 혹은 장벽으로 전문 상담자가 예상하는 요소 혹은 요인들

3) 사례개념화를 바탕으로 한 치료계획

미술치료에서 구체적인 치료계획은 4단계로 나눌 수 있다(주리애, 2010).

(1) 1단계: 명확한 호소 문제 도출과 평가

내담자가 누구인지, 어떤 문제가 있는지 면담과 심리검사 결과를 바탕으로 정확한 호소 문제를 찾고 평가하는 단계이다. 구체적인 질문을 제시하여 명확한 호소 문제를 도출하는 것이 중요하다. 호소 문제를 찾고 평가할 때 주의할 점은 다음과 같다.

- "내담자가 위축되어 있어요."와 같이 심리적 특성만 강조하기보다 실제 생활 속에서 문제를 파악할 필요가 있다. 어떤 상황에서 어떤 행동으로 나타나는지를 실제 생활에 대한 구체적인 질문을 통하여 찾아낸다.
- "내담자의 그림이 우울해 보여요."라는 등 그림에 초점을 두지 않는다. 그림에 관한 설명도 내담자의 문제를 이해하기 위한 하나의 설명일 뿐이다. 그림의 이상한 부분이 호소 문제가 되지 않으며 이상한 부분을 문제 그 자체로 해석하지 않는다.
- 과거의 의미, 타인의 마음, 신체적인 문제 등 변화하고 바꿀 수 없는 것에 초점을 맞추지 않는다. 예를 들면, 자폐증 아동의 바꿀 수 없는 정신기능을 호소 문제로 할 수는 없다. 반면, 내담자의 눈높이에 맞는 목표를 설정하고, 한 단계씩 이루어 나가서 평범한 일상생활을 하도록 돕는 것이 적절하다.

- 치료의 출발점을 내담자가 호소하는 과거의 일보다는 지금-현재의 어려움에 초점을 맞추어야 한다. 자기문제를 이야기하기 어려워하는 경우, 내담자의 이야기를 충분히 수용하며 호소 문제를 천천히 찾아갈 필요도 있다.

(2) 2단계: 치료목표 설정

치료목표는 1단계의 호소문제와 연결하여 설정하여야 한다. 호소 문제와 치료목표가 연결되지 않으면 치료 방향을 수립하기 어렵다. 치료목표를 구체적이고 분명하게 설정하는 것이 좋다. 겉으로는 문제가 복잡해 보여도 문제와 원인을 규명하여 정리할 수 있다. 치료목표는 양적 변화와 질적 변화로 나누어 설정할 수 있다. 즉, 치료목표는 내담자의 구체적 문제가 양적으로 경감하고 질적으로 달라지는 것이다. 치료자와 내담자는 공동의 합의된 목표를 설정하여 함께 협력하여야 한다.

(3) 3단계: 개입 방향 설정

개입 방향 설정은 1단계 호소문제와 2단계 치료목표를 바탕으로 내담자에게 무엇이 부족하고 어떤 부분을 채워야 치료목표에 도달할 수 있는지 평가하고 개입하는 단계이다. 정확한 정보전달, 내담자의 문제에 대한 정리, 자기 이해, 감정의 카타르시스, 새로운 행동의 학습, 성숙 등 내담자의 성장을 돕는다. 개입 방향을 설정할 때 몇 가지 질문은 다음과 같다.

- 내담자에게 필요한 것은 무엇인가?
- 무엇 때문에 호소문제가 유지되고 있는가?
- 감정적으로 너무 흔들리는가?
- 적응적 행동의 학습경험이 적은가?

(4) 4단계: 미술작업 수준 평가

미술작업 수준을 평가하는 것은 중요하다. 내담자에게 적합한 구체적 재료 및 기법을 파악하는 단계이며, 언어적 개입과 차별되는 미술치료의 독특한 특성이다. 내담자에게 적합한 기법을 선택할 때 고려할 점들을 파악한다면 안정적인 치료계획을 세울 수 있다.

- 내담자의 문제가 자아 동조적인지 자아 이질적인지 확인한다. 충동이나 유혹이 생겼을 때, 긴장이나 흥분이 고조되고 그 충동을 행동으로 옮기면서 긴장과 흥분이 급속도로

줄어든다. 이때 즐거움, 안도감 또는 만족감을 느끼게 되는데 이러한 충동과 그에 따른 행위는 자아 동조적 행동이다. 자아 이질적이면 자신에게 문제가 있다고 느끼고 괴로워하지만, 자아 동조적이면 자신은 문제가 없고 타인이나 환경에 문제가 있다고 여길 수 있다. 자아 동조적일 경우 자신의 문제를 인정하지 않기 때문에 치료에 시간이 더 많이 걸린다.

- 참여 동기가 자발적인지 비자발적인지 파악한다. 비자발적인 경우, 내담자가 흥미를 느낄 수 있는 요소를 고려해야 한다.
- 가장 중요하게 평가해야 할 점은 내담자가 그림 이미지를 생성해 낼 수 있는 능력이 있는지를 파악하는 것이다. 미술 실기 능력이 부족하여도 이미지 생성 능력이 있는 경우, 계속 작업을 이어 나가서 개인의 창조적 방법을 만들어 낼 수 있다. 반면, 이미지 생성 능력이 없는 경우, 그림에 글씨만 잔뜩 쓰거나 무언가 그리더라도 간단하게 그리고 만다. 이러한 내담자에게는 이미지를 보고 느끼는 방법부터 시작하여야 한다. 이후 점진적으로 이미지 변경까지 연결해 가는 작업을 이어 가는 것이 좋다.
- 내담자의 통찰 가능 여부이다. 어린 아동, 지적 장애 등 정신기능이 제한된 경우에는 통찰이 어렵다. 이러한 내담자는 이미지를 활용하여 통찰을 이끄는 과정보다는 작업 과정에서 활동과 행위에 초점을 맞추는 것이 좋다.

4. 회기 진행에서 상호작용

사례개념화를 통해 치료목표를 세우고 내담자와 목표를 합의한 후 치료가 시작된다. 미술치료 회기에서 미술은 내담자의 마음이 담기는 작업이다. 내담자의 작업 과정과 작품뿐만 아니라 치료자와의 관계 속에서 자신을 탐색·표현·통합하는 과정에서 발생하는 모든 것이 함께 작용한다. 치료자는 미술치료 회기를 전체적으로 구조화하고 안전한 환경을 조성한다. 내담자의 작품을 잘 이해하기 위해서는 회기 내에 내담자의 언어적·비언어적 표현을 잘 이해하여야 한다. 여기서는 회기 내 진행 단계에 따른 치료자와 내담자의 상호작용을 중심으로 소개하였다. 미술치료 활동은 다양한 방법으로 진행할 수 있다. 그중 Nucho(2003)는 사이코사이버네틱 모델(Psychocybernetic Model of Art Therapy: PMAT)을 4단계로 진행하는 방법을 다음과 같이 제시하였고, 이 책에서는 도입-활동-토론 단계로 나누어 구체적으로 소개하였다.

단계	시간	진행 내용
1단계: 긴장완화 단계	10분	미술활동의 활동명과 전반적인 과정을 설명하고, 재료와 사용법, 활동 주제를 구체적으로 알려 주어 내담자의 두려움과 긴장감을 이완함.
2단계: 미술작업 단계	20분	본격적인 미술활동이 진행되는 단계. 내담자의 수준과 목표를 고려하여 구조화된 활동을 제안하여 진행함.
3단계: 이미지와 대화 단계	10분	이미지 안에 포함된 의미를 해석하고, 선입견을 내려놓고 객관적으로 인지하는 단계. 내담자의 감정을 표출하며 자기이해를 확장함.
4단계: 마무리 및 통합 단계	10분	이미지 작업을 하면서 발견된 의미와 경험을 나누며 이후 삶에 대해 이야기함.

1) 도입

도입 단계에서 안전하고 지지적인 환경을 조성하여 내담자가 자연스럽게 미술치료에 참여하도록 촉진한다. 치료자가 신뢰롭고 안전하다고 느껴지면 내담자는 그림을 그리거나 작품을 만드는 과정에 몰입하고 자연스럽게 언어적 상호작용을 하게 된다. 치료자는 미술작업을 통하여 내담자가 주도적인 경험을 하도록 이끌고 촉진한다. 도입 단계에서 간단하고 긴장을 이완할 수 있는 기법을 활용하여 몸풀기 작업을 하면 도움이 된다. 가능한 한 내담자가 원하는 미술작업을 하는 것이 좋으며, 특히 미술작업을 꺼려 하는 내담자에게 안전한 심리적 환경을 조성한다. 치료자는 내담자의 표정, 태도, 대화 내용 등을 주의 깊게 살펴야 한다. 치료자의 편안하고 긍정적인 표정, 열린 마음, 진심어린 태도를 언어적·비언어적으로 전달하며 내담자를 편안하게 이끈다. 일반적으로 내담자를 환영하고, 한 주 동안에 어떻게 지냈는지 등을 간단히 이야기 나눈다. 내담자의 문제와 상황에 따라 미술활동과 미술매체를 내담자가 선택할 수도 있고 치료자가 제시할 수도 있다. 치료자는 재료의 사용방법과 활동 내용을 내담자가 명확하게 이해하도록 설명한다.

2) 활동

회기 내 미술작업은 치료목표의 달성에 매우 중요하므로 사례개념화를 통해 도출한 목표에 적합한 구체적 재료 및 기법을 적용한다. 내담자의 문제와 치료목표, 구조화 등에 따라 내담자가 활동을 선택할 수도 있고 치료자가 제시할 수도 있다. 이 책의 제2부와 제3부에 학교미술치료 각 주제에 적합한 활동들을 소개하였다. 치료자는 미술활동을 통해서 내담자와 소통하고, 긍정적인 관계를 형성하며, 내담자의 강점을 발견한다. 치료자가 참여하고 상호작용하는 방법은 치료자의 이론적 접근에 따라 영향을 받는다. 하지만 치료자의 접근이 어떠하든 내담자가 자신의 정서를 분명하게 표현할 때 치료자는 반응을 하게 된다. 내담자의 정서에 반응하는 것은 치료자가 내담자와 함께하고 있고 작품 내용을 수용하고 있다는 것을 알리는 것이다. 또한 작품을 통하여 보상받는 것을 강화해 준다. 예를 들면, 가정폭력으로 아버지가 어머니를 학대하는 것을 본 내담자는 "칼을 들고 휘두르는 못된 사람"이라고 말한 후 "경찰이 와서 잡아갈 거예요."라고 한다. 치료자는 "아버지가 어머니를 다치게 해서 너의 마음이 아프구나. 아버지가 그런 일을 해서 네가 아버지를 싫어하는 것은 괜찮단다. 나는 네가 너의 생각을 말해 주어서 기쁘구나."라고 반응해 줄 수 있다.

3) 토론

내담자의 작품과 심리적 상황을 잘 이해하기 위해서는 내담자의 말을 잘 듣고 토론해야 한다. 작품에 대하여 내담자와 이야기하는 방법을 아는 것은 매우 중요하다. 내담자는 작품활동을 하면서 이야기를 하기도 한다. 먼저, 작품활동을 하면서 내담자가 언어적·비언어적으로 말하고 있는 것을 주의 깊게 듣고 관찰하여야 한다. 작품활동을 하면서 대화를 할 수도 있다. 단순히 내담자에게 무슨 작품을 만드는지, 무슨 그림을 그리는지를 물어보아도 치료자는 시각적으로 보이는 내용 이상을 파악할 수 있다. 내담자의 작품을 이해하기 위해서 치료자는 내담자가 작품에 대하여 설명하는 것을 잘 들어야 한다. 또한 내담자의 발달적 수준과 특성을 고려하여 상호작용하는 것이 필요하다. 내담자와 작품에 대하여 대화하는 이유와 목적은 다양하지만, 예를 들면 다음과 같다.

- 내담자의 생각, 감정, 경험(사건), 시각 등을 작품과 대화(이야기)를 통하여 외현화하도록 돕는다.
- 내담자가 경험한 환경과 사건에 대한 생각, 감정, 느낌 등을 잘 이해함으로써 내담자에게 최대한 이익이 되도록 돕는다.

미술치료 활동이 내담자에게 적합한 것이라면, 내담자는 치료자에게 신뢰감을 느낀다. 내담자는 처음에 긴장하지만 작품활동을 하면서 자연스럽게 긴장을 풀고 즐거움을 느끼며 창조적이고 희망적인 작업에 몰입한다. 내담자가 치료자와 치료환경을 지지적이고 안전하게 느끼면 작품활동을 하면서 자연스러운 대화로 이어진다. 내담자에게 적합한 개입과정에서 편안함을 느끼면 감추고 싶었던 정보와 마음을 작품과 대화를 통하여 공유할 수 있다. 하지만 내담자가 작품활동 과정 중에 이야기를 하고 싶어 하지 않는데 치료자가 성급하게 상호작용을 하려고 해서는 안 된다. 내담자와 작품에 대하여 토론하는 것이 중요하지만 내담자가 항상 이야기를 하는 것은 아니라는 것을 알아야 한다. 때로는 내담자가 다양한 이유로 자신이 만든 작품에 대하여 이야기하지 않을 수 있다.

　작품에 대하여 대화하는 것은 내담자의 성격적 · 심리적 · 문화적 · 환경적 특성에 의해 영향을 받는다. 예를 들면, 수줍음이 많거나 말하고 토론하기에 너무 어린 경우도 있다. 언어적으로 어려움이 있거나, 말하기 능력이 부족하거나, 한국어가 서툰 경우도 있다. 학대와 방임, 폭력으로 인해 외상을 경험한 경우나 자신과 가족, 경험에 대하여 이야기하지 말라고 위협받거나 그런 말을 들은 경험이 있는 아동은 말하는 것을 꺼린다(Malchiodi, 1999b). 문화적 배경과 특성은 내담자에게 영향을 미치고 문화적 신념은 존중되고 수용되어야 한다. 예를 들면, 어른에게 존경심을 가져야 하며 질문에 대해서는 짧고 간결하게 대답해야 하거나 어른 앞에서는 말을 많이 하지 않도록 가르침을 받았을 수도 있다(Malchiodi, 1998).

(1) 작업하는 과정 동안의 토론

　작업을 하는 과정에서 이야기를 나누는 것은 활동, 치료자-내담자 관계, 내담자의 특성 등에 따라 영향을 받는다. 표준화된 그림검사를 실시할 때는 일반적으로 대화를 하지 않는다. 어떤 내담자는 그림을 그리는 활동에 매우 열중하는데, 이런 경우에는 치료자가 말을 걸거나 질문을 하는 것이 방해가 될 수 있다. 치료자와 치료적 관계가 형성되려고 할 때, 언어적으로 표현하는 것이 어려운 내담자도 있다. 미술치료 작업에 대한 경험이 미흡하거나 훈련을 받지 못한 치료자는 내담자가 자유롭게 그림을 그리고 작품활동을 하는 것을 촉진하기보다 지나치게 대화를 유도함으로써 내담자를 격려하는 경향이 있다.

　치료자의 질문이 도움이 되지 않고 문제가 될 때도 있다. 치료적 관계가 형성되려는 초기 단계에서 질문을 하는 것이 부적절할 수도 있고 내담자가 대답을 할 수 없는 질문일 경우도 있다. 예를 들면, 가족의 비밀을 이야기하거나 학대를 받은 내담자는 직접적인 질문에 언어적으로 대답하기가 쉽지 않다. 이런 내담자의 그림이나 작품에 고통스러운 경험이 표현되지만 내담자는 반응하는 것을 두려워하고 초기 단계에는 별로 말을 하지 않는다. 또한 작업을 빨리 마치고 작품에 대하여 이야기를 더 많이 하고 싶어 하는 경우도 있다. 작품활동을 하는 동안 다음과 같은 질문을 할 수 있다. 내담자가 그림을 그리는 동안 다음과 같은 상호 작용을 가정해 볼 수 있다.

- 치료자는 내담자의 그림이나 작품에 대해 모른다는 태도를 가져야 한다. 내담자와 생산적인 대화를 위해서 이러한 태도와 가정은 중요하다. 실제로 치료자는 작품에 나타난 내담자의 의미를 모를 수도 있고, 치료자가 내담자의 작품에 대해 호기심과 알고 싶어 하는 태도를 보이기 때문에 내담자는 자신의 시각과 관점에서 설명할 수 있는 기회를 얻는다.
- 치료자가 작품에 대해 눈에 띄는 것을 이야기한다. 예를 들면, 그림에 나타난 여러 가지 요소를 보며 "나에게는 문 밖을 보는 사람과 강아지가 마당에 있는 것이 보이는구나." "나에게는 하늘색 무늬와 빨간색 원들이 보이는구나."라고 말한다.
- 치료자의 이러한 반응에 내담자는 자신에게 중요한 것인데 치료자가 못 보고 지나친 것들(모양, 세부적 묘사 등)에 대하여 부가적인 정보를 말한다. 그러면 치료자는 그림이나 작품에서 볼 수 있는 요소들에 대해 궁금한 것들을 상황에 맞게 적절하게 질문하고 내담자의 반응을 기다린다.
  - "이 사람은 문밖을 보면서 무슨 생각을 하고 있을까?"
  - "이 사람은 무엇을 보고 있을까?"
  - "이 강아지는 무슨 생각을 하고 있을까?"
  - "이 강아지는 무슨 일을 하고 있을까?"
- 주의할 점은 내담자에게 '왜' 특정한 요소를 그리거나 만들었는지 등을 묻는 것은 효과적이지 않고 적절하지 않다. 특히 나이가 어린 아동들은 자신이 그것을 왜 그렸는지 설명하기 어렵다. 모르겠다거나 아무런 대답을 하지 않을 수도 있다. 이러한 반응도 내담자의 심리적 현재와 특성을 말해 주지만 가급적 '왜?'라는 질문은 사용하지 않는 것이 적절하다.

(2) 작업을 마친 후의 토론

작품활동을 마친 후 그림이나 작품에 대해 내담자와 이야기를 나누는 것은 매우 중요하다. 토론을 하는 것은 치료자가 내담자를 더 잘 이해할 수 있고 내담자 스스로 자신에 대해서 표현하고 성장할 수 있는 기회를 제공한다. 내담자와 어떤 이야기를 나누고 어떻게 토론을 해야 하는지 모르는 치료자는 적절하지 않은 결론을 도출할 수도 있다. 예를 들면, 내담자의 그림과 작품에 나타난 외상, 억압 또는 부정적인 특징들만 끄집어내어 이를 바탕으로 내담자를 이해하고 성격적·발달적 결론을 도출한다. 내담자가 작품을 완성한 후에 치료자가 할 수 있는 일반적인 질문은 다양하다.

- "이 작품(그림)의 제목은 무엇이니?"
- "작품(그림)에 대하여 내게 이야기해 주렴."
- "작품(그림) 속에서는 어떤 일이 벌어지고 있니?"
- "작품(그림) 속 사람이나 동물은 무슨 생각을 하고 있니?"

치료자는 내담자의 감정표현을 촉진하기 위해 작품이나 그림 속의 사람이나 동물에 대하여 물어본다. 작품 속의 사람, 동물, 사물은 내담자가 투사한 내용이 담겨 있어서 의미가 있다. 내담자가 작품 속 인물이나 동물 등에 자신의 감정을 투사하여 말로 표현할 기회를 제공한다. 때로는 사물(집, 나무, 자동차 등)의 생각이나 감정을 물어볼 수도 있다. 사물이나 무생물이 어떻게 느끼는지 질문할 때는 "사물(집, 나무, 자동차 등)이 감정을 갖고 있다고 생각해 보자."라는 전제를 미리 제시한다. 내담자가 선, 모양, 색깔 등으로만 작품이나 그림을 만들었을 경우, 치료자는 "이 선(모양, 색깔 등)은 무엇을 생각하고 있니?"라고 질문할 수 있다. 때로는 치료자가 작품이나 그림 속의 사람이나 동물이 되어 역할놀이를 해 볼 수도 있다. 치료자가 역할놀이를 하면서 내담자에게 다른 사람이나 동물, 사물에 대하여 이야기해 보라고 할 수 있다.

- "작품 속의 사람(혹은 동물)은 다른 사람이나 동물에 대하여 어떻게 생각하고 있니?"
- "작품 속의 사람(혹은 동물)이 말을 할 수 있다면, 서로에 대해 무슨 말을 할 것 같니?"

또한 다음과 같은 질문을 통하여 내담자가 사람, 동물, 사물 등이 되어서 대답을 하도록 할 수 있다.

- "내가 (작품 속의) 사람, 동물, 사물 등에게 질문을 해도 되겠니?"

이러한 질문들은 내담자의 정서표현과 작품(그림)에 대한 이야기나 스토리를 만드는 데 도움이 된다. 1인칭 화법의 직접적인 질문보다 3인칭 화법의 간접적 질문이 필요하다. 대부분의 내담자는 1인칭 화법으로 이야기하지만 심각한 외상이나 심리적인 장애가 있는 경우에는 작품에 대해 3인칭 화법으로 이야기하는 것에 안정감과 편안함을 느낄 수 있다. 나이가 어리거나 외상적 경험이 있을 경우, 퍼펫, 가면, 인형 같은 것을 사용하는 것이 효과적이다. 자신의 심리적 문제에 대해 거리감을 가질 수 있기 때문에 안전감을 느끼며 내면의 상황을 드러낼 수 있다. 내담자의 수줍음, 죄의식, 공포감, 분노, 자기비난 등 부정적인 감정이 자연스럽게 줄어들고 작품에 대하여 이야기할 수 있다. 이런 경우 치료자는 다음과 같은 질문들을 할 수 있다.

- "이 퍼펫(가면, 인형) 중에 하나를 쓰고 이야기해 볼까?"
- "이 인형 중 하나가 내가 묻는 질문에 답을 해 줄 수 있을까?"

어떤 경우에는 작품을 만드는 것만 하는 것보다 소도구를 활용하든 그렇지 않든 연극이나 활동을 하는 것이 적절하고 즐거울 수 있다. 작품 속의 특정 캐릭터가 되어 움직이거나 내용을 각색하여 움직여 보라고 할 수도 있다.

- "(작품 속의 대상이 움직이거나 말을 할 수 있다면) 앞으로 어떤 일이 일어날 것 같으니?"

작업을 마친 후 이야기를 할 때, 녹음기를 유용하게 사용할 수도 있다. 녹음기를 사용하면 내담자가 말한 그대로를 다시 들을 수 있다. 녹음된 내용을 되돌려서 듣는 동안 내담자에게 질문을 하거나 상세한 설명을 요청할 수도 있다. 녹음기에 마이크를 부착하여 인터뷰를 할 수도 있다. 나이가 어린 내담자에게 치료자가 내담자를 '인터뷰'하는 연기를 한다면 효과적일 수 있다. 녹음을 할 때는 사전에 내담자와 부모의 동의를 구하고, 치료의 진행에 꼭 필요한 것이 아니라면 보존하지 않으며 내담자와 함께 녹음한 것을 삭제한다. 이러한 토론활동은 내담자의 발달수준, 특성, 선호도 등을 고려하여 진행하여야 한다.

미술치료 회기기록지 형식

회기(일시)	회기　월　일		성명		연령　세/ 학년
활동명					
목표					
준비물					
치료 과정	치료자 언어 및 행동 (비언어적 의사소통 포함)		내담자 언어 및 행동 (비언어적 의사소통 포함)		비고
미술활동 태도 및 작품내용					
내담자 특이행동					
치료자 평가					
다음 회기 계획					

5. 미술작품의 이해와 해석

　　미술치료목표를 달성하기 위해서는 내담자의 작품이 무엇을 의미하는지 이해해야 한다. 치료자는 내담자에게 먼저 작품은 평가의 대상이 아니라는 것을 인식시켜야 한다. 자유로운 분위기에서 자발적으로 작품활동이 이루어지도록 분위기를 조성하는 것이 중요하다. 또한 내담자가 작품을 통해 표현하려는 것을 정확하게 이해하여야 한다. 미술작품을 바탕으로 가설을 설정하고 내담자의 다른 정보나 자료를 바탕으로 가설을 확인하여야 한다. Landgarten(1987)은 미술치료에서 해석을 눈을 크게 뜨고 경청하는 과정이라고 하였다. 미술치료에서 작품을 이해하고 해석하는 데 있어서 고려할 점은 다음과 같다.

- 미술치료 활동을 시작하는 초기에 치료자는 주의 깊고 조심스러워야 한다. 이 시기에 심리적인 고통을 겪고 있는 내담자의 작품을 평가하거나 해석하면 안 된다. 내담자가 미술작품을 만든 직후에 해석을 하는 것은 바람직하지 않다. 내담자는 치료자의 해석에 고정되어 '나는 지금 이렇구나. 바로 이것이 나의 상황이구나.'라고 생각하고 말하게 된다. 그렇게 되면 그 후에 내담자의 정서적·감정적 흐름이 단절될 위험이 있다. 매 회기 미술치료 작품에 나타난 내담자의 내적 심상은 해석에 의해서 방해받거나 단절되어서는 안 된다. 내담자가 자신의 내면에서 느리게 일어나는 정신적 변환 과정에 머물 수 있는 시간을 가져야 한다.
- 언어적으로 해석을 하는 과정에서 치료자는 내담자를 보살피는 태도를 지녀야 한다. 내담자가 무시받는 느낌을 받지 않고 충분히 지지받고 격려받는다고 느끼는 해석이어야 한다.
- 미술치료 활동 중에 내담자는 근본적인 변화를 경험하게 된다. 미술작품을 해석해야 할 필요가 없는 경우도 있다. 내담자가 변화의 과정에 대해 이해할 수 없거나 이해할 의향이 없는 경우 등이다.
- 미술작품의 해석은 지식과 정보를 바탕으로 교육과 훈련을 받은 치료자가 보편적으로 통용되는 해석 기준과 지침을 참고하여 내담자의 발달단계와 상황에 맞게 적용하여야 한다.
- 미술에 나타난 상징을 해석할 경우, 보편적인 상징의 의미가 있지만 획일적이지 않고 다양하며 내담자와의 상호작용 속에서 의미를 찾아내야 한다.

미술작품의 이해를 위한 차원과 방법(정현희, 2020)

차원	의미	방법
작품 과정 해석	매체를 사용하여 작품을 만드는 과정	• 매체 선택 및 반응 관찰 • 작품활동의 태도 관찰
작품 형태 해석	작품의 형태와 인상	• 작품의 구성, 완성도, 명료성, 움직임 평가 • 대상의 크기, 왜곡, 과장, 생략 • 공간의 배치, 균형, 조화, 리듬감, 그림의 경우 필압 • 색칠 과정, 작품을 변화시키는 과정 관찰
작품 내용 해석	작품의 내용 작품에 나타난 정보	• 주제 및 문헌 고찰 • 작품 제목, 내용, 이야기에 대한 종합적 고찰 • 내재된 내용의 해석 • 상징 해석

작품의 전체 형태와 인상을 통한 작품 형태 해석(정현희, 2020)

	형태	해석
모양과 선	직선과 모서리	현실적, 공격적, 논쟁적, 조직적, 지도적
	원	민감, 상상력, 균형, 초월, 운동성
	수직선	남성적, 능동적, 구조적, 결단력, 외향성
	원과 수직선의 균형	원만함, 훈련된 결단성
	수평선	편안함, 두려움, 자기방어, 모성적
	곡선	부드러움, 건강함, 관습에 얽매이지 않음
	딱딱한 선	완고함, 공격성, 긴장, 예민성, 자제력
	지그재그, 끊어진 선	불안정
	점과 작은 반점	질서, 꼼꼼함
필압의 변화	지나치게 자주 변화	낮은 안정감, 산만한 성격, 불안, 긴장
공간 배치	가장자리	우울, 불안, 위축
	윗부분	자부심, 불안, 공상
	아랫부분	안정성, 퇴행
운필	무겁고 주저함	불안
	가볍고 유쾌함	기쁨, 즐거움, 가벼움
	강한 힘	긴장, 공격적, 자기주장, 거친 감정

제2부

정서행동 문제에 대한
학교미술치료의 실제

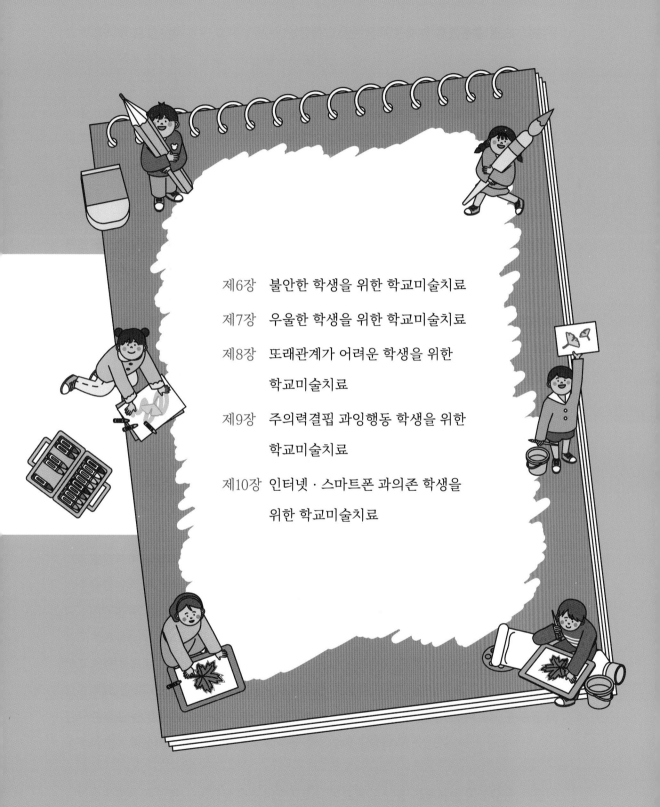

학교미술치료 이론과 실제

제6장
불안한 학생을 위한 학교미술치료

은지(중 1, 여)는 매일 아침 눈을 뜨면서부터 긴장되고 초조한 마음이 든다. 중학교에 진학하면서 불안한 마음이 더 커졌다. 수업시간에 집중이 어려워 진도를 따라가지 못하고 친구들과 함께하는 시간에도 손에 땀이 나며 심장이 쿵쾅거리는 느낌이 든다. 몇 개월 전부터 불안 증상이 더 심해져서 이러다가 죽는 것은 아닌지 걱정이 되기도 한다. 특히 가족들이 제시간에 집에 오지 않거나 전화를 빨리 받지 않으면 뉴스에서 나오는 사건, 사고처럼 나쁜 일이 생긴 것은 아닌지 안절부절못한다. 학교생활 적응이 어려워 졸업은 할 수 있을지, 고등학교와 대학교는 다닐 수 있을지, 자신의 삶이 망가져 버리는 것은 아닌지 두려울 때도 있다. 잠들기 전까지 잡다한 걱정과 고민이 계속되어 자주 긴장하고 불안하며 피로, 집중 저하, 수면 문제 등이 생겨서 낮에는 기운이 없고 매사 의욕이 없이 무기력하다. 은지는 어렸을 때부터 어린이집을 가거나 새로운 상황과 환경에 적응하는 것을 어려워하였고 많이 예민하였다. 부모님은 잔소리도 많이 하고 엄하게 꾸중도 하였지만 크게 달라지지 않았다고 한다. 부모님이 야단을 치면 배가 아프거나 머리가 아프다는 등 신체 증상들을 호소하고 있어 어떻게 양육해야 하는지 걱정이 많다.

불안은 인간이 경험하는 일반적인 감정이다. 위험으로부터 자신을 보호하므로 진화심리학적 관점에서 생존을 위해 필요한 감정이다. 불안은 19세기 말 Frend에 의해 Angst라는 용어로 관심의 대상이 되었다. 불안과 비슷한 의미로 공포(phobia), 두려움(dread), 걱정(apprehension), 공황(panic) 등과 유사하게 사용되었다. 아동청소년은 정상적인 성장과 발달 과정에서 불안을 경험한다. 성장과 발달로 인해 생리적·심리적·사회적 변화가 지속적으로 일어나고 독립과 책임이 요구되는 시기이므로 불안을 경험할 가능성이 높다. 일상생활 속에서 겪는 일시적인 불안은 시간이 지나면 사라진다. 불안 증상이 나타나는 연령과 일상생활의 제한 정도에 따라서 정상과 이상을 판단할 수 있다. 심리적 고통을 느끼거나 현실 적응에 어려움을 호소할 경우 불안장애(anxiety disorders)로 진단될 수도 있다. 불안은 아동과 성인의 가장 일반적인 심리적 장애 중 하나이다. 아동기 불안을 개입을 통해 치료하지 않으면 성인기까지 부정적인 영향을 미친다. 아동기에 불안장애를 경험하면 성인기에 재발 가능성이 있으므로 조기 개입이 매우 중요하다. 아동의 불안 증상 완화에는 미술치료와 놀이치료가 효과적이다(Khadar, Babapour, & Sabourimoghaddam, 2013). 미술치료는 학생이 자신의 불안 요인을 스스로 자각할 수 있도록 하여 자신과 타인, 세상에 대한 다양한 관점을 수용하여 삶을 재창조하는 기회를 제공한다.

1. 불안에 대한 이론적 이해

1) 불안의 개념

불안(anxiety)은 두려움을 발생시키는 대상이 없는데 경험하는 부정적인 감정으로, 공포(fear)와 구분된다. 걱정의 대상이 무엇인지 자신도 구체적이고 명확하게 모르지만 내적인 심리적 갈등으로 인해 발생한다. 뚜렷한 원인이 없고 대상이 불분명하며 모호하므로 두려움과 막연함으로 느껴지는 감정이다. 시간, 공간, 상황에 따라 여러 가지 모습과 형태로 나타나고 예상치 못하고 부정적 결과가 나타날 수 있는 상황에서 흔히 경험한다. 현실보다는 미래에 일어날 상황에 대한 염려로 발생하는 경향이 있으며 근육 긴장과 경계심이 증가한다. 반면, 공포는 외부 자극으로 인해 발생하므로 자신이 원인을 명확하게 알고 있다. 자신에게 닥친 외부의 위협에 맞서 싸울 것인지 혹은 도망갈 것인지를 급박하게 결정해야 하므로 자율신경계가 각성된다. 불안과 공포는 엄밀하게 개념이 구분되지만 실제로는 두 용어가 혼용되고 있다.

불안은 정상적 불안과 부적응적인 불안으로 구분될 수 있다. 정상적인 불안은 위협적인 상황에 노출되어 느끼는 자연스럽고 적응적인 심리적 반응이다. 정서적으로 불쾌하고 고통스러운 상황에서 불안을 느끼는 것이다. 반면, 부적응적인 불안은 실제로 처한 위협적인 상황보다 훨씬 더 예민하고 과도하게 반응하는 것이다. 위험이 없는 대상과 상황에 위협을 느끼거나, 현실적 수준보다 과도하게 심한 경계를 갖거나, 불안 위협요인이 사라졌음에도 불안이 지속되는 것이다. 불안과 긴장이 과도하게 부적응적으로 작용할 경우에 불안장애로 진단될 수도 있다. 이는 불안의 강도, 만성적인지 여부, 일상생활에 지장을 주는 정도에 따라 구분된다. 예를 들면, 많은 학생이 발표에 불안을 경험하며 적응적 불안은 발표 준비를 동기화시킨다. 반면, 부적응적인 불안은 발표 중에 백지 상태가 되는 등 극심한 고통, 심리적 불편감, 신체적 증상을 불러일으킨다. 불안한 아동은 자신이 위협적이라고 인식하는 상황을 통제하기 위하여 과도하게 경직되고 회피적인 경향을 보인다(Weisman Kra-Oz & Shorer, 2017).

불안은 아동청소년기에 흔히 나타나는 정서 상태로 증상이 다양하게 나타난다(Anderson, 1994; Bell-Dolan & Brazeal, 1993). 불안장애 아동청소년의 문제는 ADHD, 품행장애처럼 겉으로 잘 드러나지 않으며 명백하고 두드러진 행동으로 나타나지 않기 때문에 제대로 진단받기 어렵다. 아동청소년기 불안은 일상 및 학교생활의 심한 부적응을 초래하고 다른 장애로 진행되기 쉽다. 이러한 병리적 특성이 만성화되면 성인이 되어서도 사회적 적응과 발달을 심각하게 저해할 수 있다.

2) 불안장애 유형에 따른 이해

미국정신의학회의 『정신질환의 진단 및 통계 편람 제5판 수정판(DSM-5-TR)』의 기준에 따르면, 불안장애는 현재 상황에 대한 과도한 걱정과 두려움, 미래에 대한 병적인 불안으로 인해 일상생활에 어려움을 경험하는 것이다. 일반적으로 불안장애는 15세에서 35세에 발병되지만 최근 들어 아동기 발병률이 높아지고 있다. 불안문제로 임상에 의뢰된 환자 중 61.5%는 아동기나 청소년기에 불안문제가 시작되었다(Newman et al., 1996). 이 장에서는 아동청소년기의 주요 불안장애를 중심으로 소개하였다. 공황장애와 광장공포증은 아동기에는 드물고 주로 초기 성인기에 시작된다. 불안장애가 하나의 연속된 스펙트럼으로 존재하기 때문에 하위 유형들은 원인과 특성이 유사한 측면이 있다. 소아정신의학(홍강의 외, 2021)에서는 성인과 구분되는 아동청소년의 불안장애의 근거를 제시하였다.

- 특정 시기에 불안을 보이는 대부분의 아동은 정상적으로 성장한다.
- 성인 불안장애 환자는 대부분 아동기에 의미 있는 정신병리가 없었다(아동-성인 간 질환의 비연속성).
- 소아불안장애 대부분은 병적 불안이기보다 정상불안의 과장된 표현이다.
- 아동기의 불안장애의 정신기제는 성인과 다르다는 이론적 근거가 있다.
- 아동기의 불안장애 세부 진단명 간의 구분이 명확하지 않고 서로 공존하는 경우가 많다.

(1) 분리불안장애

① 분리불안장애의 개념과 진단

분리불안장애는 애착 대상과 떨어지는 것을 지나치게 불안해하는 장애로, 아동청소년기 불안장애 중 가장 높은 발병률을 보이는 하위 유형이다. 자신 혹은 애착 대상에게 불행한 일이 일어나 다시는 보지 못할 것 같은 지나친 걱정으로 인해 애착 대상이 옆에 있어야 안심을 하고 애착 대상의 존재를 계속 확인해야 한다. 심각한 경우에는 애착 대상인 어머니와 떨어지는 것이 두려워서 자주 등교거부 행동을 보이고 억지로 학교를 보내도 조퇴를 하고 돌아온다. 학교 공포증이나 등교거부로 인해 학교생활 부적응을 경험할 수 있다. 애착 대상과의 분리에 대한 불안이 나이에 비해 지나쳐서 일상생활에 방해가 될 정도로 심각한 경우에 진단된다.

분리불안장애의 DSM-5-TR 진단기준(APA, 2023)
A. 개인이 애착이 있는 대상과의 분리와 관련된 공포나 불안이 발달수준에 비추어 볼 때 부적절하고 지나친 정도로 발생한다. 이는 다음의 3가지 이상의 상황에서 나타나야 한다. 　1. 집 혹은 주 애착 대상과의 분리를 예상하거나 경험할 때 과도한 고통을 반복적으로 겪음 　2. 주 애착 대상을 잃거나 질병이나 상해, 재앙 혹은 죽음 같은 가능한 해로운 일들이 일어날까 지속적이고 과도하게 걱정함 　3. 주 애착 대상과의 분리를 야기하는 곤란한 일(예, 길을 잃거나, 납치당하거나, 사고를 당하거나, 병에 걸리는 것)을 경험하는 것에 대하여 지속적이고 과도하게 걱정함 　4. 분리에 대한 공포 때문에 집을 떠나 학교, 직장 혹은 다른 장소로 외출하는 것을 지속적으로 거부하거나 거절함 　5. 집이나 다른 장소에서 주 애착 대상 없이 혹은 혼자 있는 것에 대해 지속적이고 과도하게 두려워하거나 거부함 　6. 집에서 떠나 잠을 자는 것이나 주 애착 대상 곁이 아닌 곳에서 자는 것을 지속적이고 과도하게 거부하거나 거절함 　7. 분리와 관련된 주제로 반복적인 악몽을 꿈

8. 주 애착 대상과 분리가 발생하거나 예상되는 상황에서 신체 증상을 반복적으로 호소함(예, 두통, 복통, 오심, 구토)

B. 공포, 불안, 회피 반응은 아동 · 청소년에서는 최소한 4주 이상, 성인에서는 전형적으로 6개월 이상 지속되어야 한다.

C. 장해가 사회적, 직업적 또는 다른 중요한 기능 영역에서 임상적으로 현저한 고통이나 손상을 초래한다.

D. 장해가 자폐스펙트럼장애에서 변화에 대한 저항 때문에 집 밖에 나가는 것을 회피하는 것, 정신병적 장애에서 분리에 대한 망상이나 환각이 있는 경우, 광장공포증으로 인해 믿을 만한 동반자 없이 밖에 나가기를 거절하는 경우, 범불안장애에서 건강 문제나 다른 해로운 일이 중요한 대상에게 생길까 봐 걱정하는 것, 질병불안장애에서 질병에 걸릴까 봐 걱정하는 것과 같은 다른 정신질환으로 더 잘 설명되지 않는다.

② 분리불안장애의 원인과 임상적 증상

생물학적으로 새로운 것이나 낯선 상황에 대한 저항과 회피를 보이는 행동억제적 기질이 원인이 될 수 있다. 분리불안 증상이 심할수록 타인의 두려운 얼굴 표정을 볼 때 편도체가 더욱 활성화된다(Killgore & Yurgelun-Todd, 2005). 부모가 분리불안장애, 공황장애나 우울장애가 있는 경우에도 위험이 증가한다. 애착과 양육태도는 중요한 심리사회적 요인으로 주 양육자와 불안정한 애착이 형성된 경우에는 발생 위험이 증가한다. 자녀의 사생활에 간섭하고 자율적으로 할 수 있는 행동도 과보호하는 양육태도도 영향을 미친다. 애착 대상이 옆에 있어야 잠을 자고, 애착 대상의 신체를 만지며 자야 하며, 애착 대상과의 분리와 관련된 주제의 꿈을 꾼다. 연령이 증가할수록 분리불안은 감소하지만 학교공포증까지 동반하는 경우에는 치료가 제대로 이루어지지 못해 우울증이나 공황장애로 발전할 수 있다(Tonge, 1994). Bernstein과 Borchardt(1991)는 분리불안장애의 문제가 반복될 경우 낯선 사람과의 사회적 상호작용을 피하거나 성인기 광장공포증과 연관될 수 있다고 하였다. 어릴 때 발병하여 어느 정도 학교에 갈 수 있는 경우가 사춘기에 발병하여 지속적으로 등교를 거부하는 경우보다 치료 경과가 좋다. 한편, 적대성 반항장애, ADHD가 공존하는 경우에는 예후가 좋지 않다.

(2) 선택적 함구증

① 선택적 함구증의 개념과 진단

선택적 함구증은 부모, 형제와 같이 가까운 사람과는 말을 하는데 사회적 상황에서는 하지 않는다. 보통 5세 이전에 발병되고 사회적 관계가 증가하는 초등학교에 입학한 후 문제가 뚜렷해지고 진단되는 경향이 있다. 수줍음이 많은 아동은 낯선 사람이나 익숙하지 않은 상황에서 일시적으로 말을 하지 않을 수 있으므로 일시적 적응 문제와 구분하여야 한다.

선택적 함구증의 DSM-5-TR 진단기준(APA, 2023)

A. 다른 상황에서는 말을 함에도 불구하고 말을 할 것으로 기대되는 특정 사회적 상황(예, 학교)에서 지속적으로 말을 하는 것을 실패한다.
B. 장해가 학습이나 직업상의 성취 또는 사회적 의사소통을 방해한다.
C. 이러한 장해의 기간이 최소 1개월 이상 지속된다(학교 등교 시작 이래 첫 1개월에만 국한되지 않는 경우).
D. 말을 못하는 이유가 사회적 상황에서 필요한 말에 대한 지식이 부족하거나, 언어가 익숙하지 않은 것으로 인해 말을 하지 않는 것이 아니다.
E. 장해가 의사소통장애(예, 아동기 발병 유창성장애)로 더 잘 설명되지 않고, 자폐스펙트럼장애, 조현병 또는 다른 정신병적 장애의 경과 동안에만 유일하게 발생하지는 않는다.

---

② 선택적 함구증의 원인과 임상적 증상

선택적 함구증의 원인은 다양하지만 유전적 취약성이 작용한다. 사회불안장애를 동반하는 경우가 흔하고 증상이 호전되어도 사회불안 증상이 지속될 가능성이 있다. Black과 Uhde(1992)는 선택적 함구증이 사회불안장애의 일종이어서 공동 유전적 요인이 있으며 선택적 함구증 아동의 친척 가운데 사회불안장애가 있는 사람이 존재하는 경우가 많다고 하였다. 충격적 사건이나 이민과 같은 환경의 변화, 가족 내 갈등, 부모의 억제와 과잉보호적이고 지시적 양육태도 등과 관련이 있다. 언어발달 시기에 정신적으로 충격을 받는 경험을 하였거나 언어가 유창하지 않아 놀림을 받으면서 강화되었을 수도 있다. 선택적 함구증 아동은 매우 예민하여 낯설고 새로운 것에 대하여 두려워한다. 표준말로 의사표현을 하지 않고 몸짓, 고개 끄덕이기, 머리 흔들기, 몸 잡아당기기, 밀치기 등으로 의사표현을 한다. 어떤 경우에는 단절의 짧고 일정한 목소리나 변경된 목소리로 의사표현을 한다. 수줍음, 소심함, 두려움, 공포, 신경질적인 행동, 매달리는 행동을 보인다. 어떤 아동은 밖에서 하지 못했던 말을 집에서 어머니에게 수다스럽게 이야기하고, 혼자 방에서 책을 읽거나 소꿉놀이를 할 때 정상적으로 말을 한다. 학교보다는 집에서 반항적이거나 충동적인 행동을 보이기도 한다. 대부분 1개월~1년 사이에 회복이 된다(Bell, 1994). 1개월 정도는 지켜보지만 6개월 이상 지속되면 치료가 필요하다. 장기간 지속되었을 때 학업성취, 또래관계에서 따돌림을 받거나 반대로 말을 하지 않아서 얻는 보호와 이차적 이득이 문제가 된다. 10세 이전에 호전되면 예후가 좋지만 12세까지 지속되면 좋지 않다.

(3) 특정공포증

① 특정공포증의 개념과 진단

공포도 발달적 특성을 지닌다. 생애 초기 6~7개월에 나타나는 낯가림에서 시작하여 10세까지 빠르게 발달한다. 4~5세 아동은 동물, 벌레, 무서운 자극이나 장면, 귀신과 괴물 등 상상적 존재가 실재한다고 믿고 공포를 느낀다. 10세경에는 죽음에 대한 개념을 이해하고 공포를 어른처럼 느끼기 시작한다. 그전에는 인간의 한계성이나 죽으면 다시 세상에 돌아올 수 없다는 죽음에 대한 개념이 없다. 10세 이후에 부모와 자신의 죽음, 사고, 신체적 손상, 질환에 대한 공포를 주로 느낀다. 연령에 따른 발달적 공포는 일시적으로 발생하였다가 사라지며 대부분 특정고포증은 10세경에 발병한다. 특정공포증은 특정 대상이나 상황에 대한 공포 증상이다. 대상과 상황은 다양하며 아동의 경우 흔히 동물, 어둠, 주사, 큰 소리, 높은 장소 등이다. 일반적으로 연령이 높아질수록 공포 대상에 대해 강도, 빈도가 줄어든다. 공포나 두려움이 이성적으로 타당성이 없는 경우가 많으며 일상생활에서 기능상의 장해를 일으킨다. 특정한 사물이나 상황에 대하여 병적이고 불합리한 두려움으로 일상생활에 방해가 될 정도로 지속된다면 특정공포증으로 진단받을 수 있다.

특정공포증의 DSM-5-TR 진단기준(APA, 2023)

A. 특정 대상이나 상황에 대해서 극심한 공포나 불안이 있다(예, 비행기 타기, 고공, 동물, 주사 맞기, 피를 봄).

주의점: 아이들의 경우 공포나 불안은 울기, 발작, 얼어붙거나 매달리는 것으로 표현될 수 있다.

B. 공포 대상이나 상황은 거의 항상 즉각적인 공포나 불안을 유발한다.

C. 공포 대상이나 상황을 적극적으로 회피하거나 아주 극심한 공포나 불안을 경험하면서 참아 낸다.

D. 공포나 불안이 특정 대상이나 상황이 줄 수 있는 실제 위험에 대한 것보다 극심하며, 사회문화적 맥락에서 통상적으로 받아들여지는 것보다 심하다.

E. 공포, 불안, 회피 반응은 전형적으로 6개월 이상 지속된다.

F. 공포, 불안, 회피는 사회적, 직업적 또는 다른 중요한 기능 영역에서 임상적으로 현저한 고통이나 손상을 초래한다.

G. 장해가 공황 유사 증상과 연관된 공포, 불안, 상황에 대한 회피 혹은 무력화시키는 증상들(광장공포증), 강박 사고와 관련된 대상이나 상황(강박장애), 외상 사건을 상기(외상후 스트레스장애), 집이나 애착 대상으로부터의 분리(분리불안장애), 사회적 상황과 연관(사회불안장애)과 같은 다른 정신질환으로 더 잘 설명되지 않는다.

다음의 경우 명시할 것:

공포 자극을 기준으로 한 부호화:

F40.218 동물형(예, 거미, 곤충, 개)

F40.228 자연환경형(예, 고공, 폭풍, 물)

F40.23x 혈액—주사—상해형(예, 바늘, 침습적인 의학적 시술)
F40.248 상황형(예, 비행기, 엘리베이터, 밀폐된 장소)
F40.298 기타형(예, 질식 혹은 구토를 유발할 수 있는 상황; 소아의 경우 시끄러운 소리나 가장 의상을 입은 캐릭터)

② 특정공포증의 원인과 임상적 증상

공포는 어떤 위기 상황에서 자신을 보호하고 위험을 피하도록 하여 생존을 위해 필요한 자기방어 수단으로 원초적 본능체계이다. 특정공포증에는 복합적 요인이 작용한다. 유전—생리학적 요인으로 특정 동물에 대한 공포는 일촌 간에 함께 일어나고, 주사공포는 자극이 있을 때 미주신경성 실신 형태로 나타난다(APA, 2023). 어릴 때부터 유난히 겁이 많고 새로운 일을 하는 것을 두려워하는 성격적 특징, 부모의 과잉보호와 같은 양육태도, 일상생활에서의 공포 경험 등 환경적 요인이 작용한다. 특정공포증 아동은 특정 사물이나 상황에 지속적인 공포를 느낀다. 위협이나 위험이 거의 없는 상황에서도 극도의 통제할 수 없는 공포를 보이고 경계한다. 아동의 특정공포증은 성인에 비해 생리—인지—행동 반응이 일치하지 않는 특징이 있다. 예를 들면, 귀신에 대한 공포가 있는 아동이 귀신영화를 좋아할 수 있다. 성인에 비해 아동은 자신이 경험하는 공포가 비정상적으로 과도하고 비합리적이며 비적응적인 것을 인지하지 못한다. 대부분 치료에 관계없이 나이가 들면서 자연스럽게 호전된다. 성인기까지 지속될 경우 완화될 가능성이 적으며 다른 정신질환이 동반되거나 이환될 가능성이 높다.

(4) 사회불안장애

① 사회불안장애의 개념과 진단

타인이 지켜보는 사회적 상황에서 부정적 평가를 받거나 창피나 놀림을 당하는 것을 걱정하는 것이다. 학령기 후반이 되면 사회적으로 평가받는 상황과 과제가 증가하고 타인이 자신을 평가하고 있다는 것을 인식한다. 사회적 요구의 증가와 자의식의 발달로 인해 사회적 상황과 수행에 대한 두려움과 불편감을 느끼는 사회불안이 나타날 수 있다. 남들이 관찰하거나 당황스러운 상황에 노출되는 것을 지나치게 인식하여 눈을 마주치거나 말을 하거나 행동할 때 긴장하고 위축된다. 자신의 긴장한 모습을 남들이 알아차릴까 봐 더욱 긴장하는 특성이 있다. 일종의 응시공포 또는 주시공포 장애라고 할 수 있다.

사회불안장애의 DSM-5-TR 진단기준(APA, 2023)
A. 타인에게 면밀하게 관찰될 수 있는 하나 이상의 사회적 상황에 대한 두드러진 공포 혹은 불안. 그 예로는 사회적 교류(예, 대화하기, 낯선 사람 만나기), 관찰됨(예, 먹기, 마시기), 타인 앞에서의 수행(예, 연설하기) 등이 포함된다. 주의점: 아동에서 불안은 성인들과의 상호작용에서만이 아니라 또래 환경에서 일어나야 한다. B. 부정적으로 평가(즉, 수치스럽거나 부끄러움, 타인에게 거부당하거나 거부감을 줌)되는 방식으로 행동하거나 불안 증상을 보일 것을 두려워한다. C. 사회적 상황은 거의 언제나 공포 혹은 불안을 유발한다. 주의점: 아동에서 공포 혹은 불안은 울기, 생떼 부리기, 경직, 매달리기, 움츠러들기, 혹은 사회적 상황에서 말하지 못하는 것으로 표현될 수 있다. D. 사회적 상황을 회피하거나 극심한 공포 혹은 불안 속에서 견딘다. E. 공포 혹은 불안은 사회적 상황이 주는 실제 위협과 사회문화적 맥락에 비례하지 않는다. F. 공포, 불안, 혹은 회피는 지속적이며 전형적으로 6개월 이상 지속된다. G. 공포, 불안, 혹은 회피는 사회적, 직업적 또는 다른 중요한 기능 영역에서 임상적으로 현저한 고통이나 손상을 초래한다. H. 공포, 불안, 혹은 회피는 물질(예, 남용약물, 치료약물)의 생리적 효과나 다른 의학적 상태에 기인하지 않는다. I. 공포, 불안, 혹은 회피는 공황장애, 신체이형장애 또는 자폐스펙트럼장애와 같은 다른 정신질환의 증상으로 더 잘 설명되지 않는다. J. 다른 의학적 상태(예, 파킨슨병, 비만, 화상이나 상해로 인한 신체결손)가 있는 경우 공포, 불안, 혹은 회피는 명백히 무관하거나 과도하다. 다음의 경우 명시할 것: 수행 시 한정: 공포가 대중 앞에서 말하거나 수행하는 것에 국한되는 경우

② 사회불안장애의 원인과 임상적 증상

유전적 영향과 행동억제의 기질적 특성과 관련이 있다. 일촌 이내의 사회불안장애 빈도가 2~6배 높고(홍강의 외, 2023), 낯선 상황이나 새로운 시도를 두려워하고 거부하며, 과도한 자율신경계의 각성 증상을 보인다. 어린 시절의 외상적 경험이 직접적 원인은 아니지만 위험요인이 될 수 있다. 과잉보호하거나 거부적인 부모의 양육태도도 취약성 요인과 상호작용하여 영향을 미친다. 사회불안장애는 일반적으로 눈에 띄지 않고 서서히 발병한다. 괴롭힘을 당해 창피를 경험하거나 발표 중 구토를 해서 망신을 당하는 등 특정한 사건이 발병 계기가 된다. 타인이 자신을 주시한다는 두려움 때문에 남 앞에서 말하고 쓰기, 음식 먹기, 공중 화장실이나 목욕탕 이용을 기피하여 일상생활을 방해받고 학교생활 적응이 어렵다. 집에서도 전화나 초인종 소리에 응답하기를 피하려 하고, 가족 모임에서 빠지려고 하며, 친구나 가족과 만날 때도 자주 말이 없고 조용히 있는 편이다. 성장하면서 악화되고 만성적일 수 있다. 특히 청소년이 되면서 학교생활 이탈, 대인관계 위축, 직업적 어려움으로 이어질 수 있고 우울, 알코올 등의 약물남용, 자살사고 위험성이 높다.

(5) 범불안장애

① 범불안장애의 개념과 진단

특정 대상이나 상황보다는 생활 전반에 걸쳐 지속적으로 과도한 불안과 걱정이 나타난다. 아동 후기에는 자기성찰과 미래에 대한 사고가 가능해지면서 내적인 불안이 동반된다. 내적인 불안은 실제 대상이 존재하지 않거나 일어날 확률이 거의 없는 일까지 미리 걱정하고 긴장하는 것이다. 범불안장애는 이것이 지나쳐 임상적 불안 상태에 이르는 장애이다. 아동은 인지적 미성숙으로 과도한 불안과 걱정을 지속하기 쉽고 정보처리 능력의 부족으로 환경에 대한 왜곡된 사고를 지닐 가능성이 있다.

범불안장애의 DSM-5-TR 진단기준(APA, 2023)
A. (업무나 학업 성과와 같은) 많은 사건이나 활동에 대해 최소 6개월 이상 지속되는 과도한 불안과 걱정(불안한 예견)
B. 걱정을 통제하기 어렵다고 느낀다.
C. 불안과 걱정은 다음 6가지 증상 중 최소 3가지(또는 그 이상)와 관련이 있다(지난 6개월 동안 최소한 몇 가지의 증상이 있었던 날이 없었던 날보다 많다): 주의점: 아동의 경우 한 가지 증상만 있어도 해당된다. 　1. 안절부절못하거나, 긴장하거나, 신경이 곤두선 느낌 　2. 쉽게 피로해짐 　3. 집중하기 어렵거나 머릿속이 하얗게 됨 　4. 과민성 　5. 근육 긴장 　6. 수면 교란(입면 또는 수면 유지가 어렵거나, 제대로 쉬지 못하는 불만족스러운 수면)
D. 불안, 걱정 또는 신체 증상이 사회적, 직업적 또는 기타 중요한 기능 영역에서 임상적으로 현저한 고통이나 손상을 초래한다.
E. 장해가 물질(예, 남용약물, 치료약물)이나 다른 의학적 상태(예, 갑상선기능항진증)의 생리적 효과에 의한 것이 아니다.
F. 장해가 다른 정신질환으로 더 잘 설명되지 않는다.

② 범불안장애의 원인과 임상적 증상

범불안장애의 1/3 정도가 유전적 요인과 관련이 있고, 기질적으로 행동억제, 신경증, 위험 회피와 연관되어 있다. 뇌영상 연구에서는 부정적인 정서가 표현된 얼굴 표정을 볼 때 편도체나 전전두엽이 활성화되었다(Blackford & Pine, 2012). 가족 내 부정적 경험과 과잉보호가 영향요인이지만 환경적 요인은 뚜렷하지 않다. 일반적으로 자녀에 대한 기대가 너무 높거나 걱정이 많은 부모의 자녀가 불안장애인 경우가 많다. 부모가 지나치게 도덕적이거나 매사에 완벽을 추구하면 자녀가 지나치게 양심적이고 모범생이 되거나 고지식하며 융통성이 없어진다. 범불안장애 아동청소년은 걱정의 이유를 알지 못하고 사소한 일에도 항상 걱정하며 거의 모든 것을 걱정한다. 보편적이고 일반적인 일상생활에 불안을 다양하게 경험하고 미래에 일어날 사건에 대해 비현실적으로 지나치게 걱정한다. 자신의 일은 물론 동생, 부모의 일까지 걱정하고 일일이 참견한다. 아이답지 않은 어른스러운 걱정을 많이 하기 때문에 때로는 조숙하고 똑똑해 보인다. 흔히 시험과 같은 경쟁적인 상황에 대한 수행불안, 약속 지키기, 사고나 재앙에 대하여 심하게 염려한다. 일반적인 특성은 자신감 결여, 완벽주의적 성격, 타인의 인정 욕구가 강하다. 대인관계를 잘 유지하고 사회적 접촉을 즐기지만 자신의 행동과 사회적 인정에 대한 자신이 없다. 성인이 되었을 때 범불안장애, 사회불안장애, 우울장애로 증상이 이환되고, 일생 동안 증상의 완화와 악화가 반복될 가능성이 있다. 범불안장애 아동의 핵심 증상은 다음과 같다.

- 미래의 일에 대한 과도하거나 비현실적인 걱정(예: 시간 약속 지키기, 사고 걱정)
- 과거 자신이 한 행동에 대한 지나친 비현실적 염려(예: 낮에 있었던 친구와의 대화 내용)
- 운동, 학업, 사회적 기능에 대한 과도한 비현실적 염려(예: 시험불안)
- 의학적 원인이 없는 잦은 두통, 복통 같은 신체적 불편감
- 걱정에 의한 과도한 확인(예: 문 잠그기, 가스 밸브 잠그기)

4) 유병률

불안장애는 아동청소년에게 가장 자주 진단되는 정신장애 중 하나이다(Essau & Petermann, 2013). 아동청소년의 약 20%가 성인기가 되기 전에 불안장애를 경험한다(Simon, Verboon, 2016; Zinbarg et al., 2015). 아동청소년기 불안장애의 75%는 8~15세 사이에 발생하며 평균 발병 연령은 13세이다(APA, 2023). 분리불안장애는 다른 유형보다 발생 연령이 낮고 12세 미만의 아동에게 가장 흔한 불안장애이다. 여성이 좀 더 많으며, 대규모 역학 연구에 따르면 아동기의 평생 유병률은 4.1%이다(Shear et al., 2006). 선택적 함구증은 어린 아동에

게 더 많이 발생되지만 비교적 드문 장애이다. DSM-5-TR에 보고된 유병률은 0.03~1.9%이며 여아가 남아보다 약간 높다. 특정공포증은 일반아동의 유병률이 3~9%이며, 주사공포를 제외하면 여아가 남아보다 2배 더 흔하다. 10세경에 발병하고 특정 대상에 대한 공포보다 상황에 대한 공포가 연령적으로 늦게 발병한다. 학교 불안(school anxiety)이 심각하고 정서적으로 불확실한 불안을 보이는 학생의 수가 매년 증가하고 있다. 사회불안장애의 75%는 8~15세에 발생하고 평균 발병 연령이 13세이며 수줍음이 많은 아동은 5세 이전에 발병한다. 임상 장면에서는 남아가 여아와 같거나 약간 높고 일반아동은 여아가 2배 정도 더 흔하다. 범불안장애는 아동 유병률이 2.7~4.5%이고, 초등학교 고학년에서 흔히 발생한다. 일반적으로 성차는 없고, 가족구성원 수가 적고 상류층이며 성취욕이 강한 가족의 첫째 자녀에게서 흔히 나타난다(홍강의 외, 2023).

2. 불안한 학생의 특징

불안의 유형에 따라 특성이 있지만 불안한 학생의 일반적인 특징을 중심으로 살펴보았다.

1) 지나친 걱정

심각한 불안장애 아동은 만성적이고 과도하게 예민성이 높다. 지나친 걱정과 생각으로 인해 자신의 마음을 인식하고 선택하여 결정하기가 어렵다. 타인의 평가나 미래, 진로, 능력, 성취 등에 대한 걱정과 두려움으로 인해 교사 입장에서 '조용하고 자신감이 없는 아이'처럼 보이기도 한다. 이로 인해 친구가 거의 없거나 또래관계에서 적절한 사회적 기술을 습득하지 못할 수 있다. 불안장애로 진단받은 많은 아동은 대부분 내성적이고 또래와 대화를 유지하는 것이 어려워서 수업시간에 충분히 집중하지 못하고 외부자극에 쉽게 초조해지고 걱정하는 경향이 있다(Erath, Flanagan, & Bierman, 2007). 주변 친구에 대한 관심과 사회적 참여에 소홀하여 친구를 사귀는 능력이 떨어지고, 자신에 대한 지나친 걱정과 부정적 사고는 부정적 자의식을 발달시킨다. 지나친 걱정으로 주의력이 낮아지고 기억을 재생하는 데 어려움이 생겨서 학업성취가 낮아진다. 과도한 걱정, 의기소침함과 같은 증상은 자아존중감, 자기효능감과 같은 유능감 발달을 저해한다. 미래에 대한 지나친 걱정과 근심은 적절한 사회적 기술 습득을 방해하고 학업집중을 어렵게 하며 자신에 대한 부정적 이미지를 발달시킨다(Rubin, LeMare, & Lollis, 1990). 예를 들면, 범불안장애가 있는 학생은 자기 자신을 매우 의식화하며 타인에게서 자주 확인받고 안심하려는 완벽주의적 특징을 보인다. 학교생활, 운동, 대인관계 등에 대하여 완벽한 수준으로 수행하지 못하면 자신을 심하게 비난하는 경향도 보인다.

2) 사회적 회피

사회적 상황의 회피는 등교거부, 교우관계 단절, 생일파티나 동아리 모임에 가지 않기 등의 모습으로 나타날 수 있다. 또래관계의 질이 매우 낮고 학교부적응으로 연결된다(Parker et al., 2006). 사회적 회피와 등교거부를 불안 유형과 원인에 따라 이해할 필요가 있고 학교와 교사의 적절한 대처가 필요하다.

분리불안이 심한 아동은 애착 대상을 떠나 혼자 학교를 가거나 소풍, 캠프 등 활동에 참여하지 않고 친구집에도 놀러 가지 않으려고 한다. 애착 대상에게 무슨 일이 일어날 것 같은 불안으로 학교에 적응하기 어렵고, 애착 대상과 분리되어 학교에 있을 때 멍하니 슬픈 표정을 짓고 집중하지 못한다. 애착 대상과 강제로 분리하면 심한 저항감과 공격적 행동을 보이기도 한다. 이러한 특성이 품행장애에서 보이는 무단결석, 무서운 교사, 또래괴롭힘, 시험이나 숙제에 대한 평가공포와는 원인과 양상이 다르다. 특정공포증과 사회불안장애 학생도 또래 갈등, 평가, 발표, 새로운 사람을 만나는 것에 대한 두려움 때문에 등교를 거부할 수 있다(Wicks-Nelson & Israel, 2009). 선택적 함구증 학생은 학교에서 말을 하지 않기 때문에 자기주장이 어렵고 사회적 기술이 부족하여 어려움이 더욱 크다. 교사가 학생과 긍정적이고 지지적인 관계를 맺는 것이 중요하다. 교사가 아동에게 사적으로 말을 하도록 격려할 수 있지만 학생이 압력을 느끼지 않아야 한다. 선택적 함구증 학생이 흥미를 느끼고 안전감을 느낄 수 있도록 미술과 같은 다양한 매체를 활용하는 것이 좋다. 언어적 활동과 비언어적 활동을 번갈아 하고, 말을 하지 않는다고 벌을 주거나 말하도록 하여 보상을 주는 것은 침묵을 유지시킬 수 있다. 하지만 학교의 모든 규칙적인 집단활동에 참여하도록 격려하여 다양한 사회적 경험의 기회를 제공하는 것이 필요하다.

학령기의 특정공포증 중 학교공포증, 범불안장애 중 시험불안을 가진 학생은 학교생활에 적응하고 자신의 역량을 발휘하는 데 어려움이 크다. 학교와 연관된 것들에 공포를 느끼는 학교공포증으로 등교 시간이 임박했을 때 등교거부나 생리적으로 다양한 증상을 보인다. 학령기에는 학업성취와 관련하여 시험불안을 흔히 경험한다. 시험불안은 시험이라는 특수

상황에서 나타나는 여러 가지 신체적 또는 행동적 반응이다. 시험이 시작되는 순간부터 끝날 때까지 지속적으로 경험할 수 있다. 시험불안을 호소하는 학생은 교감신경계 기능이 높아져서 손이 떨리거나 땀이 나는 등 다양한 생리적 반응이 나타난다(Barlow et al., 2002). 시험불안을 지닌 학생은 학업 기술이 부족하거나 과제수행 전략이 미흡한 특징이 있다. 내용을 이해하지 않고 그저 기계적으로 암기한다든지 중요한 점을 확인하는 데 어려움을 느낀다. 학습의 자율성이 떨어지고, 정보를 습득하거나 조직화하는 능력이 부족하며, 시험 상황에서 알고 있는 것을 풀어내는 능력이 부족하다(Naveh-Benjamin, McKeachie, & Lin, 1987). 사회불안이 있는 학생은 대화를 할 때 작은 목소리로 짧게 이야기하고 자기주장을 하지 못하며 지나치게 순종적이다. 발표를 하는 등 타인의 주목을 받으면 얼굴이 빨개지거나 당황하며 그런 상황을 피하려고 한다. 또래관계에 어려움을 느껴 친구가 거의 없고 집단활동에 참여하는 것을 꺼린다. 예를 들면, 수학여행, 캠프와 같은 단체활동 참여를 기피하고, 소리 내어 책을 읽거나 말하기, 교사에게 도움 청하기, 예체능 시간, 시험, 학교식당에서 밥먹기 등 사회적 접촉과 상황을 두려워한다. 학급에서 따로 떨어져서 고립되거나 특정한 친구 한 명과 짝을 이루는 경우가 많다.

3) 신체화 증상

불안한 학생은 긴장되고 편안하지 않기 때문에 생리-신체적 반응을 동반할 수 있다. 예를 들면, 분리불안이 있는 학생은 애착 대상과 분리되는 위협을 받으면 자율신경계의 각성으로 심박항진, 두통, 복통, 오심, 구토 등의 신체적 증상이 나타나는 경우가 많다(Wicks-Nelson, 2015). 특정공포증이 있는 학생은 때로는 공포를 느끼는 상황에서 심박수 증가, 땀이 남, 숨이 참, 손이나 몸의 떨림 등 공황과 같은 생리적 반응을 보인다. 사회불안장애 학생은 두려움을 느끼는 상황에서 수치심과 함께 부정적 평가나 거절 등에 대한 심한 염려를 보인다. 두통, 복통 등 신체화 증상을 호소하고 잦은 지각, 결석, 보건실을 이용하기도 한다. 나이가 어릴수록 복통과 같은 신체적 호소를 많이 하고 고학년의 경우에는 발표를 하는 동안 얼굴이 붉어지거나 손과 목소리가 떨린다. 또래 앞에서 말을 할 때 다른 사람들이 알아챌 만큼 땀을 흘리거나 목소리가 떨리기도 한다. 자신이 조절하지 못하는 이러한 신체적 증상으로 인해 불안이 더욱 가중되는 경향이 있다. 범불안장애로 과잉불안을 경험하는 학생은 근육 긴장, 두통, 메스꺼움 등과 함께 감정도 경직되고 이완되지 않는다. 만성적인 긴장으로 수면장애, 손톱 물어뜯기, 주의집중 저하, 자신의 능력이나 성취에 대한 불신 등이 나타난다. 만성적인 긴장감으로 쉽게 피로하고, 성적이 떨어지며, 소변을 자주 본다거나 머리 또는 배가 아파 보건실 방문이 잦다. 병으로 조퇴나 결석을 자주 하지만 의사에게는 신경성이라는 말을 듣는다. 학생이나 부모를 상담하면 가정에서 아동에 대한 지나친 기대, 가족 내 갈등, 부모 자신이 불안이 많은 경우가 많고 이런 경우에는 전문적인 치료가 필요하다. 학생의 불안 증상 유무, 불안 성향, 스트레스에 대하여 잘 파악하고 이를 신체 증상과 연결하여 이해할 필요가 있다.

4) 고학년 학생의 정신건강 문제

청소년기인 초등학교 고학년 이후에는 급격한 신체적·인지적 변화로 인해 심리사회적 적응이 요구되므로 불안을 경험할 가능성이 높다. 특히 학교에서 보내는 시간이 많아지면서 성취와 경쟁에 대한 압박과 성적, 숙제, 시험 등 학업 관련 스트레스가 불안을 촉발하는 요인이 된다. 청소년기 불안은 학업부진이나 또래관계의 어려움, 낮은 자존감, 고립감 등 정신건강의 여러 가지 측면에 악영향을 미치며(Chavira et al., 2008; Dorn et al., 2003), 자살의 위험성이 우려되기도 한다(Khan et al., 2002). 불안한 학생은 겉으로 보기에는 수줍음이 많고 조용하게 보이지만 내면은 부정적인 평가를 받을 것이라는 두려움이 있고 자존감이 낮다. 학교에서 많은 시간을 보내는 학생에게 또래와의 부정적인 경험과 외톨이 경험은 불안을 일으키고 정서적으로 과민함, 기분부전증, 고독감 등을 높인다(Beidel, Turner, & Morris, 1999). 학교 등교거부와 이탈, 약물남용, 품행장애 등 심각한 문제로 이어질 수 있다.

5) 공존장애

불안장애는 동반이환이 많다. 범불안장애 아동 중 과반수가 동시에 다른 불안장애를 보인다(van Dick & Wanger, 2001). 불안장애를 경험한 여아는 내면화 문제를 많이 보이고 남아는 외현화 문제를 많이 보인다(Windle & Windle, 1996). 내면화 문제를 보이는 경우는 외현화 문제만큼 행동 변화가 나타나지 않기 때문에 주위의 관심과 진단을 받기 어렵다.

(1) 외현적 문제: 주의력결핍 과잉행동장애/적대적 반항장애/품행장애

주의력결핍 및 과잉행동장애와 적대적 반항장애, 품행장애는 불안장애와 공존할 가능성이 높다. 자신의 심리적 문제(부모, 친구, 교사와의 갈등, 학업성취 어려움, 학교 부적응 등)를 자신이나 타인을 향하여 충동적인 형태로 표출할 수 있다. 이는 등교거부, 일탈, 비행, 가출, 폭력, 중독 등 행동 문제로 나타나기도 한다.

(2) 내재적 문제: 우울장애/학업 문제

우울장애는 30~70%로 공존율이 가장 높다(Costello, Egger, & Angold, 2005). 불안장애 아동은 일반아동보다 낮은 지능과 성취를 보인다. 학교에서 사회적·학업적인 기능의 손상을 보이고, 흥미상실, 주의집중 문제, 정신-운동 지체 등을 동반할 수 있다. 주의집중 문제는 저조한 공부기술, 학습 문제 등에 영향을 미치고, 학교 부적응 문제는 낮은 학업 자신감과 우울로 이어지기도 한다.

3. 불안에 대한 미술치료 접근

1) 불안에 대한 미술치료의 이점

불안의 유형과 정도에 따라 보다 적절한 개입과 중재가 있다. 하지만 다양한 치료법을 통합하여 접근하는 것이 효과적이다. 미술치료는 다양한 치료법 중에서 아동청소년기의 특성을 고려할 때 유용한 방법이다. 아동기 불안장애와 같은 정서 문제는 상대적으로 심각성이 덜하며 초기 개입과 치료가 중요하다(Ialongo et al., 1995; Khaleque & Rohner, 2002). 불안을 줄이기 위한 약물치료는 벤조디아제핀 계열이 처방된다. 약물치료로 과민하고 초조한 증상은 호전되지만 다량을 장기간 복용하면 인지적·행동적 기능이 저하되어 공부, 학교 활동 등 일상에 방해가 될 수 있다. 약물의 내성으로 인해 신체적·심리적 의존이 증가할 수 있고 부모나 아동의 경우 약물치료를 주저하기도 한다.

미술작업은 불안한 아동이 경험하는 자신의 정서적 어려움과 갈등을 창조적으로 표현하여 심리적 증상을 완화한다. 미술치료는 이미지를 언어화하는 작업 과정에서 개인의 경험, 정서, 사건에 대한 반응을 재구성한다(Malchiodi, 2001; Pynoos & Eth, 1985; Steele, 1997). 이완을 돕는 매체활동은 자율신경계의 각성 상태를 완화하고 신체적 이완에 긍정적인 영향을 주어 불안 행동을 감소시킨다(이난주, 김선희, 2015). 상징적 형태의 미술표현을 통해 위협적인 불안과 두려움을 안정적으로 다룰 수 있다. 내담자가 자신의 불안함에 대해 객관화함으로써 감정적으로 휩쓸리지 않고 바라볼 수 있도록 도와준다. 미술치료를 통해 안정감을 경험하고 이완매체를 활용하여 불안과 긴장을 해소함으로써 정서적 균형과 자아존중감이 향상된다.

- 미술을 매개로 과도한 불안과 염려의 감정을 탐색할 수 있다. 치료자가 제공한 안전한 환경 속에서 내담자가 자유롭게 자신의 감정을 표현하고 치료자와 함께 이야기를 나눔으로써 자신의 경험·정서·사건을 재구성한다. 이러한 과정을 통해 내담자가 두려운 사물과 상황, 부정적 사고와 감정에 거리를 두고 자신을 바라보도록 한다.
- 미술활동의 창조 과정은 모호한 불안·걱정·공포의 감정들을 상징적·은유적으로 표현하도록 한다. 내담자가 경험한 위협적이고 고통스러운 긴장과 불안에 직접적으로 개입하는 것이 아니므로 안전하게 이완하고 조절하도록 돕는다. 이를 통해 평안함과 긍정적 감정을 경험함으로써 담아 두기 어려웠던 두려움과 부적절감 등 부정적 감정을 표현하고 자기통제감이 향상된다.
- 이완을 돕는 매체들은 체험하는 것만으로도 불안 정서에 도움이 된다. 이완매체는 정서 표현을 촉진하고 불안과 긴장을 해소하는 데 도움을 준다. 예를 들어, 점토나 그리기 활동 매체는 불안과 긴장을 해소할 뿐 아니라 점진적 노출을 통해 불안 행동을 감소시킨다.

2) 유용한 그림검사와 기법

(1) 빗속의 사람 그림검사(Draw a person in the rain: DAPR)

① DAPR 검사의 이해

1924년 Fay의 빗속을 걷고 있는 숙녀(a lady walking in the rain)가 기원이며 인물화 검사에 비를 추가한 것이다. 이후에 Wintsch(1935)와 Rey(1946)가 개정, 표준화하고 1950년대 Abrams가 진단성격평가도구로 쉽게 사용하도록 하였다(Hammer, 1958). 이 검사에서 비는 환경적 스트레스 요인, 외부의 곤경을 의미한다. 비가 내리는 외부환경에서 자신을 어떻게 보호하고 대처하는가와 관련이 있고 스트레스 수준과 대처 자원을 파악한다. 즉, 개인이 외부 환경과 스트레스, 불안 유발 상황을 어떻게 지각하고 반응하며 대처하는가를 살펴보는 검사이다. PITR(Person In The Rain)이라고 명명한 연구자들도 있고, 여러 연구자가 이 검사의 실시와 채점 방법을 제안하였다. 여기서는 Lack(1996)과 Weber(2007)의 기준을 중심으로 소개하였다.

② DAPR 검사 실시방법

---

(1) Lack(1996)의 실시방법

① 준비물: 연필, 지우개, A4 용지

② 시행 절차

• A4 용지를 제시하며 "빗속에 있는 사람을 그려 주세요."라고 지시한다. Lack(1996)은 종이의 방향에 대해 따로 안내하지 않았으므로 내담자가 원하는 방향으로 그릴 수 있다.

(2) Weber(2007)의 실시방법

① 준비물: A4 용지, 10색 크레파스(빨강, 노랑, 파랑, 녹색, 보라, 갈색, 주황, 회색, 검정, 연분홍)

② 시행 절차

• 종이를 가로 방향으로 제시한다. "빗속에 있는 사람을 그려 주세요."라고 지시한다.

• 그림을 다 그린 후에는 다음과 같은 질문을 한다.

    – 이 사람은 어떻게 하여 빗속에 서 있게 됐을까요?

    – 다음에는 무슨 일이 일어날까요?

• 내담자에게 질문에 대한 응답을 그림의 뒷면에 기록하도록 한다. 연령, 장애 등의 이유로 적는 데 어려움이 있으면 검사자가 대신 적어 준다.

유의점을 고려하여 실시하고 사후질문은 그림을 이해하고 채점하는 데 도움이 된다.

• 내담자의 질문에는 "자유입니다. 그리고 싶은 대로 그리면 됩니다."라고 답한다. 그림의 모양, 크기, 위치, 방법에 대하여 단서를 주어서는 안 된다.

• 그림을 그린 순서를 묻거나 번호를 적도록 한다.

• 그림에 대한 적절한 질문을 하며 내담자와 이야기를 나눈다. 질문에는 정해진 내용이 없고 내용을 참고하여 내담자의 수준에 맞게 질문하는 것이 좋다.

    – 이 그림을 보면 어떤 느낌이 드나요?

    – 그림 속의 인물은 누구이며 무엇을 하고 있나요?

    – 몇 살이고 무엇을 하고 있습니까?

    – 현재 기분은 어떨까요?

    – 이 사람에게 필요한 것은 무엇일까요?

    – 이 사람은 비에 젖어 있나요?

    – 바람이 불고 있나요?

    – (사람이 여러 명인 경우) 주인공은 누구입니까?

③ DAPR 검사의 채점 및 해석

채점 항목은 스트레스 항목과 자원 항목으로 구성되어 있다.

- 총 자원 점수 - 총 스트레스의 점수 = 대처 능력 점수
- 스트레스 항목(S): S1부터 S16까지의 점수를 더한 것 = 총 스트레스 항목의 점수
  - 숫자가 클수록 스트레스의 정도가 크다.
  - S1~S8: 해당 요소가 있는 경우 1점, 없는 경우 0점을 부여
  - S9~S16: 해당 대상의 숫자만큼 점수 부여
  - SA~SE: 무지개, 태양, 새, 나무 등의 내용을 확인하는 실험 항목이다. 기록은 하지만 점수화하여 채점된 점수에 합하지는 않는다.
- 자원 항목(R): R1부터 R16까지 더한 점수 - R17부터 R19까지 더한 점수 = 총 자원 점수
  - 숫자가 클수록 자원이 많다.
  - R1~R16: 해당 요소가 있는 경우 1점, 없는 경우 0점을 부여
  - R17~R19: 해당 여부에 따라서 0점이나 1점 또는 해당하는 숫자만큼 점수 부여
- 대처 능력 점수가 양수(+)이면 스트레스보다 자원이 더 많고, 음수(−)이면 자원에 비해서 많은 스트레스를 받고 있다.

Lack의 빗속의 사람 그림검사 채점체계

스트레스 척도		자원 척도		대처 능력 척도	
항목	항목명	항목	항목명	항목	항목명
S1	비가 없다	R1	보호장비가 있다	R17	나체
S2	비가 있다	R2	우산이 있다		신체 일부의 생략(머리, 눈, 코, 입, 몸통, 목, 팔, 손, 손가락, 다리, 발) 이 중에 없는 것마다 1점
S3	비가 많다	R3	우산을 들고 있다		
S4	비의 스타일	R4	다른 보호장비		
S5	비의 방향	R5	적절한 크기의 보호물	R18	
S6	비가 닿았다	R6	보호장비가 이상 없다		
S7	사람이 젖었다	R7	비옷		
S8	바람	R8	비모자		
S9	물웅덩이	R9	장화		
S10	물웅덩이에 서 있다	R10	인물이 옷을 입고 있다	R19	치아가 보인다
S11	다양한 비 스타일	R11	얼굴 전체가 보인다		
S12	다중 강수	R12	얼굴의 미소		

S13	번개가 친다	R13	중심에 있는 인물	
S14	번개에 맞았다	R14	인물의 크기	
S15	구름	R15	전체 인물	
S16	먹구름	R16	선의 질	
스트레스 점수=S1~S1의 합		자원 점수= (R1~R16의 합)-(R17~R19의 합)		대처 능력 점수= 자원 점수-스트레스 점수

④ 사례로 이해하는 불안 학생의 DAPR 특징(홍현정, 김선희, 2014)

초등학교 4학년을 대상으로 실험집단, 통제집단을 설정하여 학급 단위로 개입하였으며 불안이 높은 학생의 사전-사후 DAPR를 살펴보았다. 프로그램은 주 1회 40분, 총 8회기로 구성되었다. 프로그램에 참여한 학생들의 정서표현, 스트레스 대처, 긍정적인 자기표현이 증가하였고, 학급 단위 프로그램이 학생의 불안 문제를 조기에 발견하고 예방하는 데 효과가 있었다.

(가) 사전
사람보다 비가 차지한 공간이 넓고, 구름의 양이 많으며, 바람이 불고 있어 상대적으로 스트레스 점수가 높고 대처 능력이 낮다.

(가) 사후
비, 바람, 구름이 없고 화창한 상태이다. 스트레스 점수가 현저하게 낮아졌고, 인물은 완벽한 보호물인 비옷을 입고 있다. 환한 미소를 보이고 있어 이전보다 스트레스에 대처하는 자원이 확보되었다.

(나) 사전

비의 양이 많고 인물 위로 구름이 넓게 퍼져 있다. 우
산을 들고는 있지만 비를 막지 않아 완벽한 보호물로
서 기능하지 못하고, 우산을 들고 있는 인물은 옆면만
을 묘사하였다.

(나) 사후

웅덩이 위에 인물이 서 있지만 비는 없고 우산이 펴져
있다. 보호물인 장화까지 신고 있어 스트레스 상황에
적절히 대처하고 있다. 인물이 앞면을 보고 웃고 있어
이전보다 안정된 모습이다.

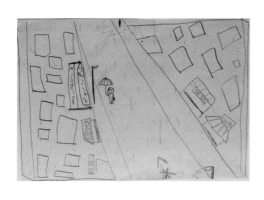

(다) 사전

인물의 크기가 매우 작고 인물 주변으로 흐릿하게 그
려진 웅덩이의 수가 상대적으로 많다. 인물은 가방과
우산을 들고 있지만 비가 차지하는 공간이 넓다.

(다) 사후

인물의 크기가 눈에 띄게 커졌다. 비가 그려져 있지
않으나 인물은 보호물인 비옷을 입고 장화도 신고 있
다. 다른 보호장치로 인물 옆에 나무도 그려져 있다.
스트레스 상황에 대처 자원이 이전보다 확보되었다.

4. 불안에 유용한 미술치료 기법

불안한 내담자는 미술작업을 통해 자신의 억압된 감정, 내재된 문제를 자유롭게 표현함으로써 불안감을 감소시키고 심리적 안정을 얻는다. 치료자는 내담자가 걱정과 두려움으로 긴장을 지속적으로 느끼고 미술활동과 이야기하는 것에 소극적일 수 있음을 예상해야 한다. 예를 들면, 치료자의 안내와 제안에 주저하거나, 활동 시작 안내에도 불구하고 뜸을 들이는 등 안절부절못하거나 미술활동을 통한 표현을 어려워할 수 있다. 치료자는 내담자의 심리적 특성을 이해하고 기다려 주어야 한다. 치료자의 라포 형성과 신뢰감 형성은 치료의 촉진제로 활용되어 불안한 내담자의 불안을 감소시키고, 신체 증상을 완화하며, 자아존중감 및 심리적 안정을 회복시킨다.

1) 풀 그림 그리기(백희진, 2010)

- 준비물: 4절 켄트지, 물감, 물풀, 접시
- 적용 시기: 초기, 중기
- 목표: 심리적 이완 매체를 통해 스트레스와 긴장을 이완하고, 미술작업 활동을 통해 자신의 심리적 문제와 욕구를 알아차리도록 돕는다. 이를 통해 자신이 느끼는 불안, 스트레스를 탐색하며 정서를 표출하고 감정이 정화된다.
- 작업 과정
  - 접시에 풀을 짜고 손으로 촉감을 느끼도록 한다.
  - 풀을 짠 접시에 물감을 짜고 손가락으로 섞어 가며 느낌을 나눈다.
  - 4절 켄트지에 자신이 표현하고 싶은 것을 그리도록 안내한다.
  - 작품에 대해 함께 이야기 나누며 정서표출과 감정 정화를 이끈다.

• 고려할 점
- 내담자에 따라 손으로 풀이나 물감을 직접적으로 만지는 것에 거부감을 가질 수 있다. 치료자는 거부감 없이 매체를 경험할 수 있도록 안내한다.
- 풀이나 물감을 만져 끈적이거나 미끈대는 느낌도 경험해 볼 수 있도록 격려한다.
- 풀, 물감이 묻을 수 있으니 연령을 고려하여 앞치마나 팔토시를 준비한다.

2) 걱정 인형 만들기(홍지영 외, 2015)

• 준비물: 천, 솜, 솜방울(퐁퐁이), 나무스틱, 가위, 털실, 바늘, 실, 4절지, 색연필 도구 등
• 적용 시기: 중기
• 목표: 내담자에게 부정적 인식과 감정을 주는 대상을 탐색하고 미술치료 작업을 통해 긴장을 이완하도록 돕는다. 스토리텔링을 통해 무의식적 내용을 의식화하여 자신의 걱정, 불편한 감정, 생각 등을 이해하고 부정적 영향을 미치는 요소들을 긍정적으로 전환한다.
• 작업 과정
- 준비한 미술 재료들을 만져 보며 촉감을 느낀다.
- 현재 고민, 걱정에 대한 이미지를 떠올리고 인형을 만들어 이름을 붙여 준다.
  "지금부터 자신이 걱정하고 염려하는 것이 무엇인지 떠올려 보고 주어진 재료를 활용하여 인형을 만들어 볼 거예요."
- 자신이 걱정하는 것이 무엇인지 이야기를 나누며 인형에게 해 주고 싶은 말들은 무엇인지 떠올려 보고 나눈다.
- 걱정되거나 염려되는 것들이 무엇인지 탐색하며, 현재 인형에게 필요한 것이 무엇인지 추가로 표현한다.
- 걱정을 해결하기 위한 대안을 탐색하고 긍정적으로 전환할 수 있도록 함께 피드백을 나눈다.

• 고려할 점

  – 휴지심, 두꺼운 종이 등 다른 재료들을 활용할 수 있고 발달수준에 적합한 재료를 준
    비한다.

  – 천에 도면을 그려 바느질을 하고 오린 후 솜을 넣어서 인형을 만들 수도 있다. 바느질
    이 어렵고 시간이 많이 걸릴 수 있다는 것을 고려하여야 한다.

  – 내담자가 걱정과 불안한 마음에 대한 심상, 이미지를 찾지 못하면 치료자가 함께 탐
    색해 줌으로써 심리적 부담감을 덜어 줄 수 있다.

  – 걱정과 관련한 이미지와 걱정인형 표현, 현재 내담자의 심리적 문제 및 호소를 연결
    하여 이야기 나눌 수 있다.

  – 걱정을 해결해 나가기 위한 대안과 긍정적 전환이 되도록 치료 방향을 이끈다.

  – 완성된 인형으로 역할극을 진행하거나 자신의 다양한 감정인형 시리즈를 만들 수
    있다.

3) 계란화 기법(권선영, 2022; 장영하, 2010)

• 준비물: 석고붕대, 풍선, 물감, 마카, 칼, 가위, 글루건, 붓, 물, 접시, 신문지

• 적용 시기: 중기, 종결

• 목표: 계란화 기법을 통해 불안을 감소하고 감정을 이완시키며 긍정적인 감정의 재활성
  화를 돕는다. 다시 태어나는 나를 간접 경험함으로써 새로운 삶에 대한 긍정적 에너지
  를 증진하며 자기효능감과 자아존중감을 향상시킨다.

• 작업 과정

- 풍선을 손바닥 크기로 바람을 넣고 묶는다.
- 잘라놓은 석고붕대에 물을 묻혀 풍선 위에 겹겹이 바른다. 풍선 전체를 둘러쌀 수 있도록 4~5겹으로 붙인다.
- 석고가 충분히 마르고 난 후, 칼로 조심히 석고붕대를 묻힌 풍선을 반으로 자른다.
- 풍선볼 석고가 마를 동안 계란 형태의 알을 석고붕대로 만들어 준다.
- 석고 볼과 계란에 원하는 색으로 채색한다.
- 작품에 대해 함께 이야기 나누며 감정을 이완하고 새로운 탄생을 의미하는 긍정적 기대와 상징적 활동을 함께 나눈다.

• 고려할 점

- 물의 양이 너무 많으면 석고가 잘 굳지 않으므로 조절하도록 안내한다.
- 풍선에 석고붕대를 입히는 과정 중 석고의 두께가 너무 얇거나 두껍지 않도록 확인한다.
- 석고붕대를 붙이고 말리는 과정에서 움직이지 않도록 하고, 필요하면 선풍기나 헤어드라이기를 사용하여 말린다.

5. 불안 관련 미술치료 연구동향

불안장애에 대한 미술치료 연구는 인지행동적 기법을 적용한 사례연구에서 시작되었다. 예를 들면, 노출법, 체계적 둔감법, 홍수법, 이완 훈련 등의 인지행동 기법에 이미지 떠올려서 그리기, 직접 그리기, 마스크 만들기 등 미술치료 기법을 적용하였다(Rosal, 2012). 미술과 놀이를 통해 불안 경험에 점진적으로 노출함으로써 학생의 불안이 감소하였다는 다수의 연구가 있다(Lee et al., 2019). 스트레스와 불안문제를 보이는 16~18세 학생 12명을 대상으로 한 주에 57분간의 8주 미술치료 프로그램을 실시한 Montgomery(2018)는 미술활동과 미술매체를 다양하게 활용하는 것이 학생들의 스트레스 수준을 낮추고 불안 감소에 도움이 되었다고 하였다. 학생의 불안에 유용한 미술치료 기법에 대한 연구들도 이루어지고 있다. 예를 들면, 미술치료 기법 중 색칠하기는 학생들이 의식하는 공포, 불안, 압력을 완화하는 데 유용하며(Amini, 2008; Carsley, Heath, & Fajnerova, 2015; Duong, Stargell, & Mauk, 2018; Kaitlin, 2017) 학업적 스트레스를 줄이는 데도 유용하다(Duon, Stargell, & Mauk, 2018).

국내의 불안에 대한 미술치료 연구 동향을 살펴본 윤라미와 박윤미(2017)에 따르면, 성인과 아동청소년에 대한 연구가 가장 많았다. 치료자와의 긴밀한 관계를 통해 심리적 전환의 기회를 제공하기 위하여 1:1 개인치료가 가장 많았고, 집단미술치료는 2~10명 이하로 진행된 경우가 50% 이상이었다. 사회적 불안을 가진 아동이 미술치료 과정에서 치료자와 맺은 친밀한 경험을 통해 회기가 진행됨에 따라 적극적인 의사 표현을 하며 또래관계에 긍정적 변화를 보였다(김찬미, 2019). 또한 선택적 함구증을 진단받은 아동의 미술치료 사례연구 결과 긴장감이 완화되고 언어적 의사소통이 향상되었다(권소선, 김현정, 2020). 송현종과 신소영(2014)은 우울과 대인 불안 청소년에게 발산적 기법중심 미술치료가 더 적합하다고 하였다. 발산적 기법은 감정의 발산을 돕는 난화 그리기, 물감 뿌리기, 흘리기, 불기, 번지기, 두드리기 등과 같은 것이다. 난화 그리기 같은 기법은 무의식의 자발적 표현을 돕고, 신체의 움직임을 활용한 뿌리고 흘리기, 불기, 문지르기는 새로운 신체에너지를 생성하여 정서적 우울, 대인 불안을 보다 쉽게 발산하고 해소하도록 한다. 미술표현 기술이 부족하여 자신감이 없는 청소년의 소극적 태도나 방어를 줄여 주어 두려움 없이 자유롭게 감정을 표현할 수 있다. 작품을 통해 회피하고자 했던 자신을 통찰하고 수용하며, 작품을 완성하면서 창조적 자아를 발견하고 성취감과 자기만족감을 얻는다.

제 **7** 장
우울한 학생을 위한 학교미술치료

　동주(중2, 여)는 잦은 지각과 결석으로 Wee클래스에 의뢰되었다. 초등학교 5, 6학년 때도 학교생활을 힘들어했는데, 중학생이 되고 학교에 있는 시간이 길어지면서 문제가 더 심각해졌다. 중학교 입학 초기에 새로운 친구들이 다가오며 관심을 보여도 친구를 사귀는 데 적극적이지 않아 외톨이가 되었고 예전에 어울리던 친구들과도 소원해졌다. 학교생활도 제대로 못하는 자신에 대해 '중학교 생활도 제대로 못하고 공부도 못하는 데 이번 생은 실패다.'라며 자신에 대해 비관적이고 부정적인 생각들로 괴로워한다. 자신이 한심하고 '이렇게 살아서 뭐하지?'라는 생각에 죽고 싶은 생각이 하루에도 몇 번씩 든다. 형편없는 자신의 모습을 바꾸고 싶지만 마음처럼 몸이 따라 주지 않는다. 부모상담에서 어머니는 동주가 집에서 밥도 거의 먹지 않고, 가족들과 말을 하지 않고 있으며, 자기 방으로 들어가면 나오지 않는다고 하였다. 뚜렷한 이유 없이 갑자기 버럭 화를 내거나 벽에 머리를 박기도 하였다. 새벽에 잠이 들어 늦게 일어나기 때문에 밤낮이 바뀌어서 학교생활을 힘들어한다. 반복되는 늦잠과 지각에 어머니도 깨워 보고 잔소리를 하면 힘들다, 죽고 싶다며 울어서 막막하다고 하였다.

학생들은 성장하면서 일상생활에서 크고 작은 실패와 상실을 경험한다. 이로 인해 좌절과 우울한 기분을 경험하지만 대체로 시간이 지나면 벗어나서 일상을 회복한다. 일시적인 우울한 기분은 정상적이다. 하지만 우울 상태에서 벗어나지 못하여 일상에 방해를 받는다면 임상적인 우울 상태로 발전할 수 있다. 우울은 우리나라 아동 정서와 문제행동의 원인의 가장 중요한 요인이다. 우울 성향의 아동을 조기에 발견하여 심각한 문제로 발전하지 않도록 적절하게 개입하여야 한다. 우울장애의 치료방법으로 약물치료와 인지행동치료가 많이 사용되고 있다. 약물치료는 우울의 주된 증상인 신체적·심리적 기능이 느려지는 정신운동지체를 완화하지만 근본적인 원인을 해결하기는 어렵다. 항우울제나 MAO 억제제의 경우 약물 부작용과 약물 중단 시 증상이 재발될 수 있다. 발달과정 중에 있는 아동청소년은 약물 부작용에 민감하다. 아동청소년 우울증에 대한 심리치료의 관심이 높아지고 약물치료와 심리치료가 병행될 때 우울증의 재발이 감소한다는 연구결과들이 있다. 미술은 창조적 에너지를 생성해 무기력하고 위축된 우울한 학생에게 에너지와 즐거움, 재미를 제공하는 효과적인 치료 도구이다.

1. 우울에 대한 이론적 이해

1) 우울의 개념

우울은 인지, 판단, 지각, 대인관계 등 광범위한 영역에서 부정적인 마음 상태이다(Beck, 1967). 우울하면 심리적 에너지가 저하되어 슬프고 비관적이어서 평소에 즐겁게 참여하던 활동에서 즐거움과 만족을 느끼기 어렵다. 일상생활에 대한 흥미와 즐거움을 잃어버리고 사회적·학업적 기능의 손상과 일상생활의 적응이 어렵다. 피로, 불면, 주의집중 저하, 체중 감소, 일상생활 기능 수행의 저조 등 다양한 증상을 호소하며 심한 우울은 삶의 의욕이 저하되어 자살 위험으로 발전될 가능성이 있다. 우울장애는 슬픔, 공허감, 과민성이 특징인 심각한 기분장애이다. DSM-III에서 소아 우울증을 공식적으로 인정하였고 우울증의 기본 증상은 모두 비슷하지만 발달단계에 따라 조금씩 차이가 있다. 아동청소년의 우울은 성인의 우울과 비슷한 점이 있지만 독특한 특성이 있다.

우울의 증상과 형태는 다양하게 나타난다. 아동청소년은 인지, 정서, 행동 발달이 미성숙하므로 겉으로 드러나지 않고 위장된 가면 우울로 나타날 가능성이 있다. 겉으로는 우울하고 의기소침한 감정을 충분히 파악하기 어려운 경우가 많다. 아동의 우울 징후는 보통 일상생활 기능의 손상이다. 평소와 다르게 자주 울거나 짜증을 부리고 특별한 원인 없이 머리나 배가 아픈 신체 증상을 호소하며 등교를 거부하는 등의 모습을 보인다. 평소 조용하고 온순한 아동이 과격해지거나 허용되지 않는 행동을 하기도 한다. 어떤 아동은 정서적으로 위축되고 낮은 자존감을 표현하거나 집중력 저하로 가정, 학교 생활에서 문제를 보인다. 우울 아동은 회복이 되어도 우울증, 대인관계에서의 손상, 흡연 및 약물의존, 신체화 증상 등이 더 많이 나타난다(배주미, 2000). 우울장애는 아동기에 발병할 경우 청소년기를 거쳐 성인기까지 이어질 가능성이 크다. 회복이 되어도 재발 가능성이 높으므로 우울에 대한 조기 발견과 중재는 매우 중요하다. 특히 우울 증상이 중증 이상일 때 재발할 가능성이 높다. 아동기에 우울장애를 경험할 경우, 성인기에 성격장애, 불안장애, 물질사용장애로 발전할 수 있고 청소년기에 발병하거나 가족력이 있을 경우, 양극성 장애로 진단받을 가능성이 높다(이우경, 이원혜, 2019). 우울장애는 죽음에 대한 생각과 자살 위험으로 발전될 가능성이 있어 주의가 필요하다. 청소년의 자살은 다양한 요인에 의해 상호복합적으로 발생되지만 우울증, 부정적 생활사건으로 인한 정신적 스트레스가 촉발요인이 될 수 있다.

2) 우울의 원인

우울장애는 대부분의 다른 정신장애와 마찬가지로 다양한 원인에 의해 발생한다. 유전적 요인과 뇌의 신경전달물질에 의한 생물학적 요인, 개인을 둘러싼 가족이나 또래관계 문제, 삶에서 경험한 상실과 실패, 일상생활의 스트레스 문제 등 극도의 절망감과 슬픔을 유발하는 환경적 요인, 예민하고 부정적인 성향이 높거나 내향적인 특징과 같이 성격적 요인 등 복합적으로 고려된다. 우울장애는 어떤 특정한 단일 요인보다는 다양한 원인의 상호작용으로 나타날 수 있다.

(1) 생물학적 요인

우울은 유전 가능하며, 유전적 요인이 아동청소년 우울증에 영향을 미친다. 남성보다 여성에게 더 많이 유전되고, 부모나 형제자매가 우울증이면 발생확률이 2~3배 더 높았으며(Hammen, 2009), 일란성 쌍생아가 이란성 쌍생아보다 40~50% 더 높았다(Nurnberger et al., 2011). 유전적 요인은 노르에피네프린, 세로토닌, 아세틸콜린 같은 신경전달물질의 기능에 영향을 미친다. 뇌손상이나 뇌기능장애 같은 뇌장애도 위험요인이다. 전전두엽피질의 혈류가 낮고 활동성이 저하되고 구조적 이상이 있으며 편도체 크기가 감소되어 있다. 구체적으로 파괴적 기분조절부전장애 아동청소년은 고통, 좌절감과 관련 있는 뇌피질이 과각성 반응성을 보이고, 흥분하거나 화가 났을 때 효과적이고 적절한 반응을 계획하고 정서를 조절하는 선조체와 전두엽의 활동이 저하되어 있다(Deveney et al., 2013; Hirsh & Hulvershorn, 2019). 아동청소년의 까다로운 기질도 부정적 정서를 증가시켜서 우울에 영향을 미칠 수 있지만 적절한 초기 경험을 통해 완화될 수 있다.

(2) 심리사회적 요인

아동청소년 우울은 주요한 생활사건 스트레스와 관련이 있다. 생활사건 스트레스는 유전적 요인과 상호작용하여 우울에 영향을 미친다. 심리사회적 스트레스 상황에 노출된 아동의 우울증 위험이 증가하지만 부모에게서 우울 유전자를 물려받은 경우에만 발병 위험이 높다(D'Souza et al., 2016; Tirumalaraju et al., 2020). 학업 실패, 가족 갈등, 관계 단절은 아동의 기분에 부정적인 영향을 미친다. 부정적 생활 사건들이 반복되거나 누적될 경우 낮은 자아존중감, 정서조절 문제, 사회적 지지 결여, 분노조절 어려움 등 심리적 특성에 영향을 준다. 첫 우울 삽화가 발병하기 전에 50~80%의 아동청소년이 적어도 한 가지의 주요한 스트레스 요인을 경험한다(Monroe & Cummins, 2019). 발달적 측면에서 아동기 우울은 성취의 지연과 상실, 양육자와의 분리불안, 학습 및 학교 적응 문제, 또래관계에서 거부, 가정의 이혼이나 해체, 경제적 곤란 등 심리사회적 문제에 영향을 받기 쉽다.

아동청소년은 성장하면서 다양한 부정적 생활사건 스트레스를 경험한다. 예를 들면, 양육자와의 상호작용 결핍, 부모의 이혼, 친구와의 다툼, 전학으로 인한 거주지 이전, 학업수행의 저조, 중요 시험의 실패, 외상 사건의 노출 등이다. 부정적인 생활사건을 통한 상실과 실패는 스트레스를 발생시키고, 스트레스에 취약한 유전, 성격, 인지적 특성과 상호작용하여 우울로 이어진다. 자극에 대한 민감성이 높고 긍정적 정서가 낮으며 부정적 정서가 높은 특성을 가진 사람이 우울장애에 더 취약하다. 예를 들면, 파괴적 기분조절부전장애 아동이 쉽게 좌절하고 사소한 자극이나 자극이 없는데도 화를 내는 것은 인지적 특성과 관련이 있다. 위협적인 자극에 주의를 집중하는 경향성이 있으며, 무해한 행동이나 정서적 표현을 적대적, 위협적으로 잘못 해석하는 편향된 인지적 경향이 있다.

가족환경 스트레스는 양육자와의 애착 문제, 가족구성원의 정서 문제, 가족 간의 갈등 문제 등이다. 예를 들어, 깊은 우울을 지닌 양육자는 자신의 무기력감으로 인해 자녀의 요구에 적절하게 반응하지 못하고 일관성이 없는 양육태도를 보인다. 양육자의 부족한 정서표현과 반응, 부정적이고 역기능적인 사고는 자녀와의 건강한 상호작용을 방해한다. 가족 갈등은 아동청소년에게 심리적 충격을 주고 오랜 시간 누적되면 우울을 발생시킨다. 학교환경 스트레스인 또래의 따돌림 및 관계 실패와 교사의 공평치 못한 대우, 권위적이고 비난적 의사소통, 성적으로 인한 차별, 불편한 갈등관계 등은 서운함, 부적절함, 창피, 분노 등 부정적인 감정과 자기 비난으로 이어져 우울과 연결될 수 있다.

3) 우울의 진단 및 유형

(1) 우울의 임상적 진단과 증상

　DSM-5-TR에서 우울장애는 주요우울장애, 지속성 우울장애, 파괴적 기분조절장애, 월경전 불쾌감장애, 물질/치료 약물로 유발된 우울장애, 다른 의학적 상태로 인한 우울장애, 달리 명시되는 우울장애, 명시되지 않은 우울장애를 포함한다. 아동청소년 양극성 장애의 과잉 진단을 피하기 위해 2013년에 처음 등재된 파괴적 기분조절장애는 지속적인 과민함, 반복적인 분노폭발이 특징이다. 10세 이전에 발병되며 6세 이전이나 18세 이후에는 진단될 수 없다. 좌절에 대한 전형적인 반응으로 폭언과 사물, 자신, 타인을 공격하는 발달수준에 맞지 않는 분노발작을 보인다. 주요우울장애는 우울하거나 과민한 기분, 대부분의 활동에서 즐거움이나 흥미가 없어지는 것이 특징이다. 아동 · 청소년기에 발병이 가능하고 18~29세 발병률이 가장 높다(APA, 2023). 아동청소년은 우울하고 슬픈 기분을 표현하기보다 부정적 감정을 감출 수 있다. 아무런 감정을 느끼지 않는다고 표현하고, 귀찮음, 짜증, 공격적 태도를 보이면서 우울 증상이 드러나지 않는 경우가 많다. 학생이 우울을 인식하지 못하기 때문에 부모 및 교사와의 면담, 일상생활 및 변화에 대한 세심한 관찰, 임상 평가 및 검사를 통해 종합적으로 고려하여 진단을 내리는 것이 바람직하다. 임상현장에서 사용하는 우울 검사는 MMPI, BDI, CDI, K-CBCL, K-YSR 등이다.

주요우울장애의 DSM-5-TR 진단기준(APA, 2013)

A. 다음의 증상 가운데 5가지(또는 그 이상)의 증상이 같은 2주 동안 지속되며 이전 기능과 비교하여 변화를 보인다. 증상 가운데 적어도 하나는 (1) 우울 기분이거나 (2) 흥미나 즐거움의 상실이어야 한다.
　주의점: 명백히 다른 의학적 상태로 인한 증상은 포함되지 않아야 한다.
　1. 하루 중 대부분, 거의 매일 지속되는 우울한 기분이 주관적인 보고(예, 슬픔, 공허한 또는 절망적인)나 타인에 의한 관찰(예, 눈물 흘리는 모습)에서 드러남(주의점: 아동 · 청소년의 경우는 과민한 기분으로 나타나기도 함)

2. 거의 매일, 하루 중 대부분, 거의 또는 모든 일상 활동에 대해 흥미나 즐거움이 뚜렷하게 저하됨
3. 체중 조절을 하고 있지 않은 상태에서 의미 있는 체중의 감소(예, 1개월에 5% 이상의 체중 변화)나 체중의 증가, 거의 매일 나타나는 식욕의 감소나 증가(주의점: 아동에서는 체중 증가가 기대치에 미달되는 경우)
4. 거의 매일 나타나는 불면이나 과다수면
5. 거의 매일 나타나는 정신운동 초조나 지연(타인에 의해 관찰 가능한, 단지 안절부절 또는 처지는 주관적인 느낌만이 아닌)
6. 거의 매일 나타나는 피로나 활력 상실
7. 거의 매일 무가치감 또는 과도하거나 부적절한 죄책감(망상적일 수도 있는; 단순히 아픈 데 대한 자책이나 죄책감이 아닌)
8. 거의 매일 나타나는 사고력이나 집중력의 감소 또는 우유부단함(주관적 설명에 의하거나 타인에 의해 관찰 가능한)
9. 죽음에 대한 반복적인 생각(단지 죽음에 대한 두려움이 아닌), 구체적인 계획 없이 반복되는 자살 사고, 구체적인 자살 계획, 또는 자살 시도

B. 증상이 사회적, 직업적 또는 다른 중요한 기능 영역에서 임상적으로 현저한 고통이나 손상을 초래한다.

C. 삽화가 물질의 생리적 효과나 다른 의학적 상태로 인한 것이 아니다.

파괴적 기분조절부전장애의 DSM-5-TR 진단기준(APA, 2023)

A. 심각한 반복성 분노폭발이 언어로(예, 폭언), 그리고/또는 행동으로(예, 사람이나 재물에 대한 물리적 공격성) 나타나며, 상황이나 도발 자극에 비해 강도나 기간이 극도로 지나치다.

B. 분노폭발이 발달수준에 부합하지 않는다.

C. 분노폭발이 평균적으로 일주일에 3회 이상 발생한다.

D. 분노폭발들 사이의 기분이 거의 매일, 하루 중 대부분 지속적으로 과민하거나 화가 나 있으며, 타인(예, 부모, 선생님, 또래)에 의해 관찰 가능하다.

E. 진단기준 A~D가 12개월 이상 존재한다. 그 시간 내내 진단기준 A~D에 해당하는 모든 증상이 없는 기간이 연속 3개월 이상 되지 않는다.

F. 진단기준 A와 D가 세 환경(즉, 가정에서, 학교에서, 또래와 함께) 중 최소 두 군데 이상에서 존재하며 최소 한 군데에서는 심각하다.

G. 이 진단은 6세 이전이나 18세 이후에 처음으로 진단될 수 없다.

H. 과거력이나 관찰에 의하면, 진단기준 A~E의 발병 연령은 10세 이전이다.

I. 조증 혹은 경조증 삽화에서 기간을 제외하고 증상 기준을 충족하는 분명한 기간이 1일 이상 지속되지 않는다.

J. 행동들은 주요우울장애의 삽화 중에만 나타나지 않고 다른 정신질환(예, 자폐스펙트럼장애, 외상후 스트레스장애, 분리불안장애, 지속성 우울장애)으로 더 잘 설명되지 않는다.

K. 증상이 물질의 생리적 효과나 다른 의학적 또는 신경학적 상태로 인한 것이 아니다.

지속성 우울장애의 DSM-5-TR 진단기준(APA, 2023)

이 장애는 DSM-IV에서 정의된 만성 주요우울장애와 기분저하장애를 통합한 것이다.

A. 적어도 2년 동안, 주관적 설명이나 타인에 의한 관찰에서 나타나듯이, 하루의 대부분 우울 기분이 있고, 우울 기분이 없는 날보다 있는 날이 더 많다.

주의점: 아동과 청소년에서는 기분이 과민할 수도 있으며, 기간은 적어도 1년이 되어야 한다.

B. 우울 기간 동안 다음 2가지(또는 그 이상)의 증상이 존재:

   1. 식욕 부진 또는 과식

   2. 불면 또는 수면과다

   3. 활력 저하 또는 피로감

   4. 자존감 저하

   5. 집중력 불량 또는 결정하기의 어려움

   6. 절망감

C. 장애가 있는 2년 동안(아동이나 청소년에서는 1년), 한 번에 2개월 이상 진단기준 A와 B의 증상이 존재하지 않았던 경우가 없었다.

D. 주요우울장애의 진단기준이 2년간 지속적으로 존재할 수 있다.

E. 조증 삽화나 경조증 삽화가 없었다.

F. 장애가 지속적인 조현정동장애, 조현병, 망상장애, 달리 명시되는 또는 명시되지 않는 조현병 스펙트럼 및 기타 정신병적 장애로 더 잘 설명되지 않는다.

G. 증상이 물질(예, 남용약물, 치료약물)의 생리적 효과나 다른 의학적 상태(예, 갑상선기능저하증)로 인한 것이 아니다.

H. 증상이 사회적, 직업적 또는 다른 중요한 기능 영역에서 임상적으로 현저한 고통이나 손상을 초래한다.

(2) 유병률

대규모 역학 조사에 따르면, 지역사회 학령기 아동의 2~4%가 파괴적 기분조절부전장애를 가지고 있었다. 정신건강 전문기관에 의뢰된 청소년 유병율이 훨씬 더 높았고 외래 진료 아동의 거의 1/3이 진단기준을 충족하였다(Baweja et al., 2016; Freeman et al., 2016). 성인이 되기 전에 아동청소년의 약 10.6%가 어느 시점에 주요우울장애를 경험한다. 아동청소년의 주요우울장애 유병률은 약 2.7%이며, 여아(14.2%)가 남아(7.2%)보다 약 2배 높다. 지속성 우울장애는 유병률이 약 1%였고 여아가 남아보다 높았으며 청소년이 사춘기 이전의 아동보다 높았다. 지속성 우울장애를 경험한 아동은 대부분 성인이 되기 전에 주요우울장애를 경험한다(Rutkofsky et al., 2020).

2. 우울한 학생의 특징

우울문제가 있는 학생의 특징은 우울감, 슬픔 등 감정의 변화, 집중력 저하, 수면과 식욕의 변화, 부정적인 자기개념, 또래관계 문제, 죽음에 대한 생각, 공존장애 등 매우 다양하게 나타난다. 아동은 우울한 감정을 직접적으로 호소하기보다 우울한 감정을 해소하기 위해 문제행동을 보인다(Toolan, 1962). 내향적인 아동은 우울 증상이 겉으로 드러나지 않아 쉽게 파악하기 어려운 반면, 외향적인 아동은 산만하고 과격한 공격적 행동 등으로 드러나서 조기에 개입하기가 용이하다. 아동의 우울장애 증상은 성인과 다르다. 성인기 주요우울장애는 멜랑꼴리아, 신경 및 정신증, 자살시도가 많이 동반되고(Roberts, Lewinshon, & Seely, 1995; Ryan et al., 1987) 아동 우울은 분리불안, 공포증, 신체적인 불편감, 행동적인 문제가 더 빈번하게 나타났다(Carlson & Kashani, 1988; Kovin, Barrett, & Bhate, 1991; Rian et al., 1987). 우울장애 초등학생의 경우 신체 증상, 짜증, 잦은 지각과 결석, 등교거부, 학습부진, 공격적인 과잉행동, 말 안 들음과 같은 성인기와는 다른 증상을 보인다. 또한 우울한 아동은 연령에 맞는 발달과업을 수행해야 하지만 성취와 실패를 겪으면 자아존중감이 저하되고 정서적 문제로 연결된다.

1) 우울한 기분

우울의 핵심정서는 슬픔으로, 우울한 학생은 죄책감, 공허함, 무가치함, 절망감 등 침체된 기분을 지속적으로 느끼며 때로는 눈물을 흘리거나 잦은 울음을 표현한다. 우울한 학생은 조용하고 민감한 성격으로 어른들을 만족시키기 위해 바르게 행동하고 눈에 띄지 않아 교사에 의해 쉽게 발견되지 않을 수 있다. 반면, 우울하고 슬프고 무기력한 증상이 나타나고 슬픈 감정들을 더 과장되게 표현하기도 한다. 아동은 인지, 사고, 감정 발달이 미숙하여 자신의 기분과 감정을 언어적으로 표현하는 데 한계가 있으므로 떼를 쓰거나 쉽게 울음을 그치지 않으며 소리를 지르는 모습으로 나타나기도 한다. 청소년은 우울한 기분을 마치 가면을 쓰고 있는 것처럼 겉으로 드러내지 않는 가면 우울(masked depression)을 동반하는 경우가 많다. 가면 우울은 내면에는 우울함과 무기력감의 심리상태를 경험하지만 겉으로는 밝고 쾌활한 모습을 보이며, 솔직한 감정을 표현하지 않기 때문에 주위 사람들에 의해 관찰되기가 쉽지 않다. 우울이 심할 경우에는 정서가 없고 무감각한 상태로 우울을 표현할 수 있다. 불안정하고 과민한 기분 상태로 삶의 의욕이 저하되고 흥미와 즐거움이 없어지는 등 일생생활에서 침체와 위축이 나타난다.

2) 부정적 사고

우울한 학생은 인지적으로 부정적이고 왜곡된 생각을 한다. Beck(1967)은 우울증을 설명하면서 인지가 선행하여 기분과 정서에 영향을 미친다고 하였다. 예를 들면, 자신이 무능하고 열등하며 무가치한 존재, 실패자로 생각하는 부정적 인지가 우울 발병의 핵심이다. 이러한 인지적 왜곡은 자신과 타인, 미래에 대해서 비관적이고 극단적인 생각들이다. 예를 들면, 시험에서 낮은 점수를 받을 경우 '나는 바보야, 나는 쓸모없어.'라고 생각하거나, 자신의 외모에 대해 '못생기고 보잘것없어.'라며 부정적이고 반복되는 자동적 생각이 역기능적 신념으로 작용하여 우울을 초래한다. 청소년은 자신의 상황과 사소한 문제에도 비관적이고 냉소적 태도를 가질 수 있다. 역기능적 신념은 어린 시절 부모나 주변 환경에서 겪은 부정적 경험을 통해 형성된다. 인지적 기능의 저하는 학교생활에 영향을 미쳐 학업과 학교생활에 부적응 문제를 일으킨다. 주의집중의 어려움, 기억력 저하, 판단 및 의사결정의 어려움, 에너지가 낮고 의욕이 낮아져서 '게으르거나 의욕이 없는 학생'으로 인식되기 쉽다. 우울로 인해 사고가 느려지고 주의집중과 동기저하로 인해 학습에 대한 수행이 낮으며 흥미가 떨어질 수 있다. 자신의 능력보다 낮은 성취를 보이고 학업과 일상생활의 어려움을 겪게 된다.

3) 부적절하거나 공격적인 행동

　우울한 학생은 부적절하거나 연령에 맞지 않는 다양한 행동 변화를 보인다. 예를 들면, 충분히 대소변을 가릴 수 있는 나이인데 오줌, 똥을 싸기도 하고, 성기를 만지거나 문지르는 자위행위가 동반되기도 한다. 손톱, 머리카락을 뜯거나 불안하고 초조한 마음을 공격적이고 파괴적인 과격한 행동으로 표현한다. 청소년기인 고학년이 되면 성인으로서 삶을 준비하는 과도기적 단계로 자신을 둘러싼 가족이나 학교, 또래관계 요인들이 우울발생에 큰 영향요인으로 작용한다. 우리나라는 상위학교 진학에 대한 부담, 높은 수준의 성취 압력과 지나친 경쟁의식 등이 정서에 큰 영향을 준다. 위장된 우울, 어른들에 대한 갈등과 불신, 가출, 무단결석, 인터넷 중독 등 학교 부적응 문제, 품행장애, 반항장애, 신체화 장애 등이 함께 동반되기도 한다. 일반적으로 15~18세에 우울을 경험할 확률이 가장 높으며, 이때 우울증상이 발병되면 성인기 우울로 이어질 가능성이 높다(Reinherz et al., 2000).

　우울한 청소년은 의욕저하로 인해 쉽게 피곤해지거나 자주 피곤함을 느낄 수 있고 반대로 불면이나 과다수면의 문제를 겪는다. 정신-운동 속도의 저하로 학교에서 능력 이하의 학업 수행을 보이고 또래관계를 회피하거나 위축된 사회적 관계를 유지한다. 청소년기 학생은 우울로 인해 예측하고 판단하기 어렵고 충동적·파괴적 행동을 하기도 한다. 기분을 조절하지 못하여 분노발작과 파괴적인 행동을 보이는 학생은 또래에게 따돌림을 당하거나 배척을 당

할 가능성이 높다. 정서적 기복이 심한 청소년기에는 갑작스러운 기분 변화로 인해 우울을 행
동화하거나 자살충동으로 연결되는 경향이 있으므로 주의가 필요하다. 언론과 인터넷을 통해
접하는 유명인의 자살 소식이나 자살 관련 정보도 자살시도와 행동에 영향을 미칠 수 있다.

4) 공존장애

아동청소년에게 우울장애가 있을 경우, 다른 장애가 발생할 확률이 최소 20배로 증가한
다(Angold & Costello,1993). 우울장애는 불안장애, 품행장애, 반사회적 장애, 적대적 반항장
애, 주의력결핍 과잉행동장애와 높은 공존을 보인다. 우울 아동은 불안 관련 장애(틱, 분리불
안, 선택적 함구증), 주의력결핍 과잉행동장애(ADHD), 파괴적 행동장애(품행장애, 도벽), 학
습장애, 품행장애 등 공존질병의 비율이 42%로 보고되었다(Lewinson & Seeley, 1994).

(1) 외현적 문제: 주의력결핍 과잉행동장애/ 적대적 반항장애/품행장애
우울장애와 ADHD와의 공존율은 9~57%에 이른다. 우울장애와 ADHD가 공존할 경우,
ADHD의 주요 행동 특성인 주의산만, 과잉행동, 충동성 등이 가정이나 학교장면에서 나타
날 수 있다. 이로 인해 타인의 의도와 상황을 파악하기 어려워 부모와 교사, 친구들과의 상
호작용에서 갈등이 발생되기 쉽다. 우울은 청소년의 비행을 유발하고 공격성, 행동 문제, 품
행 문제로 표출되기도 한다(Domalant, Risser, & Roberts, 2003).

(2) 내재적 문제: 불안장애/학업문제
우울은 정신-운동 속도의 저하로 주의집중에 문제를 일으키고 복잡한 과제수행의 어려
움과 관련이 있다. 따라서 인지적으로 우수해도 정서적 어려움으로 학업수행뿐만 아니라
일상에서 자신의 능력을 발휘하지 못하는 경우가 많다(Brent & Weersing, 2007). 정서의 어
려움은 주의력 문제, 동기저하, 에너지의 감소로 이어지고 요구된 과제를 수행하기 어렵다
(Harrington & Vostanis, 1995).

3. 우울에 대한 미술치료 접근

1) 우울에 대한 미술치료의 이점

우울한 학생은 인지적 · 언어적 능력의 저하로 자신의 복잡한 감정을 표현하는 데 어려움이 있다. 미술은 자기표현의 수단이 되고 미술을 통해 자신의 내외적 경험을 표현할 수 있다. 예를 들면, "지금 너의 기분은 어떠니?"라고 했을 때, 학생은 까맣고 어두운 동굴에 숨어있는 자신의 현재 모습을 그림으로 묘사할 수 있다. 미술치료는 비언어적 수단을 통해 언어로 표현할 수 없는 힘든 마음을 시각 매체를 통해 안전하게 표현하도록 돕는다. 미술작품을 통해 학생의 심리적 고통과 증상을 이해할 수 있고 부정적인 감정을 해소시킨다. 내면의 잠재적 긴장, 불안을 완화하고 무의식을 활성화하여 창조적 기능을 자극한다. 이를 통해 내면의 왜곡되고 억제된 부정적 정서, 분노, 적대감 등을 긍정적 방법으로 해소하여 자신을 재발견하고 통합시킨다.

- 우울한 학생은 자기 표현과 노출이 서툴러 치료적 관계 형성이 쉽지 않다. 미술을 통해 치료자가 내담자에게 친근하게 다가갈 수 있고 비언어적인 수단으로 감정표출을 돕는다. 치료자가 우울한 학생에게 흥미를 유발시켜 치료에 몰입하도록 하는 데 유용하다. 관계 형성에 적극적이지 못한 우울한 학생이 미처 표출하지 못한 정서를 표현할 기회를 마련하여 상호작용을 촉진한다.
- 우울한 학생은 자신에 대한 부정적 평가와 낮은 에너지 수준을 보인다. 미술치료는 비언어적 표현을 통해 감정표출, 카타르시스를 경험하고 진정한 자아를 표현하면서 긍정적 변화로 이끈다. 미술매체를 통해 상실, 왜곡, 방어, 억압받은 자신의 모습을 표현하고 긍정적 자아상을 발견하며 창조적 표현을 통해 일상적 삶을 풍요롭게 할 수 있도록 이끈다.
- 작품 제작 과정은 내담자가 자신의 감정에 맞서고, 우울증을 극복하며, 슬픔과 상실을 경감시키고 해소하는 일련의 심리적 과정과 맞닿아 있다. 미술을 통한 창작은 내면세계를 외면화하는 과정이다. 자신의 갈등적인 심리적 · 정서적 상태를 파악하여 이와 관련된 심리적 · 정서적 요소가 조화를 이루도록 도움으로써 심리적 갈등을 완화한다.
- 미술은 언어, 기억력, 사회성, 시공간에 대한 능력을 보강하는 시각적 통로를 활성화하

고, 자신의 이야기를 자발적으로 말하거나 정서표현을 촉진한다(Hass-Cohen & Carr, 2008). 미술치료는 내면의 두려운 기억 이미지에서 벗어나 새로운 긍정적 이미지를 조성하도록 돕는다.

* 우울한 학생에게 편안한 공간과 방어가 적은 매체를 제공함으로써 안전하게 분노, 고통과 장애 등 내면세계를 외면화하도록 한다. 이를 통해 자신의 심리 상태나 정서 상태를 통찰할 수 있도록 한다. 작품 제작 과정을 통해 자신의 감정을 표현하고 자신의 감정에 맞설 수 있는 용기를 제공한다. 내면을 통찰할 수 있는 기회를 얻어서 긍정적인 자아존중감을 형성하고 현실세계에 적응적으로 적용할 수 있다.

* 언어적 심리치료를 힘들어하는 우울 청소년에게 미술치료는 효과적이다(Malchiodi, 2012a, 2012; Riley, 1999). 마음이 우울하면 뇌로 가는 혈류가 줄어들어 신경전달물질인 뇌 속 세로토닌이 줄어들고 전두엽의 활동이 저하된다. 창조적인 생각이나 활동을 하는 동안 우울한 감정을 개선하는 신경전달물질인 세로토닌이 증가한다. 창의적인 미술 작업은 놀이가 되고 재미있게 즐길 수 있는 활동이 되며 작품활동에 몰입하고 육체적 활동을 통해 창조성을 생활화시킨다(Malchiodi, 2007, 2008; Wadeson, 2008).

2) 유용한 그림검사와 기법

(1) 이야기 그림검사(Draw-A-Story: DAS)

① DAS 검사의 개요

DAS 검사는 Silver(1988)가 아동청소년의 숨겨진 우울증을 밝히기 위하여 개발하였다. DAS 검사는 A형과 B형의 각 14개 자극 그림으로 구성되었다. 14개의 자극 그림을 제공한 후 두 가지 카드를 선택하고, 선택된 카드 사이에 어떠한 일이 일어났는지 이야기를 만들도록 한다. 그림 자극에 대한 내담자의 이야기는 개인의 경험을 반영한다는 것을 가정하여 그림에 나타나는 숨겨진 의미들을 살펴본다. 일반적으로 A형은 사전-사후 검사에 활용되고, B형은 인지적 기술의 발달, 정서 내용, 자기상, 혹은 유머에서 드러나는 패턴 등 부가적인 정보를 제공한다. B형은 내담자의 반응을 명확하고 상세하게 얻을 수 있으므로 진단 및 치료적 목적으로 활용된다(Silver, 2002). Silver(2005)는 위험한 학생을 식별하기 위하여 B형을 두 번 이상 실시하고 A형을 사후검사로 사용할 것을 권하였다.

② DAS 검사 실시방법

• 준비물: DAS 검사 자극 그림(A형, B형), 검사용지, A4 용지, 연필, 지우개

• 시행 절차

- 지시문: "이 그림에 대해 흥미를 가질 것이라고 생각합니다. 그림을 잘 그리고 못 그리는 것은 중요하지 않아요. 자신의 생각을 표현하는 것이 중요합니다. 여기에 사람, 동물, 장소와 사물에 대한 그림이 있습니다. 2개의 그림을 선택하고, 선택한 그림 사이에 무슨 일이 일어나고 있는지 상상하세요. 준비가 되면 상상한 것을 그림으로 그려 보세요. 바꾸거나 다른 것을 그릴 수 있습니다. 그림이 끝나면 제목이나 이야기를 써 주세요. 무엇이 일어나고 있으며, 앞으로 어떤 일이 일어날 것인지 이야기해 주세요."

- 치료자는 내담자가 검사를 실시하는 동안 대화를 최소화하며 검사에 집중할 수 있도록 격려하며 검사 실시의 어려움을 보이는 내담자의 경우 격려하며 마무리할 수 있도록 안내한다.

- 내담자가 이야기를 간략하게 구성하거나 자신의 생각들을 충분히 표현하지 않을 경우, 사후질문을 통해 이야기 구성을 도울 수 있다.

- 그림활동에 집중할 수 있도록 언어적 표현 및 자극을 최소화한다. 그림의 내용이 부정적으로 묘사되어도 내담자의 상황을 종합적으로 고려하여 평가해야 하며 섣부르게 진단하지 않아야 한다.

- 이 그림을 그릴 때 기분이 어땠나요?
- 그들은 지금 서로 어떤 관계가 있나요?
- 무엇을 생각하거나 느끼고 있나요?
- 이전에는 무슨 일이 일어났나요?
- 앞으로 무슨 일이 일어날까요?
- 그림에서 자신을 표현한 것은 무엇일까요?
- 그림의 사람들은 지금 무엇을 하고 있나요?
- 그림의 인물(주인공)은 어떤 생각을 할까요? 성별. 나이는 어떻게 되나요?
- 이 일이 일어난 장소와 시간은 어떻게 되나요?
- 더 추가하고 싶거나 제외하고 싶은 것들이 있나요?

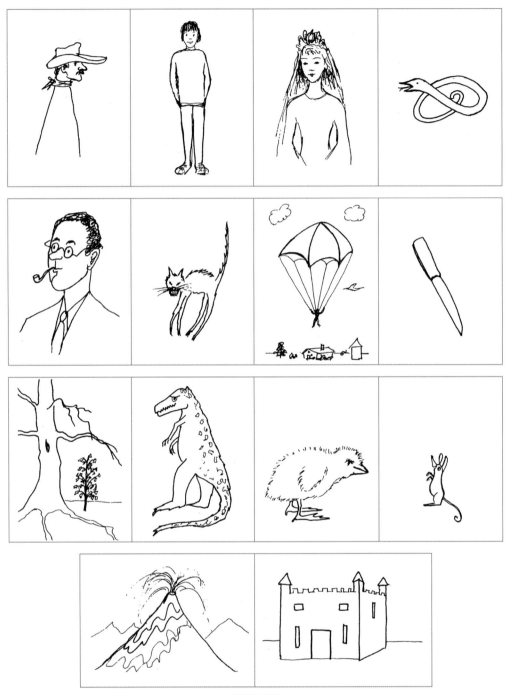

상상화 A형

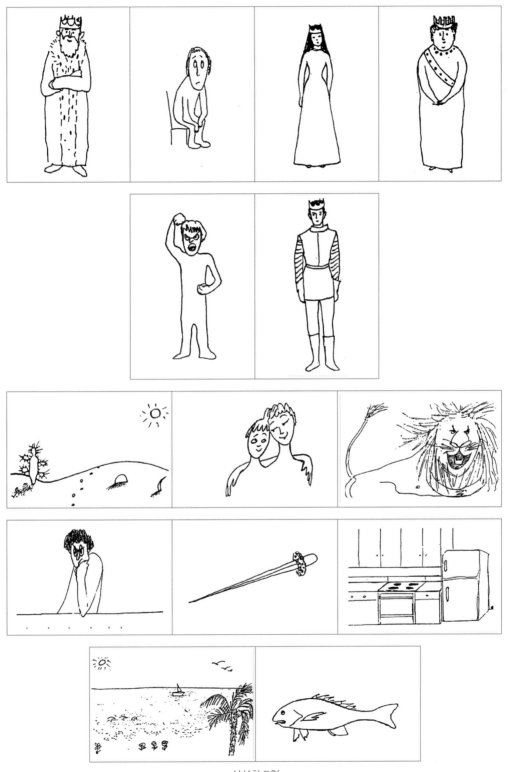

상상화 B형

그림

이야기: _____

_____

_____

_____

지금의 기분은:

① 매우 행복하다   ② 좋다   ③ 화난다   ④ 피하고 싶다   ⑤ 슬프다

이름: _____ 성별: _____ 나이: _____ 날짜: _____

③ DAS 검사 채점방법

DAS 검사 결과의 평가는 물리적 · 표면적 특징보다 이야기의 내용을 중요하게 다루어야 한다. 예를 들면, 두 장의 자극 그림, 색채, 선의 수준 등보다 이야기의 구성이나 결말이 내담자의 환상, 주관적 감정과 연결되어 있으므로 중요하다.

	점수	주제	세부 내용
정서 내용	1	매우 부정적	• 혼자 있음, 슬픔, 무기력, 고립, 자살, 죽음, 치명적 위험 • 삶을 위협하거나 치명적인 관계
	2	다소 부정적	• 혼자 있는 대상이 무서워함, 화, 걱정, 좌절, 낙담, 불운, 불만, 파괴적 • 스트레스를 주거나 적대적, 파괴적, 불유쾌한 관계
	2.5	불유쾌하고 불행한 결과를 제시하는 모호하고 양가적인 정서	
	3	양가적이고 모호함	• 양가적, 긍 · 부정이 모두 있음. 부정도 긍정도 없음. 정서가 없거나 명확하지 않음
	3.5	유쾌함, 행운, 희망적인 결과를 제사하는 모호하고 양가적인 정서	
	4	다소 긍정적	• 혼자 있는 대상이 운이 좋지만 수동적 · 우호적 · 긍정적 관계
	5	매우 긍정적	• 혼자 있는 대상이 행복, 능력 있음, 목표 성취함 • 보살펴 주거나 사랑하는 관계
자기상	1	병적인	• 슬픔, 무기력, 고립, 자살, 죽음, 치명적 위험에 노출 대상과 동일시
	2	다수 부정적	• 무서움, 화, 좌절, 걱정, 운이 나쁜 대상과 동일시
	2.5	명확하지 않거나 모호함, 부정적 결과	• 희망 없음. 실패할 것 같은 대상과 동일시
	3	명확하지 않음, 양가적, 애매모호	• 자기상이 보이지 않거나 없음
	3.5	명확하지 않거나 모호함, 긍정적 결과	• 희망적, 성공적 대상과 동일시
	4	다소 긍정적	• 소극적이지만 운이 좋은 대상과 동일시 예: TV를 보고 있거나 구조를 받음
	5	아주 긍정적	• 강력한, 위협적, 공격적, 존경, 사랑받는 목표 성취 대상과 동일시
유머	1	치명적이고 병적인	• 고통스럽게 죽거나 죽을 위험이 있는 대상 때문에 재미남. 고통이나 공포 이미지나 말을 명백히 표현함
	1.5	치명적이지만 병적이지 않은	• 사라짐, 죽음, 죽을 위험이 있는 대상 때문에 재미남. 고통이나 공포 이미지나 말이 명백히 표현되지 않음
	2	비하적	• 고통이나 공포 이미지나 말이 명백히 표현되지 않음
	2.5	자기비하적	• 나라는 대명사를 사용하거나 그림을 그린 사람과 닮은 대상 때문에 재미남. 그 대상이 매력적이지 않음, 좌절하고 바보같음, 불운하지만 치명적인 위험에 처하지 않음

3	애매모호하거나 양가적 (중립적)	• 의미나 결과가 부정적이면서 긍정적임. 부정적이지도 긍정적이지도 않거나 불분명함			
4	회복력이 있는(긍정적)	• 주요 대상이 역경을 극복했거나 결과가 희망적이고 호의적임			
5	유쾌(전적으로 긍정적)	• 친절하고 우스꽝스러우며 단어를 사용한 말장난일 수 있음			
공간 사용 1	1/4 이하 공간을 사용	세부사항의 추가나 변화 없음	세부 사항의 사용	자기 보고 슬프거나 우울	
2	1/3 이하 공간을 사용	새로운 세부사항이나 변화가 거의 없음		놀라거나 화난, 의기소침 함	
3	대략 1/2 공간을 사용	세부사항이 다소 추가됨		모호하고 애매한 반응	
4	대략 2/3 공간을 사용	세부사항이 많이 추가되어 다소 독창적으로 표현		좋음 또는 행복함	
5	전체 공간을 사용	세부사항이 많이 추가되어 고도로 독창적인 표현		매우 행복하고 만족함	

(4) 사례로 이해하는 우울 학생의 DAS 특징

우울과 자살생각이 있는 중학생들을 대상으로 집단미술치료 효과를 알아보기 위해 이명주와 김갑숙(2013)은 한 회기당 90분씩 주 2회 총 15회기를 진행하였다. 내담자들은 감정기복, 소극, 의욕 상실, 자신감 없음, 자기 비하를 보이는 특성이 있었다. 매사에 힘들다, 피곤하다고 호소하며 치료자와 집단원들에게 시비를 거는 공격적인 행동을 자주 보였다.

(A) 사전
생쥐가 음식을 먹고 도망가려고 하는데 화가 난 고양이에게 들켜 버려서 생쥐가 겁을 먹고 있다. 고양이의 성격은 날카롭고, 생쥐의 성격은 온순하지만 나중에 생쥐는 고양이에게 잡아먹힌다.
자기상: 생쥐
정서 내용 1점, 자기상 1점

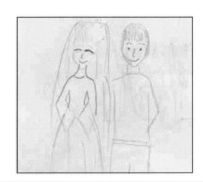

(A) 사후
공주가 같은 마을에 사는 서민인 한 남자와 결혼을 하려고 한다. 이 남자는 같은 초등학교 동창이고 서로 사랑하는 사이이다. 지금 두 사람은 결혼사진을 찍으려고 한다.
자기상: 공주
정서 내용 5점, 자기상 4점

(B) 사전
여자가 공원에 고양이를 데리고 산책을 나가다가 고양이가 교통사고를 당해서 슬퍼하고 있다.
자기상: 고양이
정서 내용 1점, 자기상 1점

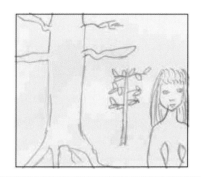

(B) 사후
여자가 열매를 따먹기 위해 나무에 물을 준다.
자기상: 여자
정서 내용 4점, 자기상 4점

3) 우울에 유용한 미술치료 기법

미술작업은 내담자가 억압된 감정을 표출하고 긍정적인 자아를 발견하며 심리적 힘을 만들어 내는 데 도움을 준다. 내담자가 침묵과 저항을 보이고 치료적 관계를 맺는 데 어려움이 있으므로 기다리고 견뎌 주어야 한다. 치료자는 내담자의 신체적·심리적·사회적 상황을 고려하여 내담자가 무기력한 우울과 에너지 저하를 이겨 낼 수 있도록 지지하여 자발적이고 능동적인 주체로서 역할을 할 수 있도록 촉진한다.

(1) 콜라주로 나를 표현하기(고다연, 김소영, 2016; 김경신, 2009; 오민혜, 2015)
- **준비물**: 다양한 종류의 잡지, 신문, 4절 켄트지, 매직, 크레파스, 사인펜, 풀, 가위
- **적용 시기**: 초기, 중기, 종결
- **목표**: 잡지 그림을 오려 붙이는 과정에서 관심과 흥미를 유발하고 자신의 부적절한 감정, 욕구불만 등 감정을 쉽게 나타낼 수 있다. 콜라주 작업을 통해 자신을 의식화하고 안전하게 자신과 소통할 수 있는 치료적 효과가 있다.
- **작업 과정**
  - 활동 주제를 제시하여 잡지에서 표현하기 알맞은 자료를 찾아 4절 켄트지에 붙이고 자유롭게 표현하도록 안내한다.
    "이번 시간에는 나를 표현하는 시간을 가질 겁니다. 잡지에서 나를 표현하는 것들을 찾아 4절 켄트지에 붙여 보고 덧붙이거나 추가할 내용이 있다면 다양하게 그려 넣어

도 됩니다."

　　* 활동 주제: 나를 소개하기, 나의 마음, 나의 과거, 현재, 미래, 내가 원하는 것 등

　－ 작업한 것들을 살펴보고 어떤 것들을 표현하고자 했는지 적은 후 제목을 붙여 볼 수 있다.

　－ 자신이 작업한 것들에 관해 함께 이야기를 나눈다.

• 고려할 점

　－ 자신이 느끼는 감정을 잡지 그림에서 선택하여 표현하고 표출하면서 심리적 안정감을 느끼게 한다.

　－ 자신의 욕구가 무엇인지 알아보고 잡지 그림을 선택하여 표현하며 작품을 설명하면서 통찰하도록 한다.

　－ 치료자가 상징에 대한 성급한 해석이나 분석을 하지 않는다.

　－ 내담자의 성향과 유형에 따라 활동 주제를 다르게 할 수 있다.

(2) 감정 소금(강지연, 2020)

• 준비물: 소금, A4용지, 파스텔(기타 채색매체), 가위, 나무 스틱, 4절 켄트지, (투명한) 작은 병 또는 일회용 플라스틱 컵 등

• 적용 시기: 초기, 중기

• 목표: 자신의 정서적 표상을 탐색하고 자신이 느끼는 다양한 감정이 무엇인지 생각하며 나를 구성하고 있는 감정들을 시각적으로 표현할 수 있다. 자신의 감정을 감각적으로 의식화하고 소통하는 치료적 효과가 있다.

• 작업 과정

　－ 자신이 느끼는 감정을 떠올려 보고 다양한 감정을 표현할 것이라고 안내한다.

"이번 시간에는 자신이 느끼는 감정들을 표현하는 시간을 가질 겁니다. 최근 1주일간 (또는 어떤 사건에 대해) 자신이 느낀 감정들은 무엇인지 한번 떠올려 보세요. 그리고 자신의 감정에 색을 입힌다면 무슨 색으로 표현할 수 있을지 소금과 색채도구로 표현해 보세요."

- A4용지를 깔고 다양한 자신의 감정을 떠올리며 소금을 덜어 놓는다. 떠올린 자신의 감정들과 색깔을 소금 위에 파스텔을 갈아서 표현한다.
- 자신이 느낀 감정들과 작업 과정에 대해 이야기 나눈다.

• 고려할 점
- 내담자에 따라서 큰 종이를 준비할 수 있고, 손에 묻는 것을 꺼리는 내담자를 격려하며 물티슈도 준비한다.
- 내담자의 연령과 특성에 따라 파스텔을 가는 도구를 나무스틱 또는 가위로 준비한다. 연령이 어리거나 충동적인 내담자에게는 가위가 부담스러울 수 있다. 반면, 나무스틱은 파스텔이 잘 갈리지 않아 불편함을 줄 수 있다.
- 내담자에게 부정적 정서들을 안전하게 경험하게 하고, 표현한 감정 색채의 의미를 탐색하여 치료적 잠재력을 이끌어 낸다.
- 색깔 상징에 대한 성급한 해석이나 분석을 하지 않는다.
- 내담자의 성향과 유형에 따라 활동 주제를 다르게 할 수 있다.

(3) 찰흙 던져 과녁 맞추기(임선화, 이정윤, 2008; 전지연, 2008)**와 밟기 놀이**(김윤경, 2019)
• 준비물: 찰흙, 전지, 신문지, 크레파스, 마커, 풀, 테이프
• 적용 시기: 초기, 중기
• 목표: 찰흙이라는 부드러운 소재를 이용해 마음대로 만지고 형상을 만들어 봄으로써 미

술에 대한 저항과 거부감을 줄이고 흥미를 유발한다. 내면의 감정을 탐색하고 욕구와 억눌린 감정을 표현하여 부정적인 감정을 해소할 수 있다. 집단미술치료에서는 집단구성원 간의 협동놀이를 통해 공동체 의식과 친밀감 및 신뢰감을 형성한다.

- 작업 과정(찰흙 던져 과녁 맞추기)
  - 바닥과 탁자 위에 신문지나 종이, 비닐을 깔아서 내담자가 편안하게 작업할 수 있는 환경을 조성한다.
  - 벽에 전지를 붙이고 과녁을 그려 본다.
  - 찰흙으로 자유롭게 두드리기, 만지기, 형상 만들기를 한다.
  - 물감을 묻혀서 나를 슬프고 힘들게 하는 것을 떠올리며 과녁지에 던진다.
  - 활동 과정에서 느낀 감정과 생각을 나눈다.

- 작업 과정(밟기 놀이)
  - 바닥에 신문지나 종이, 비닐을 깔아서 내담자가 편안하게 작업할 수 있는 환경을 조성한다.
  - 30kg 점토(청자토)를 제공하고 바닥에 앉아서 점토를 자유롭게 두드리고 만지며 느껴 본다.
  - 나를 슬프고 힘들게 하는 것을 떠올리며 조각칼로 조각하거나 찰흙을 발로 밟는다.
  - 활동 과정에서 느낀 감정과 생각을 나눈다.

- 고려할 점
  - 초등학교 고학년이나 중·고등학생에게 적합할 수 있으며 연령과 발달수준을 고려해 진행하여야 한다.
  - 던지기를 할 때, 찰흙이 잘 붙을 수 있도록 미리 약간의 물을 묻히거나 손에 물을 묻혀서 작업할 수 있다.

- 찰흙을 던지는 작업과 밟는 작업이 가능하도록 치료실 바닥과 벽의 환경을 점검하고 조성할 필요가 있다.
- 색깔이 있는 점토, 밀가루반죽, 종이죽 등을 활용할 수 있다.
- 집단으로 작업할 때는 놀이처럼 흥미와 재미를 유발하지만 장난스럽지 않도록 분위기나 규칙을 정할 수도 있다.

4. 우울 관련 미술치료 연구 동향

학생들의 우울, 불안, 스트레스에 효과적으로 대처하기 위해 상담자들이 미술치료를 유용하게 사용한다는 많은 과학적인 연구가 있다(Blomdahl et al., 2016; Prioli, 2017; Salzano, Lindemann, & Tronsky, 2013). 학생의 문제에 따라 보다 효과적인 기법과 중재에 대하여 밝히려는 연구가 이루어지고 있다. Whitenburg(2020)는 미술치료가 학생의 우울과 불안을 개선했음이 많은 연구에 의해 밝혀졌으며, Spielberger's State-Trait Anxiety Inventory(STAI), the Beck Depression Inventory(BDI), 다수의 자기보고식 평가도구를 사용하여 우울과 불안에 각기 효과적인 미술치료 치료 기법, 결합된 중재, 접근법을 밝히는 연구를 실시하였다.

국내의 학생 우울에 대한 미술치료 연구들에 따르면, 그림검사가 우울한 아동의 무기력하고 낮은 에너지, 부정적 자아개념, 왜곡된 인지 등을 진단하고 평가, 치료하는 도구로서 적합하다. 우울한 학생을 대상으로 미술치료에서 사용되는 그림검사는 DAS(Draw A Story)가 가장 많이 활용되었고, 그 밖에 사과나무에서 사과를 따는 사람(Person Picking an Apple from a Tree: PPAT), 빗속의 사람 그림(Draw A Person In the Rain: DAPR), 동적 가족화(Kinetic Family Drawing: KFD), 별-파도 검사(Star Wave Test: SWT)가 유용하여 학교 장면에서 많이 사용되었다. 우울한 학생을 대상으로 한 연구 주제는 우울감 감소를 위한 심리건강 및 회복이 가장 많이 이루어졌으며, 자아성장 및 자기개념, 스트레스 완화, 인지기능 향상 순이었다(최은영, 이은봉, 조규영, 2015). 초등학교 고학년을 대상으로 집단미술치료를 실시하는 경우가 많았으며, 중재 회기 수는 11~15회기, 1회기별 소요시간은 31~60분으로 구성된 경우가 많았다. 우울 개입을 위한 미술치료 기법은 그리기가 가장 많았으며, 매체는 도화지, 연필, 수채물감, 색종이, 잡지 사진, 유사점토, 밀가루, 풀 순으로 많이 활용되었다. 2000년부터 2015년까지 출간된 우울한 아동을 대상으로 한 집단미술치료 프로그램 효과성 연구를 메타분석한 박정은, 이미옥, 전효정(2019)은 중재에 대한 전체 효과 크기가 Hedges'g=1.78로 아동의 우울 감소에 집단미술치료가 큰 효과를 보였다고 밝혔다. 우울로 인해 무기력하고 자신감이 없어서 과제 달성에 있어서 자기조절력이 부족한 중학생을 대상으로 집단미술치료 프로그램을 실시한 김영애와 김갑숙(2015)은 이야기 그림검사(DAS), 우울검사(BDI)에서 우울이 감소하고 자기효능감이 향상되었다고 하였다. 미술을 활용한 집단적 상호작용을 통해 내면의 부정적 감정을 해소하고 자신의 욕구를 민감하게 알아차리며 자신과 타인을 수용하고 이해하는 경험을 통해 자신을 재발견할 수 있다. 미술치료의 우울 학생에 대한 치료적 효과를 고려할 때 학교현장에서 전문적이고 적극적인 활용이 이루어질 필요가 있다. 우울한 정서를 완화하는 데 주도성과 자발성을 촉진하는 다양한 기법 및 프로그램 개발, 다른 중재 방법과 접목하여 접근하는 등의 실천적 노력과 연구가 더욱 필요하다.

제8장
또래관계가 어려운 학생을 위한 학교미술치료

지호(초 3, 남)는 초등학교 1학년 때부터 정서 · 행동검사에서 위험군에 속하여 Wee 센터에서 주 1회씩 상담을 받기도 하였지만 새로운 학년이 되면 문제가 반복되고 있다. 담임교사는 수업 시간에 발표를 할 때, 자신을 시켜 주지 않으면 바로 화를 내고 자신이 발표하지 못하는 상황을 이해하지 못하는 것 같다고 전문상담교사에게 이야기하였다. 지호는 교실에서 자신의 기분에 따라 행동하고 여학생들에게 과도한 장난을 쳐서 담임교사에게 주의를 자주 받고 있다. 쉬는 시간에 친구들과 이야기를 하거나 모둠활동을 할 때도 주제나 상황에 맞지 않는 말들을 자주 한다. 자신과 의견이 다르면 공격적인 말을 해서 학급 친구들은 지호와 이야기하거나 활동하는 것을 꺼린다. 지나치게 큰 목소리로 이야기하고 친구의 작은 실수도 비난하고 흉보며 가르치려고 한다. 자기 자랑이나 거짓말로도 자신을 내세우며 과시해서 친구들이 싫어한다. 때로는 자기 의견만 우기고 자기 생각대로 되지 않으면 학급활동에 비협조적으로 행동한다.

학교에서 대부분의 시간을 보내는 학생에게 또래관계의 어려움은 매우 고통스러운 일이며 학업성적보다 중요한 문제일 수 있다. 또래관계가 긍정적인 학생은 학교생활이 즐겁고 학업에 대한 관심과 흥미가 높아져서 일상에 더 잘 적응하고 행복감이 높다. 또래와의 부정적 상호작용은 사회적 고립의 원인이 되고, 부정적 피드백과 고립으로 인한 소통의 부재 때문에 자신과 타인, 사회에 대한 왜곡된 인지 도식을 형성할 수 있다. 아동청소년기에 사회적 능력을 습득하지 못하면 자아존중감의 저하, 대인관계 문제, 반사회적 행동 등 심리정서적·사회적·학업적 문제를 경험할 수 있다. 또한 학생이 또래와 사회관계를 형성하고 유지하는 능력은 이후의 인생에 중요한 영향을 미친다. 아동의 사회적 유능성은 또래관계뿐만 아니라 학업능력과 이후의 삶에 결정적인 영향을 준다(Parker & Asher, 1987; Raver & Zigler, 1997). Rubin(1984)은 또래와의 집단미술치료 경험은 아동의 자기인식과 감정을 조절하고 적절하게 활용하도록 함으로써 아동의 정서 지능과 또래와의 상호작용에 긍정성을 높이므로 학교현장에서 광범위한 적용이 가능하다고 하였다.

1. 또래관계에 대한 이론적 이해

1) 또래관계의 개념

또래는 연령이나 성숙 수준이 비슷한 대상을 말하며, 또래와 상호작용을 통해 형성되는 관계가 또래관계이다. 또래는 동등한 지위를 바탕으로 친근한 심리적 관계를 형성한 구성원들이 행동적으로 비슷한 복잡성 수준의 상호작용을 하는 집단이다(Harter, 1982). Hartup(1992)은 비슷한 연령의 구성원들이 상호성과 동등성을 바탕으로 규칙을 협동적으로 만들어 가는 과정을 통해 민주적이고 자율적인 도덕성 형성을 돕는 관계라고 하였다. 상호성과 동등성은 수평적 구조를 의미하므로 또래들은 수평적이고 평등한 관계 속에서 자신을 자유롭게 표현하는 기회를 얻는다. 또래에게 자신의 생각을 표현하고 갈등이 생겼을 때 수평적 관계 내에서 해결해 나가는 과정을 통해서 자신감을 느낄 수 있다. 또래는 개인의 인지적·정서적·사회적 발달에 중요한 역할을 한다.

초등학교에 들어가면서 부모와 가족에서 또래 중심으로 대인관계의 영역이 넓어지고, 학년이 높아지면서 점점 또래관계 욕구가 강해지며 또래의 영향력은 매우 크다. 또래를 모델링하고 동조하려는 욕구가 강하며 또래의 행동 기준이 매우 중요하다. 자신과 비슷한 수준의 또래에게서 얻을 수 있는 정서적 지지와 안정감은 부모나 성인과의 관계에서는 얻을 수 없으므로 매우 중요하다. 특히 초등학교 저학년에서 중학년이 되면서 또래집단에서 소속감을 느끼고 조직의 중요성과 우리라는 집단의식이 강해지기 시작한다. 또래와 비교하며 자신의 다름과 고유성을 확인하면서 자아를 인식하고, 자기이해와 자아개념 형성에 큰 영향을 받는다(Hartup, 1993). 또래에게 받아들여지지 않고 집단활동에 참여할 기회가 없이 소외된 학생은 또래관계에서 내외적 갈등을 유발한다. 긍정적인 또래관계 경험을 하면 자신을 가치 있는 존재로 느끼고 사회에 잘 적응하여 주체적으로 성장하는 반면, 부정적인 또래관계를 경험하면 성인기에 정신병리, 범죄 등의 발생 비율이 높다(Parker & Asher, 1987). 또래관계는 건강한 성장을 위한 필수조건이며, 현재의 적응과 발달에서 중요할 뿐만 아니라 이후의 사회적 적응을 위한 밑바탕이 된다.

또래관계는 자신과 비슷한 환경, 성격 등을 바탕으로 선택적으로 이루어지고, 또래관계에 속한 구성원들은 서로 강한 소속감을 느낀다. 친사회적인 행동을 하는 학생은 또래들에게 잘 받아들여지고, 상대적으로 많은 또래 중에서 자신에게 적합한 친구를 선택할 수 있다. 친구를 잘 선택함으로써 긍정적인 자아개념과 사회성을 발달시키고 정서적 유대감을 가진 또래의 수용과 인정을 받으려고 지속적이고 체계적으로 상호작용한다. 또래집단 소속감으로 인해 자신과 관계를 맺지 않은 다른 또래에 대한 배타성을 보이기도 한다. 또래관계 형성을 위해 필요한 구성요소는 관계 맺기, 감정조절, 의사소통 기술과 문제해결 능력 등이 있다.

- 관계를 맺으려는 노력: 서로에게 관심을 가지고, 친구임을 인식하며 관계를 유지하기 위해 협동하는 과정이다. 또래관계를 유지하기 위해서는 서로의 노력이 필요하며, 약속 지키기 등의 노력은 관계를 지속시켜 준다.
- 감정조절: 자신과 타인의 감정을 정확하게 파악하고, 긍정적인 상태로 유지시키는 능력이다. 자신의 감정을 정확히 인식한 후 다른 사람의 감정을 이해하고 공감한다. 자신의 감정만을 중요하게 생각하여 감정을 조절하지 못하면, 자신의 감정을 타인에게 강요하게 되면서 부정적인 관계가 된다. 자신의 감정을 조절하고 타인에게 공감하는 능력은 바람직한 인간관계 형성에 필수적이다.
- 의사소통 기술: 의사소통은 언어적 또는 비언어적 방법으로 자신의 감정, 생각, 느낌, 태도 등을 타인에게 전달하는 총체적인 행위이다. 자신의 욕구를 적절하게 표현하고 타인의 이야기도 들음으로써 공동의 관심사를 위해 적극적으로 참여하며 협동하는 중요

한 기술이다. 또래와 놀이나 대화를 할 때, 자신의 욕구만을 강요하거나 타인의 요구만을 일방적으로 들어주면 수평적인 또래관계라고 볼 수 없다.

• 문제해결 능력: 친구들과 관계를 맺고 친밀함을 유지하기 위해 발생하는 갈등을 부모나 교사의 도움 없이 원만하게 해결할 수 있어야 한다. 다툼과 화해를 하고 무엇을 하고 놀 것인지 등 일상생활의 문제를 협력하여 해결하면서 서로가 친밀해지고 친구임을 인식하게 된다.

학생들은 또래의 칭찬과 비난에 민감하고 또래집단 속에서 자신의 성격과 능력을 비교한다. 또래관계를 맺고 유지하는 것은 자아상과 자아존중감 형성의 기초가 된다. 또래관계가 발달에 미치는 영향은 다음과 같다(Bukowski & Hoza, 1989).

• 성공적인 사회적 상호작용에 필요한 사회적 기술을 훈련할 수 있다.
• 사회적 지지, 지원을 통해 안정감을 느낄 수 있다.
• 사회관계 속에서 자아를 탐색하고 정립하므로 자아개념을 발달시킨다.

2) 또래관계가 어려운 학생의 원인

(1) 생물학적 요인

뇌는 전기화학적 신호를 조합하여 신체의 모든 기관을 관장하고 조절한다. 감각과 운동기능을 통제하고, 언어와 사고 및 감정 등을 주관하며, 각종 질병에 영향을 미친다. Barbe(1983)는 뇌 손상이나 신체적 결함에서 오는 생물학적인 요인이 또래관계 어려움의 가장 큰 요인이라고 하였다. 예를 들면, 뇌의 좌우반구 바깥쪽 관자놀이 부근에 위치한 측두엽은 청각 조절 중추를 통해 정보를 받아들이는 기능을 하므로 청각피질이라고 한다. 측두엽의 기능 저하는 일상생활에서 타인과의 대화를 잘 이해하지 못하고 비언어적 의사소통에도 어려움을 유발한다. 이로 인해 사람의 얼굴을 인식하고 상기하는 등 기억을 하는 과정에서도 어려움을 경험한다. 기질과 신체적 특성도 요인이 된다. 기질(temperament)은 개인의 행동 특성을 결정하는 기본 행동 양식과 정서적 반응의 특징적인 방식이다(Santrock, 2004; Thomas & Chess, 1977). 기질에 따른 행동은 유전적으로 개인차를 보인다(Buss & Plomin, 2014; Bates, 1998). 영유아기에 까다로운 기질이었던 아동은 아동기와 청소년기, 성인기까지 행동과 적응 문제를 보였다(Caspi et al., 1995, 1996). 기질은 또래관계에 영향을 미치는 사회적 유능성(임승현, 박성연, 2010; Dennis et al., 2007), 정서조절(Fabes & Eisenberg, 1992), 어머니와의 상호작용(Goldsmith & Gottesman, 1981) 등에 영향을 준다. 위험회피 성향의 청소년은 불확실하고 익숙하지 않은 상황에 대한 걱정과 두려움이 많아서 사회적 유능감의 저하와 문제해결력의 어려움을 겪을 수 있다. 비만이나 외모 등 신체적인 특징도 또래관계에 영향을 미친다. 예를 들면, 비만 아동은 놀림의 대상이 되기 쉽고 소극적인 학교생활을 하며 학교생활 적응이 어려울 수 있다. 부정적인 신체상을 바탕으로 부정적인 자기개념을 형성하고 비만이 아닌 아동보다 인기가 적어서 자아존중감과 자기효능감이 낮아질 수 있다.

(2) 심리사회적 요인

학생의 또래관계 문제에 영향을 미치는 심리적·환경적 요인은 다양하다. 그중에서 생애 초기에 형성되는 애착은 가장 대표적인 요인이다. 애착은 자신과 가까운 사람에게 느끼는 강한 정서적 유대(Bowlby, 1969)로, 애착을 느낀다는 것은 심리적으로 안전하고 안정되어 있음을 느끼는 것이다. Bowlby(1969)의 애착이론에 따르면, 부모와 맺은 애착을 바탕으로 개인의 내적 특성이 발달하여 개인 고유의 내적 작동모델을 형성하게 되고, 이는 이후 대인관계 및 사회적 적응에 영향을 미친다. 개인은 양육자와의 상호작용을 통한 애착을 바탕으로 자기 표상과 타인 표상을 형성한다. 자기 표상은 자신이 사랑받을 만하고 가치 있는 존재인지, 타인 표상은 타인이 신뢰할 수 있고 접근 가능한 존재인지에 대한 것이다. 아동은 생래적으로 부모에게 의존할 수밖에 없기때문에 부모가 아동에게 심리적 안전기지가 되어야 한다. 안전기지가 없을 경우, 끊임없이 자신의 양육자를 모니터하므로 마음대로 놀거나 세상을 경험할 수 없다(Gullestad, 2001). 생애 초기에 부모와의 관계를 통해 최초로 형성된 내적 작동모델(internal working model)은 세상을 경험하는 방식을 결정하기 때문에 전 생애 동안 개인의 관계형성에 영향을 미친다. 바람직한 대인관계를 형성하기 위해 꼭 필요한 사회기술의 토대는 애착 대상과의 초기 경험을 통해 형성된다(Eisenberg & Fabes, 1994). 부모와의 애착이 안정적이면 또래관계가 긍정적이다. 부모애착을 안정적으로 지각한 학생은 자신과 타인에 대해 긍정적으로 기대하고, 또래에게 긍정적으로 반응하며 상호작용한다. 안정애착을 바탕으로 정서조절 능력과 긍정적인 정서표현 능력 등이 발달하므로 또래와 친밀하고 좋은 관계를 쉽게 맺고 유지한다.

혼란된 애착 아동은 탈출구가 없고 감당할 수 없는 심리적 상황이 되어 발달에 아주 큰 문제를 경험한다. 특히 내적 작동모델 중 타인의 수용과 거부에 대한 거부 민감성은 인지−정서적 정보처리 과정에서 대인관계에 많은 영향을 미친다. 거부에 민감하고 타인의 지지와 수용에 대해 의심과 두려움을 지닌다. 방어적이고 불안, 분노 반응으로 사회적 관계를 회피하며 자신의 안녕과 인간관계에 위협을 받는다. 반면, 안전애착 아동은 자아존중감과 감정적인 건강 및 자아탄력성, 긍정적인 정서, 주도성, 사회적 능력, 놀이에 집중하는 능력이 불안정애착을 형성한 또래들에 비해 높다(Wallin, 2007). 안정애착 청소년은 불안정애착 청소년보다 더 능숙하고 적절하게 상대방과 상호작용하고, 이러한 행동양식은 대상을 넓혀 더 다양하게 상호작용을 하면서 강화되며, 정교해져 일반적인 사회기술로 자리 잡는다(선영운, 2016; Harrell, Mercer, & DeRosier, 2009). 안정애착 청소년은 적절하고 세련된 사회적 기술을 통해 더욱 긍정적인 또래관계를 형성한다. 사회적 기술은 다양한 변화를 겪는 청소년이 성공적이고 안정적인 또래관계를 형성하고 유지하는 데 필요한 능력이다. 애착은 사회적 인지를 촉진하는 뇌의 과정이 적절하게 조직화되고, 뇌가 설계된 대로 한 개인이 타인과 협력하고 협동하면서 존재할 수 있도록 뇌의 과정이 준비되게끔 한다(Fonagy & Target, 2006).

이와 함께 여러 가지 가정적 · 사회적 환경도 영향을 미친다. 학교생활과 학업에서 치열한 과도한 경쟁으로 인해 학생들은 스트레스가 증가하지만 대처 능력은 부족하다. 경제적 문제와 부부갈등 등 양육환경의 불안정함 때문에 정서적 불안과 부적응을 경험하고 또래관계 문제로 연결될 수 있다. 맞벌이 가정이 늘어나면서 어릴 때부터 학교를 비롯하여 학원, 기관에서 방과 후 보호와 교육으로 보내는 시간이 많다. 학원과 기관에 적응하는 면에서도 또래와 잘 지내는 것이 더욱 중요해졌고, 학생의 대인관계와 사회성의 중요성에 대한 부모와 교사의 인식이 높아졌다. 어릴 때부터 학교와 기관, 학원 등에서 조화롭고 책임감 있게 살기 위한 다양한 사회적 기술을 학습해야 인성이 발달함은 물론 성공적인 삶을 살 수 있다는 인식과 관심이 증가하여 학생이 문제를 보일 때 개입에 대한 요구도 증가하였다.

3) 또래관계 평가 및 유형

(1) 또래관계의 평가

또래관계 문제를 평가하는 방법은 사회측정학적 방법을 사용하거나 놀이 상황 등 자연스러운 환경에서 상호작용과 기술을 직접적 · 구조적으로 관찰하는 방법이 있다. 사회측정학적 방법은 또래평가, 교사평가, 부모평가, 자기평가, 관찰 등의 다양한 방법이 있는데 한 가지 방법보다 다양한 방법을 활용하여야 신뢰할 수 있는 결과를 얻을 수 있다. 교사가 학생의 자유놀이 행동을 가장 잘 알고 있다는 가정에 대한 논쟁이 있지만(Bierman & Welsh, 1997) 학교에서의 사회적 행동과 기술에 대한 학생의 정보를 제공한다. 이 책에서는 학교에서 학생의 또래관계 어려움에 대하여 조기에 인지하고 개입을 의뢰하는 데 있어서 주도적인 역할을 하는 교사의 평가를 중심으로 살펴보겠다.

담임교사는 학생들과 상대적으로 많은 시간을 보내고 중요한 사회적 사건에 대하여 알고 있다. 교실 내에서 보이는 학생의 문제 행동뿐만 아니라 교실 내 집단역동을 파악하고 있는 교사도 있다. 교사의 학생 관찰 및 평가는 전체 학생들을 객관적으로 비교하고, 현재의 문제 행동에 대한 전후 상황을 알 수 있다. 하지만 교사의 관점에 따라서 학생의 행동을 왜곡하거나 편견을 갖는 등의 후광효과가 있을 수 있다(Mash & Terdal, 1997)는 점을 고려해야 한다. 학교에서 자연스러운 관찰은 학생에 대한 중요한 정보를 제공하지만, 사회적 행동목록과 사회적 능력을 평가하기에는 자료가 충분하지 않다. 교실에서 교사에 의해 통제되는 행동은 구조화되고 일상적이라서 교사가 통제하지 않는 상황에서 보이는 학생의 사회적 행동을 관찰하기 어렵다. 예를 들면, 공격적인 학생이 쉬는 시간에 하는 부정적인 행동은 또래관계에 영향을 미치는 중요한 사건이다. 위축된 학생의 행동은 또래집단에서 두드러지지 않는다.

교사의 경험으로만 학생의 행동을 평가하는 것보다 도구를 통하여 문제를 파악하는 것이 도움이 된다. 학생의 또래관계를 평가하는 교사 평정척도와 질문지는 다양하다. 국내에서 교사들을 위한 학생 문제행동 평가도구는 부모용으로 개발된 것을 사용하거나 임상적 목적 위주로 개발되어 학교에서 문제로 여기는 학생 행동과 특성을 민감하게 파악하기 어렵다. 김혜숙과 황매향(2009)은 초등학생 문제행동 체크리스트를 개발하여 학업, 또래관계, 교사와의 관계 등을 평가하였다. 교사의 시각에서 어떤 행동을 문제로 보는지, 일상적 학교생활에서 문제행동을 파악하기 위한 도구로 개발되었다. 많은 학생을 지도하는 교사가 빠르고 쉽게 사용할 수 있다는 실용성과 현장 적용 가능성이 있다. 여기서는 또래관계 영역만 소개하였다.

(2) 또래관계가 어려운 학생의 유형

또래관계가 어려운 학생들은 고립과 박탈을 경험하게 된다. 아동기에 긍정적인 또래관계를 경험하지 못할 경우, 청소년 비행, 신경증, 정신질환 등 심각한 부적응 문제를 보인다(Roff, Sells, & Golden, 1972). 이는 또래관계가 원만하지 못하고 부정적인 관계 경험은 사회적응에 어려움을 겪거나 정서적 문제가 내재되어 있음을 나타내는 것이다(Parker & Asher, 1987). 또래관계가 좋지 않다는 것은 내현화 문제행동과 외현화 문제행동을 예측할 수 있다. 친구에게 무시당하거나 거부당하는 경험은 학생에게 엄청난 스트레스가 되어 우울과 불안 등으로 이어질 가능성도 있다. 높은 스트레스에 대한 저항과 반항이 비행 행동으로 이어져

번호	항목	전혀 그렇지 않다	별로 그렇지 않다	다소 그렇다	매우 그렇다
	초등학생 또래관계 체크리스트(교사용)				
	20 년 월 일 학교 학년 (남, 여) 나이 이름				
1	다른 학생에게 먼저 시비를 건다.	1	2	3	4
2	모욕적인 말로 다른 학생을 괴롭힌다.	1	2	3	4
3	친구 위에 군림하려고 한다.	1	2	3	4
4	친구들에게 화를 잘 낸다.	1	2	3	4
5	화가 나면 욕을 하고 때린다.	1	2	3	4
6	이유 없이 다른 학생을 툭툭 치거나 건드린다.	1	2	3	4
7	가위나 칼 등 날카로운 물건으로 위협한다.	1	2	3	4
8	다른 학생의 물건을 허락없이 가져가거나 빼앗는다.	1	2	3	4
9	학급에서 따돌림을 당한다.	1	2	3	4
10	친구가 싫다고 해도 그 행동을 계속한다.	1	2	3	4
11	또래에게 형(언니)이라고 부르라고 시킨다.	1	2	3	4
12	다른 학생에게 소리를 지른다.	1	2	3	4
13	다른 학생을 꼬집거나 할퀴거나 문다 .	1	2	3	4
14	다른 학생을 말로 협박한다.	1	2	3	4
15	말을 거의 하지 않는다.	1	2	3	4
16	다른 학생과 어울려 놀지 않는다.	1	2	3	4
17	친구들의 농담이나 장난을 받아들이지 못한다.	1	2	3	4
18	다른 학생들에게 피해를 주면서 오히려 피해를 당하고 있다고 주장한다.	1	2	3	4
19	다른 학생에게 강제로 심부름을 시킨다.	1	2	3	4
20	잘난 척을 한다.	1	2	3	4
21	친구와 의견이 다르면 싸운다.	1	2	3	4
22	다른 아동을 놀린다.	1	2	3	4
23	다른 아동에게 양보를 하지 않는다.	1	2	3	4
24	주로 혼자 논다.	1	2	3	4
25	고자질을 자주 한다.	1	2	3	4
26	남의 탓을 자주 한다.	1	2	3	4
27	친구들을 험담한다.	1	2	3	4
28	샘을 많이 낸다.	1	2	3	4

품행장애나 정서 · 행동 문제 등으로 발전할 가능성이 있다.

① 분노: 공격적인 학생

공격적 행동은 자신의 의사를 표현하는 방식으로 정상발달에서 공격성 표출은 자연스러운 행동이다. 하지만 공격성의 강도와 빈도가 심하여 자신과 타인의 생활을 방해하면 문제행동이 된다. 공격성은 또래 감정을 자극하고 흥분시키는 등 피해를 준다. 정서나 행동에 문제가 있어서 자신의 감정과 정서를 적절하게 통제하고 조절하는 방법을 알지 못하는 학생은 공격적 행동으로 표현할 수 있다. 공격적 성향이 강하면 규범과 사회질서를 고려하지 않고 자기중심적이며 자신의 기분과 감정대로 행동한다. 공격적 성향이 강한 학생들은 타인의 권리와 감정을 공감하고 이해하는 능력이 부족한데, 이것이 학생의 공격적인 성향과 작용하여 공격적인 행동을 유발한다고 볼 수 있다(Hoover & Oliver, 1996). 공격적이고 파괴적인 학생은 또래문화에서 배제되어 다른 학생들과 친밀감을 형성하기 어렵다.

일반적인 발달적 측면에서 6~7세가 되면 자기중심성에서 벗어나면서 공격적인 행동이 감소하고 강도와 빈도가 줄어들며 공격의 초점과 방향도 뚜렷해진다. 7~12세가 되면 자신의 생각과 느낌, 행동을 타인의 관점에서 조망할 수 있다. 하지만 공격적인 학생은 자신의 생각과 감정을 직접적이고 적절하게 표현하지 못하기 때문에 심리적 안정감, 편안함과 만족감을 경험하기 어렵다. 특히 새로운 환경이나 과제가 주어졌을 때 이러한 경향이 더 심해진다. 공격적인 학생은 타인의 의도를 정확하게 해석하는 데 필요한 사회정보처리 과정에 인지적 결함을 지니고 상대의 모호한 도발 상황에서 의도를 적대적으로 왜곡하여 해석한다. 적대적인 단서에 민감하고, 이러한 단서에 대한 관심을 다른 데로 분산시키는 능력이 부족하다.

공격적인 학생들은 사회적 기술이 부족하다. 또래관계에서 수용받는 경험이 적어 적응적인 행동과 사회적 인지를 배울 기회가 제한된다(Parker & Asher, 1987). 또래와 긍정적인 접촉을 통해 중요한 경험을 학습할 기회가 부족하기 때문에 공격적인 성향은 더욱 강화된다. 또래에게 인기가 없기 때문에 또래들과의 상호작용에서 숙련된 기술을 배울 수 없고, 친구 사귀는 방법, 원만하게 지내는 방법을 잘 알지 못한다. 인기가 없는 학생은 또래관계에서 어려움을 호소하지만 대처 기술이 부족하고 자신을 긍정적으로 지지해 주는 교사와 친구가 주위에 없다. 학교의 일상생활에서 공격적인 언어와 행동 때문에 또래에게 거부당하는 생활이 지속되는 학생은 비행, 거짓말과 절도, 과잉행동 등으로 발전할 가능성이 있으므로 치료적 개입이 필요하다. 공격적인 학생의 일반적인 특징은 다음과 같다.

- 자신의 기분에 따라 행동하는 경향이 있다.

- 공격적인 언어, 행동적 태도 때문에 또래들과 다툼이 일어난다.

- 자기과시적인 경향이 있다.

- 지나치게 큰 목소리로 이야기하는 경향이 있다.

- 주제에서 벗어난 말을 하거나 상황에 맞지 않는 언행을 보인다.

- 자신과 의도와 다를 경우, 비난하거나 비협조적인 모습을 보인다.

- 과도한 장난을 쳐서 다툼이 종종 일어난다.

- 또래들을 비난하고 가르치려고 한다.

- 타인의 말을 잘 듣지 않고, 자신의 의견을 따르지 않으면 공격적이다.

- 친구의 작은 실수도 넘어가지 않고 비난하고 흉을 본다.

② 불안: 위축된 학생

위축된 학생의 경우, 성장하면서 자연스럽게 나아질 것으로 생각되어 다른 부적응 문제에 비해 관심과 개입을 못 받을 수 있다. 위축된 학생은 고립, 배척, 무시당함, 거부, 비인기 학생으로 설명되고, 무관심, 수줍음, 억제 등의 행동 특성을 보인다. 불안하고 위축된 학생은 수줍음이 많고, 사회적 상황에서 소극적이며 수동적이거나 주도성이 부족하여 어떤 활동에 자발적으로 참여하는 경우가 드물다. 또래들은 수줍은 학생에게 무관심하며, 사회적 기술을 발달시킬 기회가 적고 갈등을 완화하는 데 필요한 지지 자원이 거의 없다(Ludeke & Hartup, 1983). 자신의 감정과 생각을 또래나 교사에게 표현하기 어려워하고, 직접적으로 자기표현을 하거나 요구하는 빈도가 낮다(남기엽, 2007). 이런 행동 특성 때문에 위축된 학생은 또래들에게 다가가서 긍정적인 사회적 반응을 표현하지 못하고, 또래관계를 형성하기 어렵다. 말이 적고 위축되어 거부당하는 학생은 사회적 불안을 경험하고 사회적 능력을 익힐 경험이 더욱 없어지면서 부정적인 사회화가 악순환된다. 말이 적은 어린 아동은 성인에게 의존적이고 우유부단하며, 청소년이 되면 외로움과 우울을 표현할 가능성이 있다(Bierman & Welsh, 1997; Welsh, Stokes, & Greene, 2000). 위축 문제를 지닌 학생은 아동기부터 또래관계의 사회화 과정에서 실패를 거듭하게 된다. 또래관계 결핍은 학업문제, 학업중단, 낮은 자아존중감, 우울과 외로움, 비행 등 심리적 부적응으로 이어지고, 아동기부터 성인기까지의 사회성에 부정적인 영향을 미친다. 위축된 학생의 일반적인 특성은 다음과 같다.

- 쉬는 시간에도 혼자 앉아 있거나 엎드려 있는 경우가 많다.

- 협동활동에 잘 참여하지 못한다.
- 자발적으로 또래와 협력하지 않는 등 협력의 기술이 부족하다.
- 자기주장에 어려움을 보인다.
- 대화 기술과 자기표현이 부족하여 자신이 없다.
- 또래와의 관계에서 스스로 어떠한 것을 결정하고 실행하는 것을 어려워한다.
- 또래와의 상호작용을 시작하더라도 자기 감정이나 의사를 표현하지 못한다.
- 타인이 조금만 지적해도 당황하거나 쩔쩔매고 울음과 같은 행동으로 반응한다.
- 감정을 조절하여 또래와 적절히 상호작용하는 기술이 부족하다.
- 문제 상황이 발생하면 대처할 기술이 부족하다.
- 문제 상황을 외면하기 위해 회피하여 자리를 뜨거나 상황에 맞지 않게 도피하는 행동을 보인다.
- 또래로부터 무시되거나 소외되는 경우가 많다.

4) 학생의 또래관계 어려움 현황

가족 형태의 변화와 맞벌이 가정의 증가 등으로 인해 대부분의 학생들은 어릴 때부터 가정 외 기관에서 보호 및 교육을 받고 있다. 전업주부가 양육할 경우에도 양육 부담과 조기교육, 사회성 등을 위해서 보육 및 교육 기관에서 돌봄을 받는 경우가 많다. 이에 따라 부모와 교사는 또래관계가 중요하다는 것을 인식하지만, 과도한 학습과 치열한 경쟁, 인터넷 및 스마트폰 사용 등 사회적 요인이 또래관계의 형성을 방해한다. 최근에는 코로나19로 인해 학생들은 친해지는 경험을 잃고 방해받았다. 교사와 또래는 거리두기로 인해 사회적 관계가 단절되고 관계를 맺는 기술을 익힐 기회가 부족하고 결핍되는 경험을 하였다. 또래관계에서 발생하는 갈등을 해결하는 방법을 배울 기회도 줄어들었다. 학교, 학원, 각종 생활시설의 출입이 제한되어 또래와의 상호작용이 줄어들고 관계가 상실되었다. 코로나19로 인해 아동의 스트레스가 높아지고 사회적 관계의 질이 낮아졌다(Huss et al., 2021). 이는 현재의 대인관계 및 발달에도 부정적 영향을 주지만 이후에도 지속적으로 문제를 일으키는 원인이 될 수 있다. 정신건강실태조사(국립정신건강센터, 2022)에 따르면, 전국 초·중·고등학생 34만여 명 중 31.5%가 코로나19 이후 또래관계가 멀어졌다고 응답하였고, 친구들에게 잊혀질까 두려워하고 걱정하는 등의 불안이 높아졌다(정익중, 이수진, 강희주, 2020). 좁아지거나 차단된 또래관계는 또래와의 상호작용을 통해 자아정체성을 형성하고 인지적·정서적·사회적인 발달에 방해 요인이 될 수밖에 없다. 또래관계의 부재는 불안, 우울 등의 심리정서적 문제와 따돌림, 학교폭력 등의 부적응 문제로 이어질 수 있다.

2. 또래관계가 어려운 학생의 특징

또래관계가 어려운 학생의 특징은 다양하다. 불안-공격적, 불안-위축에 대한 특성은 유형에서 소개하였으므로 여기서는 낮은 정서지능과 사회적 기술 부족을 중심으로 살펴보았다.

1) 낮은 정서지능

정서지능은 타인의 정서를 이해하고 인지하며 자신의 정서를 적절하게 표현하는 능력으로, 타인과의 긍정적인 관계 형성에 큰 영향을 미친다(Salovey & Mayer, 1990). 초등학교 시기에는 정서 표현과 정서 이해 능력이 급격하게 발달하는 시기이다. 정서지능은 사회성 발달과 원만한 또래관계에 매우 중요하지만 또래관계가 어려운 학생은 낮은 정서지능을 보인다. 정서지능이 낮으면 다른 사람의 말이나 표정 속의 숨은 의도를 적절하게 읽어 내지 못한다. 친구들에게 자신의 생각이나 느낌을 구체적으로 길게 설명하지 못하며 간단한 단어나 짧은 문장으로 말하는 등 사회적 기술이 떨어진다. 타인의 감정을 제대로 인식하지 못하기 때문에 공감하기 힘들고, 상황에 맞는 적절한 말과 행동을 하지 못한다. 언어 이해가 부족하여 규칙을 제대로 이해하지 못해 규칙을 따르기 힘들어하고, 교사의 지시를 따르지 않게 되는 경향을 나타낸다. 이러한 일이 반복되며 다른 사람들에게 좋지 못한 평가와 부정적인 지시를 들으면서 아동은 새로운 상황에 지나치게 위축되고 원만한 또래관계 형성을 하지 못하여 학교나 사회생활에 부적응하는 태도를 보인다. 학교의 규범과 규칙을 고려하지 않고 자기중심적이고 자신의 감정대로 행동할 수 있다. 또래의 권리와 감정을 공감하고 이해하는 능력이 부족하여 자신에게 피해를 입은 상대방에 대한 배려가 없이 공격적인 행동을 한다. 때로는 언어적 의사 표현이 부족하여 자신의 표현을 과잉행동과 공격적으로 분출하는 것이다.

2) 사회적 기술 부족

사회적 기술은 긍정적인 또래관계 형성을 위해 갖춰야 할 요소 중 하나이다. 학자들의 관점과 문화적 배경에 따라 다양하게 정의되지만 사회기술, 사회적 유능성, 자기주장이 동의어로 사용되고, Elliott과 Gresham(1993)은 대인관계에서 발생하는 여러 상황에서 적절하게 행동하는 기술이라고 하였다. 타인의 권리, 요구 또는 의무에 손해를 끼치지 않고 자신의 권리, 요구 또는 의무를 수행할 수 있는 방식으로 타인과 의사소통을 할 수 있는 능력(Freedman & Phillips, 1985)이다. 대인관계적 상황에서 타인에게 해를 끼치지 않으면서 긍정적·부정적 감정을 표현하는 개인의 능력(Bellack & Hersen, 1977)이다. 사회적 기술은 자기의 가치를 높이고 타인이 자신을 좋아하게 하며 바라는 목적을 성취하는 데 도움을 주며, 상호작용하는 상대방도 자신을 잘 표현하고 바라는 목적을 달성할 수 있어 인간관계에 상호적으로 긍정적인 영향을 미친다(Alberti & Emmons, 1978). 이러한 과정을 통해 학생이 또래를 대하는 방식뿐만 아니라 또래가 학생을 대하는 방식에도 영향을 준다. 또래관계 어려움이 있는 학생은 사회적 맥락 속에서 상호작용할 때 자신을 적절하게 표현하지 못하고 사회적 능력이 부족하다. 또래관계에 대한 자신감이 낮고 갈등에 긍정적으로 잘 대처하지 못하기 때문에 문제가 잦다. 또래관계에서 소극적이거나 공격적인 행동을 보이며 그에 따른 부정적 정서와 결과를 경험한다. 또래의 행동과 입장을 고려하지 못하고, 또래의 정서를 이해하지 못할 뿐만 아니라 자신의 정서도 정확히 이해하고 적절하게 다루기 어려워한다. 또래와의 관계에서 자신과 감정을 인지하고 다스리는 감정통제 능력과 또래의 감정을 이해하는 감정이입 능력이 낮다.

3. 또래관계에 대한 미술치료 접근

1) 또래관계 문제에 대한 미술치료의 이점

미술치료는 능동적으로 자기를 심상화하도록 도와서 또래관계의 어려움을 보이는 학생의 자기표현 욕구를 상승시키고 강화한다. 미술매체는 심상적 자기표현을 통해 자기 탐색과 통찰을 가능하게 하므로 또래관계가 어려운 학생이 자신의 세계에 대하여 의사소통하는 수단이 된다. 언어로 자신을 표현하기 힘든 학생이 무언가를 표현할 수 있도록 돕는다. 개인

미술치료든지 집단 프로그램이든지 참여하려는 동기가 부족한 학생도 쉽게 참여하도록 한다. 특히 낯선 타인과 쉽게 이야기하지 못하고 마음을 열지 못하는 학생에게 쉽게 접근할 수 있다.

- 자신의 생각과 감정을 미술을 통해 표현하고 비언어적 통찰의 경험을 유도함으로써 학생의 자기이해와 자기표현 능력을 향상시키는 데 효과적이다(Malchiodi, 1998, 2010). 상징적이고 가치 기준이 없으며 평가하지 않는 미술작업을 통하여 학생은 자연스럽게 부정적인 감정을 표현할 수 있고, 완성된 자신의 작품을 객관적으로 바라보는 과정을 통해 자기 통찰을 경험한다.

- 내담자의 불안하고 위축된 감정을 매체를 통해 자연스럽게 표현한다. 비지시적인 미술치료는 위축을 감소시키고 자발성을 향상시킴으로써 내담자를 자가치유 경험으로 이끈다. 창의적인 미술활동은 언어적 개입 이상의 효과를 낼 수 있고, 작품의 완성을 통해 내담자는 성취감을 경험함으로써 자신감이 높아진다.

- 미술작업 과정은 내담자의 내면적 자기와 외부 현실을 통합하도록 돕는다. 이러한 변화 과정을 통해 내담자의 일상생활 대인관계 형성에 긍정적인 영향을 미친다(Oster & Gould, 1987). 비언어적 심상과 표현을 사용하기 때문에 공격적이고 위축된 학생과 같이 언어적으로 자신을 적절하고 원활하게 표현하고 소통하지 못하는 대상에게 효과적이다.

- 집단미술치료는 집단원들이 같은 주제를 가지고 작업하면서 내담자가 수용과 공감을 경험하는 기회가 된다. 집단적 과정을 통하여 외로움과 고립감이 감소되고 대인관계 능력이 증진되는 데 유용하다(Wadeson, 2008). 집단원들과의 상호작용 과정에서 타인을 수용하고 배려하며 자신도 수용되고 배려받는 기회를 가진다. 이러한 경험을 통해 또래와의 긍정적인 관계를 형성하는 데 도움을 받는다(Wadeson, 2010, 2012).

- 또래관계가 어려운 학생과 집단미술치료를 실시할 때 개인활동과 집단활동을 적절히 배분하여 활동하는 것이 유용하다. 학생 개인의 성장과 발달을 촉진하면서 집단원과 자연스럽게 상호작용 경험을 할 수 있다. 안전하고 수용되는 분위기에서 또래들에게 자기를 표현함으로써 자기가치감, 자아존중감, 자기효능감, 사회성이 향상된다.

2) 유용한 그림검사와 기법

또래관계를 알아볼 수 있는 투사적 그림검사는 동적 학교생활화(KSD), 집–나무–사람
(HTP) 등이 있다. 동적 학교생활화는 전반적인 학교생활 적응과 심리정서적 상태를 투사적
방법으로 확인할 수 있다. 학생이 학교생활에서 친구들과 어떻게 지내고 관계를 맺으며 행
동하는지에 대한 정보를 제공한다.

(1) 동적 학교생활화 검사(Kinetic School Drawing: KSD)

① KSD 검사의 이해

동적 학교생활화는 Knoff와 Prout(1985)가 개발한 투사적인 기법으로 학교환경에서의 상
호관계, 학업 성취, 개인의 성격과 태도를 알아볼 수 있다. 학교생활 적응, 교사와 친구들과
의 관계를 탐색하여 대인관계 대처방법이나 해결방안에 대한 개입에 활용할 수 있다. 자신
과 친구, 교사가 무엇인가를 하고 있는 그림을 그리게 하고, 그림 속의 구성원인 교사와 친
구에 대한 주관적인 느낌을 그림으로 표현하도록 한다. 그림에는 자신이 처한 상황과 감정
이 투사되므로 교사, 친구와의 상호관계와 역동성을 파악할 수 있다. 그림이 완성되면 내담
자의 그림에 대한 설명을 듣고, 인물상의 행위, 양식, 상징, 역동성 영역으로 해석한다.

② KSD 검사 실시방법
- 실시 대상: 5세 ~ 성인(개인과 집단 실시 가능)
- 준비도구: A4 용지, 연필, 지우개
- 소요 시간: 약 10분 소요
- 지시문: "자기 자신과 학교 친구, 선생님을 포함해서 학교생활을 그려 보세요."
  - 종이는 가로로 제공한다.
  - 캐릭터를 그리거나 막대 모양의 사람을 그리면 다시 그리도록 한다.
  - 그림을 그린 후 그린 순서와 그림 속 인물이 누구인지 간단히 적어 본다.
- 사후질문(Post Drawing Inquiry: PDI): KSD 검사 실시 후 다음과 같은 질문을 통해 이야기
  구성을 도울 수 있다. 이야기들이 간략하게 구성되거나 내담자의 생각들이 충분히 표
  현되지 않을 경우에 특히 중요한 정보를 제공해 준다.
  - 친구와 선생님이 무엇을 하고 있으며, 기분이 어떤가요?

– 친구들은 뭐라고 얘기하나요? 친구들의 기분은 어떤가요?

– 그림에서 자신을 표현한 것은 무엇인가요?

– 선생님은 뭐라고 말씀하나요? 선생님의 기분은 어떤가요?

– 그림에 없는 다른 친구들은 무엇을 하고 있나요?

– 이 그림에서 더 그려 넣고 싶은 것이 있나요? 무엇인가요?

③ 사례로 이해하는 또래관계가 어려운 학생의 KSD 특징

김진영(2020)은 지역아동센터 방과 후 프로그램에 참여하는 4~6학년 학생 중 경제적 어려움과 또래관계 문제, 사회적 어려움을 겪는 아동 13명을 대상으로 주 1회 40분, 총 12회기의 북 아트 집단미술치료를 실시하였다. 집단미술치료에 참여한 내담자(남, 초 5)의 사전-사후 KSD이다. 내담자의 주호소 문제는 다음과 같다.

- 학교에서 친한 친구가 단 한 명도 없다고 이야기하며 학교에 가기 싫어한다.
- 다가오는 친구들도 없지만 먼저 다가가려고도 하지 않는다. 매사에 부정적이고 무기력해서 수업 시간에 엎드려 있거나 집중을 하지 못한다.
- 준비물이 없어서 짝꿍에게 빌려 달라고 했는데 빌려주지 않자 짝꿍에게 소리를 지르고 화를 내서 선생님께 혼이 났다.

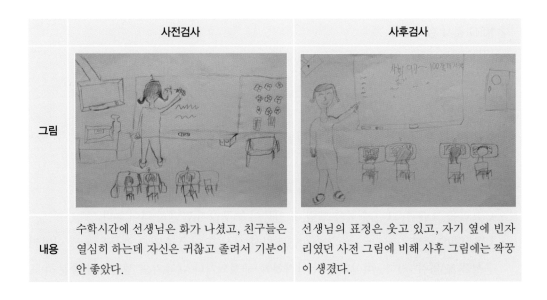

	사전검사	사후검사
그림		
내용	수학시간에 선생님은 화가 나셨고, 친구들은 열심히 하는데 자신은 귀찮고 졸려서 기분이 안 좋았다.	선생님의 표정은 웃고 있고, 자기 옆에 빈자리였던 사전 그림에 비해 사후 그림에는 짝꿍이 생겼다.

특징	교사와 학생의 크기 차이가 크며 모든 인물을 뒷모습으로 표현하고 권위적인 인물에 많은 영향을 받고 있다. 친구들은 나와 다른 사람이라고 생각하며 학교생활에 소외감과 불편감을 느낀다.	교사와 학생 크기가 여전히 차이가 크지만, 교사의 표정은 웃고 있다. 짝꿍이 생긴 것으로 보아 긍정적인 변화가 있는 것으로 보인다.

2) 또래관계 문제에 유용한 미술치료 기법

(1) 친구 모습(김진영, 2020; 오소원, 2016; 이미영, 한경아, 2020)

• 준비물: 점토, 아이클레이, 점토도구 등

• 적용 시기: 중기

• 목표: 촉감을 깨워 주는 점토작업을 통해 긴장을 이완하고, 마음의 안정감을 얻는다. 짝 작업을 통해 짝을 바라보고 서로 눈빛을 교환하면서 타인에 대한 관심을 가지고 특징을 찾아서 표현한다. 이를 통해 친밀감 형성과 타인이해 능력이 향상된다.

• 작업 과정

  – 점토를 자유롭게 만져 보며 긴장을 이완하며 자유롭게 이야기를 나눈다.

  – 치료자와 짝을 지어서 서로의 모습을 관찰하는 시간을 갖는다.

  – 서로의 특징을 발견하고 점토로 짝의 모습을 표현해 본다.

  – 짝이 나를 표현한 작품을 보고 소감을 이야기한다.

- 고려할 점
  - 개인치료에서 치료자와 내담자가 1:1 짝이 되어 활동할 수도 있고, 집단치료에서 활용할 수 있다. 집단미술치료에서는 스스로 짝을 지어 보게 하고, 2인 1조로 서로의 모습을 관찰하는 시간을 갖는다.
  - 짝의 긍정적인 점을 찾아서 표현하고 이야기하는 분위기를 조성한다.
  - 짝의 얼굴을 과도하게 표현하는 등의 장난은 친구의 기분을 상하게 할 수 있음을 주지시킨다.

(2) 내 인생의 중요한 세 사람(유화영, 이종환, 2016; 윤인영, 2020)
- **준비물:** 크레파스, 색연필, 사인펜, 잡지책, 풀, 가위, 켄트지
- **적용 시기:** 중기
- **목표:** 콜라주 작업을 통해 주변을 탐색하고, 자신에게 의미 있는 타인과 주변 환경 속의 자기 모습을 탐색한다. 친밀한 타인을 생각하고 표현해 봄으로써 타인과 사회적 맥락에 대한 조망 능력이 향상된다.
- **작업 과정**
  - 다음과 같이 안내하며 미술작업 과정을 이끈다.

천천히 숨을 쉬면서 마음을 차분하게 내려놓습니다. 조용히 눈을 감고 떠올려 봅시다. 지금까지 살아오면서 많은 사람들을 만났을 것입니다. 그 사람들 중에 나에게 좋은 영향을 준 사람도 있고, 나를 힘들게 하거나 방해를 한 사람도 있었을 것입니다. 어떤 사람들이 생각나나요? 이제, 긍정적이든 부정적이든 자신에게 영향을 준 사람들을 떠올려 보세요. 그중에 3명을 선택하고, 그 사람들이 나에게 어떤 사람이었는지 생각해 보세요. 내 마음에 떠오르는 그 사람들에 대한 이미지를 그림으로 그리거나 오려 붙여서 표현해 보세요.

  - 떠올리고 생각할 시간을 충분히 주고, 생각을 다 했으면 작품으로 표현한다.

- 고려할 점
  - 내담자가 이미지를 표현하였지만 언어화하기 어려워할 경우에 강요하지 않는다. 작업 과정에서 일어난 내담자의 느낌을 소중하게 다루는 것이 더 중요하다.
  - 3명만 표현해야 하는지 질문하거나 더 많은 사람을 표현하고 싶다고 하면, 작업으로 는 모두 표현하지만 언어 표현은 3명만 하도록 할 수 있다.
  - 내 인생에 영향을 준 사람을 선택하는 과정은 미술치료 과정에서 중요한 자기노출의 과정이므로 개인치료나 집단치료 상황의 맥락을 고려하여 세심하게 다루어야 한다.

(3) 웅덩이 속 희망 찾기(김미분, 2012; 서주연, 원상화, 2011)

- 준비물: 도화지, 색칠도구, 콜크지, 콜크가루, 돌모형, 노끈, 꾸미기 재료 등
- 적용 시기: 중기, 말기
- 목표: 자신이 처한 어려움을 상징을 통해 이해하고, 나에게 도움을 주는 타인과 자신의 노력을 표현함으로써 자신의 주변과 자원을 재발견한다.
- 작업 과정
  - 도화지에 ∪자 모양의 웅덩이를 그리게 한다.
  - 웅덩이 안에 있는 자신의 모습을 그리게 한다.
  - 웅덩이 위쪽에는 내담자가 웅덩이 밖으로 나오는 데 도움을 줄 수 있는 사람을 모두 그리고 재료를 활용하여 상황을 표현하도록 한다.
  - 내담자가 어떻게 웅덩이에서 빠져나왔는지 이야기를 나눈다. 사람들이 내담자가 웅덩이 밖으로 나오는 데 어떤 도움을 주었는지, 자신과 타인이 어떻게 협력하였는지, 자신은 어떻게 노력하였는지 등 이야기를 나눈다.

콜크지를 활용하여 이렇게도 활동할 수 있어요.

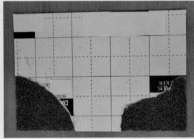

고려할 점
- 내담자가 웅덩이 밖으로 나오기 위해 할 수 있는 일과 웅덩이 위에 있는 사람이 도와
  줄 수 있는 방법까지 다양한 방안을 그리도록 안내한다.
- 웅덩이에 다시 빠지지 않기 위해 스스로 할 수 있는 것은 무엇인지 등에 대한 이야기
  를 나눌 수 있다.
- 다양한 방안을 자유롭게 표현할 수 있도록 여러 가지 재료를 준비하는 것이 좋다.

4. 또래관계 관련 미술치료 연구 동향

국외에서는 학교 차원에서 일반 청소년을 대상으로 또래관계 부적응을 돕는 예방 기술
훈련과 정서지능 프로그램을 적극적으로 실시하고 있다(Matthews, Zeidner, & Roberts, 2002;
Roberts, Matthews, & Zeidner, 2010). Malchiodi(1998, 2000)는 학교체계 안에서 실시되는 미
술치료는 종결된 이후에도 지속으로 학생을 관리할 수 있기 때문에 치료 효과가 장기적으

로 지속된다고 하였다. Glassman과 Prasad(2013)는 2011년 미국 미술협회의 학교미술치료 효과성 보고에 따르면, 학생들의 자존감, 자아개념, 문제해결 능력, 학습수행 능력, 갈등조절 능력, 긍정적이고 건강한 태도 등이 변화하였다고 구체적으로 제시하였다. 집단미술치료가 청소년의 자아개념과 또래관계에 미치는 영향을 혼합적 접근법을 이용하여 연구한 Huang 과 Cheng(2021)은 사회적 불안을 줄이고 복잡한 경험을 조정함으로써 청소년의 부정적인 또래관계가 개선되었다고 하였다. 참가자들은 신뢰로운 동맹을 맺고 배려심 있는 긍정적인 동료 관계를 경험하는 동시에 외로움이 줄어들고 사회적 기술이 향상되었다.

국내에서도 일반 학급의 아동청소년 정신건강과 정서발달을 위한 예방적 차원의 미술치료(박소영, 2014; 이미영, 한경아, 2020)를 통해 정서지능과 사회기술을 높이기 위한 노력이 다소 이루어지고 있다. 하지만 부적응 문제를 가진 학생을 대상으로 문제해결 차원에서 이루어지고 있어 예방적 접근은 부족한 편이다. 국내 연구(박은혜, 김승환, 2020; 박지효, 2015; 전은진, 박윤미, 2020)에 따르면, 학교 현장에서 초등학생을 대상으로 진행된 미술치료가 또래관계 형성에 긍정적이라고 하였다. 또한 코로나19로 초등학생이 겪는 또래관계 경험 부족과 정서적 어려움의 해결을 위해 또래관계 경험을 위한 방과 후 집단미술치료가 효과적이며 학생의 긍정적인 발달에 도움이 되었다. 전은진과 박윤미(2020)는 방과 후 집단미술치료 프로그램에 대한 질적 연구를 통해 학생들의 정서적 성장에 도움이 되고 또래관계 능력을 증진한다고 하였다. 하지만 또래관계 증진 집단미술치료의 효과성을 검증한 선행연구들을 통해 학생이 어떠한 경험을 하는지에 대해 심층적으로 이해하기에는 다소 부족하다.

초등학생을 대상으로 한 또래관계 향상 집단미술치료 연구는 학교현장보다 복지관과 지역센터에서 주로 이루어졌다(박세화, 2017; 이현진, 이미옥, 2006; 전은진, 박윤미, 2020). 아동청소년대상 미술치료 프로그램의 사회성 증진 효과를 메타분석한 조영미(2015)의 연구 결과에 따르면, 미술치료는 관계 맺기가 어려운 내담자에게 매우 효과적으로 효과 크기가 E=.941이었다. 집단 크기가 작을수록 효과적이었는데 4~8명일 때 가장 효과적이었다. 연령은 유치원생(어린이집 포함), 초등학교 저학년, 초등학교 고학년, 중고등학생 순으로 연령이 어릴수록 조기 개입 효과가 높은 것으로 나타났다. 성경선과 김진선(2017)은 초등학생을 대상으로 한 미술치료 효과에 대한 메타분석을 실시한 결과, 사회성, 자아존중감, 대인관계 향상에 효과가 있었다고 하였다.

학교미술치료 이론과 실제

제9장
주의력결핍 과잉행동 학생을 위한 학교미술치료

재호(초 3, 남)는 학급에서 친구들을 방해하고 과격하게 행동하여 담임교사가 전문상담교사에게 상담을 의뢰하였다. 1, 2학년 때도 담임교사의 주의를 많이 받았는데, 3학년이 되어 학교에 있는 시간이 늘어나면서 문제가 심각해졌다. 재호는 수업시간에 가만히 앉아 있지 못하고 자리를 자주 이탈하여 돌아다닌다. 교사의 말을 듣지 않고 수업을 방해하며 준비물 챙기는 것을 잊어버리기 일쑤이다. 다른 친구들의 말에 끼어들고, 차례를 기다리지 못하며, 모둠활동에도 피해를 주니 친구들은 재호를 은근히 무시하는 듯하다. 재호는 기분이 나빠져 위축되어 있다가도 우발적으로 과격한 행동을 보이기도 하며 친구들의 활동을 방해하였다.

재호는 어렸을 때부터 옷장 같은 높은 가구에 기어오르거나 갑자기 달리는 등의 행동을 또래보다 많이 하였다. 부모는 잔소리를 많이 하였으나 재호는 잔소리를 들어도 행동의 변화가 없다. 학교 숙제를 진득하게 끝마치지 못하고, 공상에만 빠져 있는 것 같아 부모는 답답하고 화가 난다. 부모는 크면 괜찮아질 것이라고 생각하였지만, 시간이 지나면서 문제행동이 줄어들지 않고 학교, 또래관계, 가정에서 더 큰 문제들이 발생하고 있다. 아버지는 엄격한 훈육으로 재호의 행동을 고쳐 보려고 했으나 재호가 반항을 하기 시작하여 관계만 악화되었다.

주의력결핍 과잉행동장애(Attention-Deficit Hyperactivity Disorder: ADHD)는 20세기 중반 이후에 등장한 개념이다. 이를 질병이라기보다는 급격한 현대 문명의 발달과 더불어 일어난 현상이라고 주장하는 학자도 있다. ADHD는 아동기 및 청소년기 정신장애 가운데 가장 흔하며, 진단받는 사례가 계속 증가하고 있다. 현재까지 효과적으로 입증된 치료방식이나 접근법은 많지 않다. 약물치료가 일차적으로 도움이 되고 있지만 불안정한 정서에 대처하고 바람직한 행동을 배우는 데는 한계가 있다. 약물치료는 충동성, 주의력결핍 증상 완화에는 도움이 되지만 학업문제나 대인관계 개선 등에는 효과적이지 않다. ADHD 증상과 학생의 어려움을 이해하지 못하는 교사와 부모는 의도적으로 반항하고 파괴적인 행동을 한다고 생각할 수 있다. 하지만 학생의 증상과 고통을 이해한다면, 오해하고 화를 내는 대신에 학교 적응과 치료 프로그램을 제공해 줄 수 있다. 미술치료는 ADHD의 증상인 과잉행동, 충동성, 부주의의 완화에도 도움이 되지만 정서와 대인관계 문제 등에도 도움을 준다.

1. 주의력결핍 과잉행동에 대한 이론적 이해

1) 주의력결핍 과잉행동의 개념

주의력결핍 과잉행동장애는 지속적인 부주의(inattention), 과잉행동(impulsivity), 충동성(hyperactivity)을 특징으로 하는 신경발달장애이다. 초기 아동기에 발현되기 시작하여 만성적인 질병이 될 가능성이 있으며 개인적 · 사회적 · 학업적 기능이 손상되어 발달과 적응의 어려움이 생긴다. DSM-5-TR에서는 뇌와 관련한 신경발달적 장애(neurodeveiopmental disorder)군으로 분류되며, 발병과 진단 시기를 7세에서 12세로 변경하여 진단 연령의 범주가 넓어졌다.

아동은 일반적으로 성인이 생각하는 기준보다 산만하고 집중을 잘 못한다. 어릴수록 호기심도 많고, 허용되는 행동과 허용되지 않는 행동을 모르며, 자기통제를 하지 못하기 때문에 주의산만하고 부주의한 것은 당연하다. 끊임없이 움직이거나 뛰어다니고, 소음을 내고 물건을 던지며, 다른 사람의 활동을 방해하기도 한다. 때로는 조용히 멍하게 있으면서 다른 세상에 가 있는 것처럼 보이기도 한다. 이러한 행동의 정도가 지나치고 빈번하면 가정, 학교, 또래관계 등에서 문제가 발생한다. 주의산만한 아이로 불리는 아동의 일부는 주의력결핍 과잉행동장애로 진단을 받게 된다. ADHD의 징후는 보통 유아기에 나타나고 또래에 비해 전반적으로 미성숙하고 서투른 경향이 있다. 유아기에 징후가 나타나도 보통 초등학교 시기에 진단된다. 학교생활이 시작되면서 학업적 · 사회적 요구가 늘어나고 행동통제가 엄격해지기 때문이다. 초등학교에 진학하면서 아동들에게 새롭게 보다 엄격한 생활과 규칙, 과업에 대한 적응이 요구된다. 새로운 환경에 적응하고 학습적 어려움을 겪게 되면서 ADHD와 관련된 문제가 직접적으로 부각된다. 과잉행동과 충동성으로 인해 또래와 교사에게 문제아로 보이는 경우가 많다. ADHD 증상은 특히 단체생활을 해야 하는 곳인 학교에서 적응이 어려워지며, 흔히 나쁜 아이 혹은 미숙한 아이로 낙인찍히게 된다. DSM-IV에서는 게으르거나 완고해 보이는 특징을 인지처리 과정의 문제라고 보았고, 학습장애, 우울, 품행장애와 같은 문제를 동반할 가능성이 높다고 하였다(Nadeux & Quinn, 2002).

ADHD는 학령기에 발견하여 치료하는 것이 중요하다. 심한 ADHD 증상이 있음에도 불구하고 적절한 치료를 받지 못하면 학습, 사회, 관계, 정서 등 다양한 영역에 걸쳐 어려움을 경험할 수 있다. 증상이 아동기에만 나타나는 것이 아니라 청소년기와 성인기까지 지속되는 경우가 많다. 그 과정에서 만성적인 학업 실패, 권위를 가진 사람 및 규칙과 갈등을 경험하는 경우가 많다(Barkley, Fisher, Smallish, & Fletcher, 2002; Brassett-Harknett & Butler, 2007). 학업성취가 강조되는 한국 사회에서 ADHD의 학업적 실패나 대인관계에서의 좌절감은 청소년기 스트레스로 발전할 수 있다. 학교부적응 및 우울, 심각하게는 범죄나 사회적 문제로까지 이어지고, 청소년기에 ADHD의 주요 증상은 대부분 감소하지만 이차적 문제로 인해 이후에도 심각한 문제를 일으킨다. 학령기 때 ADHD가 치료되지 않으면 청소년기에는 70~80%가 ADHD나 비행으로, 성인기에는 10~60%가 ADHD, 반사회성 행위, 물질남용과 같은 중독으로 진행될 수 있다(박완주, 박신정, 황성동, 2015).

2) 주의력결핍 과잉행동의 원인

많은 연구가 진행되고 있지만 ADHD의 발생 원인은 명확하게 밝혀지지 않았다. 일반적으로, 유전적 요인과 미세한 뇌손상, 신경전달물질에 의한 기능장애 등을 포함하는 생물학적 요인과 부모의 양육방식, 성격적 문제와 같은 심리사회적 요인이 복합적으로 작용하는 것으로 고려된다. 신경생물학적 · 유전적 요인이 가장 큰 원인으로 간주되고, 환경적 · 심리적 요인보다는 기질적 요인들이 작용할 가능성이 크다. 하지만 기질과 환경이 상호작용하여 양상이 심각해지는 것을 고려할 때, 기질적 요인과 신경생리학적 요인뿐만 아니라 사회적 맥락에서도 이해될 필요가 있다. 심리사회적 요인들은 ADHD의 직접적 원인이라고 할 수는 없지만, 생물학적 취약성과 상호작용하여 상태를 악화시키거나 경과를 지속시킨다. 어떤 특정한 단일 요인보다는 여러 요인이 상호작용하면서 나타날 수 있는 다측면적인 특징을 지닌다.

(1) 생물학적 요인

ADHD는 가족력을 지니며 유전 가능성이 상당히 높다. 유전적 요인의 영향은 가계도 연구, 입양 연구, 쌍생아 연구를 통해 파악할 수 있다. 대부분의 연구에서는 부모-자녀 간 ADHD 유전 가능성을 70~90%로 추정하여 상당히 높은 유전율을 보였다(Jepsen & Michel, 2006). ADHD의 원인으로 가장 설득력 있는 주장은 전두엽과 기저핵의 손상과 관련 있는 신경생물학적 요인이다. ADHD 아동은 정상 아동에 비해 전전두엽 피질 및 기저핵에 훨씬 큰 활성화를 보인다. 전전두엽피질(prefrontal cortex)은 실행 기능을 담당하는데, 실행 기능은 작업기억, 자기억제, 주의 전환, 계획, 감정 및 동기의 조절, 행동의 조직화 등과 관련이 있다. ADHD 아동은 주의력, 운동계획과 같은 인지 과정에서 중요한 역할을 하는 전전두엽의 발달지체가 두드러진다(Reid & Johnson, 2011). 기저핵은 전전두엽과 기능적으로 상호 작용하는 뇌의 영역으로, 운동 통제에 관여하며 도파민이 신경전달에 주요한 역할을 한다. 신경전달에서 도파민과 노르아드레날린의 조절이 잘 되지 않기 때문이라는 연구들이 있다(Zachor, Hodgens, & Patterson, 2009). 이런 측면에서 활성화된 전전두엽피질을 정상화하는 방법으로 ADHD 증상을 완화시킬 수 있다.

(2) 심리사회적 요인

ADHD는 상대적으로 열악한 심리사회적 요인을 지닌 경우가 많다. 예를 들면, 부모의 낮은 학력과 같은 사회경제적 상태, 보다 많은 생활 스트레스, 부모의 이혼, 친부모와 거주하지 않는 경우, 성장하는 과정에 학대가 있었던 경우 등이다. 가족환경은 아동의 태내환경을 포함한 생애 초기부터 중요한 영향을 미친다. 어머니의 난산 및 임신중독증은 저체중아를 낳을 수 있으며, 이는 ADHD 아동의 발생 빈도를 높인다. 극소 저체중(1,500g 미만) 출생에서 ADHD 위험이 2~3배 증가하였다는 연구 결과가 있지만 극소 저체중 출생아가 모두 ADHD로 진단받는 것은 아니다. 10대 부모와 같이 어머니의 연령이 낮을수록, 임신 중에 어머니가 흡연과 음주를 할수록 ADHD 발생이 높아진다. 임신 중에 어머니가 지나치게 술을 마시는 경우 태아 알코올 증후군(fetal alcohol syndrome)이 생길 수 있으며, 이후 자녀는 과잉행동과 인지장애를 포함한 다양한 정신장애를 겪을 수 있다. 가족 스트레스와 부모훈육과 같은 가정환경은 ADHD 아동의 장애 수준에 영향을 미치는 경향이 높으며, 그 자체로 절대적인 원인으로 작용한다고 보기는 어렵다.

3) 주의력결핍 과잉행동의 진단 및 유형

(1) 주의력결핍 과잉행동의 임상적 진단

DSM-5-TR에 따르면, ADHD의 증상은 주의집중력이 짧고 산만하며, 행동을 통제하지 못하여 참을성이 없거나, 환경 특성에 맞지 않게 과도한 움직임을 보이는 것이다. DSM-5에서는 발병연령을 12세까지 늦추고 성인 ADHD를 진단하기 위한 필수조건을 축소하였다. 이는 ADHD를 더 이상 아동기 장애가 아닌 생애를 기반으로 한 장애로 확장하여 접근하는 것이다. 하지만 DSM-5-TR의 지나치게 촘촘하고 넓은 진단 기준은 정상적인 충동성, 과잉행동 및 지속적인 주의력결핍을 보이는 아동에게 판별의 오류와 과잉진단을 초래할 수도 있다. ADHD 증상은 보통 3세에 나타나고, 이 시기에는 ADHD로 진단이 가능하다. 정상발달 아동도 2세 이후부터 활동이 많이 증가하기 때문에 5세 이전에 ADHD 장애를 인식하기란 쉽지 않다. 진단을 위해서는 ADHD 증상의 수, 행동의 빈도, 행동의 최초 발생 시기 및 지속성, 문제 행동이 발생하는 장소 등을 면밀하게 살펴보아야 한다. DSM-5-TR 기준뿐만 아니라 부모 및 교사 면담, 임상가의 직접적인 관찰, 신경인지검사, 행동평가척도 등을 고려하여 종합적으로 평가한 후 진단이 내려지는 것이 바람직하다.

주의력결핍 과잉행동장애의 DSM-5-TR 진단기준(APA, 2023)

A. 기능 또는 발달을 저해하는 지속적인 부주의 및/또는 과잉행동-충동성이 (1), 그리고/또는 (2)의 특징을 갖는다.

1. 부주의점: 다음 9가지 증상 가운데 6가지(또는 그 이상)가 적어도 6개월 동안 발달수준에 적합하지 않고 사회적·학업적/직업적 활동에 직접적으로 부정적인 영향을 미칠 정도로 지속됨
   주의점: 이러한 증상은 단지 반항적 행동, 적대감 또는 과제나 지시 이해의 실패로 인한 양상이 아니어야 한다. 후기 청소년과 성인(17세 이상)의 경우에는 적어도 5가지의 증상을 만족해야 한다.
   a. 종종 세부적인 면에 대해 면밀한 주의를 기울이지 못하거나, 학업, 작업 또는 다른 활동에서 부주의한 실수를 저지름(예, 세부적인 것을 못 보고 넘어가거나 놓침, 작업이 부정확함)
   b. 종종 과제를 하거나 놀이를 할 때 지속적으로 주의집중을 할 수 없음(예, 강의, 대화 또는 긴 글을 읽을 때 계속해서 집중하기가 어려움)
   c. 종종 다른 사람이 직접 말을 할 때 경청하지 않는 것처럼 보임(예, 명백하게 주의집중을 방해하는 것이 없는데도 마음이 다른 곳에 있는 것처럼 보임)
   d. 종종 지시를 완수하지 못하고, 학업, 잡일 또는 작업장에서의 임무를 수행하지 못함(예, 과제를 시작하지만 빨리 주의를 잃고 쉽게 곁길로 샘)

e. 종종 과제와 활동을 체계화하는 데 어려움이 있음(예, 순차적인 과제를 처리하는 데 어려움, 물건이나 소지품을 정리하는 데 어려움, 지저분하고 체계적이지 못한 작업, 시간 관리를 잘 하지 못함, 마감 시간을 맞추지 못함)

f. 종종 지속적인 정신적 노력을 요구하는 과제에 참여하기를 기피하고, 싫어하거나, 저항함(예, 학업 또는 숙제; 후기 청소년이나 성인의 경우에는 보고서 준비하기, 서류 작성하기, 긴 서류 검토하기)

g. 과제나 활동에 꼭 필요한 물건들(예, 학습 과제물, 연필, 책, 도구, 지갑, 열쇠, 서류 작업물, 안경, 휴대폰)을 자주 잃어버림

h. 종종 외부 자극(후기 청소년과 성인의 경우에는 관련이 없는 생각들이 포함될 수 있음)에 의해 쉽게 산만해짐

i. 종종 일상적인 활동을 잊어버림(예, 잡일하기, 심부름하기; 후기 청소년과 성인의 경우에는 전화 회답하기, 청구서 지불하기, 약속 지키기)

2. 과잉행동−충동성: 다음 9가지 증상 가운데 6가지(또는 그 이상)가 적어도 6개월 동안 발달수준에 적합하지 않고 사회적, 학업적/직업적 활동에 직접적으로 부정적인 영향을 미칠 정도로 지속됨

주의점: 이러한 증상은 단지 적대적 행동의 표현, 반항, 적대감 또는 과제나 지시 이해의 실패로 인한 양상이 아니어야 한다. 후기 청소년과 성인(17세 이상)의 경우, 적어도 5가지의 증상을 만족해야 한다.

a. 종종 손발을 만지작거리며 가만두지 못하거나 의자에 앉아서도 몸을 꿈틀거림

b. 종종 앉아 있도록 요구되는 교실이나 다른 상황에서 자리를 떠남(예, 교실, 사무실이나 다른 업무 현장 또는 자리를 지키는 것이 요구되는 상황에서 자리를 이탈)

c. 종종 부적절하게 뛰어다니거나 기어오름(주의점: 청소년 또는 성인에서는 주관적으로 좌불안석을 경험하는 것에 국한될 수 있다)

d. 종종 조용히 놀거나 여가 활동에 참여하지 못함

e. 종종 '끊임없이 활동하거나' 마치 '태엽 풀린 자동차처럼' 행동함(예, 음식점이나 회의실에 장시간 동안 가만히 있을 수 없거나 불편해함, 다른 사람에게 가만히 있지 못하는 것처럼 보이거나 가만히 있기가 어려워 보일 수 있음)

f. 종종 지나치게 수다스럽게 말함

g. 종종 질문이 끝나기 전에 성급하게 대답함(예, 다른 사람의 말을 가로챔, 대화 시 자신의 차례를 기다리지 못함)

h. 종종 자신의 차례를 기다리지 못함(예, 줄 서 있는 동안)

i. 종종 다른 사람의 활동을 방해하거나 침해함(예, 대화, 게임이나 활동에 참견함; 다른 사람에게 묻거나 허락을 받지 않고 다른 사람의 물건을 사용하기도 함; 청소년과 성인의 경우 다른 사람이 하는 일을 침해하거나 꿰찰 수 있음)

B. 몇 가지의 부주의 또는 과잉행동−충동성 증상이 12세 이전에 나타난다.

C. 몇 가지의 부주의 또는 과잉행동−충동성 증상이 2가지 이상의 환경에서 존재한다(예, 가정, 학교나 직장; 친구들 또는 친척들과의 관계; 다른 활동에서).

D. 증상이 사회적, 학업적 또는 직업적 기능의 질을 방해하거나 감소시킨다는 명확한 증거가 있다.

E. 증상이 조현병 또는 기타 정신병적 장애의 경과 중에만 발생하지는 않으며, 다른 정신질환(예, 기분장애, 불안장애, 해리장애, 성격장애, 물질 중독 또는 금단)으로 더 잘 설명되지 않는다.

한국어판 ADHD 평가척도(Korean ADHD Rating Scale: K–ARS)

DSM에 제시된 진단 준거들에 근거하여 아동의 행동을 평가하는 질문들로 구성되어 있는 평가도구이다. 부모와 교사 모두에게 동일한 문항을 사용하며, 각 문항에 대하여 0점에서 3점으로 응답하게 되어 있다. 미국의 아동들에 대한 연구에서 통계적으로 유의한 수준에서 남아가 여아보다 검사 점수가 높은 것으로 나타났으며, 연령이 증가함에 따라 검사 점수가 낮아지는 경향이 있다(DuPaul et al., 1997). 검사는 모두 18문항으로 홀수 문항은 부주의성을 측정하고 짝수 문항은 과잉행동–충동성을 측정한다. 문항에 대한 응답이 2점 이상일 때 정상발달 범주에 속하지 않는 것으로 본다. 일반적으로 연령과 성별에 대한 규준을 달리 적용한다.

한국어판 ADHD 평가척도(Korean ADHD Rating Scale: K–ARS)

이름 _____ 나이(만 _____살) 학년 _____

작성자 _____ 선생님 작성일자 _____년 _____월 _____일

※ 다음의 질문은 앞의 학생에 관한 것입니다. 지난 6개월 동안 선생님의 학생이 교실에서 보이는 행동을 가장 잘 기술하여 주는 번호에 동그라미를 쳐 주십시오.

번호	문항	전혀 혹은 그렇지 않다	때때로 그렇다	자주 그렇다	매우 자주 그렇다
1	세부적인 면에 대해 꼼꼼하게 주의를 기울이지 못하거나, 학업에서 부주의한 실수를 한다.	0	1	2	3
2	손발을 가만히 두지 못하거나 의자에 앉아서도 몸을 꼼지락거린다.	0	1	2	3
3	일을 하거나 놀이를 할 때 지속적으로 주의를 집중하는 데 어려움이 있다.	0	1	2	3
4	자리에 앉아 있어야 하는 교실이나 다른 상황에서 앉아 있지 못한다.	0	1	2	3
5	다른 사람이 마주 보고 이야기할 때 경청하지 않는 것처럼 보인다.	0	1	2	3
6	그렇게 하면 안 되는 상황에서 지나치게 뛰어다니거나 기어오른다.	0	1	2	3
7	지시를 다르지 않고, 일을 끝내지 못한다.	0	1	2	3
8	여가 활동이나 재미있는 일에 조용히 참여하기가 어렵다.	0	1	2	3
9	과제와 일을 체계적으로 하지 못한다.	0	1	2	3
10	끊임없이 무엇인가를 하거나 마치 모터가 돌아가듯 움직인다.	0	1	2	3

11	지속적인 노력이 요구되는 과제(학교 공부나 숙제)를 하지 않으려 한다.	0	1	2	3
12	지나치게 말을 많이 한다.	0	1	2	3
13	과제나 알을 하는 데 필요한 물건을 잃어버린다.	0	1	2	3
14	질문이 채 끝나기도 전에 성급하게 대답한다.	0	1	2	3
15	쉽게 산만해진다.	0	1	2	3
16	차례를 기다리는 데 어려움이 있다.	0	1	2	3
17	일상적으로 하는 일을 잊어버린다.	0	1	2	3
18	다른 사람을 방해하거나 간섭한다.	0	1	2	3

(2) 주의력결핍 과잉행동의 유형

DSM과 ICD-11에서는 ADHD의 세 가지 하위 유형이 있다.

- 부주의 우세형: 지난 6개월 동안 DSM 진단기준 부주의(A1)는 충족하지만, 진단기준 과잉행동-충동성(A2)은 충족하지 않는다. 멍해 보이거나 공상에 빠져 있는 듯한 모습을 자주 보이고 세부적인 면에 주의를 기울이지 못해 실수가 자주 있지만 과잉행동 문제를 보이지는 않는다.
- 과잉행동-충동 우세형: 지난 6개월 동안 DSM 진단기준 과잉행동-충동성(A2)은 충족하지만, 부주의(A1)은 충족하지 않는다. 생각과 행동, 충동과 표현에 대해 지연을 하지 못하고 손발을 가만히 두지 못한다. 움직임이 많으며 자기 차례를 기다리지 못하는 모습으로 나타난다.
- 복합형: 지난 6개월 동안 DSM 진단기준 부주의(A1)와 과잉행동-충동성(A2)을 모두 충족한다.

부주의와 과잉행동-충동 유형은 둘 다 유전될 가능성이 높지만 차이가 있다. 과잉행동-충동은 상가 유전자(additive genetic)의 영향을 받고, 부주의는 우성 유전자(dominant genetic)의 영향이 크다. 환경적 요인의 영향은 두 유형 모두 작거나 보통이었지만, 과잉행동-충동보다 부주의가 환경의 영향을 더 많이 받는다(Nikolas & Burt, 2010). 학업과 정서행동 문제도 유형 간의 차이가 있다. 부주의 우세형은 기억 인출과 지각-운동 속도가 낮고(Barkley, DuPaul, & McMurray, 1990), 학업적 어려움, 내재화된 문제를 보이고 수줍어서 또래관계를 회피할 수 있다(Milich, Balentine, & Lynam, 2001). 반면, 과잉행동-충동 우세형은 외재화된 문제가 많고, 파탄적 행동의 가능성이 높으며, 물질 중독과 같은 행동 문제 위험이 더 높다(Elkins, McGue, & Iacono, 2007). 약물치료 효과는 과잉행동-충동이 부주의보다 각성제에 대해 좋았다(Milich, Balentine, & Lynam, 2001).

(3) 유병률

ADHD는 흔히 초등학교에 진학하는 시기를 전후로 발견되고, 만 7~11세 아동에게 많이 나타난다. 여아보다 남아의 유병율이 높고 잘못 진단될 확률은 낮다(Nadeux & Quinn, 2002). APA(2023)에 따르면, 대부분의 문화권에서 ADHD의 유병률은 7.2%이며 2:1의 비율로 남성이 여성보다 더 흔하다. 여성은 남성에 비해 과잉행동-충동성보다 부주의 증상을 보인다. 우리나라의 경우, 약 7.6~9.6%의 유병률이 보고되어 초등학교 한 학급에서 약 2~3명의 학생이 ADHD일 수 있다(임경희, 조봉환, 2004; 위지희, 채규만, 2004). 매년 일정 규모의 아동청소년들이 ADHD, 우울증 등 정신장애의 위험군으로 선별되고(교육부, 2022a; 보건복지부, 2022) 20세 이하 ADHD 아동청소년의 진료 인원이 매년 크게 증가하고 있다(건강보험심사평가원, 2021). 미국은 초등학생의 9.5% 유병률이며, 외래 정신건강 진료소 의뢰 아동의 약 50%가 ADHD로 보고되었다(Kendall, 2010).

2. 주의력결핍 과잉행동 학생의 특징

ADHD 학생의 특징은 다양하다. 대체적으로 주의력결핍, 과잉행동-충동성, 학습 곤란, 사회적 관계에 대한 어려움, 낮은 자존감, 공존장애 등이 공통된 특징이라고 할 수 있다. ADHD 초등학생의 특징들은 약 70% 정도 중고등학교 시기를 넘어 성인기까지 지속된다(Wolraich & DuPaul, 2010). 1990년대 이후 ADHD 진단을 받은 초등학생을 대상으로 한 종단연구에 따르면, 그들 중 50~80%가 청소년기에도 부주의와 충동성 관련 증상으로 고통을 받았다. 학업적 어려움, 대인관계 문제와 함께 반항성장애로 진단되는 경우도 많게는 84%였다(Anastopoulos, Shelton, & Barkley, 2005; Fischer et al., 2005). 청소년기 발달 과업의 성취가 저조하고, 또래에 비해 인지, 행동, 정서적으로 5년 이상 미성숙하였다(Barkley, 2006). 물질 관련 장애, 비행, 반사회성 관련 장애들도 보고되었다(Wolraich & DuPaul, 2010).

1) 주의력 결핍

부주의는 특정 과제에 충분히 집중하지 못하고 외부자극에 쉽게 방해를 받는 것을 말한다. 자신이 즐기는 일에는 주의를 기울이지만, 노력이 필요하고 지속적인 과제나 놀이 등 일상적인 활동에는 인내심이 없고 집중을 유지하기 어렵다. 부주의와 혼란스러움은 ADHD 학생 대부분의 공통된 특징이다(Barkley, 2006). 주의력 결핍만을 가지고 있는 ADHD 학생은 문제 행동이 드러나지 않는 것처럼 보인다. 부모나 교사는 약간 덜렁거리거나 수줍은 아이 정도로만 생각하다가 부주의로 인해 사회적·학업적 문제가 발생할 때 주목하게 된다. 싫증과 지루함을 빨리 느끼지만 새롭고 흥미로운 일을 시작할 때는 적극적일 수 있다. 하지만 새로움과 흥미가 떨어지고 반복적이고 일상적인 일이 시작되면 쉽게 싫증을 낸다. 어떤 일을 시작해도 금방 지루함을 느껴서 마무리를 하지 않기 때문에 의지가 부족한 아이처럼 보이기도 한다. ADHD 학생은 또래만큼 주의집중을 유지하기가 어렵고 부주의는 백일몽(daydreaming)처럼 보이기도 한다. 주의집중이 가능하지만 주의가 계속 이동하고 자신이 흥미가 있는 경우에는 더욱 집중하는 모습을 보인다. 예를 들면, 부모가 '우리 아이는 게임할 때 집중을 잘해요.'라며 ADHD가 아니라고 생각할 수 있다. 주의집중에서 가장 중요한 것은 자신이 원하지 않는 자극에도 집중할 수 있느냐이다. 유쾌하지 않은 자극일 수 있는 공부, 과제 등 지루하고 반복적인 일에서도 또래만큼 집중력을 유지할 수 있어야 한다. 또한, 주의가 끊임없이 이동하기 때문에 어떤 활동을 할 때 시간이 많이 걸린다. 가령, 옷을 입을 때에도 상의를 입고 장난감을 가지고 놀고, 하의를 입고 밥을 먹거나 하는 행동을 할 수 있다. 시간이나 물건을 체계적으로 조직화하여 관리하지 못한다. 시간, 물건 등 일생생활에 필요한 것들을 자주 잊어버리거나 잃어버려 사소한 실수가 잦다. 예를 들면, 월요일 2시에 만나자는 약속을 남들보다 몇 배 많은 노력을 해야 지킬 수 있다. 수업 종소리가 잘 들리지 않아 수업 시간을 지키는 것이 어려운 경우도 있다. 치료가 어느 정도 이루어진 후에 자신만큼 잊거나 잃어버리고 사는 게 당연한 줄 알았다고 말하기도 한다.

2) 과잉행동-충동성

과잉행동은 연령이나 과제에 맞지 않게 과도한 동작을 하고 끊임없이 움직이는 것을 말한다. 보통의 동작보다 힘이 넘치고 위험스러우며 쉬지 않고 움직인다. 끊임없이 손발이나 몸을 움직이고 책상을 두드리거나 쓸데없이 말을 걸고 장난을 쳐서 주변 사람을 방해한다.

2. 주의력결핍 과잉행동 학생의 특징   **213**

과잉행동은 운동, 안절부절못함, 손톱 물어뜯기, 머리카락 꼬기처럼 눈으로 보이는 증상이다. 또는 수면장애, 수다스러움, 지나친 상상력을 보이기도 한다. 생각의 범람으로 일의 우선순위를 정하지 못하고 결과에 대한 생각 없이 행동한다. 과거에는 과잉행동-충동성이 관찰되지 않으면 ADHD로 진단하지 않았을 정도로 핵심 특징이다. 또래와 비교했을 때 과잉행동-충동성의 정도가 지나치고 빈도가 잦아 문제 행동이 쉽게 드러난다. 이 증상의 핵심은 행동을 억제하거나 지연하지 못한다는 것이다. 어떠한 충동을 느끼면 생각과 감정을 느끼기보다 바로 행동으로 옮긴다. 가정과 학교에서 연령에 맞는 정숙함을 보이지 못하고 자리에 앉아도 안절부절못하고 지나치게 많이 움직이며 부산스럽다. 학교에서는 높은 충동성 때문에 수업 중에도 교사의 지시와 규칙을 따르지 못한다. 자신의 차례를 지키지 못하고, 공격적이고 반항적인 행동을 하며, 쉽게 짜증을 내는 예민한 경향이 있다. 과잉행동과 충동성은 성장하면서 점차 행동보다는 내면의 혼란스러움으로 전환될 가능성이 높다.

행동억제 능력이 결여되어서 자신의 행동과 감정을 통제하지 못하는 충동성은 ADHD의 기본적 모습이다. 생각 없이 행동하며 결과를 고려하지 않고 내적 충동에 따라 갑작스럽게 행동하는 성향이다. 예를 들면, 어떻게 되나 궁금해서 커튼을 태우는 것처럼 생각 없이 행동하는 것이 가장 어려운 문제이다. ADHD 학생은 또래에 비해 욕구충족과 반응을 지연시키기 어렵고, 사회적 상황에서 자신의 행동을 통제하고 규제하기 어렵다. 충동이 먼저 나서기 때문에 관습적이고 상식적인 일들에 대해서도 어려움을 경험한다. 부모나 교사가 알려 주더라도 ADHD 학생은 경험에서 배우지 못하기 때문에 행동을 수정하지 못한다. 만지면 안 되는 물건과 사람을 만지고 싶다는 충동을 억제하지 못하여 주변 사람들을 당황하게 한다. 다른 사람의 말이 끝나기도 전에 대답을 하고 엉뚱한 질문을 쉴 새 없이 할 수도 있다. 생각하지 않고 말을 빨리 하기 때문에 부정확하게 발음하고 단어를 줄이거나 생략하기도 한다. 억제하는 것이 어렵기 때문에 알아도 아는 대로 행동하는 게 어렵다. 종종 자신에 대한 높은 기대치를 갖고 있으며, 자신이 그것을 성취하지 못하는 것에 대해 놀라기도 한다. 실수로부터 깨닫기보다는 반복적으로 실수를 하기 때문에 실패 사슬(failure chain)의 움직임이라고 한다.

충동성은 거짓말이나 절도 같은 다른 문제행동을 만들기도 한다. ADHD 학생은 장기적인 목표를 세우고 하나씩 이루어 나가는 것을 어려워한다. 보상은 자주, 강하게, 즉각적으로 이루어져야 한다. 보상이 주어지는 시간이 길어질수록 강화의 효과는 감소한다. 행동의 결과로 생길 수 있는 위험한 상황에 대하여 고려하지 않은 채 행동하므로 사건, 사고에 많이 노출되고, 어디를 다치거나 상대방을 다치게 하는 경우가 있다. 청소년기에 게임, 일탈, 범죄 등 유혹과 사회적 위험에 빠지기 쉽고, 충동적 행동습관이 반항성장애, 품행장애로 이어질 수 있다.

3) 대인관계의 어려움

ADHD 학생이 가장 어려워하는 것 중 하나가 대인관계이다. ADHD의 특징인 부주의, 과 잉행동–충동성은 부모, 교사, 또래 등의 사회적 관계에서도 나타난다. 사회적인 관계에서 적절하고 민감하게 의사소통을 하지 못한다. 가령, 적절한 눈맞춤을 하지 못하고 상대방의 눈을 뚫어지게 쳐다보면서 이야기할 수 있다. 비언어적인 사회적 단서를 이해하고 인지하지 못하기 때문에 화를 참지 못하고 물건을 던지며 때리는 등 공격적인 행동을 보인다. ADHD 학생의 행동적 특징은 주변 사람들에게 오해를 불러일으키고, 사회적 기술의 결핍으로 또래 관계의 문제나 따돌림을 경험할 수 있다. 부주의하여 타인과 관계된 일을 세심하게 기억하 지 못하거나 사회적인 미묘한 뉘앙스를 읽어 내지 못한다. 타인과의 약속을 잊거나 지키지 못할 때가 잦고 다른 사람의 이야기를 경청하지 않는 것처럼 보이기 때문에 주변 사람들은 ADHD 학생에 대해 믿음을 갖지 못하며 인성에 대해 의심을 하게 된다. 행동억제를 하지 못 하는 특성은 고압적이고 통제하려는 듯한 인상을 줄 수 있고, 언어적인 충동성은 맥락과 상 관없는 말을 장황하게 하거나 너무 구체적인 사항에 집착한다. 사회적 상황에서 자신의 행 동이 불러일으킬 결과를 심사숙고하여 예측하지 못하거나 욕구를 지연시키지 못하고 그때 그때 자신의 욕구에 따라 행동한다. 예를 들면, 배가 고프면 자신의 집의 냉장고가 아니라도 허락을 받지 않고 냉장고를 불쑥 열어 음식을 먹거나 친해지고 싶은 상대에게 다가가는 정도 를 조절하지 못하여 상대방의 신체적·심리적 경계를 침범할 수 있다.

자기통제력이 낮은 학생은 사려성이 없어서 또래관계에서도 충동적이고 공격적이다. 충 동통제와 만족지연 행동이 어렵기 때문에 자신이 원하지 않는 말이나 신체적 행동을 억제 하는 능력에 결함이 있다. 이러한 특성으로 인해 생각없이 행동하거나 생각하기 전에 행동 한다. 교사나 또래와 대화할 때 내용이 자주 바뀌고, 타인의 의견을 들으려 하지 않으며, 또 래의 활동이나 놀이에 끼어들어 방해를 한다. 대인관계에서 화나는 상황을 왜곡하여 해석 하고 받아들이기 때문에 작은 좌절에도 과도하고 극단적으로 반응하여 공격성을 보인다. 이로 인해 사회정서적 적응의 어려움을 겪고 부정적 피드백 등으로 인해 부정적 자아개념 을 형성하고, 자아존중감이 낮아져서 폭력과 일탈을 일삼는 반사회적인 행동을 하며, 교사 와 또래의 거부 등 대인관계의 어려움으로 이어지는 악순환이 반복될 수 있다. 따돌림을 당 하거나 무리에서 낮은 지위를 담당하고 또래집단에서 나쁜 짓을 하도록 부추김을 당할 수도 있다. 자신의 잘못이 작아도 심리적인 유연성이 부족하기 때문에 꾀를 내는 등의 정신적 활 동을 하지 못하여 성인의 꾸지람 등 부정적 피드백을 많이 경험한다. 이로 인해 사회적인 낙인이 생겨서 행동이 더 눈에 띄는 악순환이 반복된다. 분노조절 실패, 언어적 · 행동적 반항, 부모와 교사 등 권위자의 명령에 불복종 등의 문제들로 인해 가정, 학교, 또래집단에 적응하는 데 보다 많은 어려움을 경험하게 된다.

4) 부정적 자기개념

ADHD 학생은 부모, 형제, 교사와 또래 등 주요 타인에게 부정적인 피드백을 자주 받게 된다. 반복적이고 지속적인 부정적 피드백으로 부정적 자기개념을 형성하고, 불안이나 무기력감을 경험한다. ADHD는 어떻게 행동해야 하는지 알아도 자신이 생각하는 것만큼 행동으로 이어지지 않을 수 있다. ADHD에 대하여 자세하고 친절하게 설명해 주는 주변 사람이 없다면, 대부분 지속적인 부정적인 피드백으로 인해 부정적 자기개념을 형성하고 자아존중감이 낮아진다. 주변 사람들에게 긍정적인 피드백을 듣지 못하고 문제 아이로 사회적 낙인이 찍히면 남들이 생각하는 것처럼 스스로를 문제 아이로 여길 수 있다. '나는 왜 또래들처럼 하지 못할까?'라는 부정적 생각으로 힘들 수 있다. 이러한 질문에 '바보라서' '~가 나빠서' '의지가 없어서' '원래 그렇게 생겨 먹었기 때문에' 등 부정적 생각이 내재화된다. 부주의와 충동성으로 인해 어떤 일을 꾸준히 못하기 때문에 성취감을 느낄 수 있는 작은 성공 경험도 하기 힘들다. 자신의 눈앞에 있는 상황을 모면하는 데 집중하기 때문에 어떤 가치를 갖고 장기적인 목표를 달성하도록 노력하는 것도 어렵다. 학교나 또래관계에서도 소속감을 느끼기보다는 배제되기 쉽다. 아동, 청소년은 성공 경험, 가치에 따른 노력, 소속감을 경험하는 과정에서 자아정체감을 형성하고 긍정적인 자기개념의 감각을 갖게 되고 이것이 심리적인 자원이 된다. 그러나 ADHD 학생은 이러한 경험이 부재할 가능성이 높고, 지속적인 무능감, 부적절감, 낮은 자존감으로 고통을 받는다.

5) 공존장애

ADHD는 특히 공존장애가 많은 장애이다. 행동적 문제를 지니고 있는 반항장애와 품행장애, 정서와 관련 있는 우울장애와 불안장애, 학업부진이 ADHD와 공존할 가능성이 높다. ADHD 초등학생들은 하나 이상의 공존장애를 보이는 경우가 많고, 50% 이상이 반항장애와 품행장애 같은 공격성 계열의 증상군을 동반한다(Miller & Hinshaw, 2010). ADHD 아동의 80% 이상이 품행불량을 보이고, 40~50%가 품행장애 진단을 받으며, 학습장애, 의사소통장애, 운동조절장애를 동반하는 경우가 많다(권석만, 2013; Honos-Webb, 2008).

- 외현적 문제: 외현적 문제에 해당하는 반항장애와 품행장애는 ADHD와 공존할 가능성이 높다. 반항성장애는 적대적이고 반항적인 행동 패턴을 보인다. 품행장애는 보다 더 심각한 반사회적인 행동을 보이며 공격성과 파괴성, 거짓말, 절도, 무단결석을 하는 등 습관적으로 규칙을 위반하는 특성을 보인다.
- 내재적 문제: 내재적 문제에 해당하는 우울장애는 성마름, 즐거움의 상실이 특징이다. ADHD 아동에게 우울장애의 평생 공병률은 45%에 이른다(Biederman et al., 1992). 불안장애는 미래의 위험에 대한 조심 혹은 회피행동과 관련된 과잉각성 및 근육의 긴장과 관련된 장애로 ADHD 아동의 25%가 공존장애를 보였다(American Academy of Pediatrics, 2016). Massachusetts General Hospital에 따르면, 불안장애가 있는 ADHD 아동은 정신과 치료가 증가하고 심리사회적 기능이 더 손상되었으며 불안장애의 가족력이 더 많이 나타났다(Spencer et al., 2007).
- 학업부진: ADHD 아동은 보통 아동보다 낮은 지능과 성취를 보인다. 학교에서 유급을 하고, 성적이 낮으며, 특수학급으로 배정이 되거나 개인지도가 필요하다. 학업부진의 공존 가능성은 20~25%이며(Spencer et al., 2007), 학습장애 아동의 22.7%가 ADHD와 함께 진단되었다(Snider, Frankenberger, & Aspenson, 2000).

3. 주의력결핍 과잉행동에 대한 미술치료 접근

1) 주의력결핍 과잉행동에 대한 미술치료의 이점

약물치료의 한계와 부작용 등으로 인해 심리치료적 접근이 계속 연구·개발되고 있다(Klein, Abikoff, Hechtman, & Weiss, 2004; Miller & Hinshaw, 2010). 약물치료는 증상은 호전시킬 수 있으나 ADHD에게 필요한 효과적인 삶의 전략들(Solanto, 2013), 충동성과 과잉행동과 같은 사회적 기술의 결핍을 다룰 수 없다(Barkley, 2006). 식욕 저하, 우울감, 불면증 등의 부작용과 함께 의존적이고 무기력하게 만들 수도 있다(Soldin et al., 2002; Stein, Weiss, & Hlavaty, 2012). 부모나 아동이 약물을 꺼리거나 다른 의학적 이유가 있어서 약물치료를 할 수 없는 경우도 있다. 미술작업은 언어로는 표현하기 힘든 ADHD 학생의 감각과 느낌, 폭격

당하는 것 같은 격렬한 감정과 공격적인 행동을 표출(acting-out)하고 표현하도록 한다. 충동성을 조절하고 집중력과 학습 능력을 향상시킨다(Safran, 2007; Workman, 2001). 미술작업을 통한 감각통합은 공격성과 충동행동을 줄이고 행동조절과 자기통제에 도움이 된다. 공격적 행동은 미술작업으로 치환되고, 승화를 경험하며, 안정감을 느끼고 집중력과 동기를 향상한다. 미술치료는 ADHD가 주의를 지속하는 데 필요한 에너지를 재조정하는 데 초점을 맞춘다. ADHD의 심각성에 따라 차이는 있겠지만 정신과적 진료, 심리검사, 개인 및 집단상담, 교육적 지원과 함께 미술치료를 적용하는 것이 효과적이다.

- 말로는 설명할 수 없는 자신의 감정을 미술작업을 통해 타인에게 이해시킬 수 있다. ADHD 학생들은 외향적이고, 통찰력이 부족하며, 자신과 자신의 정서를 언어적으로 표현하기 어렵다. 말은 많지만 정서와 관련된 주변의 것만 이야기하는 특성이 있고, 자신의 정서와 감정을 분명히 자각하고 표현하지 못한다. 하지만 예를 들어, "ADHD를 어떻게 느끼나요?"를 그려 보라고 하면 명확하고 강력한 의사소통을 할 수 있다. 그림은 교사와 부모에게 ADHD의 영향과 특징을 설명할 수 있는 유용한 방법이다. "너에게 학교는 무엇과 같니?"라고 했을 때, 학생은 그림을 통해 창살이 있는 감옥에 갇힌 어린 소년으로 자신을 묘사할 수도 있다.
- 자신의 정서를 탐색하여 이름을 붙이고 자발적으로 이야기를 나누면서 뇌의 편도체 활동이 감소되고 전전두엽 활동이 증가한다. 미술 창작작업 전후의 행복감, 즐거움, 보상감은 긍정적이고 즐거운 반응을 초래하고 뇌의 자연적인 보상체계에 의해 통합되고 촉진된다.
- ADHD 학생은 자신의 관심사가 주변의 많은 것에 흩어져 있어서 배운 것을 사용하기 어렵다. 결과물로 남은 작품을 통해 자신의 감정과 생각을 다시 보게 되므로 쉽게 학습할 수 있다. 미술치료가 일련의 과정과 순서대로 이루어지므로 인지적으로 논리성을 키우고, 점진적인 발달과 통합이 이루어진다.
- 미술작업에서 일어나는 새로운 긍정적 감각 경험과 공격성, 분노 같은 부정적 정서 반응을 함께 짝지음으로써 안정감을 경험한다. 혼란스럽고 화가 많은 ADHD 학생의 공격성과 분노를 다양한 감각과 신체의 운동기관을 사용하는 미술작업 안에서 긍정적으로 접촉하도록 돕는다.
- 미술매체는 ADHD 증상의 완화와 성장에 도움이 된다. 예를 들면, 점토활동은 간가적 자극을 촉진하고, 심리적 억압을 표출하도록 하여 공격성을 흡수하고 긍정적으로 전환

시킨다. 내담자가 스스로 통제하기 쉬운 연필, 마커와 같이 구조화된 미술치료 매체는 자기통제에 도움이 된다.

• 미술작품은 투사 및 상호작용에 핵심적 역할을 한다. 치료자는 작품활동을 자유롭게 연상하도록 격려하고, 작품을 해석하거나 평가절하하지 않으며, 판단하지 않는다. ADHD 학생의 과제에 집중할 수 있는 능력, 계획성과 조직성 그리고 공간과 재료를 공유할 수 있는 능력 등을 이끌어 낸다. 이를 통해 낮은 자존감과 부정적인 자기개념을 지닌 ADHD 학생의 성취감과 자존감을 향상시키고 긍정적인 자아상을 형성한다.

• 미술치료는 훈련, 반복, 조절, 조화를 통해 주의력을 활성화시킨다. 미술매체와 시각 자극이 일으키는 반응들과 그로 인해 발생하는 정서적·근육운동적 반작용들을 조절하고 작업을 실행하기 위해서는 상당한 주의력이 필요하다. 평소에는 산만한 ADHD 학생이 자신이 좋아하는 미술작업에 집중하고 몰입할 때, 심리적으로 성장하고 있다고 느끼게 된다.

2) 유용한 그림검사와 기법

(1) 집-나무-사람 그림(House-Tree-Person Drawing: HTP)

① HTP 개요
Buck(1948)이 개발하였으며, 집, 나무, 사람에 대하여 자유롭게 그려 보도록 하는 투사적 그림검사이다. 일반적으로 성격 특성, 행동양식, 대인관계에 대한 정보를 제공하며, ADHD 학생의 적응 정도, 성격구조, 충동성, 정서 등을 파악할 수 있다.

② HTP의 실시방법
• 준비물: 연필, 지우개, 왁스크레용(빨강, 녹색, 파랑, 노랑, 갈색, 검정, 보라, 주황), 초시계, A4 크기의 용지, HTP 매뉴얼
• 시행 절차
  – 집, 나무, 사람 순으로 각각 다른 종이에 검사를 실시한다. 집은 용지를 가로로 제시하고, 나무와 사람은 세로로 제시한다.
  – 지시문은 다음과 같다. "준비된 연필로 집(나무, 사람)을 그려 주세요. ○○가 원하는 어떤 집도 그릴 수 있어요. 그리고 필요한 만큼 시간을 사용할 수 있어요."

- 내담자의 질문에는 "자유롭게 그리면 됩니다."라고 답한다. 내담자가 사람을 막대기처럼 그린다면, "실제 사람처럼 그려 주세요."라고 요청한다.
- 치료자는 내담자가 그림을 그리는 동안 시간을 측정하고, 행동을 관찰하여 기록한다. 그리기 시작하기까지 시간, 그려진 순서, 총 시간 등을 상세하게 관찰하고 기록한다.
- 그림이 모두 완성되면, 그림에 대해 사후질문(Post Drawing Inquiry: PDI)을 한다.

• 집 그림 사후질문
  - 집에는 누가 살고 있나요?
  - 사는 사람들은 어떤 사람들인가요?
  - 집의 분위기는 어떤가요?
  - 앞으로 이 집은 어떻게 될 것 같은가요?
  - (이해하기 힘든 부분에 대해) 이것은 무엇인가요?
  - 추가하거나 수정하고 싶은 부분이 있나요?

• 나무 그림 사후질문
  - 어떤 나무인가요?
  - 나무는 어디 있나요?
  - 나무의 나이는 몇 살인가요?
  - 나무의 건강은 어떠한가요?
  - 지금 계절은 어떠한가요?
  - 나무의 소원은 무엇인가요?
  - 나무의 감정은 무엇인가요?
  - (이해하기 힘든 부분에 대해) 이것은 무엇인가요?
  - 추가하거나 수정하고 싶은 부분이 있나요?

• 사람 그림 사후질문
  - 무엇을 하고 있나요?
  - 몇 살쯤 되었나요?
  - 직업은 무엇인가요?
  - 기분/생각은 어떤가요?
  - 성격은 어떤 것 같나요?
  - 일생에서 가장 좋았던 일과 힘들었던 일은 무엇인가요?
  - (충분히 투사가 이루어진 후에) 생각나는 사람이 있나요?
  - (이해하기 힘든 부분에 대해) 이것은 무엇인가요?
  - 추가하거나 수정하고 싶은 부분이 있나요?

– 연필 HTP와 PDI 단계까지 실시하기도 하고, 이후 크레용을 사용하여 다시 그림을 그리고 PDI를 실시한다. 크레용 HTP는 내담자의 정서적 반응, 어린 시절의 사건과 기억, 연필 HTP와 다른 심리적 특성을 알 수 있지만, 시간과 내담자의 상태를 고려하여야 한다.

③ 사례로 이해하는 ADHD 학생의 HTP 특징(김도희, 전영희, 2014)

초등학교 2학년 남학생을 대상으로 주 1회 40분, 총 18회기의 미술치료를 실시한 사례이다. 내담자의 심리적·행동적 문제는 다음과 같다.

- 자기중심적이고, 친구를 배려하지 않고 화를 잘 내며, 욕을 하거나 비난하여 싸움이 잦다.
- 교사의 지시를 따르지 않거나 차례를 지키지 않고 자리를 이탈하는 등 규칙을 지키지 않아 모둠활동이나 단체활동이 어렵다.
- 창문을 들이받아 유리창이 깨지거나 기물에 부딪혀 깨뜨리는 등 실수로 기물을 자주 파손하고 상처를 입어 머리를 꿰맨 일이 있다.

(집) 사전
집은 가운데 그려졌으나 선이 매끄럽지 못하고, 강한 필압으로 짧은 시간 동안 빠르게 그리면서 유령의 집이라고 하였다. "전 세계 귀신, 전 세계 사람, 전 세계 동물, 전 세계 똥, 전 세계 졸라맨이 산다."라고 하며 불안과 분노감을 나타내면서 쉴 새 없이 말하고 용지 안에 집 그림 외에 너무 많은 양의 그림을 그려 심한 충동성을 나타내었다.

(집) 사후
적당한 필압으로 스케치하듯 조심스럽게 그렸는데 이중손잡이와 창틀을 그려 비교적 집의 요소를 세세하게 그렸으며, 사전검사에서 그린 집 그림보다 그림의 양이 훨씬 줄어 충동성이 감소하였다. 그러나 집 외에도 많은 그림을 그려 여전히 충동성을 나타냈고, 사람 그림을 강한 음영으로 표현하여 아직도 불안감이 많은 편이다.

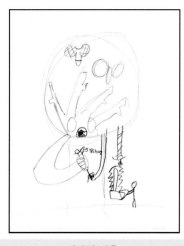

(나무) 사전
종이를 받자마자 강한 필압으로 종이의 지면이 가득 차도록 크고 빠르게 휘갈겨 그렸는데 인간나무라고 하며 혼란되고 현실감이 없는 그림을 그렸다. 그림을 그리는 동안 자신이 그리는 것을 하나하나 끊임없이 말하면서 불안을 나타내고, 여기 그렸다 저기 그렸다 옮겨 다니면서 그려 심한 충동성을 보였다. 나무를 의인화하여 그렸는데 마치 사람이 칼과 총을 들고 있는 것 같은 그림을 그려 공격성도 나타난다.

(나무) 사후
적당한 필압으로 조용히 집중하여 그리기 시작하였는데 전체적인 크기가 줄어들고 수관과 몸통의 크기와 비율도 적절해졌으며, 사전검사에서 그린 나무 그림보다 그림의 양이 훨씬 줄어 충동성이 감소하였다. 그러나 겨울방학 동안 포경수술을 한 친구 이야기를 하며 나무에 성기 그림을 추가해 그리고 나무가 그것을 먹고 싶어 한다고 하며 손과 이빨, 사람을 휘갈겨 그려 넣어 여전히 충동성을 나타냈다. 지면선과 나무를 자르는 사람을 그려 여전히 불안이 남아있다.

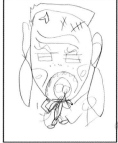

(사람) 사전
용지를 받자마자 마구 다루며 구겨지게 하고, 즉흥적으로 빠르게 휘갈겨 그리고 다시 용지를 요구하였다. 새 용지를 받자 강한 필압으로 짧은 시간 동안 지면을 가득 채우며 빠르게 그리고 수염을 마구 휘갈겨 그려 심한 충동성이 나타난다. 총과 칼을 들고 있는 것과 같은 그림을 그려 공격성도 보인다.

(사람) 사후
용지를 받고 잠시 생각하다가 그리기 시작하였다. 차분하게 집중하여 머리, 몸통, 팔의 순서대로 그림을 그렸다. 사전그림에서는 생략된 목이 나타나고, 온전한 사람의 형태로 그렸으며, 좌우대칭에 맞게 그려져 균형감이 있다. 그림의 양이 줄어 충동성이 감소하였다고 볼 수 있다. 그러나 하반신이 생략되었고 여자 그림에서 목이 생략되고, 콧물, 주름, 머리카락을 빠르게 그려 여전히 충동성을 나타냈다. 첫 번째 그림은 어떤 남자가 쓰레기통에서 치킨을 주웠는데 경찰이 쫓아와서 도망가고 있다고 하였고, 두 번째 그림은 같은 반 여자친구라고 하였다.

2) ADHD에 유용한 미술치료 기법

ADHD 내담자는 미술작업을 통해 억눌렸던 에너지를 표출하고 순환시킴으로써 충동성과 공격성을 조절하는 자아의 힘을 기를 수 있다. 치료자는 내담자가 충동적으로 행동하고, 인내심이 없으며, 조바심을 낼 것이라고 예상해야 한다. 예를 들면, 미술활동에서 난화를 마음대로 그리는 것으로 나타나고, 활동을 중지하지 못하며, 다른 학생의 작품을 침범하기도 한다. 미술은 학교에서 익숙한 활동이며, 듣기, 단일 과제 집중, 계획과 조직화, 공간과 재료를 공유하는 능력이 필요하다. 미술치료 과정에서 내담자의 자발적인 움직임이 나타나므로 치료자는 내담자를 관찰하여 평정할 수 있다. 약물의 부작용이나 역치, 효과를 관찰할 수 있으므로 부모, 교사, 의사에게 필요한 정보를 제공할 수 있다(Epperson & Valum, 1992).

(1) 난화와 스토리텔링(김경, 강영심, 2008; 김도희, 전영희, 2014)

- 준비물: 4절 켄트지, 크레파스
- 적용 시기: 초기, 중기
- 목표: 무의식적 난화를 통하여 신체적·심리적으로 이완하고, 스토리텔링을 통해 무의식적 내용을 의식화하여 내담자의 자기이해를 돕는다. 무의식 속의 창의적 이미지를 발견하고 자신감을 향상시킨다.
- 작업 과정
  - 크레파스 1개 색깔을 선택하여 4절 켄트지에 자유롭게 표현해 본다.
    "지금부터 앞에 놓인 종이에 자유롭게 난화를 그릴 거예요. 내가 'stop'이라고 말할 때까지 그리면 됩니다. 하지만 글씨나 어떤 형태를 그리면 안 돼요. 준비! 시작!"
  - 난화 속에 숨어 있는 형태를 네다섯 가지 정도 찾는다.
  - 찾은 형태를 종이 뒷면에 일렬로 적은 후, 형태를 표현한 단어를 이용하여 스토리텔링을 한다.
  - 내담자가 스토리텔링한 내용으로 치료자와 이야기를 나눈다.
- 고려할 점
  - 내담자의 성향과 유형에 따라 종이의 크기를 다르게 할 수 있다.
  - 긴장감이 높은 내담자의 경우, 난화를 하기 전에 워밍업이 필요하다.
  - 치료자가 상징에 대한 성급한 해석이나 분석을 하지 않는다.

(2) 점묘 만다라(강민경, 이근매, 김진희, 2019; 김도희, 전영희, 2014; 정은주, 2016)

• **준비물:** OHP 필름, 여러 종류의 만다라 도안, 아크릴 물감, 면봉, 유성매직, 투명 테이프

• **적용 시기:** 중기, 종결기

• **목표:** 정서적 이완을 통해 불안이 완화되고, 집중력이 활성화되며, 경험한 것을 통합함으로써 일체감을 느낀다. 반복된 소근육활동으로 심리적 안정감을 경험하고 집중력과 자기조절력을 갖게 된다.

• **작업 과정**
  - 마음에 드는 만다라 도안을 선택한다.
  - 선택한 만다라 도안 위에 OHP 필름을 얹은 후 투명테이프로 고정한다.
  - 매직으로 OHP 필름에 도안을 본뜬다.
  - 원하는 색 물감을 면봉에 묻혀서 점묘법으로 채색한다.
  - 도안과 OHP 필름을 분리한 후 작품 제목을 정하고 이야기를 나눈다.

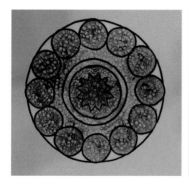
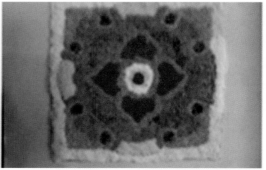

• **고려할 점**
  - 만다라 도안이 복잡하고 세밀하면 점묘법으로 채색하는 데 어려움이 있다. 내담자의 연령과 능력을 고려하여 도안을 준비한다.

- 물감에 물을 한 방울 정도 섞어서 채색하여야 표현이 수월하고 발색이 좋다.
- 장시간 몰입과 집중을 하므로 휴식과 스트레칭이 필요할 수 있다.
- 물감이 묻을 수 있으므로 연령을 고려하고 필요하면 팔토시를 준비한다.
- 완성된 OHP 필름은 유리창에 붙여 스테인드 글라스 효과를 낼 수 있고, 구겼다 편 호일을 붙여 액자를 만들거나 여러 작품을 연결하여 우드락을 붙여서 병풍을 만들 수 있다.
- 만다라는 다른 재료들을 사용하여 도안 그리기, 도안에 색칠하기, 점토, 모자이크 등 여러 방법으로 활동할 수 있다.

(3) 석고 손 본뜨기(김경식, 2013; 김진영, 2021; 서정훈, 고영란, 2011; 정대영, 정창숙, 2015)

- **준비물**: 흰색 석고붕대, 가위, 종이컵, 물, 다양한 색상의 우드락, 글루건, 핸드크림, 우드락 커터기, 아크릴 물감 또는 래커(금색, 은색), 붓, 색끈
- **적용 시기**: 중기, 종결기
- **목표**: 새로운 매체를 통해 자신의 욕구탐색에 대한 흥미와 동기가 생기고 자아탐색과 이해가 이루어진다. 집중하고 기다려야 하는 작업을 통하여 훈련, 반복, 조절, 조화를 경험하고 주의력을 활성화시킨다. 긍정적인 미래상을 통해 자신감과 자긍심이 높아진다.
- **작업 과정**
  - 핸드크림으로 손을 마사지해 주며 심리적 이완과 친밀감을 형성한다.
  - 자신의 손이 무엇을 어떻게 하고 싶은지 생각해 보고 손 포즈를 취하게 한다.
  - 잘라놓은 석고붕대를 미지근한 물에 적신다. 젖은 석고붕대의 겉면이 위로 오도록 한 후, 손등과 손가락에 올려놓고 문지른다.
  - 앞의 방법을 3~4차례 반복한 후 석고가 굳을 때까지 기다린다.
  - 석고붕대 손끝을 하나씩 조심스럽게 들어 올리며 분리시킨다.
  - 석고붕대 주위를 가위로 정리한다.
  - 석고붕대가 완전히 마르기를 기다리며 작품의 바탕이 될 우드락의 색상을 선택한다.
  - 우드락 커터기를 이용하여 원하는 모양으로 오린 후, 고리에 달 수 있도록 뒷면에 색끈을 연결하여 붙인다.
  - 글루건을 이용하여 석고붕대 손을 우드락에 고정시킨다.
  - 자신의 손을 소개하고 이야기를 나눈다.

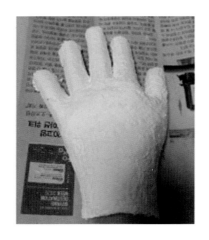

- 고려할 점
  - 석고붕대는 손등과 손가락 모양에 맞춰 사전에 잘라서 준비한다. 손등은 4~5장, 손가락은 15~20장이 필요하다.
  - 물의 양이 너무 많으면 석고가 잘 굳지 않는다.
  - 젖은 석고붕대를 손등과 손가락 부분이 겹쳐지게 놓아야 분리되지 않는다.
  - 석고붕대를 붙이고 말리는 과정에서 움직이지 않도록 하고, 필요하면 선풍기나 헤어드라이기를 사용하여 말린다.
  - 내담자의 선호에 따라 아크릴 물감을 사용하여 색칠하고, 금색 혹은 은색 래커를 뿌려서 꾸밀 수도 있다.

4. 주의력결핍 과잉행동 관련 미술치료 연구 동향

ADHD 학생들을 대상으로 한 국외의 미술치료 연구들을 살펴보면, 미술치료에서 사용되는 검사도구가 ADHD의 초기진단에서 시각적 평가기준으로 활용되고, 지속적인 치료에서 증상의 경과를 기록해 주는 한 방법이 된다(Malchiodi, 2012a). ADHD의 평가수단으로 표준 심리평가도구와 함께 그림검사를 사용할 수 있다. 여러 가지 그림검사가 활용될 수 있으며, 그중에서 집-나무-사람(HTP)와 동적 가족화(KFD)가 유용하고(Malchiodi, 2012a) 학교장면에서 실용적이다. 이런 검사는 그림의 구성을 위한 단계를 계획하는 능력, 공간 조직화와 활용 능력에 대한 정보를 제공한다. 빗속의 사람 그림(Draw-A-Person-In-the-Rain)과 난화도 임상적으로 관찰할 때 도움이 된다. 미술치료는 ADHD 초등학생의 충동적이고 공격적인 정서 상태, 자존감, 가족 관계, 약물치료의 효과, 부작용 등을 진단하고 평가하는 도구로서 사용되고(Silver, 2009), 의사에게 좋은 단서를 제공한다(Malchiodi, 2012a; Safran, 2007). 미술치료에서 사용되는 투사검사(human figure drawing, PPAT 등)는 ADHD 아동의 낮은 자존감과 주의집중력, 높은 불안 등을 평정하는 데 사용되었고, 미술치료를 통한 개입의 필요성과 효과성에 대해서도 논의되었다(Munley, 2002; Saneei, Bahrami, & Haghegh, 2011).

국내에서 ADHD 학생을 대상으로 미술치료를 적용한 연구가 지속적으로 이루어지고 있다. 2000년부터 2017년까지 출간된 ADHD 초등학생을 대상으로 적용된 미술치료 프로그램의 효과성 연구들을 메타분석한 김정미와 박은선, 정옥현(2018)의 연구 결과에 따르면, 미술치료 중재에 대한 전체 효과 크기는 Hedges'g=1.40으로 나타나 큰 효과를 보였다. 하위영역의 효과 크기는 과잉행동, 주의력결핍, 정서 및 사회성, 자아성장 순으로 나타났으며, 회기가 길수록 효과크기가 크다는 결과가 나타났다. 미술치료 기법은 혼합매체를 사용한 경우가 가장 많았으며, 만다라, 소조, 종이접기, 난화그리기 등이 사용되었다. 미술치료는 ADHD의 주요 증상인 과잉행동과 주의력결핍을 완화하는 데 도움이 되고 정서적 문제를 해결하며 성장에 도움이 된다는 것을 확인하였다. 또한 이러한 미술치료의 효과를 위해서는 단기적 개입보다 장기적 개입이 필요하다는 것을 알 수 있다. 학교현장을 포함한 미술치료 현장에서 ADHD 아동이 전체 아동 미술치료 대상 중 45.5%의 비중을 차지한다는 이선민(2016)과 국내 ADHD 청소년 상담 개입 성과와 동향을 살펴본 문효빈과 최윤정(2018)의 연구에서 예술치료가 가장 많이 이루어졌다는 결과를 고려할 때, 학교현장에서 ADHD 학생에 대한 미술치료적 개입이 보다 전문적이고 적극적으로 이루어져야 함을 알 수 있다. ADHD 아동에 대한 중재연구가 대부분이며, 청소년에 대한 중재연구가 저학년에 비하여 부족하다(김선정, 2010). ADHD가 초등학교 시기에 발견되어 개입이 이루어지는 것이 대부분이지만 고학년이 되면서 내재화 문제와 일탈 및 비행으로 이어지고 공존장애 및 심리정서적 문제가 심각해질 수 있으므로 중고등학생에 대한 개입 연구가 더욱 활성화되어야 하겠다. 미술치료 프로그램을 전문화하고 ADHD 학생의 동기를 높이고 다른 중재방법과 접목하여 접근하는 등의 노력이 필요하다.

제 10 장
인터넷 · 스마트폰 과의존
학생을 위한 학교미술치료

수호(중 3, 남)는 밤새 게임을 하느라 학교에 지각하고, PC방에 가느라 가끔 학교에 오지 않는다. 초등학생 때는 부모님이나 담임교사의 주의를 받으면 조심하거나 자제하기도 하였지만 중학생이 되면서 게임하는 시간이 늘어나며 문제가 심각해졌다. 자신의 게임 캐릭터를 더 강하게 하기 위해 몰래 카드로 비싼 장비를 구입하여 부모에게 혼이 났다. 게임을 하는 시간이 늘어나면서 낮과 밤의 구분이 모호해져서 시간 관리가 잘되지 않고 학교와 학원도 자주 빠지는 등 일상생활에 지장이 있다. 학교 친구들보다는 인터넷에서 만난 게임 친구들과 친하게 지내면서 학교생활에 흥미가 더 떨어졌다. 부모는 인터넷도 끊어 보고, 컴퓨터 사용시간 약속을 하는 등 노력해 보았지만 번번이 지켜지지 않아 가족과 갈등을 일으키고 있다. 이제는 체격도 부쩍 커져서 잔소리라도 하면 폭언과 과격한 행동을 하고 방문을 쾅 닫는 등 공격적이고 반항적인 태도를 보인다. 수호는 얼마 전부터는 상품권을 2배로 충전해 준다는 사이트 광고에 혹해서 온라인도박에 빠졌다. 귀여운 캐릭터와 몇 초 후에 결과가 나오는 짜릿함, 가끔은 2배로 충전되는 재미에 반복적으로 접속하였다. 시간이 지나면서 용돈으로 감당할 수 없어서 친구들에게 돈과 상품권을 빌리게 되었다. 수호에게 빌려준 돈을 받지 못한 친구가 담임교사에게 얘기하여 상황이 알려졌는데, 친구들에게 빌린 돈이 200만 원 가까이 되었다. 부모님이 돈을 갚아 해결하고 앞으로는 도박사이트에 접속하지 않기로 약속하였다. 하지만 수호는 친구들에게 갚은 만큼만 따서 부모님께 돌려 드리려고 다시 선배에게 돈을 고액의 이자로 빌렸다. 생각만큼 돈을 따지 못해서 빌린 돈을 도저히 갚을 수 없었고 선배는 수호에게 돈을 갚으라고 종용하고 협박하였다. 결국 결석이 잦아졌고 졸업 일수를 채우지 못할 상황이 되었다.

1. 인터넷 · 스마트폰 과의존에 대한 이론적 이해

인터넷은 시공간을 초월하고 세대를 넘어서 정보와 사람을 연결한다. 스마트폰의 보급으로 아동청소년의 인터넷 접근성과 사용이 증가하고 있다. 우리나라 3~9세 아동의 인터넷 이용률은 87.8%이며, 10대는 99.9%이다(과학기술정보통신부, 2019a). 디지털 네이티브(digital native)로 불리는 요즘 세대(Tapscott, 2008)에게 인터넷은 생존에 있어서 선택이 아닌 필수적인 요소가 되었고, 정보, 통신, 교육, 오락 등 일상생활에 편리성, 효율성, 오락성을 제공한다. 인터넷의 발전과 스마트 기기의 보급은 순기능도 있지만 역기능도 초래한다. 특히 스마트폰은 접근성이 좋고 시간과 장소에 구애받지 않아 인터넷 과다사용에 노출될 수 있다. 수많은 스마트폰 어플리케이션은 학생들을 인터넷 세계로 이끄는 요인이 된다. 아동청소년은 일반적으로 성인에 비해 새로운 미디어 사용에 대한 수용이 높으며 과의존에 취약하다. 스마트폰 사용을 조절하고 통제하는 능력이 부족한 학생은 인터넷 · 스마트폰 과의존으로 이어질 수 있다. 인터넷 과다사용 문제에 대해 DSM-5-TR에서는 인터넷게임장애(Internet Gaming Disorder: IGD)로 추가 연구가 필요한 진단적 상태로 제시하고 있다. 휴대전화와 인터넷 기능이 합쳐진 스마트폰 사용 증가로 인터넷 이용도 증가하였다. 이 장에서는 최근의 추세를 반영하여 인터넷과 스마트폰 과의존을 통합하여 접근하였다. 학생의 인터넷 · 스마트폰 과의존위험군의 비율은 매년 증가 추세이고 저연령화 경향이 있으므로 예방과 조기 개입이 필요하다. 인터넷 · 스마트폰 과의존의 중요한 치료목표는 인터넷 · 스마트폰 사용 조절과 자기통제이다. 미술의 예술적 특성을 바탕으로 한 창의적 활동은 과의존 학생의 자기표출과 심리적 · 감각적 · 신체적 균형을 돕는다.

1) 인터넷·스마트폰 과의존 개념

1996년에 Goldberg가 DSM-IV의 물질 중독을 근거로 병리적이고 강박적인 인터넷 사용을 인터넷중독장애(Internet Addiction Disorder)라는 용어로 처음 사용하였다. Young(1996)은 병리적 도박을 근거로 병리적 인터넷 이용이라는 판단 기준을 제시하였고, 병리적 인터넷 이용 기준은 중독의 주된 행동 특성인 내성, 금단증상, 조절력 상실, 강박적인 집착 등을 보이며 이로 인해 일상생활에 장애를 초래하는 상태를 말한다. Young(1998)은 인터넷의 과도한 사용이 약물, 알코올, 도박에 중독되는 것과 유사한 방식으로 이용자의 학업적 ·

사회적·직업적 기능을 손상시킨다는 점에서 인터넷 중독을 심각한 심리적 장애로 보았다. DSM-5에서는 인터넷게임장애(Internet Gaming Disorder: IGD)로 공식화되었지만, 정식 질병으로 인정받기에는 아직 과학적 연구나 근거가 부족하다고 판단하여 추가 연구가 필요한 범주로 분류하였으며 질병코드도 보류하였다. 인터넷 및 스마트폰의 역기능적 사용에 대한 개념적 정의가 다양하게 시도되고 있지만 아직 연구자들 간의 개념적 정의의 합의는 이루어지지 않았다. 양미진 등(2019)은 인터넷 또는 스마트폰 사용에 있어 심각한 중독 상태에 있지는 않지만, 사용에 주의를 요하는 상태부터 중독 위험에 당면하여 즉각적인 개입이 필요한 상태까지 포괄하는 의미로 인터넷·스마트폰 과의존(internet·smartphone addition)이라고 정의하였다. 즉, 인터넷에 기반을 두고 있는 기기 사용으로 인해 심리적·사회적·신체적 어려움이 초래되는 것으로 정의하였다.

인터넷·스마트폰 과의존이 심각한 아동청소년의 경우에는 학업 부적응이나 또래관계 문제, 집중력 저하, 충동성의 문제로 나타나 범죄나 사망까지 이어지기도 한다. 인터넷 사용자의 연령이 낮을수록 더 많은 문제를 경험하며 인터넷 중독 현상이 더 심각하고 신체적·심리적 피해가 크다(Gupta & Derevensky, 2000; Kaplan & Sadock, 2003). 청소년기는 정체감을 확립하는 시기로 신체적·정서적으로 변화가 큰 시기이다. 아동청소년기는 충동성과 학업 스트레스로 인한 정서적 불안이 높고, 심각한 인터넷 과다사용이 있음에도 적절한 개입과 치료를 받지 못하면 인지적·정서적·행동적 측면에서 다양한 어려움을 경험할 수 있다. 아동청소년기의 산만함, 집중력 저하, 낮은 자존감, 사회적 불안감 등 다양한 심리적 문제는 인터넷 중독과 연결되기도 한다. 예를 들면, 우울을 지닌 학생의 경우 일상생활에 대한 흥미, 의욕저하로 인해 인터넷에 쉽게 노출되며 우울과 무기력에서 벗어나기 위해 인터넷에 몰두하기도 한다. 예민하고 불안에 취약한 경우에는 불안감을 줄이기 위해 인터넷을 사용하며 불안감을 감추기 위해 겉보기에는 인터넷 과의존으로 보일 수도 있다.

2) 인터넷·스마트폰 과의존의 원인

인터넷·스마트폰 과의존을 바라보는 관점은 연구자들마다 다르고 영향을 주는 요인들의 범주도 다양하게 제시되고 있다. 개인심리적 요인과 사회환경적 요인으로 크게 나눌 수 있고 이러한 요인이 복합적으로 작용한다.

(1) 개인심리적 요인

개인심리적 요인은 자극 추구, 위험회피 추구 및 사회적 민감성 등과 같은 기질적인 특성, 자아존중감, 자기효능감과 같은 자기가치감, 자기통제력, 공격성, 충동성 등과 같은 심리적 특성 등이다. 자기통제력의 하위요인 중에서 즉각적인 만족감 추구, 정서표현 및 정서조절 능력 부족, 외로움, 거절 민감성 등과 같은 정서적 요인이 청소년의 스마트폰 과의존에 영향을 미친다. 예를 들면, 다른 또래에 비해 자신의 정서에 대한 표현 능력과 이를 조절하는 능력이 낮은 학생은 스마트폰 사용에 있어 조절 어려움을 겪을 가능성이 높다. 고독하고 외로움을 달래기 위하여 인터넷에 몰입하고 과도한 사용을 할 가능성이 높다. 외로운 학생이 인터넷 환경이 제공하는 사회적 관계망을 통해 사람과 접촉하고 따뜻함을 찾기 위하여 과도하게 SNS와 인터넷을 이용하는 경향이 있음을 의미한다.

(2) 사회환경적 요인

가족 및 학교 환경은 아동청소년의 대표적인 사회환경적 요인이다. 다양한 가족환경 가운데 부모의 양육방식은 대표적인 영향요인이다. 중학생을 대상으로 개인요인, 가족요인, 학교요인이 스마트폰 중독에 미치는 영향을 분석한 연구에 따르면, 자기통제력이 스마트폰 중독에 가장 중요하였지만 부모지지와 해결지향적인 부모-자녀 의사소통 또한 강력한 예측 요인이었다(석말숙, 구용근, 2016). 부모의 적절한 관심과 지지, 친구지지와 교사지지가 중학생의 스마트폰 과의존을 완화시키고 일상생활과 학교생활 적응을 돕는다. 학습활동, 학교규칙도 스마트폰 과의존에 영향을 미친다.

2) 인터넷·스마트폰 과의존 학생의 진단

DSM-5-TR에는 인터넷게임장애(Internet Gaming Disorder: IGD)의 준거가 제시되어 있다. 하지만 아직까지 APA는 정식 질병으로 인정받기에는 과학적 연구나 근거가 부족하다고 판단하여 '추가 연구가 필요한 범주'로 분류하였으며 질병코드도 보류하였다. 인터넷게임장애는 지속적이고 반복적인 인터넷게임으로 인한 임상적 부적응 상태를 말한다. 인터넷게임장애를 특징짓는 9개 증상 가운데 5개 이상의 증상이 12개월 동안 지속적으로 나타날 경우 진단군으로 분류하도록 제한하고 있다. DSM-5-TR의 IGD 위원회는 물질사용장애나 도박장애와 행동 유사성(통제력 상실, 내성 및 금단, 일상생활폐해 등)이 높은 점 등을 근거로 집착, 금단, 내성, 통제 상실, 일상 흥미 감소, 거짓말, 도피, 일상생활(대인관계/직업/학업 등) 문제발생, 지속적 사용 등을 포함시켰다. 인터넷게임장애는 물질사용장애나 도박장애와 많은 유사성을 지니고 있어 여러 국가에 걸쳐 주요한 심리적 장애로 주목받고 있다.

인터넷게임장애 DSM-5-TR 진단기준(APA, 2023)

게임을 하기 위해, 흔히 다른 사용자들과 함께 게임을 하기 위해 지속적이고 반복적으로 인터넷을 사용하는 행동이 임상적으로 현저한 손상이나 고통을 일으키며, 다음 중 5가지(또는 그 이상) 증상이 12개월 동안 나타난다:

1. 인터넷게임에 대한 몰두(이전 게임 내용을 생각하거나 다음 게임 실행에 대해 미리 예상함. 인터넷게임이 하루 일과 중 가장 지배적인 활동이 됨)
   주의점: 이 장애는 도박장애 범주에 포함되는 인터넷 도박과 구분된다.
2. 인터넷게임이 제지될 경우에 나타나는 금단 증상(이러한 증상은 전형적으로 과민성, 불안 또는 슬픔으로 나타나지만, 약리학적 금단 증상의 신체적 징후는 없음)
3. 내성-더 오랜 시간 동안 인터넷게임을 하려는 욕구
4. 인터넷게임 참여를 통제하려는 시도에 실패함
5. 인터넷게임을 제외하고 이전의 취미와 오락 활동에 대한 흥미가 감소함
6. 정신사회적 문제에 대해 알고 있음에도 불구하고 과도하게 인터넷게임을 지속함
7. 가족, 치료자 또는 타인에게 인터넷게임을 한 시간을 속임
8. 부정적인 기분에서 벗어나거나 이를 완화시키기 위해 인터넷게임을 함(예, 무력감, 죄책감, 불안)
9. 인터넷게임 참여로 인해 중요한 대인관계, 직업, 학업 또는 진로 기회를 위태롭게 하거나 상실함
   주의점: 이 장애의 진단은 도박이 아닌 인터넷게임만 포함한다. 업무 및 직업상 요구되는 활동으로서 인터넷 사용은 포함하지 않으며, 그 외의 기분 전환이나 사회적 목적의 인터넷 사용 또한 포함하지 않는다. 마찬가지로, 성적인 인터넷 사이트도 제외한다.

현재의 심각도를 명시할 것:
인터넷게임장애는 일상적 활동의 손상 정도에 따라 경도, 중등도, 고도로 나뉜다. 인터넷게임장애가 덜 심각한 사람은 증상이 더 적고 일상에서의 손상도 더 적을 것이다. 심각한 인터넷게임장애가 있는 사람은 컴퓨터 앞에서 더 많은 시간을 보내며, 대인관계 또는 진로 및 학업 기회에 있어서도 상실이 더 클 것이다.

2019년에 WHO는 게임이용장애(Gaming Disorder) 분류가 포함되어 있는 ICD-11(국제 질병분류 11차 개정안)을 의결하여 통과시켰다. 이에 대해 게임 관련 회사에서는 게임 중독을 질병으로 인정할 연구 증거가 부족하다고 주장하였다. 병리적 현상으로 보는 것은 한계가 있으며 금단증상이 충분히 증명되지 않았고 생물학적 근거가 매우 제한적이라는 입장도 있다(Morahan-martin, 2005). 하지만 인터넷게임장애와 관련한 장기추적 연구들이 전 세계적으로 이루어지고 있으며 경험적 연구들을 통해 개념적 정의의 학술적 지침이 마련될 것이라는 기대를 갖는다(Griffiths & Demetrovics, 2014; Petry et al., 2014). 권선중과 김예

나(2019)는 DSM-5-TR에 제시된 인터넷게임장애의 9개 진단 준거에 갈망 증상을 포함하여 10문항으로 구성된 자기보고식 청소년 인터넷게임 중독 선별척도를 개발하였다. 지난 1년 동안 해당 증상이 있었는지를 2점 척도(예/아니요)에 응답하도록 구성되었다. 선별검사를 통해 인터넷게임 중독 수준을 평가하고 이를 근거로 개입을 결정할 수 있다. 임상장면에서 초기 평가뿐만 아니라 개입의 효과성을 평가하는 데 활용할 수 있다.

진단준거	문항	예	아니요
1. 집착	게임에 집착하고 있다(평소에도 이전에 했던 게임이나 다음 게임에 대한 생각에 빠져 있다).		
2. 금단	게임을 할 수 없게 되면 초조하고 불안해지거나 슬퍼진다.		
3. 내성	이전과 같은 만족감을 얻기 위해서는 더 오랜 시간 게임을 해야 한다.		
4. 통제상실	게임 시간을 줄이거나 조절하려 해 보았지만 매번 실패했다.		
5. 일상생활 흥미 감소	게임을 하다 보니, 이전에 즐겼던 것이나 취미활동에 대한 흥미가 사라졌다.		
6. 문제발생에도 불구한 지속적인 사용	학업이나 일상생활에 문제가 있다는 것을 알면서도 많은 시간 게임을 하면서 보낸다.		
7. 거짓말	실제보다 더 적게 게임을 했다며 가족이나 주변 사람들을 속인 적이 있다.		
8. 도피	무력감이나 죄책감, 불안감 등이 느껴질 때 이를 회피하기 위해 게임을 한다.		
9. 일상생활의 폐해	게임으로 인해 가족이나 친구 혹은 중요한 사람들과의 관계에 문제가 생기거나, 학교 혹은 직장에서 어려움에 처한 적이 있다.		
10. 갈망	일상생활 중에도 게임을 하고 싶은 강한 충동이나 갈망을 자주 느낀다.		

다음은 한국정보화진흥원(2019)에서 개발하여 스마트쉼센터 웹사이트를 통해 제공하는 유아동 관찰자용, 청소년 자기보고용 스마트폰 과의존 척도이다.

항목	전혀 그렇지 않다	그렇지 않다	그렇다	매우 그렇다
1) 스마트폰 이용시간을 줄이려 할 때마다 실패한다.	1	2	3	4
2) 스마트폰 이용시간을 조절하는 것이 어렵다.	1	2	3	4
3) 적절한 스마트폰 이용시간을 지키는 것이 어렵다.	1	2	3	4
4) 스마트폰이 옆에 있으면 다른 일에 집중하기 어렵다.	1	2	3	4
5) 스마트폰 생각이 머리에서 떠나지 않는다.	1	2	3	4
6) 스마트폰을 이용하고 싶은 충동을 강하게 느낀다.	1	2	3	4
7) 스마트폰 이용 때문에 건강에 문제가 생긴 적이 있다.	1	2	3	4
8) 스마트폰 이용 때문에 부모님에게 혼난 적이 있다(저연령 아동용). 스마트폰 이용 때문에 가족과 심하게 다툰 적이 있다(청소년용).	1	2	3	4
9) 스마트폰 이용 때문에 친구, 형제자매와 갈등을 경험한 적이 있다 (저연령 아동용). 스마트폰 이용 때문에 친구 혹은 동료, 사회적 관계에 서 심한 갈등 을 경험한 적이 있다(청소년용).	1	2	3	4
10) 스마트폰 때문에 해야 할 일(공부, 숙제 또는 학원 등) 을 하기 어 렵다.	1	2	3	4

3) 인터넷·스마트폰 과의존 학생의 실태

우리나라 만 3세에서 69세를 대상으로 실시된 스마트폰 과의존 실태조사에 따르면, 조사대상의 19.1%가 스마트폰 과의존 위험군으로 보고되었다(과학기술정보통신부, 2019b). 전 연령대의 과의존 위험군 비율이 증가하는 추세지만 그 상승폭이 둔화되고 있는 반면 유아동의 과의존 위험군 비율은 가장 큰 폭으로 증가하였다. 10대 청소년 또한 지속적으로 감소하는 추세임에 비해 3~9세 유아동의 스마트폰 과의존 위험군 현황은 2015년 12.4%에서 2016년 17.9%로 큰 폭으로 증가한 이후, 2017년 19.1% 그리고 2018년 20.7%로 다른 연령대에 비해 지속적으로 증가하는 추세이다. 유아동의 스마트폰 과의존 요인으로 '스마트폰 사용이 일상에서 가장 중요한 활동이 되는 것'인 현저성이 두드러지게 나타나는 것은 조절실패가 원인인 청소년이나 성인과는 다른 특성을 보였다. 이들이 학교에 진학하여 학령인구가 되었으므로 학교에서 지도하고 개입하는 전문적인 방안이 보다 적극적으로 연구되고 적용되어야 한다.

2. 인터넷 · 스마트폰 과의존 학생의 특징

1) 인터넷·스마트폰 과의존 학생의 유형

Young(1998a)이 분류한 인터넷 중독 하위 유형을 살펴보면, 첫째, 사이버 관계 중독 (cyber relationship addiction)은 인터넷 사용자들이 사이버상에서의 관계에 과도하게 몰입 하는 것이다. 주로 일상생활에 지루함을 느끼고 새로운 관계를 형성하기를 갈망하는 사람들에게 문제가 되고 있다. 둘째, 사이버 섹스 중독(cyber sexual addiction)은 가상 공간인 인터넷의 음란 사이트를 통해 동영상, 사진을 상습적으로 보고 행위를 하는 행동 유형이다. 이러한 사이트를 통해 학생들은 잘못된 성의식과 성가치관을 갖게 되고, 인터넷에서 본 내용을 현실 속에서 계획하고 실행함으로써 성과 관련된 범죄를 일으킬 가능성이 있다. 셋째, 네트워크 강박증(net compulsions)은 사람들이 일상생활에서의 편리함을 추구하고자 개발된 인터넷 쇼핑, 증권 거래, 경매와 같은 인터넷 서비스를 지나치게 자주 사용하여 의존감이 생겨 이를 이용하지 않으면 불안감을 느끼게 되는 유형이다. 넷째, 정보 과부하(information overload)는 자료 검색, 홈페이지 구축, 웹 서핑 등 자신이 원하는 관심사만의 서핑에 몰두하거나 혹은 특별한 목적 없이 인터넷 사이트를 서핑하며 시간을 보내는 행동이다. 다섯째, 컴퓨터 게임 중독(computer game addiction)은 강박적으로 컴퓨터 게임에 몰두하는 경우이다. 이와 유사하게 한국정보문화진흥원에서도 인터넷 하위 유형을 게임 중독, 커뮤티니 중독, 정보검색 중독, 음란물 중독, 인터넷쇼핑 중독으로 구분하고 있다.

2) 인터넷·스마트폰 과의존 학생의 임상적 특징

아동의 인터넷 · 스마트폰 과의존은 인지, 정서, 행동에 부정적 영향을 주며 전두엽 집행기능의 저하를 가져온다. 전두엽에서 관장하는 집행기능은 고위 인지기능을 담당한다. 집행기능이 높으면 정서 인식 명확성이 높고 적응적 정서조절 전략을 선택하며, 집행기능 능력이 낮으면 대인관계에서 낮은 능력을 보이며 또래와의 상호작용에 어려움을 겪을 수 있다. 인터넷 · 스마트폰에 과의존하면 집행기능이 저하되어 억제기제가 잘 활성화되지 않으므로 자신의 행동을 통제하지 못하고 충동적인 모습을 보인다. 억제기제가 활성화되지 않는 학생은 자신의 행동을 조절하지 못하고 주의집중이 어려워진다. 이러한 문제는 시간관리, 학업성취, 학업능력 저하, 메타인지전략 결핍 등 다양한 상황에서 부정적인 영향을 미친다.

- 인지행동적 특징: 가상과 현실을 구별하는 현실 지각력을 상실한다. 인터넷을 자신의 유일한 친구라고 느끼며 사회적으로 도피하고자 하고, 오프라인 상태에서도 온라인 세상을 생각하는 현상이 나타난다. 인터넷을 사용할수록 어느 정도의 만족을 얻기 위해 사용 시간을 늘리면서 내성이 생긴다. 인터넷 사용에 대한 내성이 생기면 인터넷에 접속하는 시간이 점점 더 늘어나 학업이나 학교생활에 집중하기 힘들고 학업 성적이 낮아진다.
- 정서적 특징: 인터넷을 과도하게 사용하는 학생은 공격성과 충동성이 높고, 불안과 우울감을 경험한다. 인터넷상에 중요한 일이 일어날 것 같은 강박적인 생각이 든다. 가족, 대인관계 등도 어려워져 정서적 고립 상태가 될 수 있다.
- 신체적 특징: 인터넷 사용시간을 정확히 알지 못하고 자신의 이용시간보다 적게 사용한 것처럼 느껴서 밤을 새우기도 한다. 같은 자세로 오래 있다 보니 어깨 결림, 피로, 전두엽 비활성화 등의 증상이 나타난다. 전두엽이 비활성화되면 판단력과 기억력이 감퇴한다. 인터넷 과의존이 되면 제대로 된 식사를 하기보다 불규칙한 즉석식을 먹는 경우가 많아 영양결핍증, 소화불량, 요통 등의 신체적인 증상이 나타난다. 또한 근육 경질, 관절염, 두통, 손목 결림과 시력 감퇴 등이 나타나기도 한다. 잠을 이루지 못하거나 쉽게 잘 깨는 등 수면 곤란이 나타나며 폭식, 금식 등 식습관 장애를 일으키기도 한다.

3. 인터넷 · 스마트폰 과의존에 대한 미술치료 접근

1) 인터넷·스마트폰 과의존에 대한 미술치료의 이점

미술치료는 미술매체를 활용하여 인터넷 · 스마트폰 과의존 내담자에게 참여에 대한 부담과 저항을 줄이며 건전한 놀이를 통해 자신에 대한 긍정적 경험을 이끌어 낼 수 있다. 자기를 지나치게 의식하지 않는 분위기 속에서 억압된 감정을 표현함으로써 인터넷 · 스마트폰 과의존으로 인한 왜곡되고 부정적인 자아개념을 극복하고 자신에 대한 긍정적 이미지를 형성할 수 있다. 작품을 만드는 형상화 과정, 작품을 만드는 과정에서 수반되는 상상 과정 및 상징화 과정, 대화 과정과 해석 과정, 작품을 만드는 과정과 작품을 만든 후의 대화를 통해서 치료자와 내담자 혹은 집단원들 사이에 이루어지는 만남을 경험하면서 현실적이고 긍정적인 자기감을 가질 수 있다.

- 인터넷·스마트폰 과의존의 중요한 치료목표는 사용 조절과 자기통제이다. 미술의 예술적 특성을 바탕으로 한 창의적 활동은 과의존 학생의 자기표출과 심리적·감각적·신체적 균형을 돕고 이를 통해 자기 조절과 통제력을 향상시킬 수 있다.
- 대상관계 미술치료이론의 접근으로 살펴보면, 내담자에게 인터넷 속 가상세계인 중간 영역을 미술치료라는 중간 영역으로 자연스럽게 유도한다. 내담자는 중간 영역인 미술치료를 통해 안아 주고 다루어 주는 치료자와 초기 대상관계를 재경험한다. 이러한 재경험을 통해 내담자가 건강한 자기를 획득하고 인터넷의 가상세계에서 빠져나와 현실에 적절히 통합되도록 도움으로써 원만한 적응과 학교 및 사회 생활을 하도록 이끌 수 있다.
- 인터넷·스마트폰 과의존 학생은 현실에서 해결해야 할 문제를 회피하거나 적절하게 대처를 하지 못하는 등 낮은 문제해결력을 보인다. 또한, 에너지가 부족하고 자신에 대한 표상이 긍정적이기보다 부정적인 경우가 많다. 미술활동과 작품을 통하여 자기가치감을 확인하고 자아존중감, 자기효능감 향상에 도움을 받을 수 있으며, 감각적인 움직임을 통하여 에너지 수준을 높여서 현실적 문제에 대한 관심과 대처방안을 모색하는 기회를 가질 수 있다.

2) 유용한 그림검사와 기법

(1) 사과 따는 사람 그림검사(Person Picking an Apple from a Tree: PPAT)

① PPAT 검사의 이해

Gantt와 Tabone(1998)이 『형식적 요소 미술치료 척도(The Formal Elements Art Therapy Scale: FEATS)』에서 소개한 투사적 그림검사이다. 임상적 상태와 치료에 대한 반응을 진단하고 문제해결 방식을 파악하는 데 목적이 있다. PPAT는 사과를 따는 방법과 태도를 통해 그린 사람의 실제적 에너지를 파악할 수 있고, 문제 상황에서 어떻게 대처해 나가는지 문제해결 방식을 볼 수 있다. 또한 나무와 사과, 사람 간의 관계성을 탐색할 수 있는 검사 방법이다. PPAT는 연필을 사용하는 다른 그림검사와 달리 색을 사용한다. 색의 사용은 무의식을 자유롭게 표출하고 방어를 줄이는 데 효과적이다(Hammer, 1958).

② PPAT 검사 실시방법

- 실시 대상: 5세 아동~성인(개인이나 집단실시 가능)
- 준비도구: 8절 흰색 도화지, 12색 사인펜 또는 마커
- 소요 시간: 약 20분 소요
- 지시문: "사과나무에서 사과를 따는 사람의 그림을 그려 주세요."
  - 치료자가 내담자에게 용지와 마커를 제시하면 내담자가 용지의 방향을 정한다.
  - 시간이나 용지의 방향에 특별한 제한을 두지 않는다.
  - 질문에 대해서는 "자유롭게 그리고 싶은 대로 그리면 됩니다."라고 대답한다.
- 사후질문(Post Drawing Inquiry: PDI)

  PPAT 검사 실시 후 이야기들이 간략하게 구성되거나 자신의 생각이 충분히 표현되지 않으면 다음과 같은 질문을 통해 이야기 구성을 도울 수 있다.
  - 그림은 어떤 내용입니까?
  - 그림을 간단하게 설명해 주세요.
  - 그림 속의 주인공은 (나이, 성별 등) 누구입니까?
  - 그림 속 주인공은 현재 기분이 어떤가요?
  - 사과를 따는 사람의 기분을 구체적으로 표현해 주세요.
  - 그림 속 주인공에게 필요한 것은 무엇입니까?
  - 이 그림에서 더 그려 넣고 싶은 것은 있나요?
  - 네가 그리고 싶은 대로 잘 그려졌나요?
  - (이해하기 힘든 부분) 이것은 무엇을 그린 건가요?

③ PPAT 검사 채점방법

Gantt와 Tabone(1998)은 PPAT 검사를 평가하는 기준으로 형식척도와 내용척도를 제시한다. 형식척도는 총 14개 항목으로 0~5점으로 이루어져 있고, 내용척도는 13개 항목으로 구성되어 있다.

PPAT의 항목별 형식척도

항목	내용
색칠 정도	그림에 어느 정도 색칠했는지를 평가한다.
색의 적절성	그림에 사용된 색이 대상을 묘사하는 데 적절한지를 본다.
내적 에너지	그림을 그리는 데 사용된 에너지의 양을 평가한다.
공간	그림이 차지하는 공간의 양을 평가한다.
통합	사람, 나무, 사과의 세 가지 기본적인 요소의 통합 여부를 본다.
논리성	제시된 과제의 구성이 논리적인지 여부를 본다.
사실성	각 항목이 사실적으로 그려진 정도를 평가한다.
문제해결력	사과를 얻기 위해 어떠한 노력을 하는지를 측정한다.
발달단계	발달단계에 맞는 그림이 그려졌는지에 대한 평가한다.
세부묘사와 주변환경	묘사의 충실성, 주변환경과 대상과의 조화를 본다.
선의 질	얼마나 선을 통제하는지를 평가한다.
사람	인물화의 평가에 기초한다(신체형상, 크기, 생략, 세부묘사, 왜곡, 움직임).
기울기	기질적 정신장애와 관련한 변수를 찾기 위해 고안되었다.
의미없는 선의 반복	선이나 형태가 의미 없이 그려졌는지를 평가한다.

PPAT의 항목별 내용척도

항목	내용
그림의 방향	그림을 그릴 때 가로와 세로 중 어느 방향으로 선택을 했는가를 평가한다.
그림에 사용된 색	열두 가지 색에서 사용된 색을 기록하는 항목으로 특정 색의 사용 유무뿐만 아니라 사용된 색의 개수를 파악한다.
사람의 유무	그림에서 사람 유무와 손이 사과를 뻗고 있는지 본다.
사람에 사용된 색	사람을 그리는 데 사용된 색을 평가하고 피부색의 표현과 옷에 이용된 색 모두를 포함한다. 인물을 여러 명 그렸을 경우, 사과를 따는 행위를 하고 있고 자세하게 표현된 순서로 번호를 정하고, 중요도를 판가름하기 어려운 경우에는 왼쪽부터 1번, 2번, 3번으로 평가한다.
사람의 성별	사람의 성별은 그림에서 보이는 2차 성징으로 유방, 턱수염, 옷의 색, 자세, 헤어스타일, 부속물 등의 많은 단서를 참고로 하여 판단한다.
사람의 실제적인 에너지	그림에 표현된 사람의 실제적인 행위를 평가하는 것이며, PPAT 그림에서 특징적으로 볼 수 있는 요소들이 있다.
사람의 얼굴 방향	그림에 그려진 사람의 얼굴 방향과 묘사의 정도를 평가한다.

사람의 나이	그림에 표현된 사람의 나이를 추정하는 항목이다. 일반적으로 그림을 그리는 자신의 나이와 비슷한 또래를 그리는 경향이 있으나, 성인의 경우 그려진 사람의 나이가 아기나 어린이라면 그린 사람의 발달수준 또는 심리적 상태에 주의를 기울여 볼 필요가 있다.
옷	그림에 그려진 사람의 옷에 묘사된 정도를 평가한다.
사과나무	그림에서 나무를 표현할 때 갈색 기둥과 가지, 녹색 수관, 빨간 사과가 가장 일반적이다. 사과나무의 요소 중 어느 한 가지 요소가 없으면 '사과나무 없음'에 표시한다. 사과의 개수는 나무에 있는 사과와 사람의 손에 있는 사과, 땅에 있는 사과까지 모두 포함한다.
사과나무의 색	사과나무의 색으로 기둥은 갈색이나 검정색, 수관은 초록이나 연두색, 사과는 빨강이나 연두색으로 표현하는 것이 일반적이다.
주변환경의 묘사	환경 및 대상의 묘사는 사람, 사과나무, 사과의 기본구성이 얼마나 상세하며 얼마나 세부적인가를 평가한다. 이 척도에서는 주변환경과 묘사가 주제와의 관련성이나 표현된 양에 어떠한 차이가 있는지를 평가할 수 있다.

④ PPAT 검사 해석방법

PPAT에 표현된 구성요소는 사과나무, 사과 따는 사람, 동작성이다.

- 사과나무는 좀 더 무의식적이고 심층적인 수준에서 자기와 자기개념에 대한 내면 감정의 투사를 표상한다. 그림 속의 사람이 사과를 어떻게 따고 있는지에 주목한다. 사과나무의 표현은 개인의 무의식에 있는 감정들을 나타낸다. 나무 기둥이 학생의 내적 자아 강도를 나타내기도 하고, 나무의 가지는 자신의 욕구에 대한 능력을 반영하며, 나무의 전체적인 조직화는 학생의 내적인 균형감을 나타낸다고 볼 수 있다.
- 사람은 자신에 해당되며 자신을 어떻게 지각하는가를 투사하고 종이는 환경에 대한 표상을 의미한다(Machover, 1949). 의식수준에서 자신과 환경과의 관계를 반영한다. 사과 따는 사람은 자신이 스스로 어떻게 생각하는가를 나타내고, 사람 그림은 바로 그림을 그리고 있는 자신에 대한 표현으로 볼 수 있다. 인물 표현을 통해서 자아상을 투사하게 하여 학생의 무의식 세계의 동기나 욕구를 종합적이고 객관적으로 파악하기 위한 것이다.
- 동작성의 표현은 그림 속에서 사람이 사과를 어떻게 따고 있는지에 주목한다. 사과를 따는 방법, 태도에서 에너지를 파악하고 문제대처와 해결방식을 살펴볼 수 있다. 어떤 식으로 사과를 따는지를 중심주제로 학생들이 일상생활에서 부딪히는 다양한 문제 상

황에 어떻게 대처하는지를 유추해 볼 수 있다. 특히 사람이 사과를 따는 방식이 현실적이고 합리적인지 아닌지에 따라 학생의 문제해결력이 잘 표현된다.

⑤ 사례로 이해하는 인터넷·스마트폰 과의존 학생의 PPAT 특징

K-척도를 통해 선별된 인터넷 중독 위험군 34명(고위험군 8명과 잠재적 위험군 26명)과 인구통계학적 특성이 동일한 일반사용자군 34명의 PPAT 반응 특성의 차이를 분석한 김진경(2013)의 연구 결과에 나타난 인터넷 중독 위험군의 반응은 다음과 같다.

- 사람이 사과를 향해 손을 뻗지 않거나 공중에 떠 있는 듯한 모습, 합리적인 지지 기반이 없는 과도하게 긴 팔을 표현하는 경우가 많다. 이는 스마트폰에 과다하게 노출될 경우 현실 적응력에 어려움이 있기 때문으로 볼 수 있다. 사과를 따는 사람의 팔이 상대적으로 길게 표현한 모습에서 문제를 논리적으로 인식하고 해결하려는 것에 어려움이 있는 것으로 추측해 볼 수 있다.
- 전체적으로 채색을 하지 않고, 외곽선만 표현하거나 사과나무, 사람, 주변 풍경 그림의 전체적인 조화가 이루어지지 않는다. 이는 내적 에너지가 다소 부족하기 때문이라고 볼 수 있고, 정서적으로 불안한 모습을 나타내는 것으로 볼 수 있다.
- 사과 열매가 많이 없고, 휘어진 가지, 나무의 수관이 작거나 나뭇가지를 짧고, 뾰족하게 표현하는 경우가 많다. 정서적으로 우울감을 보일 수 있으며, 타인과의 관계 시 긴장감으로 인해 원만한 관계에 어려움을 겪을 수 있다. 문제를 해결할 때 충동적이며 즉흥적으로 해결하려는 양상을 나타낼 수 있다.

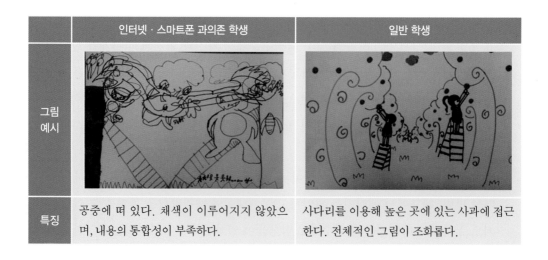

	인터넷·스마트폰 과의존 학생	일반 학생
그림 예시		
특징	공중에 떠 있다. 채색이 이루어지지 않았으며, 내용의 통합성이 부족하다.	사다리를 이용해 높은 곳에 있는 사과에 접근한다. 전체적인 그림이 조화롭다.

평가	과도한 인터넷 · 스마트폰 사용으로 인해 현실 적응력이 결여되어 있다(논리성 2점).	문제해결력이 있고 인지와 정서에 문제점이 보이지 않는다(논리성 5점).
그림 예시		
특징	과도하게 길게 팔이 뻗어져 있다. 채색이 없고 수관이 작다.	사과를 따기 위해 막대기를 사용한다. 수관이 적당하며 내용이 논리적이다.
평가	우울감이 느껴지고 문제해결력이 부족하다(통합 2점).	문제해결력이 있고 주변 환경 요소의 안정감이 있다(통합 5점).

(2) 인터넷 · 스마트폰 과의존 학생 상담에 유용한 개입 기법

① 나만의 마을 만들기(김선주, 2021; 이지나, 신지현, 2020)
- 준비물: 집모형(조립제품), 나무조각, 목공풀, 우드락 판, 스팽글, 수수깡, 유성매직, 아이클레이, 꾸미기 재료, 크레파스, 색연필, 색 사인펜, 색종이, 풀 등
- 적용 시기: 중기, 종결기
- 목표: 과거와 현재의 나를 벗어나서 미래에 그리는 자신과 주변을 이미지화함으로써 변화욕구를 명료화한다. 인터넷 사용 습관에서 변화된 모습을 확인하고 미래의 꿈꾸는 자신과 환경에 대한 목표 의식을 가진다.
- 작업 과정
  - 자신이 살고 있는 집과 마을의 모습을 떠올려 본다.
  - 우드락에 자신이 살고 싶은 집과 마을의 모습을 만들어 본다.
  - 주변에서 볼 수 있는 재료를 이용해도 좋고, 나무조각이나 아이클레이, 스팽글 등을 이용해서 창의적으로 표현해 본다.
  - 마을 만들기를 통해 '나' 자신에 대해 알게 된 점은 무엇이고, 새롭게 알게 된 점도 있는지 등을 나누며 자신에 대해 탐색할 수 있는 기회를 제공한다.
  - 이러한 작업을 통해 안전한 공간에 대해 탐색을 하게 되고 가상공간과 현실공간을

연결해 보는 경험을 하도록 돕는다.

- 고려할 점
  - 내담자의 연령, 수준, 능력에 따라 적용하고 재료도 준비하여야 한다.
  - 집 모형 조립에 너무 집중하지 않고, 자신이 살고 싶은 집과 마을을 꾸미는 데 초점을 맞춘다.
  - 화장품 통, 약통, 작은 박스 등을 활용하여 칸을 만들고 옷장, 책상, 침대, 사람 등 다양하게 꾸밀 수 있다.

② 아빠와 엄마 카툰(정동영, 2005)
- 준비물: A4 용지 또는 8절지, 4B 연필, 지우개, 사인펜, 색연필, 다양한 색상지, 가위, 풀
- 적용 시기: 중기
- 목표: 자기표현과 상호작용이 어려운 내담자의 상호작용을 촉진한다. 친밀한 관계에 대한 이해와 스트레스를 해소함으로써 현실적인 관계 개선에 도움이 된다.
- 작업 과정
  - A4용지 한 장에 8~9개 정도의 칸을 그려 2~3장 준비한다.
  - 아빠와 엄마를 주제로 칸마다 만화그림을 그려서 카툰을 만들도록 안내한다.
  - 치료자는 결말이 부정적이거나 죽는 것으로 끝나서는 안 된다는 규칙을 제시한다.
  - 카툰이 마무리되면 표지를 만들고 제목을 정한다. 지은이, 출판사명, 책의 가격까지 적게 한다.
  - 카툰 내용을 바탕으로 감상과 이야기를 나눈다.

- 고려할 점
  - 내담자의 연령과 수준을 고려하여 카툰 칸의 갯수를 4~10개로 할 수 있다.
  - 카툰을 지나치게 장난스럽거나 공격적으로 그리는 경우가 있는데 적절하게 통제하는 것이 필요하다. 이 규칙은 아동, 청소년에게 중요하다.
  - 아빠와 엄마를 한 회기에 모두 그리고 나누기가 힘들 수 있으므로 회기를 나누어서 진행할 수 있다.

4. 인터넷 · 스마트폰 과의존 관련 미술치료 연구 동향

인터넷 · 스마트폰 과의존에 대한 연구는 IT와 인터넷 기술을 선도하는 국내에서 더 활발하게 이루어지는 경향이 있다. 미술치료 연구는 이정희(2002)가 인터넷중독장애 중학생을 대상으로 미술치료가 가족관계와 학교생활, 사회성 기술에 긍정적인 영향을 준다는 보고를 시작으로 현재까지 활발하게 이루어지고 있다. 2002년부터 2019년까지 발표된 인터넷 · 스마트폰 중독과 관련된 미술치료 연구 동향을 분석한 유현영과 이근매(2021)에 따르면, 총 44편의 연구가 이루어졌고, 대상은 아동청소년이 대부분으로 초등학생, 중학생, 고등학생 순으로 나타났다. 연구 주제는 학교 부적응 및 문제행동 개선에 대한 주제가 가장 많았으며, 10명 이하로 구성되는 미술치료 프로그램이 가장 많았다. 미술치료 매체 사용은 혼합사용이 많았고, 치료기법도 단일기법보다는 혼합기법을 활용한 연구가 많이 진행되었다. 장성숙과 이근매(2016)는 인터넷 과의존 초등학교 6학년 5명을 대상으로 집단미술치료를 실시한 결과, 문제행동이 감소하였고 자기효능감도 향상되었다고 밝혔다. 김란(2019)은 일반아동과 스마트폰 과의존 아동의 지능, 정서 차이를 인물화 검사를 통해 알아보았다. 일반아동은 인물화 검사 항목 즉, 얼굴, 몸통, 머리카락, 눈, 코, 입, 팔, 다리 등 모든 항목에서 스마트폰 과의존 아동보다 많이 그리고 섬세하게 표현하였다. 스마트폰 과의존 아동은 눈의 생략, 무표정한 표정, 손과 발의 생략 및 세부묘사가 생략된 단순화된 사람 형태가 많았다. 지적 능력의 부족함을 나타내는 인물화 그림이 스마트폰 과의존 아동에게서 많이 나타났고, 인터넷·스마트폰 사용 시간은 아동의 지능 발달에 영향을 미친다고 보았다. 인터넷·스마트폰 중독유형에 따른 연구와 표현기법이나 매체의 유용성, 메타분석 연구 등이 이루어질 필요가 있다.

Zhou와 Leung(2012)은 중국 대학생의 게임 중독에 관한 연구에서 인터넷·스마트폰에 과의존하는 청소년은 현실 세계에서 외로움을 느끼기 때문이라고 보았다. 게임 중독 학생들에게 미술, 원예와 같은 표현예술치료는 현실세계의 외로움이 아닌 따뜻함과 감수성을 기르는 데 도움이 된다고 하였다. 인도네시아의 Situmorang(2021)는 자카르타 출신 남학생이 DSM-5에서 제시한 임상 징후 5개 이상을 보였는데 미술, 원예, 동물 기르기 등과 같은 표현예술치료를 통해 하루 13시간 이상이던 게임 시간이 점차 줄어들어 최소 하루에 1시간 정도로 줄었다고 하였다. 미국의 Net addtion(2017)은 스마트폰 중독을 포함한 인터넷 중독 치료 프로그램으로 개인상담, 부모코칭, 집단미술치료 등을 제공하고 있다. 프로그램은 개인, 집단에 적용 가능하며 미술치료 및 인지행동치료에 기반하여 참가자 및 가족의 중독을 현실적으로 인식하고 완화 및 통제할 수 있도록 돕는 것을 목표로 하였으나 인터넷·스마트폰 중독에 초점을 맞춘 프로그램 연구는 아직 초기 단계이다. 인도의 인터넷 중독에 관해 연구한 Aziz(2020)는 인터넷·스마트폰 과의존 내담자의 눈높이와 관심도를 고려한 매체활용 상담이 무엇보다 중요하다고 하였다. 인터넷 중독이 모든 연령대에게 건강 합병증 중의 하나이며 가능한 비약물적 치료인 예술치료를 통한 접근의 효과성을 주장하였다.

시대의 흐름에 따라 미술치료에 있어서 인터넷·스마트폰의 적극적 활용에 대한 논의도 이루어지고 있다. 영국 인구건강과학연구소의 Zubala와 Kennell, Hackett(2021)은 디지털 기술이 미술치료에 가져올 잠재적 가능성이 크다고 하였다. 먼 지역에 거주하거나 직접 방문 상담이 어려운 경우 원격 미술치료가 이루어질 수 있다. 김선주와 김선희(2014)는 인터넷 사용이 늘어남에 따라 인터넷 과몰입 학생을 대상으로 디지털 기기를 활용한 PPAT 검사를 연구하였다. 컴퓨터와 스마트폰에 익숙한 학생들은 종이에 그리는 것에 소극적이고 어려움을 보이는 경우가 있지만, 컴퓨터와 스마트폰으로 그리는 데에는 보다 적극적이고 친숙하였다. PPAT 검사를 실시할 때 디지털 기기를 사용하여 흥미와 집중력을 높일 수 있다. 컴퓨터 상에서는 펜의 굵기 조절이 가능하고 자유롭게 수정이 가능하기 때문에 종이에 마커로 한

번에 그려야 한다는 부담감을 다소 줄일 수 있다. 또한 자유롭게 컴퓨터나 전자 기기를 이용하여 그림을 그리는 데 재미를 느끼고, 인터넷 · 스마트폰에 대한 관심을 다른 방향으로 전환하게 하는 효과가 있음을 밝혔다. 반면, Carlton(2014)은 상담자는 주로 언어치료를 중심으로 내담자에게 접근하기 때문에 상담자들에게서 미술매체나 디지털 기술에 대한 저항이 보고되고 미술치료 효과에 대해 보수적이라고 하였다.

제3부

가정 및 학교 문제에 대한 학교미술치료의 실제

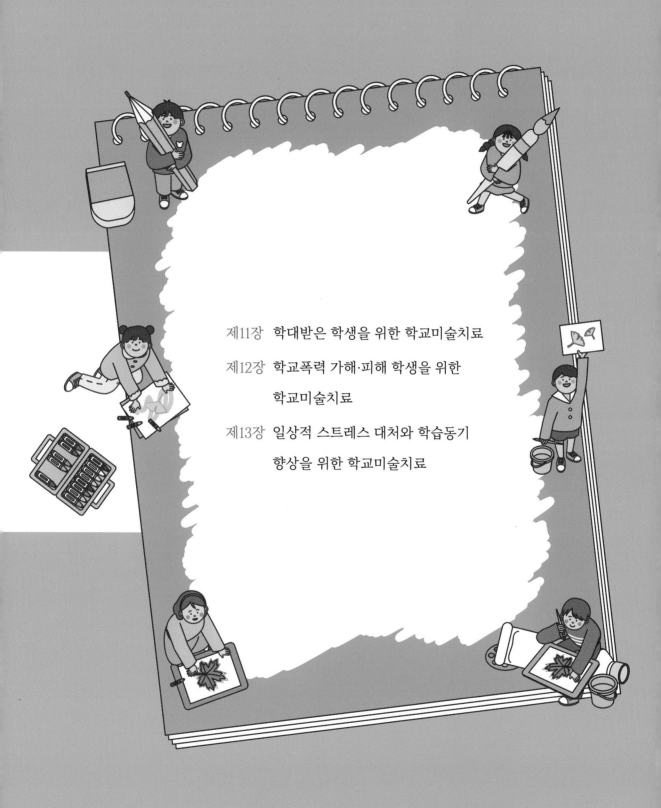

학교미술치료 이론과 실제

제11장
학대받은 학생을 위한 학교미술치료

경수(초 5, 남)는 학교가 끝나도 집에 바로 가지 않았다. 근처를 배회하다가 더 이상 갈 곳이 없을 때 어쩔 수 없이 집에 갔다. 아버지는 거의 매일 술을 마시고 집에 들어오면 어머니에게 트집을 잡고 소리를 지르며 다퉜다. 이혼을 한 후 화가 나면 손에 잡히는 대로 물건을 던지고 벽과 문을 치고 때리기도 하였다. 경수는 아버지가 들어올 때면 가슴이 뛰고 공포스러운 분위기에 떨었다. 아버지가 때리고 욕을 할 때 대들고 반항하거나 도망치면 더 많이 맞아서 차라리 고분고분하게 상황이 끝나기를 바랐다. 경수가 친구들과 잘 어울리지 못하고 얼굴, 팔에 긁힌 상처와 다리를 절며 걷는 모습을 담임교사가 확인하고 신고하였다. 현재 경수는 아버지와 분리되어 아동보호시설에서 생활하고 있다. 담임교사와 전문상담교사에게 경수는 다음과 같이 말했다.

"내가 별로 잘못했다고 생각하지 않지만, 아빠는 내가 잘못했다고 해요."

"아빠가 술 마시고 들어오면 문을 잠그고 다른 방에 있어요. 아빠가 잠만 들면 괜찮아요."

"맞을 때 피해야 해요. 그대로 있다간 죽어요."

"혼자 울어요. 운다고 시끄럽다고, 다 큰 놈이 운다고 맞은 적도 있어요."

"아빠는 병원에서 술 더 마시면 죽는다고 했어요. 나도 아프고 아빠도 아파요."

"내가 다른 형들이랑 돈도 벌고 다 크면, 그럼 아빠는 못 건드려요."

"내가 말해도 아무도 안 믿을 걸요. 아무도 관심 없어요."

"아무한테도 말 안해요. 그런다고 달라지는 것도 없고 부끄러워요. 우리 반 애들이 알면 놀릴 거예요."

아동학대나 방임은 가정 내 문제가 아니다. 부모나 가족이 역기능적이라면 사회가 적극적으로 개입하여 아동의 권리를 증진하고 양육해야 한다. 아동학대는 전 생애에 걸쳐 부정적인 영향을 미치지만 은폐되어 지속적·반복적으로 이루어지는 특징이 있다. 학대를 경험한 학생은 비행, 반사회적 행동 등 부적응을 보이고, 학대가 세대를 이어서 되풀이될 가능성이 있다. 출생 후 5년 이내에 신체적 학대를 경험한 아동은 청소년기에 비폭력 및 폭력 범죄로 체포될 가능성과 10대 임신, 고등학교 중도탈락 위험이 있다. 아동학대는 불안정애착형성으로 인한 심리적 문제, 발달지연 및 신체장애, 인지 및 학업능력 문제 등 학생의 발달 영역 전반에 부정적인 영향을 미친다. 장기적으로는 신체장애, 언어장애, 대인관계 위축 및 부적응, 약물복용, 정서행동적 문제를 일으키는 원인으로 밝혀져 왔다. 미술치료는 자신이 감당하고 언어화하기 어려운 외상적 경험인 학대와 방임에 대해 이해하고 정서를 조절하여 긍정적인 자기개념을 재구성하고 자기감을 증진하도록 돕는다.

1. 아동학대에 대한 이론적 이해

1) 아동학대의 개념

아동학대에 대한 정의는 사회적·문화적·시대적·인종적 상황에 따라 차이가 있다. 우리나라의 「아동복지법」 제3조 제7호에는 보호자를 포함한 성인이 아동의 건강 또는 복지를 해치거나 정상적 발달을 저해할 수 있는 신체적·정신적·성적 폭력이나 가혹행위를 하는 것과 아동의 보호자가 아동을 유기하거나 방임하는 것이라고 정의되어 있다. 미국에서는 「아동학대 예방 및 치료에 관한 법률」에서 아동의 건강이나 복지가 손상되거나 위협받는 환경에서 아동의 복지에 책임이 있는 사람에 의한 18세 이하 아동의 신체적 혹은 정신적 손상, 성적 학대, 착취, 방임적 취급 혹은 학대로 정의하고 있다.

2) 아동학대의 유형

DSM-5-TR에서는 아동학대를 정신장애로 고려하지는 않지만 신체적 학대, 성적 학대, 심리적 학대, 방임의 네 가지 유형으로 제시하고 학대를 경험한 아동이 보이는 증상의 징후에 기반하여 진단을 한다. 예를 들면, 학대를 경험한 아동의 증상과 징후에 따라 불안,

우울, 불면증으로 진단될 수 있다. DSM-5-TR의 학대 유형의 정의와 American Psyciatric Association(2023)이 제시하는 내용은 다음과 같다.

(1) 신체적 학대

아동에 대한 우발적이지 않은 신체 상해이며, 가벼운 멍에서부터 심각한 골절 혹은 죽음에까지 이른다. 부모, 양육자 혹은 아동에 대한 책임이 있는 사람에 의한 주먹질, 구타, 발길질, 물어뜯음, 흔들어 댐, 내동댕이침, 찌름, 목 조름, 때림, 화상 입힘이 포함되며 양육자의 의도에 상관없이 학대로 고려한다. 하지만 이치에 맞고 아동에게 신체적 상해를 일으키지 않는다면 엉덩이 때리기와 같은 체벌은 학대로 고려되지 않는다. 학대적인 행동을 식별할 때 아동에게 신체적 피해를 남겨야 한다는 기준을 사용하며 피해 가능성만으로도 신체적 학대로 분류할 수 있다.

(2) 성적 학대

부모, 양육자 또는 아동에 대한 책임이 있는 사람이 아동에게 성적 희열을 제공하도록 강요하는 모든 성적 행동이다. 아동의 생식기를 애무하는 것, 삽입, 근친상간, 강간, 항문 성교, 성기 노출과 같은 행동들이 포함된다. 아동에게 타인의 성적 희열을 위한 행동을 하도록 강요, 기만, 유인, 위협, 압박하는 행위도 포함된다.

(3) 심리적 학대

부모나 양육자가 아동에게 심각한 심리적 위해를 일으키는(혹은 가져올 가능성이 있는) 우발적이지 않은 언어적 · 상징적 행위이다. 예를 들면, 질책, 비난, 폄하, 굴욕감을 주는 것, 위협하는 것, 아동이 좋아하는 사람이나 물건에 위해를 가하거나 버리는 것, 신체적 혹은 비신체적 처벌을 하며 과도하게 훈육하는 것이다. 아동에게 가치 없고 결함이 있으며 사랑받지 못한다, 타인이 원하지 않으며 위험에 처해 있거나 타인의 욕구를 충족시켜 줄 때에만 가치가 있다는 메시지를 준다(Meyers, 2010). 심리적 학대는 아동의 인간적인 가치와 존엄성을 침해한다. 다음과 같은 행동 유형이 포함된다.

- 배척하기: 아동을 거절하거나 비하하는 언어적 · 비언어적 행동이다. 아동이 정서를 드러냈다고 조롱하는 것, 공개적으로 아동에게 창피를 주는 것, 다른 사람 앞에서 한 아동을 극도로 편애하는 행동들이 포함된다.

- 공포감 주기: 아동이나 아동이 사랑하는 대상을 다치게 하거나 버리겠다고 위협하는 것이다. 예를 들면, 복종하지 않으면 다치게 하거나 버리겠다는 위협, 가정폭력을 목격하게 하는 것, 아동의 애완동물을 죽이겠다고 하는 것이다.
- 고립시키기: 집 밖의 또래나 성인과 상호작용할 기회를 주지 않는 것이다. 예를 들면, 아동이 친구와 노는 것을 허락하지 않거나 부모와의 면접교섭을 거부하는 것 등이다.
- 착취하기: 아동에게 부적응적이거나 반사회적인 행동을 하도록 부추기는 것이다. 예를 들면, 아동이 불법 행동을 목격하게 하거나 아동을 범죄에 이용하는 것 등이다.
- 정서적인 반응 부인하기: 관심과 정서적 상호작용을 얻기 위한 아동의 노력을 무시하는 것이다. 예를 들면, 양육자는 냉정하고 정서적으로 거리감 있게 행동하거나 애정을 거의 보이지 않고 아동이 고통스러워할 때 위로를 제공하지 않는 것이다.

(4) 방임

부모와 양육자가 아동의 연령에 적절한 기본적인 욕구를 박탈하고 신체적 · 심리적 위해를 가져오는 행동이다. 유기, 적절한 관리감독의 결핍, 정서적 혹은 심리적 욕구 충족이 되지 않음, 아동에게 필요한 교육, 치료, 영양, 주거, 의복 제공을 하지 않는 것을 포함한다.

- 신체적 방임: 아동을 위험으로부터 보호하지 못하거나 신체적으로 필요한 것을 제공하지 않을 때 일어난다. 일반적으로 음식, 쉴 곳, 의복을 제공하지 않는 것도 고려된다. 하지만 경제적 어려움으로 필요한 것을 제공하지 못하는 부모와 신체적 방임을 구분하는 것이 어려울 때가 있다.
- 의학적 방임: 관리하지 않으면 심각하게 아동의 건강을 위협할 수 있는 의학적 수술, 치료와 같은 기본적인 의료서비스가 필요할 때 제공하지 않는 것이다. 예를 들면, 필수 예방접종을 하지 않는 것, 심각한 질병의 치료나 관리를 위한 의사의 권고를 따르지 않는 것 등이 포함된다.
- 교육적 방임: 부모가 아동을 학교에 입학시키지 않거나 교육을 제공하지 않을 때 일어난다. 교육적 방임은 반복적으로 학교에 빠지게 할 때도 발생할 수 있다.

신체적 방임은 가장 일반적인 것으로서 아동에게 기본적인 의식주를 포함한 신체적으로 필요한 것을 제공하지 못하고, 건강 보호를 고의로 거부하거나 지연시키는 것, 유기, 부적절한 지도감독 등을 말한다. 교육적 방임은 아동의 교육적 욕구를 무시하고, 학교 준비물에 대해 무관심하거나 잦은 결석 등을 포함한다. 정서적 방임은 부적응적인 행동을 보여도 관여하지 않고 묵인하여 적절한 사랑을 제공하지 않는 것으로 아동과 대화를 하지 않거나 안아주기 등 애정표현과 같은 정서적 욕구에 대한 무관심을 말한다(류정희, 2016).

3) 아동학대의 원인

아동학대의 원인은 가해자, 피해 아동, 가정환경, 지역사회 요인 등 다양한 원인이 있으며 이러한 요인들이 복합적으로 상호작용할 가능성이 있다. 아동학대를 설명하는 이론은 다양하다. 정신병리적 관점은 양육자의 아동기 학대 경험에서 기인한 불안, 우울, 히스테리와 같은 정신병리적 특성으로 설명하고, 발달론적 관점은 아동의 신체적·정서적·행동적 문제와 양육자의 부적절한 양육 특성 및 역할에 대한 잘못된 이해가 양육 스트레스를 높여서 좌절감 상황에서 상호작용하여 아동학대를 일으킨다고 하였다. 사회환경적 관점은 빈곤, 직업, 계층, 가족 유형, 양육자의 실직과 같은 구조적 특성이 가족의 스트레스를 증가시켜서 아동학대로 이어진다고 하였다. 사회정보처리적 관점은 아동의 행동에 대한 양육자의 인식, 기대나 속성과 같은 인지적 특성이 아동학대의 원인이 된다고 하였다. 생태학적 관점은 아동 개인의 유기체로서의 생물학적·심리사회적 특성과 아동을 둘러싼 다양한 환경 간 상호작용의 결과로 발생한다고 하였다.

(1) 가해자 요인

아동학대 가해자 요인은 아동의 욕구나 발달에 대한 이해 부족, 양육기술 부족, 아동기 학대나 방임 경험, 알코올이나 약물남용, 신체적·정신적 건강 문제, 사회적 고립, 가정폭력, 양육 스트레스 등이다. 가정의 분위기는 아동학대와 관련이 있다. 부부갈등이 심각하고 폐쇄적이며 갈등적인 분위기의 가정에서는 아동학대가 일어날 가능성이 높다. 예를 들면, 서로 신뢰하기 어렵고, 자주 소리를 지르며, 서로의 의견을 묻지 않고 존중하지 않으며, 걸핏하면 물건을 던지는 모습을 보이는 가정 분위기는 그 자체로 학대이며 심각한 학대가 일어날 가능성이 있다. 가정폭력을 경험한 양육자는 아동학대의 행위자가 될 가능성이 있다. 특히 남편에게 폭력을 당한 어머니는 울분과 화를 참을 수 없어서 아동에게 자신의 부정적 감정을 표출한다. 남편에 대한 증오심 때문에 자신도 모르게 아동에게 폭력을 저지를 수 있다. 가정폭력의 피해자인 어머니는 피해자 반응과 후유증으로 인해 자아상실, 무력감, 불안 및 우울, 분노와 적대감 등으로 심리적인 문제를 경험하여 양육 스트레스에 취약해지고 아동을 학대할 위험성이 높아진다. 방임 가정의 대부분은 빈곤, 열악한 교육, 약물남용, 해결되지 않는 부모의 외상, 정신질환을 포함한 문제를 만성적으로 가지고 있다(Jones & Logan-Greene, 2016). 강압적인 양육도 정서적 학대로 볼 수 있다. 예를 들면, 화가 나면 물건을 부수고 벽에 구멍을 내거나 "내가 너를 다치게 할 수 있어."라는 메시지를 언어적 · 비언어적으로 전달하며 위협하는 폭력적이고 학대적인 행동을 하는 것이다.

초기 아동기에 경험한 부모에게 수용받지 못한 경험, 양육자에 대한 과도한 의존이나 아버지에 대한 두려움 등이 폭력성과 건강하지 못한 대인관계의 원인이 된다(Bowlby, 2008). 가해자는 낮은 자기통제력으로 인해 감정과 사고, 행동 등을 조절하는 데 실패하여 폭력적인 행동을 하게 된다. 자기통제력이 낮으면 즉흥적으로 반응하고 눈앞의 욕구를 충족하려하며 자신의 목적을 달성하기 위해 완력과 폭력을 사용하고 반사회적 행위를 저지르는 경향이 있다.

(2) 피해자 요인

아동의 문제행동은 학대의 결과로 나타나기도 하지만 원인이 되기도 한다. 우울하고 불안해하며 사회성이 떨어지고 정서적으로 불안정한 아동은 신체학대를 포함하여 학대를 경험할 가능성이 있다. 신체적 장애 및 정신적 질환, 행동적 특성이 학대피해 요인이 될 수 있다. 예를 들어, 장애로 진단할 수 있는 범위는 아니지만 주의산만, 과잉행동, 반항 등의 문제행동은 양육자에게 스트레스로 작용하여 학대를 일으킨다. 신체적 · 정신적 장애가 없어도 0~5세 아동은 대소변, 식습관 문제 등 생활습관이 학대 피해 경험에 영향을 줄 수 있다.

4) 학대받은 학생 진단 및 유형

(1) 학대받은 학생 행동 임상적 진단

학대 경험은 아동의 외현화 문제, 품행장애, 사회적 부적응, 상호작용의 어려움, 또래관계 문제와 관련 있고, 상당 수의 아동이 학대로 인해 외상후 스트레스장애 징후를 보인다(조숙연, 2018). 학대 피해 아동은 외상후 스트레스장애(PTSD)를 겪을 수 있는데, 제12장 학교폭력 피해 학생의 특성에서 제시된 바와 같이 PTSD는 정신적으로 큰 충격을 준 사건을 겪은 이후 지속적으로 심리적 후유증을 보이는 경우에 진단된다. 하지만 PTSD가 다양한 종류의 외상 경험자의 증상과 반응 양상을 모두 반영하지 못한다는 비판을 받으면서 복합 PTSD 또는 DESNOS의 개념이 등장하였다. 외상 유형 중 반복적이고, 대인 간 폭력(interpersonal violence)의 성격을 띤 외상 경험은 복합외상(complex trauma)이라는 명칭으로 사용되는데, 가정폭력, 아동학대, 포로, 난민 경험이나 인신매매, 성매매 등의 사례를 들 수 있다(김영아, 2019). DESNOS(Disorders of Extreme Stress Not Otherwise Specified)란 달리 분류되지 않는 극단적 스트레스로 인한 장애로 세계보건기구(WHO)는 ICD-10 분류체계에 '재앙적인 스트레스 이후에 발생하는 지속적인 성격 변화'라는 새로운 진단 범주를 추가하였다. 복합외상은 일회적인 단순 외상이 아니기 때문에 훨씬 더 심각하며 장기적인 심리 문제를 유발한다. 복합외상의 여러 사례 중 특히 아동학대는 아동발달의 모든 영역에 복합적으로 심각한 손상을 가져올 수 있기 때문에 심각성이 매우 크다(안현의, 2007).

달리 분류되지 않는 극단적 스트레스로 인한 장애(DESNOS)의 ICD-10 분류체계

A. 정서적 각성 조절 기능의 변화
  (1) 만성적 정서조절 기능의 어려움
  (2) 분노조절의 어려움
  (3) 자기파괴적 또는 자살 행위
  (4) 성적 충동이나 행동조절의 어려움
  (5) 충동적이고 위기적인 행동
B. 주의력과 의식 기능의 변화
  (1) 기억력 상실
  (2) 해리와 이인화
C. 신체화 증상
D. 만성적 성격 특성의 변화
  (1) 자기인식의 변화: 만성적 죄책감과 수치심, 자책감과 자신이 영구적으로 손상된 느낌
  (2) 가해자에 대한 인식의 변화: 가해자에 대해 왜곡된 믿음을 갖거나 이상화함
  (3) 타인과의 관계 변화
    (a) 타인을 믿기 어렵고 지속적인 관계 유지가 어려움
    (b) 반복해서 피해자가 될 가능성
    (c) 타인에게 가해 행위를 할 가능성
E. 의미체계의 변화: 절망과 무망감

---

(2) 복합 PTSD의 증상

정서적으로 긴밀히 연결되어 있고 의존도가 높은 관계인 양육자와의 애착관계에서 발생한 외상(attachment trauma)은 아동학대와 가장 관련 있는 외상이다(Allen, 2011). 복합 외상은 가까운 관계에서 지속적으로 발생하는 경우가 많기 때문에 복합외상에 노출된 아동은 개

인과 타인을 신뢰하는 능력이 발달되기 어렵다. 외상 사건을 떠올리는 과정에서 무한한 사랑을 받아야 하는 부모에게 조차 사랑을 받지 못한다는 생각에 자기 혐오, 낮은 자존감이나 자신감의 결여 등 부정적인 방식으로 정체성과 자아개념이 형성된다(Duckworth & Follette, 2011). Courtois와 Ford(2012)는 복합외상의 핵심 영역을 정서조절 장애, 자기완결성의 상실, 타인들과 관계를 맺는 능력의 장애의 세 가지로 제시하였다.

- 정서조절 장애: 가장 대표적으로 불안과 우울이다. 불안은 두려움, 공포, 우려, 과민함, 공격성, 수면 장애나 과잉 각성이 공존한다. 우울은 무망감, 절망, 지속적인 슬픔, 정서적 무감각, 타인에 대한 경계심으로 인한 위험감 등으로 인해 살아갈 가치가 없다고 생각하여 자살 충동 등으로 나타난다. 정서조절의 실패는 자기조절 능력의 손상으로 이어진다. 위장장애, 호흡곤란, 근육 긴장과 편두통, 폭식, 비만, 거식증, 이명 등 신체화 반응이 생겨날 수 있다.
- 자기완결성 및 자아통합의 상실: 복합외상 사건은 해리 반응을 유발하고 심화시킨다. "왜 이런 일이 나에게 일어나지? 어떻게 나를 사랑해야 할 사람이 이렇게 하지?"와 같은 질문을 자신에게 하게 되고 그 대답 또한 자신에게서 찾는다. "나는 학대를 당해도 되는 사람, 나쁜 운명을 타고난 사람" 등 자기 혐오적인 답을 찾는다. 이로 인해 죄책감과 낮은 자기가치감이 형성되어 고통스러운 자의식적 정서를 경험하게 된다. 외상 경험으로 인한 무력감에서 벗어나고 통제감을 획득하기 위하여 자기처벌적인 행동을 하고, 타인의 요구에 일치하려는 거짓자기를 형성하게 된다.
- 타인들과 관계를 맺고 친밀해지는 능력의 장애: 가정폭력 및 학대를 경험한 아동은 누군가가 자신을 존중하거나 친절하게 대할 때 놀라거나 불안해진다. 스스로를 무능하거나 타인에게 달갑지 않을 것이라고 생각하는 등 부정적인 존재로 인식한다. 부정적 자기표상으로 인해 타인과 가까워지고 싶다는 욕구를 억제하고 친밀해지는 것을 회피한다. 이러한 사회적인 고립은 평생 동안 지속되는 패턴이 될 수 있으며 해리 반응을 수반하고 보호, 지원 및 위로를 거의 받지 못하게 된다.

(3) 아동학대 현황

아동이 학대를 공개하지 않는 이유는 폭력 경험을 외부에 보고할 만큼 심각하지 않다고 생각하고, 자신의 경험을 학대로 인식하지 못하거나 학대 행위 중 일부를 평범한 일상생활로 간주하기 때문이다(Lahtinen, 2022; Lahtinen et al., 2022; McGuire, London, 2020). 2021년 아동학대 현황 조사(보건복지부, 2022b)에 따르면, 아동학대 신고 접수 건수는 52,083건으로 전년 대비 27.6%로 크게 증가하였으며, 이 중에서 아동학대로 판단된 사례는 37,605건이었다. 피해 아동과의 관계는 부모가 82.1%이며, 친부, 친모, 계부와 계모 순이었다. 유형은 정서적 학대, 신체적 학대, 방임, 성적 학대 순이었으며 중복학대 중에서는 신체적·정서적 학대가 가장 높았다. Kessler 등(1995)의 연구에서 강간, 신체적 학대, 폭력적 공격행위로 인한 복합 PTSD는 남성의 경우 2~65%, 여성은 21~49%였다. Resnick 등(1993)에 따르면, 사람 사이에서 일어나는 폭력 유형의 외상 경험으로 인한 복합 PTSD의 평생 유병률은 31~39%였다. 국내에서는 복합외상이 공론화되지 않았기 때문에 복합외상에 관한 연구는 초기 단계이다.

2. 학대받은 학생의 특징

1) 신체적 손상을 포함한 후유증

학대받은 학생의 후유증은 학대의 양적인 면보다 지속 정도에 영향을 받는다. 신체학대를 받은 학생의 후유증은 단순한 타박상, 골절 등 비교적 경미한 일시적 손상에 그치지 않는 경우가 있다. 신체적 손상뿐만 아니라 심리적·정신적 후유증을 남긴다. 지능저하, 발달지연, 과잉행동, 충동적 행동을 보이고 심각한 불안, 사람에 대한 믿음을 갖기 어려워서 병적인 대인관계를 보인다. 부모의 잘못을 인정하지 못하고 억압하는 강한 부정, 투사 등 심리적으로 원시적 방어기제를 보인다. 학대받은 학생의 대부분은 내면에 불안을 지니고 있어서 만성적인 스트레스를 경험한다. 이로 인해 우울감과 절망감 속에서 민감하게 반응하고 위축되거나 공격적인 양극단으로 치우친다. 자해행동, 자살 시도 및 위협 등 자학적이고 자기 파괴적인 행동을 보이기도 한다.

어릴 때부터 지속적인 학대와 방임으로 인해 뇌는 발달적으로 문제를 보일 수 있다. 아동학대는 뇌의 해부학적·기능적·신경호르몬적 변화를 가져오고 다양한 유형의 학대가 뇌 자체의 변화를 일으킨다(Herrera, Rincón Cuenca, & Fernández, 2021). 뇌는 확장된 스냅스 중 자주, 많이 사용하는 것을 남기고 불필요한 것은 가지치기하여 효율성을 높인다. 지속적으로 무시받고 긍정적인 대인관계를 경험하지 못한 학생의 뇌는 과도하게 가지치기를 하여 변연계와 변연계를 조절하고 연결하는 신경 경로가 건강하게 발달하지 못한다(Schore, 2001).

만성적인 방임을 경험한 아동의 뇌는 과도하게 가지치기가 되거나 건강한 아동보다 발달되지 못한다. 자기조절을 못하고 문제해결력이 부족한 부모는 자녀의 울음이나 부정적 감정 표현에 두려움이나 분노로 반응할 수 있다. 부모의 이러한 반응으로 자녀는 극심한 고통을 겪게 되고 아직 미숙한 뇌의 생화학과 발달에 부정적인 영향을 미쳐서 효과적인 대처 전략의 부족, 인지발달장애, 빈약한 애착을 보인다.

2) 불안정애착과 경계 및 애착 추구

학대피해 아동의 약 95%가 불안정한 애착관계를 형성하고 있다(Lyons-Ruth, David, Henry, & Sheila, 1990). 안정애착 부모-자녀관계는 스트레스나 위협적인 상황에서 학생에게 자기조절 경험을 제공한다. 부모는 다독이고 달래는 손길과 말로 자녀를 양육하고 진정시킴으로써 학생이 건강하게 대처할 수 있도록 촉진한다. 심각한 방임과 학대를 경험한 학생은 혼란된 애착을 형성하기 쉽고 부모는 안전한 기지가 되는 대신 두려움과 고통의 원인이 된다. 자신의 고통을 조절하지 못하는 부모는 자녀에게 자기조절 경험을 제공하지 못하고 위협적인 행동으로 반응하는 경우가 많다. 위안이나 보호를 받지 못하는 환경에서 학생은 얼어붙거나 무감각해지고 감정적 반응을 억제하여 자신의 고통을 줄이려고 한다. 일상생활의 고통이나 상처로부터 지속적으로 해리되는 것을 배운다. 이는 두려움이나 위협을 느낄 때 투쟁-도피 반응을 취하는 대신 자동적으로 만성적인 부동화(immobilization) 상태에 머무르는 뇌의 신경 경로를 만든다(van der Kolk, 2014). 이러한 학생은 변연계가 적절히 발달하지 못하기 때문에 안도감과 조절 능력을 경험하기 어렵고 이해력과 적응력도 저하된다. 위협이나 취약성에 대해 얼어붙기, 꼼짝하지 않기, 불안, 혼란, 방향감각 상실, 두려움과 같은 부적응적인 방식으로 반응하고 학령기가 되면 사회성, 대처 능력, 학습 능력, 공감 발달이 저해되는 경향이 있다. 주변 사람들을 위협적으로 인식하기 때문에 계속해서 과잉 경계 상태를 유지하지만 또래, 교사와 애착관계를 형성하기 시작하면 지속적인 관심을 요구하고 집착하는 등 적절하지 않은 애착 추구 행동을 하다가 두려움을 보이고 공격적이거나 퇴행적인 행동을 할 수 있다.

3) 내재된 공격성과 관계 형성의 어려움

폭력 및 학대 경험의 가장 흔한 임상적 문제는 공격성이다. 학대받은 학생의 공격성은 두

가지 모습으로 나타난다. 첫째, 공격적 행동을 보이고 예민하게 반응하거나 분노를 표출하여 가정이나 학교에서 공격적 · 파괴적 · 충동적이라는 말을 많이 듣는다. 또래나 형제를 괴롭히고 공격 행동과 싸움이 일어난다. 어린 아동은 안절부절, 과잉행동을 많이 보이고 비교적 나이가 많은 아동과 청소년은 반사회적 혹은 비행 행동을 많이 보인다. 둘째, 또래들과 잘 지내지 못하거나 심지어 그 학생이 학급에 존재하는지 모를 정도로 조용하고 위축되어 지내는 학생도 있다. 위축되고 우울한 학생은 내재된 공격성이 외부로 향하지 않고 내부로 향한 경우이다. 위축되고 우울한 학생은 다른 학생들에게 자신의 존재를 알리지 못하여 또래관계가 형성되지 못하는 특징을 보이기도 한다.

Bandura(1986)에 따르면, 공격성은 타인의 공격적 행동을 관찰하여 배우게 된다. 공격적인 부모에게서 모방이나 관찰을 통해 학습되고 강화를 자주 받게 되면 공격성의 발달 가능성이 더 높아진다. 학습을 통해 공격성이 발달한 학생은 스트레스 상황이나 좌절감을 경험할 때 공격적 반응을 선택한다. 학대 피해 학생은 부정적 감정에 쉽게 사로잡히고 취약하다. 감정조절이 어려워서 사회적으로 부적절한 감정표현을 한다. 비합리적이고 일관성 없는 양육환경에서 부모와의 애착이 적고, 부모 감독이 부재할수록 공격성이 발달할 가능성이 크다. 공격성이 발달하면 청소년기 이후에 여러 가지 반사회적이고 부적응적인 행동으로 이어진다. 학령기의 학대 피해아동은 또래와의 관계 맺기에도 취약하여 따돌림을 당할 가능성이 있다. 신체학대를 받은 아동은 반사회적 행동, 공격성, 파괴적 행동, 무례한 행동의 빈도가 높고, 또래관계 문제도 흔하다(Salzinger, Feldman, Ng-Mak, Mojica, & Stockhammer, 2001). 원만한 또래관계를 형성하는 데 어려움을 느끼고, 자신의 욕구를 언어로 표현하기보다 과격한 행동과 폭언으로 표현하는 경향이 있다.

4) 불안과 우울

학대 경험이 있는 학생은 의미 있는 사람에게 사랑을 받지 못하고 성장하므로 불안하다. 타인에 대한 불신과 분노로 원만한 대인관계를 이루기 힘들고 소외로 인한 고립감으로 우울, 불안, 무력감을 경험할 수 있다. 이로 인해 낮은 자존감을 형성하고 매사에 불안하고 초조해진다. 학교나 사회에 대한 부적응의 원인을 자신에게 귀인하고, 원만한 대인관계를 형성하고 유지하는 데 주도적이지 못하며, 자기 비하적인 경향을 보인다. 매사에 자신감이 없고, 일상생활에 의욕이 없어서 피곤해하며 주어진 일을 끝마치지 못한다. 혼자만 있으려는 경향이 강하고 평소에 해 오던 일을 수행하는 데 어려움을 느낀다. 특히 실패에 대한 불안이 높고, 거절당할까 봐 회피하며, 보복을 우려하여 무슨 일이든 결정하기 어려워하고 우유부단한 모습을 보인다. 가정폭력을 경험하거나 목격하면 사랑하는 사람에게 박탈과 소외를 경험하게 되어 정서적으로 손상이 되고 자아 기능이 약화된다. 그로 인해 자괴감, 자책감과 함께 심한 우울감을 느낄 수 있다. 소아 우울증은 자신의 문제와 욕구를 언어로 표현하는 데 어려움을 보인다. 이러한 어려움은 학생의 능력을 극도로 약하게 하여 학생은 심한 스트레스가 쌓이고 작은 소리에도 과도한 반응을 보이며 머리카락을 뽑거나 손톱을 물어뜯는 등의 신체 증상을 보이기도 한다.

5) 낮은 자존감과 학습된 무기력

무력감은 학대로 인해 나타나는 가장 특징적인 증상이다. 반복적으로 처벌, 구타, 위협을 받은 학생은 실제로 잘못이 없어도 자신의 잘못된 행동으로 인해 처벌받을 수밖에 없다고 생각하고 부정적인 자기개념을 가진다. 슬프고 기가 죽어서 자기 스스로 "나는 할 수 없다."라고 말한다. "나는 나쁘다." "나는 벌 받아 마땅하다." 등의 생각을 지속적으로 한다. 결국 "내 잘못으로 인해 학대를 받은 것이고 부모는 잘못이 없다."라고 받아들일 수 있다.

Maslow는 자아존중감을 내적 자아존중감과 외적 자아존중감으로 구분하였다. 내적 자아존중감은 개인 스스로 자아를 높게 생각하는 존중감으로 자신이 가치 있는 존재라고 인식하는 것이다. 외적 자아존중감은 타인이 나에게 소중하게 대해 주기 때문에 생기는 자아존중감으로 존경, 칭찬, 성공 등에 기반하며 타인이 나를 어떻게 평가하고 반응하는지에 좌우된다. Good(1971)은 예전부터 다른 사람에게 인정받고 존중받아 본 경험으로 생기는 것이라고 하였다. 아동의 자아존중감은 주된 양육자에게 칭찬과 격려를 받으며, 주변인의 평가를 내면화하는 과정에서 형성된다. 부모로부터 심각한 학대와 방임, 가정폭력으로 인한 부정적인 평가를 받은 아동은 이러한 경험을 하지 못한다. 외상 경험은 부정적인 성격과 행동 특성, 대인관계에서의 어려움 등 전반적인 성격 발달에 영향을 주어 높은 자아존중감이나 바람직한 자아상을 형성하는 데 어려움을 준다. 무기력은 자발적으로 무슨 일을 하지 않거나 적극적으로 행동하지 않는 상태를 뜻한다. 낮은 자아존중감으로 인해 도전적인 상황에서 위축되어 성취감을 경험하지 못한다. 반복적인 무기력으로 인해 의욕이 저하되고, 자기 계발을 하려는 노력을 포기한다. 9~12세가 자신의 학대 경험을 어떻게 지각하는지 아동의 목소리를 통하여 질적 연구를 한 주소영(2010)에 따르면, 학생은 학대가 자신의 잘못이나 가족에게 닥친 불행으로 인해 발생한다고 지각하고, 만성적이고 반복적인 재학대의 악순환에 무력하게 놓여 있다고 하였다. 자신이 처한 상황에서 고립되었다고 느끼며, 가해부모에 대한 왜곡된 의미의 애착을 형성하고, 가족의 미래와 행복을 위해 부모 대신 어떤 역할을 해야 한다고 하였다. 이는 아동이 스스로 행하는 생존 노력과 적응 과정이라는 것에 주목해야 한다고 하였다.

아동이 지각하는 아동학대 경험(주소영, 2010)

주제	본질적 주제
학대 발생의 원인에 대한 아동의 지각	• 학대 발생에 대한 아동의 내적 귀인 • 가해 부모 보호, 학대 사실 정당화 시도
학대 사실에 대한 아동의 감정	• 학대 유발 상황에 대한 예기 불안 • 가해자에 대한 혼란된 감정 • 자신의 부정적 감정 부인하기
학대 경험 아동의 자기자각(self-perception)	• 가해자의 기준으로 자신을 평가하기 • 불안정하고 낮은 자존감(self-estem)
학대 경험 아동의 또래와 환경에 대한 지각	• 도움을 받을 수 없다고 생각하기 • 고립되거나 무관심하기 • 높은 또래 동조성과 또래 갈등
학대 사실에 대한 대처 방법	• 반항하지 않고 당하기 • 도망치기 • 혼자서 삭이고 몰래 울기, 침묵하기
학대 경험 아동의 가족에 대한 생각	• 부모의 불화와 가정의 불행 • 가족의 미래에 대한 염려와 도움되기 • 돈과 힘에 대한 가치부여

3. 학대에 대한 미술치료 접근

1) 학대에 대한 미술치료의 이점

학대와 방임으로 인해 트라우마를 경험한 내담자와 작업하는 것은 어렵다. 신뢰하는 사람인 양육자에게 배신을 당한 내담자는 자신뿐만 아니라 가족과 친척, 치료자와 같은 타인을 신뢰하는 것이 매우 어렵다. 치료의 초기 단계에서는 내담자의 신체적 조절 작업에 집중하여 해리가 발생하는 정도를 줄인다. 치료자는 안전감을 조성하면서 부모-자녀 간 애착 상처가 회복되기 전에는 관계 외상을 다루지 않는다. 학대를 경험한 내담자를 치료하는 치료자는 더 다양하고 풍부한 치료적인 기술과 경험이 요구되며 그에 따른 충분한 준비가 필요하다. 외상을 경험한 내담자를 만나는 치료자는 내담자의 외상 경험에 지속적으로 노출됨으로써 대리 외상, 역전이, 소진, 스트레스 등에 쉽게 노출되고 전문가적 역량에도 손상을 입을 수 있다. 치료자가 대리 외상이나 소진에 노출되어 전문적 역량이 손상되면 지식과 기술, 태도, 가치를 효과적으로 사용하기 어려울 수 있다. 치료자는 꾸준한 자기돌봄을 통하여 자신과 내담자를 보다 더 깊게 이해하고 자신의 삶에 활력과 안녕감을 유지하도록 해야 한다. 외상 경험이 있는 내담자를 만나는 치료자에게는 끊임없는 자기탐색과 관리를 위한 노력이 필요하다.

학대 피해 치료는 정서적 안정성의 회복, 외상 사건의 기억과 반응의 조절, 외상에 대한 인지적 재구성, 긍정적인 대인관계 형성 및 회복적인 정서 체험을 목적으로 한다. 외상에 대한 기억을 완전히 없애는 것이 아니라 회상을 할 때 정서적으로 견디고 조절할 수 있도록 한다. 자신이 감당할 수 있을 정도로 정서를 조절하고 외상 경험을 이해해야 한다. 외상 이야기를 재구성할 때 외상이 일어나기 전부터 외상이 일어나기까지의 상황을 검토하는 것에서 시작하여 사건이 일어나기 전의 이야기를 반드시 되찾아야 한다. 외상에 대해 이야기하는 것은 자신을 이해하는 것이며, 이는 타인에게 이해를 받는 이상의 가치를 가지기 때문에 꼭 필요한 과정이다(Allen, 2011; Demehri et al., 2012). 하지만 외상 사건을 언어화하는 것은 매우 힘든 일이다. 자신이 경험한 충격적인 사건을 떠올리는 것은 성인에게도 어려운 일인데, 하물며 아동이 외상 사건을 말로 설명하기는 견디기 힘든 일이다. 따라서 시각적인 심상을 통해 재연하는 과정은 아동에게 유용하다. 말은 감정을 숨길 수 있지만, 감정을 심상으로 표현하는 것은 외면적으로 꾸미는 것과는 달리 진실하며 단어보다 더욱 강력하다(Werner & Engelhard, 2007).

- 지속적인 학대는 발달 초기에 신경학적 손상을 줄 수 있고 애착 상처로 인해 일생에 걸쳐 대인관계 어려움을 겪을 수 있다. 학대받은 내담자는 부모와 혼란된 애착을 형성하고 있고 혼란된 애착은 신경학적 문제와 관련이 있다. 최근 발표된 뇌생리학적 인식에 대한 연구 결과에 따르면, 뇌의 언어적 영역은 심리적 외상의 고통스러운 기억들에 거의 관여하지 않으며 단지 그림 형태인 영상으로만 진행되는 것으로 밝혀졌다(김동건, 2021). 외상과 관련된 상황들은 비언어적으로 소화되는 것들이기 때문에 언어보다는 그림으로 표현되는 것이 효율적이다. 미술치료와 같은 수없이 많은 비언어적인 순간

이 학대 경험 아동, PTSD로 고통받는 군인, 난민, 생존자들에게 굉장한 성과를 낳고 있어 전 세계 여러 문화권에서 외상치료에 활용되고 있다. 미술과 같은 표현예술은 강한 감정을 이끌어 내며, 내담자가 자기통제력을 유지하면서 자신이 느끼는 감각과 감정을 분리하지 않고 조절하면서 느끼도록 도와준다. 내담자는 표현적이고 체험적인 미술치료 활동을 통하여 학습되어 형성된 자신의 해리된 행동과 정서를 이해할 수 있다. 새로운 신경 경로를 발달시키고 해리되지 않은 통합적인 반응을 자연스럽게 경험하고 표현할 수 있다.

• 학대 경험 내담자는 양육자와 관련된 외상 경험을 말로 표현하려 하지 않거나 말로 할 수 없어 비언어적이고 수동적인 행동으로 표현하는 경향이 있어 언어적인 방법으로만 상담하고 치료하는 것은 힘들고 비효율적일 수 있다. 시각예술이 이러한 한계를 극복하는 역할을 한다(Robbin, 1996). 방어적이고 심리적 저항감이 있는 내담자에게 작품활동을 통해 자연스럽게 생각과 감정을 재정리하고 명료화해 준다. 내담자의 죄책감을 줄이고 아픔과 외로운 현실을 수용하도록 돕고 재통합하는 과정을 거쳐 미래를 조망할 기회를 준다.

2) 유용한 그림검사와 기법

(1) 동적 가족화

① KFD 검사의 이해

동적 가족화(Kinetic Family Drawing: KFD)는 Burns와 Kaufman(1970)에 의해 개발되었고 자기개념과 가족 역동성 및 대인관계를 파악하는 데 목적이 있다. 임상에서 자주 사용되는 그림검사이며 자기 자신뿐만 아니라 가족을 어떻게 이해하고 있는지를 파악하는 데 도움을 준다. 동적인 요소를 추가하여 가족구성원 간의 상호작용과 역동성을 파악할 수 있다. 내담자가 말로 표현하기 어려운 가족에 대한 분노, 적대감 등 부정적이고 억압된 감정을 그림을 통하여 표현할 수 있다. 동적 가족화를 그리는 사람의 눈에 비친 가족들의 일상생활 태도, 감정을 무의식적으로 반영하므로 가족구성원의 정서적인 면을 이해하고 가족 간의 상호작용을 이해하는 데 도움이 된다.

② KFD 검사 실시방법

- 실시 대상: 5세 아동 ~ 성인(개인이나 집단 실시 가능)
- 준비도구: A4 용지, 연필
- 소요 시간: 약 30~40분 소요
- 진행 절차

"당신을 포함하여 가족 모두가 무엇인가를 하고 있는 그림을 그려 주세요. 만화나 막대기 같은 사람이 아니고 완전한 사람을 그려 주세요. 무엇이든지 어떠한 행위를 하고 있는 그림을 그려야 합니다."

  − 종이를 가로로 제시하며 지시어를 이야기한다.
  − 제한 시간은 없으며 내담자가 말이나 행동으로 다 그렸다는 것을 표시하면 마친다.
  − 내담자의 질문에는 "자유입니다. 그리고 싶은 대로 그리면 됩니다."라고 답한다.
  − 내담자가 그리기를 어려워하면 검사실에 함께 있으면서 자주 격려한다.
  − 개별적으로 실시하는 것이 좋다.

- 사후질문
  − 가족 중 그리지 않은 사람이 있습니까?
  − (각 인물에 대해) 좋은 점, 나쁜 점은 무엇인가요?
  − 가족이 아닌데 그린 사람이 있습니까?
  − 이 그림을 보면 무슨 생각이 드는가?
  − 앞으로 이 가족은 어떻게 될 것 같은가요?
  − 이 그림을 보면서 어떤 느낌이 듭니까?
  − 여기 가족화에 그린 상황 바로 전에는 어떤 일이 있었을 것 같은가요?
  − 이 그림에서 무언가를 바꿀 수 있다면 무엇을 바꾸고 싶은가요?

KFD 분석에 도움이 되는 치료자가 스스로에게 해 볼 수 있는 질문(Burns, 1982)

- 가족구성원들은 서로 접촉하는지, 서로 떨어져 있는지, 대면하는지 살펴보세요.
- 가족구성원은 행복한지, 슬픈지, 화나 있는지, 고통스러운지 감정은 어떤가요?
- 가족 안에서 우월한 사람이 있거나 열등한 사람이 있나요?
- 그림을 처음 봤을 때 첫인상은 어땠나요? 누가 보이고, 무슨 일이 일어났는지에 대한 자신(치료자)의 느낌과 생각은 어떠한가요?
- 당신은 가족의 일원이 되고 싶은가?

③ KFD 검사 채점방법

Burns(1982)의 평가 기준을 바탕으로 우리나라의 문화적 특성에 맞는 한국판 동적 가족
화(KFD) 평가 기준을 개발한 이미옥(2012)의 채점방법과 해석을 소개한다.

한국판 KFD 평가 기준

평가 기준	하위 요인	점수체계
인물상의 행위	아버지상의 활동수준 자기상의 활동수준	0점 누워 있음 1점 앉아 있음, 서 있음, 책 읽음 2점 차를 타고 있음 3점 뭔가 하고 있음 4점 뛰고 있음, 던지거나 치고 있음
	아버지상의 협동성 어머니상의 협동성 자기상의 협동성	0점 협동성이 없음 1점 함께 걷고 있음 2점 돕고 있음 3점 함께 놀고 있음 4점 함께 일하고 있음
	아버지상의 양육성 자기상의 양육성	0점 양육성이 없음 1점 나무심기, 채소 재배, 도와주기 2점 단정히 하고 있음, 요리, 시장 보기, 식사 준비 3점 접촉하고 있음, 안고 있음 4점 식사(간식)하고 있음
	상호작용	0점 3명 모두 다른 상황, 다른 행동 1점 2명이 다른 상황, 다른 행동 2점 동일 상황에서 3명 모두 마주 보지 않음 3점 동일 상황에서 1명 이상이 마주 보고 있음 4점 동일 상황에서 3명이 모두 마주 보고 있음
인물상의 특징	아버지상의 신체 완전함	0점 머리 1점 머리, 목 2점 머리, 목, 몸통 3점 머리, 목, 몸통, 다리 4점 머리, 목, 몸통, 다리, 발
	아버지상의 얼굴 어머니상의 얼굴 자기상의 얼굴	0점 이목구비가 그려져 있지 않음, 가려짐 1점 눈만 그려짐 2점 뒷모습이 그려짐 3점 눈, 코, 혹은 입 4점 눈, 코, 입이 다 그려짐

	아버지상의 눈 어머니상의 눈 자기상의 눈	0점 그려져 있지 않음 1점 가려짐 2점 뒷모습이 그려짐 3점 눈은 그려져 있으나 눈동자가 없음 4점 완전함(눈과 눈동자가 다 그려져 있음)
	아버지상의 얼굴 표정 어머니상의 얼굴 표정 자기상의 얼굴 표정	0점 얼굴 내부 생략, 가려짐 1점 비우호적 2점 뒷모습이 그려짐 3점 무관심(무표정) 4점 우호적
	아버지상의 크기 어머니상의 크기 자기상의 크기	0점 175~297mm 1점 129~171mm 2점 86~128mm 3점 43~85mm 4점 0~42mm
역동성	아버지상-어머니상 방향 아버지상-자기상 방향 어머니상-자기상 방향	
	아버지상-자기상 거리 어머니상-자기상 거리	0점 239~297mm 1점 179~238mm 2점 120~178mm 3점 60~119mm 4점 0~59mm

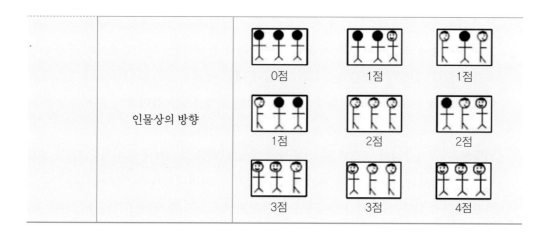

④ KFD 검사 해석방법

Burns와 Kaufman(1970, 1972)은 KFD 해석에서 인물상의 특성, 행위, 양식, 상징, 역동성의 5개 진단 영역을 제시하였다. 가장 먼저 고려할 요소는 가족구성원이 어떻게 그려졌느냐이다. 가족구성원이 모두 그려졌는지, 가족이 아닌데 그린 사람은 없는지 살펴야 한다. 특정 가족원을 그리지 않았다면 그 가족원에 대한 내담자의 태도가 부정적일 가능성이 크다. 신체 부위가 잘 그려졌는지, 팔과 다리의 길이는 적절한지 등 전체적으로 그림의 요소를 파악해야 한다. 자신을 그리지 않았을 때 매우 중요한 의미가 담겨 있다. 가정 내에서 무가치감을 느끼고, 자존감이 낮으며, 우울한 아동에게 자주 관찰된다. 학대피해 아동의 KFD는 창조성과 행복감이 적고 상처받음, 정서적 거리, 긴장/불안, 역할 전환, 이상함, 포괄적 병리가 많이 표현된다. 신체적 학대를 경험한 아동은 손, 굵은 막대, 혁대 등으로 맞음을 나타내고, 정서적 학대를 경험한 아동은 수치심, 모욕적인 말과 꾸짖음을 많이 표현하였다(정진숙, 김갑숙, 2011).

- 인물상의 행위: 동적 가족화는 각 인물상의 활동수준을 강조한다. 가족건강성이 높으면 아버지상의 활동수준이 높고, 아버지상, 어머니상, 자기상의 협동성이 높다. 아버지상의 양육성이 높고, 가족 간의 상호작용이 많다. 아버지상의 적극적인 활동이 가족을 건강하게 만드는 데 도움이 될 뿐만 아니라 아동의 학교생활과 사회성에도 긍정적인 영향을 준다. 문제행동을 보이는 아동은 아버지의 협동 정도가 낮아 아버지와 상호작용이 부족하다.
- 인물상의 특징: 가족건강성이 높은 경우, 각 인물상의 얼굴 표정이 우호적이고 얼굴도 눈, 코, 입을 모두 그린다. 눈과 눈동자를 다 그려서 완전하게 표현한다. 부모와 적절

한 유대관계나 애정집중적이면 각 인물상의 눈, 얼굴의 완성도가 높고 얼굴 표정이 밝으며 인물상이 크게 묘사된다. 부모가 방임하거나 통제적인 경우, 인물상이 작고 완성도가 낮았다. 인물상의 크기는 가족구성원에 대한 자신의 지각을 나타내는 것으로 크기가 크고 높은 곳에 있는 인물상은 가족구성원 중에서 중요하며 영향을 미치는 인물(Klepsch & Logie, 1982; Reynolds & Richmond, 1978)이다.

- **역동성**: 가족건강성이 높으면 각 인물상의 방향(아버지상, 어머니상, 자기상)이 더 우호적으로 나타났다. 아버지상과 자기상 사이의 거리, 어머니상과 자기상 사이의 거리가 약간 떨어져 있다. 자아개념이 높을수록 아버지상과 자기상 사이의 거리가 가깝다. 아버지상과 자기상의 보는 방향이 둘 다 후면을 보거나 거리가 멀수록 가족체계가 친밀하지 않은 것으로 지각한다. 어머니상과 자기상의 보는 방향이 둘 다 후면을 보이는 경우, 가족체계가 분리된 것으로 지각한다.

- **양식**: 잘 적응된 아동이 그린 KFD는 가족구성원 사이에 장애물이 없고 신체적으로 친밀한 상태를 보인다. 일반적 양식으로 그려진 경우, 보통의 신뢰감이 있는 가족관계임을 알 수 있고 온화하고 우호적인 상호 관계를 암시한다.

  - 구분(compartmentalization)은 선을 사용하여 가족을 나누어서 그린 경우이다. 칸막이를 그린다거나 선을 통해 다른 가족을 고립시키고 정서적 요소를 차단하려는 전형적인 모습이다. 심리적으로 위축이 되었다는 의미를 나타내기도 한다.

  - 포위(encapsulation)는 줄넘기 줄이나 의자, 그네, 자동차 등 사물을 이용하거나 선으로 한 명 이상의 인물을 둘러싸서 그린다. 만일 전체 그림이 구분으로 나누어져 있다면 포위보다는 구분으로 해석한다. 자신이 다소 폐쇄적이어서 가족구성원이나 자기 자신을 닫아 버리는 태도를 나타낸다. 강한 공포나 불안의 표현으로 보기도 한다.

  - 하부의 선(lining on the nottom of the paper)은 기저선이라는 하나 이상의 선이 종이의 전체 하단에 그려진 경우이다. 가정환경의 불안정감에 시달리는 아동이 전형적으로 보이는 반응이다. 아래쪽을 따라 그려진 선이 두터울수록, 음영이 강할수록 심각한 상태임을 뜻할 수 있고, 가정폭력, 이혼 가정, 스트레스가 매우 높고 불안정하다. 안정을 강하게 요구하는 것일 수도 있고 구조를 받고 싶은 욕구의 반영이라고 볼 수도 있다.

  - 인물하선(underlining individual figures)은 인물상 바로 아래에 선을 긋는 것이다. 서 있는 사람만 해당하기 때문에 앉아 있거나 누워 있는 것은 해당하지 않는다. 어떤 사람에 대하여 불안정감에 휩싸이게 되면 그 사람 아래에 선을 그린다. 가정폭력 가해

자에게 선을 긋기도 한다.

- 가장자리(edging)는 모든 가족원을 검사지 가장자리에 그리는 경우이다. 가장자리에 표현되었기 때문에 인물의 전체상을 그리지 못하고 잘린 채 표현되기도 한다. 적어도 검사지 두 면의 가장자리에 가족원이 위치해 있어야 한다. 가장자리에 그리기 위해서는 여러 방향으로 종이를 돌려 그려야 하는데 이러한 특성을 고려할 때 아동은 매우 영리하고 방어적인 성향을 보일 가능성이 있다. 또한 누군가와 친밀한 관계를 맺는 것에 강한 저항을 보일 수 있다.

- 상부의 선(lining at the top of the paper)은 선이 종이의 전체 상단을 따라 그려진 것이다. 주변 상황이 무섭고, 염려가 많으며 스트레스가 심한 상태를 뜻한다. 불안, 공포, 걱정을 의미하기도 한다.

- 종이접기 구분(folding compartmentalization)은 검사지를 종이접기 하듯이 몇 개의 조각 형태로 만들어서 각각의 칸 속에 가족을 그리는 것이다. 강한 불안이나 공포를 나타내는 것으로 해석된다.

- 조감도(bird's eye view)는 새가 하늘에서 보는 것처럼 모든 사물과 인물의 윗부분을 그린 경우이다. 아동이 환경에 전적으로 개입하지 않으려는 태도를 나타낸 것으로 설명한다.

• 상징: Burns와 Kaufman(1972), Burns(1982)는 KFD를 해석하는 데 37개의 항목을 제시하였고 여기서는 김갑숙 등(2019)이 제시한 영역과 항목을 소개하였다. 상징을 해석할 때는 획일적으로 접근하지 않아야 한다. 예를 들면, 태양은 애정과 양육의 상징이지만 우울한 아동은 태양을 어둡게 그릴 수 있고, 따뜻함과 수용에 대한 욕구를 지닌 아동은 태양을 바라보거나 그쪽으로 기울어져 있는 모습, 거부감을 가진 아동은 태양에서 멀리 떨어져 있거나 얼굴을 반대 방향으로 돌리고 있는 모습을 그린다. 불은 따뜻함과 사랑에 대한 욕구일 경우도 있지만 미움, 수동—공격, 성적인 만족과 뒤얽힌 퇴행적 분노를 나타낼 때도 있다.

상징 해석	표현된 내용
공격성, 경쟁심	던질 수 있는 물체와 공, 축구공, 빗자루, 먼지떨이 등
분노, 거부, 적개심	칼, 총, 방망이, 날카로운 물체, 북 등
우울감	비, 물(바다, 호수, 강), 냉장고, 달, 스킨다이빙 등
애정, 양육	램프, 전구, 태양, 전기, 불, 다리미, 요리하는 어머니 등

힘	자전거, 기차, 오토바이, 차, 기차, 비행기 등
기타	• 고양이: (어머니와 동일시) 애정/ 갈등 • TV: 안식, 오락, 공통의 관심, 상호작용/ 독자성 • 신문: 사회적 관심과 책임/ (크게 그리면) 포위, 불안, 거부 • 책상, 의자: 학습 / 포위, 고립 • 가구: 물질의 중요성, 따뜻함 부족/ 과시 • 빗자루: 청결 강조, 마녀같은 어머니 • 진공청소기: 강력하고 통제적, 빨아들이는 특성 • 청소하는 어머니: 사람보다 집 자체에 집착하는 강박적 어머니 • 침대: 성적 주제, 우울증, (아기침대) 질투 • 쓰레기통: 제거, 형제에 대한 양가감정이나 경쟁의식과 연관된 죄책감 • 사다리: 불안, 불안정감 • 더러운 것: 부정적인 의미, 부정적인 애착감정 • 잔디 깎는 기계: 거세하는 인물

⑤ 사례로 이해하는 학대받은 학생의 KFD 특징(조순아, 오승진, 2017)

초등학교 6학년 남학생을 대상으로 주 1회 40분, 총 20회기의 미술치료를 실시한 사례이다. 내담자의 주호소 문제는 다음과 같다.

• 알코올 중독자인 아버지는 음주 후 과도한 구타를 하고, 경계선 지적 장애의 어머니는 투병 중이며, 내담자는 현재 기관에서 보호조치 중이다.
• 매사에 부정적이고 남의 물건에 손을 대며, 공격적이고 고집이 세서 기관의 양육자와 갈등을 일으켜 보호시설에서 적응하기 힘들어한다.
• 학습 수준이 하위이고, 흡연 문제로 교사와 마찰이 있는 등 반항적인 태도를 보인다.

	사전검사	사후검사
그림		

내용	부가 모를 칼로 위협하는 행위를 동생과 함께 무력하게 건넌방에서 바라보고 있음. 자신에게 불똥이 튈 수 있으니 조용히 숨죽이고 있는 모습이라고 함	모든 가족이 즐겁게 웃고 있는 모습을 표현하였고, 소풍을 가기 위해 김밥을 만들고 있는 모습이라고 함
특징	표정을 그리지 않았으나, 부는 몹시 화가 나 있고, 모와 동생을 비롯한 자신은 공포에 떨고 있다고 함. 부모가 통제적이고 거부적이라는 것을 고려해 볼 필요가 있음	가족구성원의 얼굴과 눈, 코, 입의 완성도와 얼굴 표정이 좋아짐. 음식을 만들고 있고 함께 소풍을 갈 것을 고려할 때, 양육자의 활동성과 협력이 증가하였고 양육과 애정적인 신뢰가 회복되고 있음. 인물상들이 종이 상단에 그려지고 김밥을 싸고 있는 모습이 실제적으로 표현되지 않았다는 것을 고려해 볼 필요가 있음

(2) 새둥지화(The Bird's Nest Drawing: BND)

① BND 검사의 이해

Kaiser(1993, 1996)가 애착안정성 진단을 목적으로 개발하였다. 애착체계와 애착과 관련된 가족역동성에 대한 개인 내적 표상을 평가하는 데 도움이 된다. 새둥지는 담는 기능과 자궁과 같은 형태로 인해 모성과 보호를 상징한다(Edinger, 2017). 가정에 대해 부정적으로 인식하는 내담자가 가족의 모습을 직접 그리는 것이 부담스러울 수 있지만 새둥지는 저항과 불안이 줄어들고 좀 더 거리를 두고 편안하게 그릴 수 있다. 가정에 대해 깨닫지 못했던 인식을 재해석하고 위협적이지 않은 투사의 사용을 통해 가족관계, 가정의 안정성과 애착 성향 등 가족화와 유사한 치료적 정보를 얻을 수 있다.

② BND 검사의 실시방법

- 준비물: A4용지, 연필, 지우개, 8색 얇은 마커펜(24색 크레파스, 색연필 등)
- 진행 절차
  - 지시문: "새둥지를 그려 주세요." 혹은 "새둥지가 있는 그림을 그려 주세요."
  - 유의점: 연령은 제한이 없으며, 지시어 이외의 질문에 대해서는 "자유입니다."라고 대답한다. 실시 시간은 제한은 없으나 소요 시간은 평가자가 인식하고 있어야 한다.
  - 그림을 그린 후, "2~5문장의 이야기를 적어 주세요."라고 할 수 있다.

③ BND 검사의 해석지표

Kaiser의 분석지표와 분석준거(1993, 1996)는 다음과 같다.

새둥지화 애착평가지표(Kaiser, 1996)		
구분	애착지표	채점 준거
둥지의 담는 기능	내용	둥지는 내용물이 있는가?
	나무	둥지는 나무에 의해 지지받고 있는가?
	바닥	둥지에는 바닥이 있는가?
	담을 가능성	어떤 내용물이 들어 있든 떨어지지 않도록 둥지가 기울지 않는가?
정신건강/ 병리학 관련	공간 사용	종이를 1/3 이상 사용하였는가?
	배치	둥지를 중심에 두었는가?
	색상	3~5개의 색상을 사용하였는가?
	선의 질	선은 적절한가?
	둥지의 크기	여백이 1/3 이하인가?
새	아기 새들	아기 새가 들어 있는가?
	부모 새들	부모 새가 들어 있는가?
	아기 또는 부모 새들	아기 또는 부모 새가 들어 있는가?
	두 부모 새	두 부모 새가 들어 있는가?
	알들	(새는 없고) 단지 알만 있는가?

다음은 Kaiser의 지표를 바탕으로 이계희(2020)가 이정애, 정여인(2018)의 것을 수정·보완한 지표이다. 객관식의 명목척도로 좀 더 구체적으로 채점할 수 있다.

새둥지화 그림 분석지표

	지표	채점기준
1	용지 방향	① 가로 ② 세로
2	둥지 개수	① 둥지 없음 ② 1개 ③ 2개 이상
3	둥지 내용	① 빈 둥지 ② 알만 있음 ③ 새만 있음 ④ 알과 새가 함께 있음 ⑤ 알과 새 따로 있음
4	둥지 모습	① 위에서 본 모습 ② 옆에서 본 모습
5	둥지 위치	① 중심 ② 가장자리
6	둥지 기울기	① 없음 ② 있음

7	둥기 바닥 유무	① 없음 ② 있음
8	둥지 지지 유무	① 없음 ② 있음
9	둥지 크기	① 작음(5cm 미만) ② 보통(5cm 이상 10cm 미만) ③ 큼(10cm 이상)
10	둥지 견고함	① 약함 ② 보통 ③ 강함
11	둥지 환경	① 둥지만 있음 ② 둥지 포함한 환경 있음
12	알의 상태	① 알 없음 ② 깨어나고 있는 알 ③ 깨어나고 있는 알과 완전한 알이 함께 있음 ④ 완전한 알
13	나는 새	① 없음 ② 있음
14	양육활동	① 없음 ② 단순 양육 ③ 먹이 관련
15	아기 새들	① 없음 ② 있음
16	부모 새들	① 없음 ② 있음
17	전체가족 새들	① 없음 ② 있음
18	부모 새와의 거리	① 부모 새 없음 ② 한 둥지 ③ 떨어져 있음
19	나무 표현	① 안 그림 ② 부분 그림 ③ 전체 그림
20	위협요소	① 없음 ② 있음
21	공간 사용	① 용지의 1/3 미만 ② 용지의 1/3~2/3 미만 ③ 용지의 2/3 이상
22	선의 질	① 약함 ② 보통 ③ 강함
23	색의 수	① 색 없음 ② 1~3색 ③ 4색 이상

새둥지화 이야기 구성 분석지표

지표		구분
이야기 구성 분석지표	이야기 구성의 유무	① 없음 ② 있음
	이야기 문장 수	① 문장 없음 ② 1문장 ③ 2~3문장
	이야기 내용의 주제 분류	① 양육 · 가족 ② 기다림 ③ 공격당함 ④ 자연환경 ⑤ 기타
	이야기 내용의 감정 분류	① 긍정적 ② 중립 · 양가감정 ③ 부정적 ④ 기타

④ BND 검사 해석방법

애착이 높은 경우, 아기 새와 부모 새, 알들이 포함되어 있고 둥지가 나뭇가지에 안정되게 자리잡았으며 활력이 있다. 부모 혹은 어미 새가 먹이를 물어다 새끼에게 먹이는 등 돌보거나 양육하는 모습이 행복하고 평화롭다. 애착이 낮은 경우, 둥지의 바닥이 비어 있어 담는 기능에 문제를 보이고 나뭇가지의 지지를 받지 못하며 경사지게 표현된다. 뱀이 둥지를 습격하여 알이 깨지거나 아기 새가 죽어 있는 경우도 있다. 가장 안전하고 따뜻하게 보호받아야 할 둥지에 부모 새가 없고 무방비 상태로 폭력과 공격에 노출되기도 한다. 색 사용이 적고, 위에서 본 모습으로 그리는 경향이 있다.

⑤ 사례로 이해하는 학대받은 학생의 BND 특징(김희경, 2016)

(애착–불안정)	(애착–안정)
하나의 둥지가 견고해 보이지 않고, 새와 알을 그리지 않아 먹이활동과 양육활동을 전혀 알 수 없다. 한 가지 색깔만을 사용하고, 약한 가는 선으로 그린 것은 전형적인 불안정애착 아동의 그림이라고 볼 수 있다.	견고해 보이고 튼튼한 나무에 전체 가족 새들과 먹이를 표현하였다. 양육활동과 먹이활동을 볼 수 있고, 일곱 가지 색깔로 다양하고 밝게 표현한 것은 안정적인 애착관계를 알 수 있다.

2) 학대에 유용한 미술치료 기법

학대와 같은 외상적인 사건을 경험한 내담자에게 우선적으로 제공해야 할 것은 정서적인 지지와 그 사건에 대해 표현하고 함께 이야기를 나눌 용기를 북돋는 것이다. 상처받은 상황을 잘 이겨 낼 수 있도록 내담자의 성격과 상태에 적합한 이완기법을 적용하여 심리적 안정감을 먼저 확보하고 치료에 적응하도록 해야 한다.

(1) 가면 만들기(김문희, 2017; 신성숙, 2017; 안진주, 2022)

① 가면틀을 이용한 가면 만들기

- 준비물: 가면틀, 물감, 색칠도구, 붓, 물통 등
- 적용 시기: 중기
- 목표: 자기 인식을 통해 대인관계 능력을 향상하기 위한 활동이다. '내가 바라보는 나의 모습'과 '남이 바라보는 나의 모습'을 이해하고, 자기탐색을 통해 자신을 보다 객관적이고 통합된 자기로 인식할 수 있다.
- 작업 과정
  - 빈 가면 틀을 준비하고, 자신에게 있는 수많은 모습에 대해 생각해 본다. "지금부터 가면에 나의 모습을 표현할 거예요. 가면은 앞면과 뒷면이 있어요. 앞면에는 남이 보는 나의 모습을 표현하고, 뒷면에는 내가 바라보는 나의 모습을 자유롭게 표현하면 돼요."라고 설명한다.
  - 가면을 보여 주며 어떤 모습인지 이야기를 나눈다.

가면 준비

색칠 작업

남이 바라보는 가면 앞면

내가 바라보는 가면 뒷면

② 종이죽을 이용한 가면 만들기

• 준비물: 종이죽, 바가지, 신문지, 물, 밀가루, 4절 켄트지, 구슬과 깃털 등 꾸미기 재료, 색채도구 등

• 적용 시기: 초기, 중기, 말기

• 목표: 자신의 내면을 인식하고 표현하는 활동을 통해 심리적 긴장감을 해소하여 자기를 이해하고 수용 및 통찰함으로써 긍정적 자아상을 확립한다.

• 작업 과정

– 자신이 평소에 어떤 모습으로 활동하는지 떠올려 본다. 자기의 내면과 타인과의 관계 속에서 자기 모습에 대해 가면을 만들어서 표현한다. "이번 시간에는 자신이 평소에 어떤 모습으로 생활하는지 떠올리며 표현하는 시간을 가질 겁니다. 다른 사람과의 관계 속에서 자신의 모습은 어떤지 한번 떠올려 보세요."라고 설명한다.

– 바가지를 엎어 놓고 비닐랩을 씌운 후, 종이죽과 밀가루를 이용하여 가면을 만든다. 가면이 마르는 정도를 고려하면서 재료들을 활용하여 꾸민다.

– 자신이 만든 가면을 직접 써 보며 자신의 내적·외적 모습들의 느낌이나 생각을 나눈다.

• 고려할 점

– 다양한 꾸미기 도구와 매체를 활용하여 가면을 보다 입체적으로 만들고 표현할 수 있다.

– 완성된 가면으로 역할극을 진행할 수 있다.

– 종이죽과 밀가루는 잘 마르지 않는다는 것을 고려한다. 잘 마르는 재료나 가면틀을 사용할 수 있고, 헤어드라이기로 가면을 말린다.

– 가면틀을 구입하기 어려울 때, 두꺼운 종이로 가면을 만들 수 있다. 가면에 직접 그릴 경우, 수정이 불가능하기 때문에 연습종이를 준비한다.

– 가면을 절반으로 나누어 왼쪽, 오른쪽에 표현하는 선행연구들도 있다.

– 색깔이나 그림으로 표현하기 어려운 경우 단어나 글자로 표현할 수도 있다.

(2) 동물 가족화(김예원, 2014; 안진주, 2022; 조숙연, 2018; 조순아, 2018; 황순옥, 2015)

• 준비물: 동물도안, 색칠도구, 가위, 풀, 도화지 등

• 적용 시기: 초기, 중기

• 목표: 치료자와의 라포를 형성하고, 내담자의 긴장감을 완화하기 위한 활동이다. 자연

스럽게 가족에 대한 생각과 감정을 재정리하고 명료화한다.

• 작업 과정
  − 동물 그림을 보고 느낌이나 생각을 떠올려 본다.
  − 동물 그림을 보고 우리 가족과 비슷한 동물을 찾아본다.
  − 우리 가족과 비슷한 동물 도안을 골라서 색칠하고 오려서 도화지에 붙인다.
  − 동물 가족화 배경을 그리고 원하는 대로 꾸며 본다.
  − 동물 가족화를 다 그린 후 이야기를 나눈다.

• 고려할 점
  − 치료자는 누구부터 그렸는지 순서를 확인하고, 생략한 가족을 기억해야 한다.
  − 저항이 심한 아동은 가족을 표현하는 것을 힘들어할 수 있다.
  − 자신을 어떻게 그렸고, 표현했는지도 주의 깊게 살펴 보아야 한다.
  − 그리는 활동 이외에 점토로 만들기 활동을 할 수도 있다.
  − 연령이나 내담자의 특성을 고려하여 동물 도안을 활용하기보다 내담자가 자유롭게
    그리도록 할 수 있다.

4. 학대 관련 미술치료 연구 동향

아동학대에 대한 평가와 치료적 개입에 대한 연구가 다양하게 이루어지고 있다. 최근의 연구를 살펴보면, Lev-Wiesel, Goldner와 Daphna-Tekoah(2022)는 미술치료가 피해자와 치료자 간의 치료적 관계 형성과 성적 학대의 불안, 외상후 스트레스 및 해리를 완화한다

는 것을 강조하였다. 미술치료는 언어적 의사소통이 어려운 상황에서 변연계를 사용함으로써 의사소통 형식을 제공하여 스토리를 만들어 낼 수 있다. Jaroenkajornkij, Lev-Wiesel와 Binson(2022)은 자아상 그리기가 아동학대를 조기에 판별할 수 있는 평가도구로 유용하다고 하였다.

성적 학대를 경험했다고 보고한 16세(남). 생식기의 존재와 강조된 얼굴 선	신체적 학대를 경험했다고 보고한 16세(남). 강조되거나 서 있는 머리카락, 강조된 귀 또는 이중 귀, 강조된 얼굴 선 또는 이중 얼굴 선	정서적 학대를 경험했다고 보고한 15세(남). 속이 빈 눈, 팔과 손의 생략, 강조된 머리카락

　　국내의 학대 피해 아동에 대한 미술치료 사례연구는 성폭행 피해 아동에게 미술치료 기법을 적용한 조정자, 김동연(1996)의 연구가 최초이다. 이후 2004년까지는 1~2편으로 적었지만 2005년 이후부터 꾸준히 증가하였고, 특히 2017년에 6편으로 가장 많은 연구가 이루어졌다. 이는 2017년에 「가정폭력방지 및 피해자 보호 등에 관한 법률」의 일부를 개정한 법률안이 가결 및 시행된 것이 가정폭력 미술치료 연구의 증가에 영향을 준 것으로 추정할 수 있다. 그러나 전국 아동학대 현황 보고서를 연도별로 살펴보면, 학대 피해 건수가 매년 증가해 심각한 수준이고 2021년 신고된 아동학대 건수가 5만 건에 이르는 것에 비해(보건복지부, 2022b) 치료 개입 연구는 상당히 미비하다. 2010년부터 2021년까지 게재된 가정폭력 미술치료 연구의 현황을 분석한 김수민(2022)은 유아동에 대한 연구가 대부분이며, 미술치료 환경은 복지시설이 가장 많았고, 다음으로 심리치료소 및 연구소가 많았다고 하였다. 학대

행위자는 부모의 비중이 높고, 부모와의 격리가 이루어지지 않은 아동이 상당히 많았다(현소혜, 2017). 아동학대처벌법에 따르면, 국가가 심각한 아동학대 발생의 신호를 감지하더라도 범죄로 발전하기 전까지는 강제적인 개입이 어렵다. 학대 피해 아동과 행위자에게 상담과 심리치료를 강제할 방법이 없기 때문에 보호시설에 오지 못하고 원가족에서 분리되지 않은 아동들에 대한 치료적 개입이 어렵다. 미술치료 형태는 개인적인 사건을 회상하는 상담이 이루어지기 때문에 집단보다 개인미술치료가 많이 진행됨을 알 수 있었다. 집단상담으로 진행될 경우, 이질집단보다는 동질집단으로 이루어지는데 서로가 지닌 어려움을 공감하고 집단원들의 지지 및 조언을 통해 긍정적 자아상을 고취하고 문제해결력을 향상시키기 때문이다. 송소현과 김진희(2021)는 2005년부터 2020년까지 발표된 국내 아동학대 관련 미술치료 연구가 석사논문 25편, 박사논문 1편, 학술지 19편으로 꾸준히 증가한다고 하였다. 초등학생이 가장 많았고, 연구 참여자 수는 1명이 가장 많았다. 학대 유형은 방임이 가장 많았고 측정도구는 K-CBCL, 자기효능감 척도, 그림검사는 HTP, KFD가 가장 많이 사용되었으며, 종이 · 바탕매체를 사용한 경우와 단일사례연구가 가장 많았다. 주 1회, 60~80분을 적용한 연구 비율이 가장 높았다.

학대 피해 아동 연구를 메타분석한 김혜인(2022)은 여아에 대한 연구가 많고, 학대 유형에서 성학대 여아가 압도적으로 많았다고 밝혔다. 전체 학대 피해 아동은 남아가 많지만 미술치료 개입과 연구는 학대 피해를 경험한 여아를 대상으로 많이 이루어졌다. 가정폭력과 학대 피해 아동에게 가장 많이 사용된 그림검사는 KFD이다. 연구 주제인 폭력이 발생하는 가정 내의 분위기와 가족관계의 현상을 밝히는 데 유용하기 때문이다(김수민, 2022; 오승진, 류정미, 2020). 총 회기는 20회기 이상의 효과 크기가 가장 컸고, 주사용 매체는 혼합(종이+바탕+평면건식)의 효과 크기가 가장 컸으며, 다양한 매체 사용이 학대 피해 아동의 욕구 충족과 호기심을 가져온 것으로 보인다(김미진, 2014; 조영미, 이동연, 2016). 코로나19로 인하여 가정폭력 발생률이 세계적으로 증가하였고 우리나라 또한 가정폭력 발생률이 증가하였으므로(김효정, 2020), 학교에서 학대 피해 학생에게 적용할 효과적인 미술치료 방법에 대한 연구와 프로그램 개발이 활발하게 이루어져야 한다.

학교미술치료 이론과 실제

제 **12** 장
학교폭력 관련 학생을 위한
학교미술치료

범수(고 1, 남)는 학교에서 담배를 피우고 이유 없이 친구들을 괴롭히면서 상습적으로 폭력을 행사하여 교사에게 자주 적발되었다. 정서가 불안정하여 평소 무기력하고 의욕이 없는 모습이지만 갑자기 우발적으로 공격적인 행동을 하였다. 학급에서 사소한 것에 화를 내고 소리를 지르며 책상을 발로 차는 모습을 보여서 주의를 받은 적이 있다. 상습적으로 또래의 금품을 갈취하여 학교폭력으로 특별교육 이수를 받은 경험이 있다. 이후에 등교를 거부하기도 하고 지속된 흡연으로 생활선도위원회에서 징계를 받았다. 자신의 기분이 좋을 때는 활발하게 지내다가 기분이 나빠지면 분노조절을 못하고 거친 욕설과 함께 폭력적으로 행동한다. 친구들이나 교사들과의 관계에서 마찰이 있으면 감정조절을 못한다. 수업태도가 불손하여 교사들이 문제학생이라는 시각으로 바라보고 있으며 화를 잘 내고 짜증이 많고 같은 반 친구들을 밀치고 주먹질을 하지만 자신의 잘못을 인정하기보다는 합리화하려고 한다. 최근에는 학교를 이탈하여 무단외출, 무단결석 등이 잦아지고 학교에 와도 무기력하고 의욕이 없으나 자신의 의사 및 욕구가 좌절되면 갑자기 폭력적으로 변한다.

발달론적 관점에서는 학생이 발달과정에서 사회적으로 우위를 차지하기 위해 타인을 희생시키며 이 과정에서 학교폭력이 발생한다고 설명한다. 어릴 때는 신체적 폭력 같은 직접적인 폭력을 사용하지만 나이가 들수록 사회적으로 용인되며 드러나지 않는 언어폭력, 따돌림과 같은 간접적인 방식을 띠게 된다. 우리나라에서 학교폭력은 1990년대에 왕따, 집단따돌림이 사회적 문제로 대두되었고, 2000년대에 피해 학생의 극단적인 선택이 이어지면서 심각한 사회문제로 대두되었다. 학교폭력은 피해 학생뿐만 아니라 가해 학생, 교사, 방관자, 가정 및 지역사회에 전반적으로 부정적인 영향을 미친다. 이로 인해 2004년에「학교폭력예방 및 대책에 관한 법률」(약칭 학교폭력예방법)이 제정되어 시행되었고, 2005년 경찰청을 포함한 7개 유관 부처가 함께 학교폭력 예방 및 대책 기본계획을 수립하여 지속적으로 시행하고 있다. 학교폭력은 중고등학생을 넘어서 초등학생으로 저연령화, 집단화, 흉악화, 일상화되고 있다. 피해 학생은 우울, 등교거부, 사회적 관계의 단절, 심한 경우 자살시도 행동에 이르기도 한다. 가해 · 피해 학생들의 신체적 · 정서적 문제뿐만 아니라 건강한 성장과 발달에 지속적으로 부정적인 영향을 미친다. 가해 · 피해 학생에게 심리정서적 개입이 적절하게 이루어지지 않으면 성격 형성과 발달을 저해하고 부적응으로 이어질 수 있다. 미술치료 경험은 내면의 감춰진 생각, 인식하지 못한 감정, 화, 수치심, 상실 등을 안전하게 표현하도록 도움으로써 학생들에게 학교폭력과 관련된 감정과 외상들의 카타르시스와 자기 위안을 제공한다(Stewart & Brosh, 1997).

1. 학교폭력에 대한 이론적 이해

1) 학교폭력의 개념

학교폭력은 학생들이 학교 안팎에서 금품 또는 물건의 강탈, 폭행, 공갈, 협박, 성폭행 등을 당하거나 가하는 것이다. 학생 상호 간의 힘의 불균형이 존재하는 상황에서 신체적 · 환경적 욕구를 충족하기 위한 의도적인 목적으로 대인과 대물에 관계없이 교내외 또는 사이버 환경에서 발생하는 언어적 · 심리적 · 물리적 · 관계적 폭력을 의미한다(백사인 외, 2015). Olweus(1996)는 학교폭력의 반복성과 지속성을 강조하며 위협, 조롱, 때림, 발로 참, 들볶음, 꼬집음, 따돌림 등 물리적이거나 비물리적인 행위를 모두 포함한다고 하였다. 현재 우리나라의 학교 현장에서는 법률에 명시된 근거를 바탕으로 학교폭력을 정의하고 예방 및 대처를 하고 있다. 「학교폭력예방 및 대책에 관한 법률」은 학교폭력의 예방과 대책에 필요한 사항을 규정함으로써 피해 학생의 보호, 가해 학생의 선도 · 교육 및 피해 학생과 가해 학생 간의 분쟁조정을 통하여 학생의 인권을 보호하고 학생을 건전한 사회구성원으로 육성함을 목적으로 한다. 이 법에서 학교폭력 관련 용어 정의는 다음과 같다.

- 학교폭력이란 학교 내외에서 학생을 대상으로 발생한 상해, 폭행, 감금, 협박, 약취 · 유인, 명예훼손 · 모욕, 공갈, 강요 · 강제적인 심부름 및 성폭력, 따돌림, 사이버 따돌림, 정보통신망을 이용한 음란 · 폭력 정보 등에 의하여 신체 · 정신 또는 재산상의 피해를 수반하는 행위이다.
- 따돌림이란 학교 내외에서 2명 이상의 학생이 특정인이나 특정집단의 학생들을 대상으로 지속적이거나 반복적으로 신체적 또는 심리적 공격을 가하여 상대방이 고통을 느끼도록 하는 모든 행위이다.
- 사이버 따돌림이란 인터넷, 휴대전화 등 정보통신기기를 이용하여 학생들이 특정 학생들을 대상으로 지속적 · 반복적으로 심리적 공격을 가하거나, 특정 학생과 관련된 개인정보 또는 허위사실을 유포하여 상대방이 고통을 느끼도록 하는 모든 행위이다.

2) 학교폭력의 유형과 특성

(1) 학교폭력의 유형

학교폭력 피해 유형은 보통 언어적 · 신체적 · 관계적 폭력으로 구분할 수 있다. 최근에는 인터넷과 스마트폰이 발달하면서 SNS를 통한 폭력이 심각하게 증가하였다. 신태섭 등(2021)이 '학교폭력 사안처리 가이드북'에 제시한 학교폭력 유형은 다음과 같다.

유형	예시 상황
신체폭력	• 신체를 손, 발로 때리는 등 고통을 가하는 행위(상해, 폭행) • 일정한 장소에서 쉽게 나오지 못하도록 하는 행위(감금) • 강제(폭행, 협박)로 일정한 장소로 데리고 가는 행위(약취) • 상대방을 속이거나 유혹해서 일정한 장소로 데리고 가는 행위(유인) • 장난을 빙자한 꼬집기, 때리기, 힘껏 밀치기 등 상대 학생이 폭력으로 인식하는 행위

언어폭력	• 여러 사람 앞에서 상대방의 명예를 훼손하는 구체적인 말(성격, 능력, 배경 등)을 하거나 그런 내용의 글을 인터넷, SNS 등으로 퍼뜨리는 행위(명예훼손) ※ 내용이 진실이라고 하더라고 범죄이고, 허위인 경우에는 형법상 가중 처벌 대상이 됨. • 여러 사람 앞에서 모욕적인 용어(생김새에 대한 놀림, 병신, 바보 등 상대방을 비하하는 내용)을 지속해서 말하거나 그런 내용의 글을 인터넷, SNS 등으로 퍼뜨리는 행위(모욕) • 신체 등에 해를 끼칠 듯한 언행('죽을래' 등)과 문자메시지 등으로 겁을 주는 행위(협박)
금품갈취 (공갈)	• 돌려줄 생각이 없으면서 돈을 요구하는 행위 • 옷, 문구류 등을 빌린다며 되돌려주지 않는 행위 • 일부러 물품을 망가뜨리는 행위 • 돈을 걷어 오라고 하는 행위
강요	• 속칭 빵 셔틀, 와이파이 셔틀, 과제 대행, 게임 대행, 심부름 강요 등 의사에 반하는 행동을 강요하는 행위(강제적 심부름) • 폭행 또는 협박으로 상대방의 권리 행사를 방해하거나 해야 할 의무가 없는 일을 하게 하는 행위(강요)
따돌림	• 집단으로 상대방을 의도적이고, 반복적으로 피하는 행위 • 싫어하는 말로 바보 취급 등 놀리기, 빈정거림, 면박 주기, 겁주기, 골탕 먹이기, 비웃기 • 다른 학생들과 어울리지 못하도록 막는 행위
성폭력	• 폭행·협박을 하여 성행위를 강제하거나 유사 성행위, 성기에 이물질을 삽입하는 등의 행위 • 상대방에게 폭행과 협박을 하면서 성적 모멸감을 느끼도록 신체적 접촉을 하는 행위 • 성적인 말과 행동을 함으로써 상대방이 성적 굴욕감, 수치감을 느끼도록 하는 행위
사이버 폭력	• 속칭 사이버모욕, 사이버명예훼손, 사이버성희롱, 사이버스토킹, 사이버음란물 유통, 대화면 테러, 인증놀이, 게임부주 강요 등 정보통신기기를 이용하여 괴롭히는 행위 • 특정인에 대해 모욕적 언사나 욕설 등을 인터넷 게시판, 채팅, 카페 등에 올리는 행위. 특정인에 대한 '저격글'이 그 한 형태임 • 특정인에 대한 허위 글이나 개인의 사생활에 관한 사실을 인터넷, SNS 등을 통해 불특정 다수에 공개하는 행위 • 성적 수치심을 주거나, 위협하는 내용, 조롱하는 글, 그림, 동영상 등을 정보통신망을 통해 유포하는 행위 • 공포심이나 불안감을 유발하는 문자, 음향, 영상 등을 휴대폰 등 정보통신망을 통해 반복적으로 보내는 행위

(2) 학교폭력의 특성

학교폭력은 가해와 피해의 경험을 순환적으로 경험하는 학생들이 많아서 가해자와 피해자를 구분하기 어려운 특징이 있다. 일반적으로 학교폭력의 특징은 다음과 같다.

- 폭력 행위가 비행청소년뿐만 아니라 보통의 학생에게 쉽게 발견되고 일반화되고 있다.
- 일부 학생에게만 국한된 것이 아니라 다수 혹은 소그룹이 집단적으로 행하는 경향이 높다.
- 특정 학생을 대상으로 계속적 · 집중적으로 이루어지는 경향이 있다.
- 집단따돌림, 협박, 놀림, 시험지 보여 주기 강요, 숙제 및 심부름(빵 셔틀, 와이파이 셔틀) 시키기 등 다양한 심리적 폭력이 이루어지고 있다.
- 일회성 단순 폭력보다 지속적으로 가해지는 학대적 폭력이 문제가 되고 있다.
- 인터넷, 스마트폰, SNS를 활용하여 교묘한 방식으로 괴롭힌다.
- 학교폭력은 일반적으로 학교 내에서 가장 많이 발생한다.
- 주로 중학생들에게서 가장 많이 발생하지만 초등학생에 의한 학교폭력이 증가하는 등 저연령화되고 있다.
- 학교폭력이 단순한 탈선을 넘어서 흉악화되어 범죄에 이르기도 한다.
- 학교폭력이 집단화되고 흉악화될 경우, 불량서클, 성인 폭력조직과 연계된 하부 폭력조직 등에 의해 이루어지기도 한다.
- 학교폭력 피해자는 폭력 피해에 비해 적극적으로 알리지 않는 경향이 있다.

　　Freud(1978)에 따르면, 폭력 행동에 내재된 공격성은 인간의 본능 에너지인 리비도에 해당한다. 자기보호와 생존을 위해 필요한 것이며 이러한 감정을 억압하거나 억제함으로써 병리적 문제가 생긴다. 특히 아동청소년의 자기표현, 정서적 표현과 행동 등을 과도하게 통제하거나 억압하면 공격성과 폭력성, 집단따돌림, 소외감, 반사회성 등이 증가한다. Nolting(1989)은 학습이론에 근거하여 공격성은 모방과 학습된다고 하였다. 예를 들면, 인터넷, 컴퓨터 게임 등을 통해 폭력을 모방하는 아동청소년의 사례들을 통해 폭력모방의 위험을 알 수 있다. 아동청소년의 심리적 · 정서적 성장에 대한 이해가 부족하여 내재된 공격적 에너지를 과도하게 제한하고 통제하는 가정 및 학교 환경은 적절하지 않다. 대중매체와 인터넷의 영향으로 말초 감각적 자극이 증대되고 왜곡된 성인문화와 행동을 모방하는 학습된 공격성이 폭력적이고 배타적 행동으로 나타날 수 있다. 건강하게 공격성을 표출하고 조절할 수 있는 환경의 조성과 왜곡된 학습에 대한 개입이 필요하다.
　　학교폭력의 대표적인 유형인 집단따돌림은 다음과 같은 특징이 있다(Coloroso, 2008).

- 힘의 불균형: 힘이 센 학생이 힘이 약한 학생을 괴롭히거나 다수의 학생이 소수의 학생

을 괴롭힌다. 신체적인 힘뿐만 아니라 심리적인 힘의 불균형을 포함한다.

- 고의성: 실수가 아니라 고의로 해를 입히고 괴롭히는 말과 행동을 한다.
- 반복성: 일회성이 아니라 반복적으로 괴롭힌다. 예를 들면, 특정 사건에 대한 분노로 인해서 한 번의 공격 또는 충동적이고 우발적으로 일어나는 것이 아니라 반복적으로 위협하고 상처를 주는 행동이다.
- 공격성: 신체적(구타 등)·언어적(별명이나 위협 등)·심리적(악의적 소문 및 소외 등) 공격 등을 모두 포함한다.

2. 학교폭력 관련 학생에 대한 이해

1) 학교폭력 가해 학생에 대한 이해

(1) 가해 학생의 개념과 특성

학교폭력 가해는 강한 1명 혹은 그 이상의 학생이 좀 더 약한 학생에게 심리적·물리적 억압을 지속적으로 가하는 것을 의미한다. 가해 학생은 보통 공격적이고, 거칠고, 강하고, 충동적이며 자신감을 보인다. 가해 학생은 힘과 결합된 공격적인 행동을 통해 지배와 권력을 추구하는데(Olweus, 1997) 이로 인해 얻게 되는 지위와 타인을 괴롭힘으로써 느끼게 되는 즐거움이 공격적인 행동을 강화한다(Farrington, 1993). 가해 학생의 특성은 다음과 같다.

- 신체적으로 우세하고, 충동적이며, 타인에 대한 지배욕이 강하다.
- 타인의 고통에 대한 공감 능력이 부족하다.
- 타인을 쉽게 이용하며 피해자에게 준 상처를 인식하지 못하고 무시하는 경향이다.
- 폭력 행동에 대한 책임을 인정하지만 피해 학생이 이유를 제공했다는 식으로 정당화한다.
- 폭력 행위에 대하여 죄의식이나 책임감을 크게 느끼지 않는 경향이다.
- 우울, 불안과 같은 정서적 문제에 취약하다.
- 자기통제력이 낮으며 자신의 행동으로 인한 처벌 가능성에 의해 행동이 통제되지 않는다.
- 다른 비행문제를 동시에 갖고 있고 비행 하위집단에 속하여 폭력에 가담하는 경우가 많다.
- 유년기의 가정폭력, 학대 경험을 가진 경우가 많다.

- 부모의 강압적이고 비합리적인 양육환경이 공격적 행동을 촉발한다.
- 폭력으로 모든 것을 해결할 수 있다는 왜곡된 가치관을 형성할 수 있다.
- 반사회적 규범을 학습하고 성장하면서 규범과 규율의 위반, 범죄행동에 노출, 반사회적 행동과 같은 문제들과 관련될 수 있다.

폭력적인 학생은 우울, 불안과 같은 내재화 문제를 가지고 있어도 일반적인 우울 학생과는 다른 양상이기 때문에 주의 깊게 살펴보아야 한다. 일반적으로 정서지각력이 낮아서 정서표현이 어렵고, 정서를 지각하더라도 부정적인 정서를 폭력 행동과 같은 은폐된 형태로 나타내는 경향이 있다. 외현화된 문제행동 뒤에는 정서적 어려움이 숨어 있거나 부정적 감정을 직접적으로 표현하거나 적절하게 해결하기보다는 비행 행동을 통하여 해소하려는 경향이 있다. 정서적 지각력이 낮고 방어적인 학교폭력 가해 학생은 지각되지 않는 정서에 대하여 언어적 자기보고식 평가에 무의미하게 반응할 가능성이 있다.

학교폭력 가해 학생들의 주된 심리적 · 행동적 특성은 다음과 같다.

학교폭력 가해 학생의 징후
• 성미가 급하고, 충동적이며 공격적이다. • 친구관계를 중요시하며 귀가 시간이 늦거나 불규칙하다. • 다른 학생을 때리거나 동물을 괴롭히는 모습을 보인다. • 평소 욕설 및 친구를 비하하는 표현을 자주 한다. • 부모와 대화가 적고 반항하거나 화를 잘 낸다. • 옷차림이나 과도한 화장, 문신 등 외모를 과장되게 꾸며 또래관계에서 위협감을 조성한다. • 폭력과 장난을 구별하지 못하여 갈등 상황에 자주 노출된다. • 자신의 문제행동에 대해서 이유와 핑계가 많고 과도하게 자존심이 강하다. • SNS에 타인을 비하 · 저격하는 발언을 거침없이 게시한다.

(2) 가해 학생의 원인
학교폭력은 한 가지 원인보다는 여러 가지 원인이 복합적으로 작용한다. 생물학적 요인과 환경적 요인이 상호작용하여 발생한다.

① 생물학적 요인
생물학적 연구에 따르면, 충동적인 폭력 행동은 XYY염색체, 뇌의 변연계의 기능장애, 뇌 신경전달물질의 불균형 등이 원인으로 제시되고 있다. 일반적으로 공격성과 관련이 있는 테스토스테론은 편도체를 활성화하여 충동성과 공격성을 높이고, 공격성 성향이 높으면 혈중 세로토닌이 낮다. 폭력자들의 변연계가 일반인보다 쉽게 흥분되고, 충동성과 관련된 신경전달물질인 노어에프네프린이 높고 세로토닌이 현저하게 낮으면 충동적인 감정을 조절하기 어렵다(Cawdry & Gardner, 1988). 반사회적 청소년은 휴식할 때 일반 청소년에 비해 심장박동과 피부전도 반응이 낮고, 심각한 비행을 더 많이 저지르고 지속적으로 행하는 사람들은 자율반응이 낮다(Magnusson, 1992). 각성 수준이 낮고 지루한 상태는 고통스럽다. 감각자극을 증가시켜서 지루함을 피하려는 것이 품행장애 아동의 전형적인 행동양식이다. 즉 들뜨고 불안한 상태를 만들어서 지루함을 피하려는 것이다.

② 심리사회적 요인

가해 학생은 폭력행위와 관련하여 잘못된 지각과 귀인을 하는 등 인지적 정보처리 과정이 왜곡되어 있다. 잘못된 지각 또는 지각편향을 하고 조망수용 능력이 결여된 학생은 타인의 중립적인 사회적 행위를 자신에 대한 도발행위로 잘못 지각하고 해석하는 경향이 있어서 공격 행동으로 이어진다. 폭력 행동을 하는 사람은 과거 경험을 잘 기억하지 못하는데, 특히 즐거운 경험을 잘 기억하지 못한다. 자신의 행동이 가져올 결과에 대한 미래예측 능력이 부족하여 반사회적·충동적 행동을 쉽게 한다(이춘재, 1999). 주의력결핍 과잉행동, 품행장애 및 적대적 반항장애 등을 가지는 경우가 많고, 자해와 정신적인 문제, 신체적 학대나 성적 학대를 받은 경우가 많다(Reijntjes et al., 2011).

가정환경적 요인은 아주 중요한 요인이다. 가정의 구조적 문제에 의한 가정교육의 약화, 부모와의 부정적 관계 및 비합리적인 부모의 양육태도는 학생을 보다 공격적이고 폭력적으로 만들 수 있다. 결손가정, 빈곤가정은 학교폭력 가해의 위험요인으로 작용한다. 한부모가정과 재혼가정과 같은 결손가정은 가족역할의 정상적인 기능에 문제가 있을 수 있다. 가족의 정서적·교육적 기능의 상실, 구성원의 역할 변화를 겪으면서 학생에게 가족적·사회적 재적응을 요구하기 때문에 심리적 어려움을 가져온다. 빈곤가정 학생은 열등감, 무기력, 정서적 불안을 겪을 가능성이 더 높고 욕구의 좌절과 심리적 어려움은 반항심, 공격성, 폭력적 행위로 이어질 수 있다. 가정의 심리적 환경은 구조적·물리적 환경보다 더 심각한 영향을 미친다. Olweus(1993)는 애정결핍, 공격적 행동의 수용, 신체적 체벌을 하는 양육태도, 상호 갈등이 심한 부부관계와 같은 가정환경은 학생의 폭력적 행동에 영향을 미친다고 하였다. 부모의 적대적·거부적·방임적이고 일관성 없는 양육태도는 학생의 폭력적 성향과 행위에 영향을 미친다. 이러한 가정의 학생은 초자아의 형성이 적절하게 되지 않아 죄책감을 경험하기 어렵고, 사회규범을 준수해야 하는 동기가 결여되기 쉽다. 부모는 물리적 교육방식을 선호하고, 적대적이며, 자녀의 공격적 행동에 대해 묵인하거나 강압적이고 폭력적인 태도로 개입하는 경향이 있다. 부모의 빈약하고 잘못된 문제해결 방식을 습득함으로써 낮은 자기통제 능력을 형성하게 된다. 가정교육을 통해 폭력적인 행동을 통제하는 것을 적절하게 배우지 못하고, 애착과 가족 결속력이 없으므로 긍정적인 자아개념을 바탕으로 폭력적인 행동을 통제하고 친사회적 행동을 하여 자존감을 유지하려는 내적 동기가 부족하다.

학교에서 교사나 또래에게 인정받지 못한다고 생각하는 학생은 자신의 좌절, 울분 등을 폭력으로 해소할 가능성이 높다. 입시 위주의 교육체제는 성적이 낮고 진학이 어려운 학생에게 들러리 느낌을 주고 소외감을 느끼게 하여 가출, 장기결석, 퇴학, 학교폭력으로 이어질 수 있다. 학교에서 직간접적으로 경험하는 폭력의 정도와 폭력을 허용하고 수용하는 분위기, 또래 동조도 영향을 미친다. Lloyid(1985)는 또래에게 거부당하는 것을 두려워하는 거부공포는 15세경에 절정에 달한다고 하였다. 사회생활과 대중매체의 폭력에 과다한 노출, 사회의 폭력에 대한 미화와 합리화 등은 학생의 죄의식을 약화시키고 도덕의식이 약할 경우에는 폭력을 일으키는 시작점이 될 수 있다. 장수한(2010)은 학교폭력의 발생과정을 통합적 모델로 제시하였다.

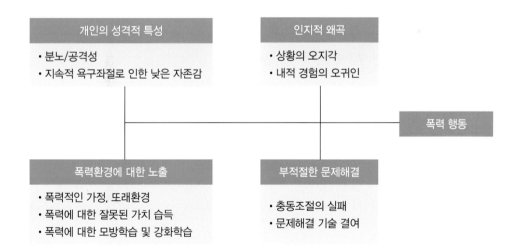

(3) 가해 학생의 임상적 진단과 특징

학교폭력을 행사하는 학생은 우발적으로 한 번 폭력을 하는 경우보다 지속적이고 반복적인 경향이 있다. 이런 행동을 6개월 이상 지속할 경우 DSM-5-TR의 품행장애(Conduct Disorder)로 진단받을 수도 있다. DSM-5-TR의 진단 기준에 따르면, 파괴적, 충동조절 그리고 품행장애는 자기 조절의 문제가 주된 특징이며 정서와 행동에서 충동조절의 어려움이 공통적이다. 모든 가해 학생이 품행장애로 진단되는 것은 아니지만 지나친 공격성, 타인의 권리를 침해하거나 피해를 주는 행위, 나이에 맞는 규칙을 어기는 행동 등 품행장애와 유사한 면이 많다. 품행장애는 폭력, 도둑질, 가출 등과 같이 난폭하거나 다른 사람을 괴롭히고 협박하며 자주 다투는 등 무책임한 행동이 반복적으로 나타난다. 약자 괴롭히기, 타인의 기물을 파손하기, 동물에게 잔인한 행동하기 등 공격적인 반사회적 행동을 하지만 양심의 가책을 느끼지 않는다. 또한 잦은 결석, 가출, 낮은 성적, 흡연, 음주, 거짓말 등 학교나 부모와의 관계에서 규칙 위반을 보인다. 문제행동은 주로 여학생보다 남학생에게서 먼저 나타나며 아동 후기나 청소년기에 시작된다. 처음에는 버릇없는 행동으로 보이지만 시간이 지나면서 대부분 완화된다. 하지만 증상이 점차 심각해질 경우에는 성인기에 반사회적 성격장애나 다른 심리문제로 이어질 수 있다. 품행장애는 다음에 제시된 15개 항목 중 3개 이상이 지난 12개월간 지속되고, 이 중 1개 항목 이상이 지난 6개월 동안 반복적으로 나타날 때 진단된다.

품행장애의 DSM-5-TR 진단기준(APA, 2023)

사람과 동물에 대한 공격
1. 자주 다른 사람을 괴롭히거나, 위협하거나, 협박한다.
2. 자주 신체적인 싸움을 건다.
3. 다른 사람에게 심각한 신체적 손상을 입힐 수 있는 무기를 사용한다(예, 방망이, 벽돌, 깨진 병, 칼, 총).
4. 다른 사람에게 신체적으로 잔인하게 대한다.
5. 동물에게 신체적으로 잔인하게 대한다.
6. 피해자가 보는 앞에서 도둑질을 한다(예, 노상강도, 소매치기, 강탈, 무장강도).
7. 다른 사람에게 성적 행동을 강요한다.

재산파괴
8. 심각한 손상을 입히려는 의도로 고의적으로 불을 지른다.
9. 다른 사람의 재산을 고의적으로 파괴한다(방화로 인한 것은 제외).

사기 또는 절도
10. 다른 사람의 집, 건물 또는 자동차에 무단으로 침입한다.
11. 어떤 물건을 얻거나 환심을 사기 위해, 또는 의무를 피하기 위해 거짓말을 자주 한다(즉, 다른 사람을 속인다).
12. 피해자와 대면하지 않은 상황에서 귀중품을 훔친다(예, 부수거나 침입하지 않고 상점에서 물건 훔치기, 문서 위조).

심각한 규칙 위반
13. 부모의 제지에도 불구하고 13세 이전부터 자주 밤늦게까지 집에 들어오지 않는다.
14. 친부모 또는 부모 대리인 가정에서 사는 동안 밤에 적어도 2회 이상 가출한다. 또는 장기간 귀가하지 않는 가출이 1회 있다.
15. 13세 이전부터 무단결석을 자주 한다.

2) 학교폭력 피해 학생에 대한 이해

(1) 피해 학생의 개념과 특성

학교폭력 피해는 한 학생이 반복적·지속적으로 한 명 또는 그 이상의 학생에게 부정적인 행동을 당하는 것을 의미한다. 피해 학생은 언어적·물리적·관계적 괴롭힘의 주요한 대상이 되는 학생이다. 보통 신체적으로 열세하고 내향적이며 자존감이 낮고 자기주장과 같은 사회성이 부족하다. 학교폭력에 지속적으로 노출된 학생은 또래에 비해 우울하고 낮은 자존감을 가지며 외로움을 느낀다. 생명을 위협받는 극도의 공포심을 느끼고, 다시 폭력 상황에 놓일 것 같은 걱정과 두려움을 가질 수 있다. 불안, 두려움, 위축, 대인관계 등 심리적 문제를 경험하고, 적절한 시기에 치료하지 않으면 적응장애, 우울장애, 외상후 스트레스장애와 같은 심각한 문제로 이어질 수 있다. 반복되는 신체적·정신적 고통에서 자신을 지킬 수 없다는 무력감과 낮은 자존감으로 분노 수준, 공격성, 적대적 성향, 우울증을 포함한 내현화 장애를 앓을 위험이 높아진다. 부정적인 자아개념이 형성되어 자기 자신을 필요 없는 존재, 무능한 존재, 약한 존재로 규정하며 위축 행동을 하고, 소극적인 방향으로 삶을 이끌어 나가는 학생들도 있다. 위축 행동은 불안, 우울, 두려움, 외로움과 같은 내적 특성의 수동적 불안과 관련된 행동과 인지적 미성숙, 난폭, 공격적 행동과 같은 외적 특성인 능동적 미성숙과 관련된 행동으로 구분된다(Ross, 1974).

피해 학생은 피해가 클수록 공격성이 증가하여 비행 행동으로 이어질 가능성이 높고 가해자가 되어 학교폭력을 유발하는 악순환이 생겨날 수 있다(김은숙, 정현희, 2017; 배성만, 2017). 학교폭력 피해 경험은 대인 간 폭력 행위이며 일종의 외상 사건으로서 불안을 유발한다. 외상 경험으로 인해 대인관계를 회피하고 부정적 사고와 사회기술 발달의 어려움을 겪으며 대인 거부와 사회불안으로 이어질 수 있다. 사회불안 증상은 청소년기에 주로 발병한다(APA, 2013). 사회불안 취약성이 있는 학생이 학교폭력 피해를 경험하면 대인관계 상황에서 위축되고 부정적 평가에 대한 두려움이 가중되어 사회불안장애로 진행될 수 있다. 학업 수행과 교우관계 등 일상생활 적응에 어려움이 생기고 우울장애를 함께 겪거나 지속적으로 학교폭력에 노출되면 외상후 스트레스장애를 비롯해 심각한 불안장애를 겪을 수 있다. 피해 경험으로 인해 거부민감성이 높아지면 타인에게 거부당할 것이라는 부정적 기대를 하고 불안, 분노 등 방어적 정서를 느낀다. 이러한 거부 두려움으로 인해 사회적 상황을 지속적으로 피하게 될 수 있다.

학교폭력 피해 학생의 주된 심리적·행동적 특성은 다음과 같다.

학교폭력 피해 학생의 징후
• 작은 자극에 쉽게 놀란다.
• 성적이 갑자기 혹은 서서히 떨어진다.
• 안색이 안 좋고 평소보다 기운이 없다.
• 갑자기 급식을 먹지 않으려고 한다.
• 멍하게 있고, 무엇인가에 집중하지 못한다.
• SNS 계정을 탈퇴하거나 아이디가 없다.
• 가족이나 주변 사람들에게 갑자기 짜증을 낸다.
• 늦잠을 자고, 몸이 아프다며 학교 가기를 꺼린다.
• 쉽게 잠들지 못하거나 화장실에 자주 간다.
• 밖에 나가는 것을 힘들어하고, 집에만 있으려고 한다.
• 부모가 자신의 정보통신기기를 만지거나 보는 것을 극도로 싫어한다.
• 잘 모르는 사람들이 학생의 이야기나 소문을 알고 있다.
• SNS의 상태 글귀나 사진이 우울하거나 부정적으로 바뀐다.
• 용돈을 평소보다 많이 달라고 하거나 스마트폰 요금이 많이 부과된다.

(2) 피해 학생의 원인

피해 학생의 개인적인 특성도 있지만 유전적 요인과 환경적 요인이 상호작용하여 발생한다.

① 생물학적 요인

반복적으로 따돌림을 당하는 아동은 세로토닌 운반체의 이상을 보이는 경우가 흔하고 이는 우울증이 높아지는 원인이 된다(Sugden et al., 2010).

② 심리사회적 요인

피해 학생은 사회적으로 고립되어 있거나 불안, 우울과 같은 내재화 문제가 많다. 자존감이 낮고 자기주장을 잘 못하는 경향이 있다(Arseneault et al., 2010). 지적 장애나 자폐스펙트럼장애와 같은 발달장애 학생은 사회성 문제를 지니고 있어서 피해 학생이 될 위험이 높지만 이러한 발달장애를 가진 학생이 가해자나 가해-피해자가 되는 경우도 있다. 부모가 강압적이고 지나치게 통제적이며 거부적일 경우 피해 학생이 될 가능성이 높다. 학생과 교사가 학교폭력에 무관심하거나 수용적이고, 학교와 학급의 학생의 수가 많으며, 쉬는 시간이나 개별 활동 시간 등에서 교사의 감독이 부족할 경우 폭력 피해를 받을 가능성이 커진다.

③ 피해 학생의 임상적 진단과 특징

학교폭력 피해 학생들은 우울, 불안, 외상후 스트레스장애 등과 관련이 있다. 또한 지속적인 피해경험으로 인해 제11장에서 소개한 복합 PTSD도 고려해 볼 필요가 있다. DSM-5-TR의의 PTSD 진단 기준에 따르면, 다음의 기준을 모두 만족해야 한다. 6세 이하 아동은 다른 기준이 적용되며 다음의 기준은 성인, 청소년, 7세 이상의 아동에게 적용한다.

외상후 스트레스장애의 DSM-5-TR 진단기준(APA, 2023)

A. 실제적이거나 위협적인 죽음, 심각한 부상 또는 성폭력에의 노출이 다음과 같은 방식 가운데 한 가지(또는 그 이상)에서 나타난다.
  1. 외상성 사건(들)에 대한 직접적인 경험
  2. 그 사건(들)이 다른 사람들에게 일어난 것을 생생하게 목격함
  3. 외상성 사건(들)이 가족, 가까운 친척 또는 친한 친구에게 일어난 것을 알게 됨. 가족, 친척 또는 친구에게 생긴 실제적이거나 위협적인 죽음은 그 사건(들)이 폭력적이거나 돌발적으로 발생한 것이어야만 한다.
  4. 외상성 사건(들)의 혐오스러운 세부 사항에 대한 반복적이거나 지나친 노출의 경험(예, 변사체 처리의 최초 대처자, 아동 학대의 세부 사항에 반복적으로 노출된 경찰관)
  주의점: 진단기준 A4는 노출이 일과 관계된 것이 아닌 한 전자미디어, 텔레비전, 영화 또는 사진을 통해 노출된 경우는 적용되지 않는다.
B. 외상성 사건(들)이 일어난 후에 시작된, 외상성 사건(들)과 연관이 있는 침습 증상의 존재가 다음 중 한 가지(또는 그 이상)에서 나타난다.
  1. 외상성 사건(들)의 반복적, 불수의적이고, 침습적인 고통스러운 기억
  주의점: 6세를 넘은 아동에서는 외상성 사건(들)의 주제 또는 양상이 표현되는 반복적인 놀이로 나타날 수 있다.
  2. 꿈의 내용 및/또는 정동이 외상성 사건(들)과 관련되는 반복적으로 나타나는 고통스러운 꿈
  주의점: 아동에서는 내용을 알 수 없는 악몽으로 나타나기도 한다.
  3. 외상성 사건(들)이 재생되는 것처럼 그 개인이 느끼고 행동하게 되는 해리성 반응(예, 플래시백)(그러한 반응은 연속선상에서 나타나며, 가장 극한 표현은 현재 주변 상황에 대한 인식의 완전한 소실일 수 있음)
  주의점: 아동에서는 외상의 특정한 재현이 놀이로 나타날 수 있다.
  4. 외상성 사건(들)을 상징하거나 닮은 내부 또는 외부의 단서에 노출되었을 때 나타나는 극심하거나 장기적인 심리적 고통
  5. 외상성 사건(들)을 상징하거나 닮은 내부 또는 외부의 단서에 대한 뚜렷한 생리적 반응
C. 외상성 사건(들)이 일어난 후에 시작된, 외상성 사건(들)과 연관이 있는 자극에 대한 지속적인 회피가 다음 중 한가지 또는 2가지 모두에서 명백하다.
  1. 외상성 사건(들)에 대한 또는 밀접한 연관이 있는 고통스러운 기억, 생각 또는 느낌을 회피 또는 회피하려는 노력
  2. 외상성 사건(들)에 대한 또는 밀접한 연관이 있는 고통스러운 기억, 생각 또는 느낌을 불러일으키는 외부적 암시(사람, 장소, 대화, 행동, 사물, 상황)를 회피 또는 회피하려는 노력

D. 외상성 사건(들)이 일어난 후에 시작되거나 악화된, 외상성 사건(들)과 연관이 있는 인지와 기분의 부정적 변화가 다음 중 2가지(또는 그 이상)에서 나타난다.

   1. 외상성 사건(들)의 중요한 부분을 기억할 수 없는 무능력(두부 외상, 알코올 또는 약물 등의 이유가 아니며 전형적으로 해리성 기억상실에 기인)

   2. 자신, 다른 사람 또는 세상에 대한 지속적이고 과장된 부정적인 믿음 또는 예상(예, "나는 나쁘다." "누구도 믿을 수 없다." "이 세상은 전적으로 위험하다." "나의 전체 신경계는 영구적으로 파괴되었다.")

   3. 외상성 사건(들)의 원인 또는 결과에 대하여 지속적으로 왜곡된 인지를 하여 자신 또는 다른 사람을 비난함

   4. 지속적으로 부정적인 감정 상태(예, 공포, 경악, 화, 죄책감 또는 수치심)

   5. 주요 활동에 대해 현저하게 저하된 흥미 또는 참여

   6. 다른 사람과의 사이가 멀어지거나 소원해지는 느낌

   7. 긍정적 감정을 경험할 수 없는 지속적인 무능력(예, 행복, 만족 또는 사랑의 느낌을 경험할 수 없는 무능력)

E. 외상성 사건(들)이 일어난 후에 시작되거나 악화된, 외상성 사건(들)과 연관이 있는 각성과 반응성의 뚜렷한 변화가 다음 중 2가지(또는 그 이상)에서 현저하다.

   1. 전형적으로 사람 또는 사물에 대한 언어적 또는 신체적 공격성으로 표현되는 민감한 행동과 분노 폭발(자극이 거의 없거나 아예 없이)

   2. 무모하거나 자기파괴적 행동

   3. 과각성

   4. 과장된 놀람 반응

   5. 집중력의 문제

   6. 수면 교란(예, 수면을 취하거나 유지하는 데 어려움 또는 불안정한 수면)

F. 장해(진단기준 B, C, D, 그리고 E)의 기간이 1개월을 넘어야 한다.

G. 장해가 사회적, 직업적 또는 다른 중요한 기능 영역에서 임상적으로 현저한 고통이나 손상을 초래한다.

H. 장해는 물질(예, 치료약물, 알코올)의 생리적 효과나 다른 의학적 상태로 인한 것이 아니다.

다음 중 하나를 명시할 것:

해리 증상 동반: 개인의 증상이 외상후 스트레스장애의 기준에 해당하고, 또한 스트레스에 반응하여 그 개인이 다음에 해당하는 증상을 지속적이거나 반복적으로 경험한다.

1. 이인증: 스스로의 정신 과정 또는 신체로부터 떨어져서 마치 외부 관찰자가 된 것 같은 지속적 또는 반복적 경험(예, 꿈속에 있는 느낌, 자신이나 신체의 비현실감 또는 시간이 느리게 가는 감각을 느낌)

2. 비현실감: 주위 환경의 비현실성에 대한 지속적 또는 반복적 경험(예, 개인을 둘러싼 세계를 비현실적, 꿈속에 있는 듯한, 멀리 떨어져 있는 또는 왜곡된 것처럼 경험)

주의점: 이 아형을 쓰려면 해리 증상은 물질의 생리적 효과(예, 알코올 중독 상태에서의 일시적 기억상실, 행동)나 다른 의학적 상태(예, 복합부분발작)로 인한 것이 아니어야 한다.

다음의 경우 명시할 것:

지연되어 표현되는 경우: (어떤 증상의 시작과 표현은 사건 직후 나타날 수 있더라도) 사건 이후 최소 6개월이 지난 후에 모든 진단기준을 만족할 때

아동학대로 외상을 경험한 학생의 인지적·정서적·행동적 증상의 특징은 다음과 같다.

- 인지적 증상: 자신을 필요 없는 존재, 무능한 존재로 생각한다.
- 정서적 증상: 심한 공포와 무력감을 보이고, 우울한 기분, 짜증, 의욕 저하, 흥미 감소 등이 지속하여 일상생활에서 문제가 생길 수 있다. 불안과 두려움 등의 심리적 위축, 대인관계 능력 결핍을 경험한다.
- 행동적 증상: 폭력에 대한 대화를 회피하거나 폭력을 떠오르게 하는 장소와 사람을 피하려는 행동을 보인다.

3) 학교폭력 현황과 실태

교육부(2022b)에서 매년 실시하는 학교폭력 실태조사에 따르면, 학교폭력은 꾸준하게 발생하고 있다. 학교폭력 피해응답률은 1.7%(5.4만 명)로 언어폭력(41.8%), 신체폭력(14.6%), 집단따돌림(13.3%) 순이었다. 학교급별로는 초등학교 3.8%, 중학교 0.9%, 고등학교 0.3%이었으며 가해 학생은 단독보다는 집단으로 폭력에 가담하였다. 학교폭력 가해 학생이 모두 품행장애와 관련이 있는 것은 아니다. 품행장애는 7~15세 아동, 청소년에게 많이 나타난다. 아동청소년의 2~10% 정도의 유병률을 보이며 평균적으로 4% 정도가 품행장애로 진단받는다(APA, 2023). 남자에게 더 일찍 나타나며 평균적으로 남자는 10~12세, 여자는 14~16세에 시작된다. 연령이 증가할수록 유병률이 증가하고 여자보다 남자의 유병률이 4~12배 정도 높다(Sadock, Kaplan, & Sadock, 2007). 품행장애 문제가 일찍 시작하고 문제행동의 종류가 많을수록, 문제행동이 자주 나타날수록 경과가 좋지 않다. 심한 품행장애의 경우 기분장애, 알코올 중독, 정신질환과 공존할 가능성이 높고 품행장애 아동의 경우 ADHD를 동반하기도 한다.

3. 학교폭력에 대한 미술치료 접근

1) 학교폭력에 대한 미술치료의 이점

학교폭력과 관련하여 상담 및 심리치료를 받는 학생은 자발적이라기보다 의무적으로 참여하는 경우가 많다. 상담에 대한 욕구가 없고 원하지 않은 내담자와 상담을 한다는 것은 상담자와 내담자 모두에게 어려운 일이다. 학교상담 과정에서 학생은 자신에 대한 마음을 솔직하게 털어놓지 못하고 상담 자체에 저항할 수 있다. 이런 학생들에게 미술치료 기법은 자연스럽고 친숙하게 다가갈 수 있다. 미술은 딱딱한 논리적인 사고를 요구하는 언어적 한계에서 벗어나 감정과 생각을 자연스럽게 표현하도록 돕는 자연스러운 표현 수단이기 때문이다(Malchiodi, 2008). 미술치료는 자신도 모르는 내면의 심리적 문제를 비언어로 표출하며 자신을 수용하고 억제된 감정을 미술을 통해 순화한다. 긴장이 완화된다는 점으로 보아 학교폭력 관련 학생에게 유용한 개입 기법이라고 할 수 있다.

일반적으로 청소년은 상담에 대한 동기화가 쉽지 않고 자신을 인식하여 언어로 표현하는 데 어려움이 있다. 미술치료를 통해 언어로 표현되지 않는 청소년의 무의식세계와 내면의 문제를 탐색함으로써 자신을 이해하며 감정을 표출하고 순화한다. 언어적 치료에 저항적인 내담자가 그리기에는 보다 수용적이고, 적대적인 내담자도 미술활동에 몰입할 수 있다(Rubin, 2007). 학교폭력 관련 학생들은 자신을 솔직하게 표현하는 데 어려움을 겪기 때문에 미술치료는 이들에게 효과적인 개입 방법 중 하나이다. 가해 학생이든 피해 학생이든 자신을 노출하는 것에 대한 저항이 있고 힘들어하며 수치스럽게 생각하기도 한다. 치료자는 학생들의 반응에 민감하게 반응하고 공감적 태도와 함께 치료실의 환경과 분위기에 관심을 기울이며 학생의 반응을 이해하고 대처하여야 한다. 투사적 그림검사는 자기보고식 평가에서 간과될 수 있는 학교폭력 관련 학생의 내면세계를 깊이 파악할 수 있다. 예를 들면, 정서지각력이 낮고 방어적인 가해 학생이 내면적 검열 과정 없이 자신을 자연스럽고 안전하게 드러낼 수 있다. 정여주(2017)는 학교폭력 감소와 예방을 위한 미술활동의 필요성을 다음과 같이 제시하였다.

- 미술활동에는 즐거움과 흥미 유발, 미적 경험이 있다. 폭력 가해·피해로 좌절감을 느끼고 자신과 타인의 감정과 행동에 무감각한 내담자가 미술활동을 통하여 즐거움과 흥미를 느끼며 오감 및 미적 감각이 활성화된다.
- 미술활동은 자율적 자기표현과 정서적 해방감을 제공한다. 다양한 매체와 기법으로 자기표현 욕구를 자율적·유희적·상징적으로 표출할 수 있다. 자유로운 표현으로 잠재된 공격성이나 억눌린 감정들을 직관적이고 즉흥적으로 드러냄으로써 정서적 해방감을 경험할 수 있다.
- 미술활동은 문제인식과 문제해결 능력을 신장시킨다. 창의적 활동, 감상 및 피드백을

나눔으로써 폭력에 대한 문제인식과 통찰, 해결 능력을 향상하는 기회를 갖는다.

- 공감과 소통, 신뢰 및 존중의식을 함양한다. 미술활동은 가해 및 피해 학생의 공통 현상인 부정적 심리상황을 시각적 · 상징적으로 표현할 기회가 된다. 자기감정을 표현하고 공유함으로써 공감하고 소통하며 나아가 타인을 존중하는 능력을 기른다.
- 집단미술치료는 협동활동을 통해 공동체 의식과 사회성을 함양한다. 학생들은 폭력 금지나 억압의 지시적 학습이 아닌 자발적 · 유희적 · 탐색적 미술활동으로 스트레스, 좌절감, 분노, 위축감, 소외감 등을 표출하여 공동의 감정코드를 공유한다. 집단활동으로 타인이해의 폭이 넓어짐으로써 책임감, 협동적 관계, 공동체 의식과 사회성을 함양할 수 있다.

학교폭력 가해 학생을 대상으로 한 집단미술치료의 치료적 요인을 Lieberman(2004)의 이론을 근거로 살펴보면 다음과 같다(최상열, 2014).

- 가해 학생들은 자신의 감정과 경험을 말로 표현하는 것보다 미술을 통해 표출하는 것이 효과적이다. 미술치료는 꿈이나 환상, 경험을 말보다는 심상으로 그리며 심상의 표출을 자극하여 창조적 과정으로 나아가게 하고, 언어로 표현하기 어려운 꿈, 느낌(감정), 환상 등의 경험을 표현할 수 있기 때문이다.
- 무의식의 충동성, 공격성 등을 미술이라는 비언어적 수단을 통해 쉽게 밖으로 표현함으로써 이완할 수 있다. 미술은 의식과 무의식적인 것을 표현하여 자신이 인식하지 못하고 있는 심리적 내면을 표현하고 이해하게 해 준다. 미술은 의식 수준에서 처리되기보다는 전의식 수준에서 표현되는 경우가 많아 무의식적 내용이 통제를 덜 받기 때문이다.
- 다양한 미술매체와 기법을 통해 집단에 대한 저항을 낮출 수 있다. 예를 들면, 집단에 참여하여 저항 없이 작업하고, 방어와 통제가 적은 작업 과정에서 난화와 같은 작업을 쉽게 실시할 수 있으며, 하나의 완성된 작품에도 많은 이야깃거리를 제공할 수 있다. 그림을 매개로 솔직하고 진실한 언어적 표현이 가능하며 잠재된 긴장이나 불안, 공격성을 완화시켜 주기 때문이다.
- 가해 학생은 자신이 만든 구체적인 미술작품을 다시 보며 통찰할 수 있다. 미술작품은 치료자와 내담자 간에 다리 역할을 하며 내담자는 자신의 작품을 보고 통찰하게 된다. 치료에 저항적인 학생의 경우에는 그림을 통해 접근하는 것이 유용할 수 있다.
- 집단미술치료가 마무리된 후 전체 작품을 한곳에 모아서 자신의 변화와 성장에 대한 피

드백 및 소감 나누기 등을 진행할 수 있다. 집단미술치료가 종결된 후에 새로운 통찰이 일어나기도 하고 자신이 이전에 만든 작품을 보며 당시 자신의 감정을 회상하기도 한다.

• 미술작업을 통해 창조 에너지가 활성화되고 학생이 더욱더 활기찬 모습으로 변화할 수 있다. 미술은 자신의 심상을 그림, 유형물로 표현하면서 흥미를 유발하고 창조성이 발휘된다. 또한 집단 구성원 간에 즐거움과 공유할 거리를 제공해 주기 때문이다.

2) 가해·피해 학생의 그림검사 반응 특성

학교폭력 관련 학생을 상담할 때 유용한 그림검사로서 동적 학교생활화(KSD), 이야기 그림검사(DAS) 등이 사용되고 있다. 여기에서는 가해 및 피해 학생의 KSD, 가해 학생의 DAS 특징과 양상을 사례를 통하여 살펴보았다.

(1) 가해 · 피해 학생의 KSD 특징(노강욱, 2012)

중학교 2학년 남학생 가해, 피해 학생을 대상으로 KSD 검사를 실시한 것이다.

① 가해 학생의 KSD 특징

가해 학생은 그림의 크기가 크고, 중앙에 있는 경우가 많다. 과도한 자신감이나 타인을 지배하려는 욕구로 해석될 수 있다. 대부분 적절하거나 강한 선으로 표현하는 경우가 많으며 공격적이고 충동적인 성향을 표현하는 것으로 해석할 수 있다.

② 피해 학생의 KSD 특징

피해 학생은 그림의 크기를 다소 작게 그리거나 중심에 있지 않고 뒷모습으로 그리는 경우가 있다. 이는 낮은 자존감과 위축된 심리상태를 나타낸다고 볼 수 있다. 약한 선으로 표현하거나 음영을 많이 나타내기도 하는데 소심하고 불안한 성향을 표현한다고 볼 수 있다.

③ 학교폭력 관련 학생의 공통적 특징

가해 · 피해 학생은 내용적 측면에서 학교생활의 부적응적인 태도가 많이 나타난다. 수업시간에 엎드려 잠을 자거나 교사로부터 꾸중을 듣는 모습 등의 내용을 그리는 경우가 많다. 친구들이나 교사를 뒷모습으로 표현하고 그림의 생략이 많이 나타났는데 정서적 · 감정적 부분에서 부정적임을 알 수 있다. 피해 · 가해 학생에 따른 특징은 연구에 나타난 전반적인 결과를 살펴본 것이기 때문에 단정적으로 구분 짓는 것은 무리가 있다. 특히 가해와 피해를 구분하기 어려운 사건도 있고, 가해 학생이라고 해서 모두 분노가 있고, 피해 학생이라고 해서 모두 위축되는 것은 아니기 때문에 대략적인 특징과 하나의 사례로 이해할 필요가 있다.

특징	가해 학생	피해 학생
그림		
특징	자신을 지면의 중심에 놓고, 그림이 과도하게 크다. 선이 강하고, 정면을 바라보는 앞모습이다.	자신을 지면의 한쪽으로 치우쳐서 그리고, 친구들은 표현하지 않았으며, 표정을 알 수 없는 뒷모습이다.
평가	강한 선에서 자신감이 느껴지고, 과도한 크기에 공격성을 추측할 수 있다.	뒷모습으로 표현하고 친구가 없는 것에서 고립되어 있고 자신감이 부족하다는 것을 추측할 수 있다.
그림		
특징	교사와 친구를 생략하고 선이 약하며, 엎드려서 자고 있는 모습이다.	교사의 표정에서 화난 감정을 느낄 수 있고, 자신의 표정에서 슬픔과 우울이 느껴진다. 교사를 과도하게 크게 그리고 꾸중을 듣는 모습이다.
평가	교사와 친구들 간의 상호작용이 부족하고, 수업 시간에 자는 모습 등을 통해 학교생활에 부적응적 태도를 예측해 볼 수 있다.	교사와의 관계가 부정적임을 알 수 있고, 자신감이 부족하며 학교생활에 부적응적 태도를 추측할 수 있다.

(2) 가해 학생의 DAS 특징

학교폭력 가해 처분을 받고 교육 및 상담으로 기관에 의뢰된 남학생과 일반 남학생 각 104명을 대상으로 이야기 그림검사(DAS)를 실시하여 정서 내용, 자기상, 선택 그림, 그림 표현 특징을 비교한 오종은과 김세영(2014)의 연구 결과에 나타난 특징을 제시하였다. 우울이나 불안이 폭력 및 비행행동을 유발하는 대표적인 심리적 변인임을 알 수 있었다.

- 가해 학생의 정서 내용 점수는 낮고, 자아상이 부정적이다. 가해 학생이 일반 학생에 비해 부정적 정서가 높고, 자기상에 대한 병적인 환상이 높은 것으로 나타났다.
- 슬픔, 죽음, 파괴적 관계와 같은 부정적인 이야기 주제를 다루는 경우가 많다. 자신을 슬프고 무기력하거나 위험에 노출된 대상과 동일시하고 있음을 의미한다. 심리적인 부적응 상태를 겪고 있을 가능성이 높다.
- 그림 선택에 있어서 가해 청소년이 일반 청소년에 비해 칼을 선택하는 경우가 많은 반면, 화산을 선택하는 경우는 적었다. 파괴적이며 우울한 정서를 반영하는 칼에 대한 주제가 많은 것을 확인하였다. 일반 청소년은 스트레스와 관련하여 낙하산, 화산과 같은 주제를 많이 선택하였다.
- 그림검사 실시 과정에서 가해 학생이 일반 학생에 비해 그림을 삭제하는 경우가 많고 "매우 좋아요."와 같은 강한 긍정적 감정반응이 적었다.
- 그림에 대한 감정반응에서 가해 학생이 일반 학생에 비해 "슬퍼요."라는 표현을 더 많이 선택하였으며, "매우 좋아요."라는 표현의 선택은 적었다.
- DAS의 내용과 감정반응의 양상을 살펴보면, 가해 학생은 정서 내용과 자기상 점수가 낮고 우울과 같은 심리적 부적응 상태를 보여도 감정반응에서 "괜찮다."라는 응답이 많았다. 그림검사의 결과가 부정적인데 반해 "괜찮다."라는 감정반응을 선택한 것은 DAS가 언어적 자기보고와 다른 정보를 제공해 줄 수 있음을 시사하였다.

3) 학교폭력에 유용한 미술치료 기법

학교폭력 관련 학생을 미술치료할 때 치료에 대한 자발성과 욕구, 동기의 정도를 파악하여 접근해야 한다. 자발성과 동기가 없는 내담자는 신뢰감 형성과 동기 강화가 먼저 이루어질 필요가 있다. 가해 학생, 피해 학생, 가해-피해 학생이 처한 상황, 사건과 관련된 현실적 문제, 심리적 상황을 파악할 필요가 있다.

(1) 피해 학생에게 유용한 기법

① 감정 피자(이진아, 2022; 조숙연, 2018)

- 준비물: 도화지, 원이 그려져 있는 종이, 색연필.
- 적용 시기: 초기
- 목표: 다양한 감정 단어로 자신의 마음을 표현하면 핵심 감정을 찾고 현재의 감정과 마주할 수 있다.
- 작업 과정
  - 자신의 감정들에 대하여 이미지를 떠올려본다.
  - 도화지에 둥근 원을 크게 그리고, 자신이 평소에 느끼는 감정들의 종류와 크기를 떠올리며 면을 나누어 본다.
  - 나뉜 조각에 감정과 관련된 그림을 그리거나 글을 쓴 후 색을 칠해 꾸민다.
  - 표현한 감정들을 느낄 때는 주로 언제인지, 감정을 느낄 때 자신이 하는 행동에 대해 나눈다.

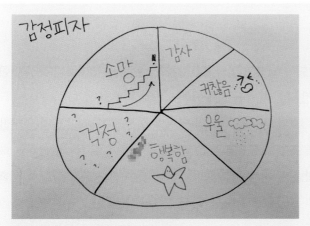 

이 활동은 이렇게도 할 수 있어요.

도화지라는 매체는 손쉽게 구할 수 있어서 편하지만, 학생들에게 너무 익숙하여 호기심과 재미가 적을 수 있다. 감정 피자를 도화지가 아닌 나무 모형이나 하트모양 퍼즐에 표현해 본다. 새롭고 다양한 매체를 경험하는 것만으로도 창의적인 표현력과 미술활동에 대한 흥미도를 향상시키므로 다양한 매체를 경험해 볼 필요가 있다(박현주, 서명옥, 2015).

- 고려할 점
  - 감정과 생각을 혼동하지 않도록 느끼고 심상화하도록 안내한다. 학생들이 감정 단어
    를 잘 모를 때는 다양한 감정 단어 목록을 만들어 제시하여 이끌 수 있다.
  - 퍼즐로 활동을 진행할 경우, 조각의 수는 학생의 연령과 수준을 고려한다. 감정의 칸
    을 너무 적게 나누면 감정의 표현이 단순해질 수 있다.
  - 퍼즐을 그릴 때는 퍼즐 조각을 붙여서 색칠하고 그리는 것이 퍼즐 조각을 다시 맞출
    때 유용하다.

② 내 마음속의 소용돌이(박현주, 서명옥, 2015)
- 준비물: 도화지, 아크릴물감, 물통
- 적용 시기: 중기
- 목표: 자신이 경험했던 슬픔, 불안, 분노 등의 감정과 마주한다. 과거의 경험을 떠올려
  봐서 그 감정을 안전한 상황에서 느껴 보고 다시 그러한 상황이 생겼을 때 현명하게 풀
  어낼 방법을 치료자와 함께 탐색한다.

• 작업 과정
  − 자신이 경험한 여러 가지 감정에 대해 이야기를 나눈다.
  − 물감 중 자신의 감정을 표현하기 적당한 몇 가지 색을 선택하여 종이에 뿌린다.
  − 물감으로 표현한 종이를 물에 잠기게 한 후 손으로 눌러준다.
  − 물에서 종이를 건져 내고, 생긴 모양을 바라보며 어떤 마음이 드는지 이야기를 나눠
    본다.

도구를 사용하여 물감을 찍은 작품　　　　도화지에 붓으로 직접 표현한 작품

• 고려할 점
  − 수채화물감은 물에 희석이 되어 효과가 적을 수 있다.
  − 물에 종이를 넣는 작업을 통해 우연한 효과를 기대할 수 있다.
  − 물의 사용을 생략할 경우, 도화지에 직접 감정을 표현할 수도 있고, 손이나 도구를
    이용하여 찍는 기법을 사용할 수도 있다.

(2) 가해 학생에게 유용한 기법

① 나만의 화산(김은영, 2014; 최상열, 2014)
- 준비물: 점토 또는 밀가루 반죽, 물감, 붓, 도화지, 물통 등
- 적용 시기: 중, 종기
- 목표: 자신 안에 있는 분노, 불안한 감정에 대해 인식하고 표출하면서 공격성을 다루고 조절하는 경험을 한다.
- 작업 과정
  - 바닥에 도화지를 깔고 점토를 만져 보고 문지르면서 친숙하고 익숙해지기 위한 시간을 갖는다.
  - 점토를 바닥에 던지고 누르기도 하며 불안, 공격성, 분노를 표현해 본다.
  - 점토로 화산을 만들고 분출하는 상황을 물감으로 색칠하여 표현하고 작품의 제목을 정한다.
  - 작품활동 과정과 작품에 대하여 이야기를 나눈다.
  - 화산을 부수어서 새로운 작품을 만들고 물감으로 색깔을 칠할 수도 있다.
  - 새로운 작품활동과 작품에 대하여 이야기를 나눈다.

- 고려할 점
  - 집단활동을 할 때 집단원에게 점토를 던지고 맞추는 등 장난을 하지 않도록 활동 전에 약속한다.
  - 점토를 던지고 부수는 작업에 거부감을 느끼는 경우도 있다. 치료자가 먼저 던지는 모습을 보여 주거나 감정을 표현하는 것을 보여 줄 수도 있다.
  - 물감 작업이 어려운 저학년의 경우 사인펜을 사용하거나 채색 작업을 생략할 수도

있다.

- 내담자, 치료 시간과 상황에 따라서 이야기를 나누거나 새로운 작품을 만드는 과정을 생략할 수 있다.
- 점토는 하얀색을 사용하는 것이 색깔을 표현하기 좋고, 밀가루반죽은 너무 묽지 않아야 한다.

② 나를 화나게 만드는 것(9분할법)(김해인, 2016; 최상열, 2014)
- 준비물: 도화지, 색칠도구
- 적용 시기: 중기
- 목표: 화가 나는 상황을 인식하여 자신의 모습을 통찰하고, 공격성 및 분노를 수용하여 적절하게 조절하도록 한다.
- 작업 과정
  - 종이를 나누어 주고 선을 그어 9칸을 만들게 한다.
  - '나를 화나게 하는 것'에 대해 탐색하고 주어진 9개 칸에 표현한다.
  - 자신이 특별히 강조하고 싶은 칸에는 채색을 하거나 표시를 한다.
  - 완성된 작품에 제목을 정하고 이야기 나눈다. 자신이 할 수 있고 도움이 되는 대처방안에 대하여 이야기를 나눈다.

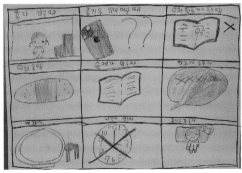

- 고려할 점
  - 화가 나는 상황을 그리라고 하면 어려워할 수도 있다. 그림으로 먼저 표현하기 전에 단어로 써 보고 단어와 어울리는 표현을 하도록 안내할 수 있다.
  - 내담자의 연령, 수준 등에 따라 칸의 개수를 조정하여 활동할 수 있다.

4. 학교폭력 관련 미술치료 연구 동향

국외에서는 오래전부터 학교폭력 예방과 대처 프로그램들을 개발·활용하여 가족과 지역사회와도 연계한 문제해결이 이루어지고 있다(정여주, 2017). 최근에 Voeller(2023)는 복합 트라우마를 경험한 아동과의 치료적 상호작용과 표현예술치료를 활용한 애착촉진에 대하여 문헌연구를 통해 살펴보았다. 외상 경험 아동과의 애착 관계, 치료결과에 영향을 미치는 치료적 동맹과 표현예술에 대해 살펴보았다. 치료적 만남은 내담자의 건강한 애착 패턴을 형성하는 데 강력한 기회를 제공한다. 복합 트라우마는 아동에게 신체적·심리적으로 영향을 미치며 평생 동안 대인관계 문제를 일으키는 원인이 된다. 표현예술은 외상 경험 내담자가 안전, 신뢰, 협력 및 외상을 처리하는 비언어적 방법을 개발하도록 돕고 외상후 성장을 하도록 이끈다.

국내에서도 미술치료가 학교폭력 가해·피해 학생의 심리적 문제에 긍정적 효과가 있다는 연구들(김미분, 2013; 안영옥, 2013; 윤인영, 2020; 최상열, 2015)이 이루어지고 있다. 미술치료를 통해 피해 학생의 위축 행동이 감소되고 자아존중감, 회복탄력성이 향상되었으며, 가해 학생의 공격성이 감소하고 자기통제력이 향상되었다. 국내의 학교폭력 관련 미술치료 연구 동향을 메타분석한 최선남과 장현정(2017)에 따르면, 연구 대상은 주로 중학생과 초등학생이었고, 가해 학생보다는 피해 학생을 대상으로 하는 경우가 많았다. 피해자를 대상으로 한 연구 주제는 자아존중감과 사회성 향상을 목표로 하는 연구가 가장 많았다. 치료 형태는 개인치료보다 집단치료가 많았고, 치료 기간은 2개월부터 10개월 이상까지 다양하였다. 회기는 주 1~2회, 치료 회기는 11~15회, 치료 시간은 40~60분이 대부분이다. 학교폭력 관련 학생에 대한 심리검사는 집−나무−사람(HTP), 동적 학교생활화(KSD), 자아존중감(SES) 검사 순으로 많이 사용되었고, 아동청소년행동평가척도(K−CBCL), 공격성 척도도 사용되고 있었다. 가장 많이 사용된 매체는 구하기 쉽고 다루기 쉬운 연필, 크레파스, 색연필, 사인펜 등 2차원 건식 매체였으며, 피해 학생에게 심리적 촉진과 이완을 제공하여 안정감을 느끼도록 돕기 위해 습식 매체가 더 많이 사용되고 3차원 매체도 도입되고 있는 추세이다. 치료기법은 자유화, 과제화와 과제조형이 대부분 적용되었고, 콜라주, 만다라, 난화, 9분할법, 신체 본뜨기나 손 본뜨기 등 매우 다양하였다. 연구 방법은 단일사례연구가 절반 이상이었으며, 실험연구, 조사연구 순으로 진행되었다. 가해, 피해 학생을 위한 체계적인 프로그램 모형과 가해 행동의 근본적인 원인을 해소하기 위한 이론적 근거에 기반한 프로그램의 개발과 적용이 더욱 필요하다.

제13장
일상적 스트레스 대처와 학습동기 향상을 위한 학교미술치료

1. 일상적 스트레스 대처를 위한 학교미술치료

학생들은 성인으로 성장하는 과도기에 있으며 다양한 스트레스를 경험하지만 인지적으로 미성숙하여 스트레스에 취약하다. 이 시기에는 신체적 · 정서적 · 인지적으로 많은 변화를 겪고 가정과 학교에서 가족 갈등, 친구 문제, 성적, 숙제 및 과제 등 스트레스를 경험한다. 적당한 스트레스는 일상생활에 활력과 긴장을 불어넣지만 과도할 경우에는 신체적 증상과 심리적 어려움을 일으킨다. 스트레스는 우울, 불안을 높이고 문제행동의 원인이 되며 학교생활과 또래관계에도 부정적인 영향을 미치므로 스트레스를 인지하고 적절하게 관리, 대처할 필요가 있다.

1) 일상적 스트레스에 대한 이해

(1) 학생의 일상적 스트레스 개념

스트레스(stress)는 '팽팽하게 조인다.'라는 어원을 지니며 시대의 흐름에 따라 의미가 다르게 사용되었다. 일반적으로 자신이 지닌 자원의 한계를 초과하여 안녕을 위협받는 것을 말한다. 자극의 강도에 따라 중대한 생활사건(major negative life events)과 일상적 스트레스(daily stress)로 나눌 수 있다. 일상적 스트레스는 일상에서 흔히 겪을 수 있는 생활사건에 대한 스트레스이다. 일상적 생활 장면에서 내 · 외적인 요구가 생겼을 때 자신이 가진 자원으로 적절히 대처할 수 없을 것이라고 지각하면서 생기는 심리적, 생리적, 행동적 측면의 갈등, 긴장, 압박 등의 반응이다(한미현, 유안진, 1996). 부모의 간섭이나 친구와의 다툼과 같은 일상생활에서 경험하는 사소하지만 부담스러운 사건으로 인해 좌절감을 느끼거나 긴장감이 유발되는 상태이다(Lazarus & Delongis, 1983). 가족원의 사망, 부모의 이혼이나 별거, 부모의 실직, 이사, 전학 등과 같은 중대한 생애 사건과 관련된 스트레스보다 일상생활의 사소한 걱정이나 고민 등이 복합적으로 중복되어 작용할 경우 개인에게 더 위협적이고 부정적 영향을 미칠 수 있다(민하영, 유안진, 1998). 일상적 스트레스에는 부모, 가정환경, 친구, 학업, 주변환경 관련 스트레스 등이 포함된다.

초등학생이 되면 부모에게 한정되었던 생활환경이 또래집단, 교사, 학원 및 대중매체 등으로 확대된다. 이에 따라 다양한 적응 능력이 요구되고 일상생활에서 불안, 짜증, 고통과 같은 스트레스를 많이 경험한다(우소연, 박경자, 2009; 이영주, 류진아, 2013; 조붕환, 2006). 급격한 사회변화와 학업성취에 대한 높은 기대감 때문에 정상적이고 건강한 아동들도 매일 스트레스를 경험한다. 중고등학생이 되면 스트레스 요인은 부모와의 갈등, 이성과의 갈등, 성적, 친구, 건강, 외모, 경제 문제 등 다양해진다. 긴장과 스트레스로 인해 신체적 증상을 호소하고 우울이나 절망감 같은 정신건강 문제, 자살행동, 약물남용이 초래된다(한상영, 2012). 학생들은 다양한 과업과 역할 수행을 요구받아 긴장과 스트레스를 경험하고 과도한 스트레스로 자신의 가치를 왜곡시키고 평가절하하여 부정적 자아개념을 형성할 수 있다. 부정적 자아개념과 낮은 자존감은 우울, 절망감, 불안과 같은 정신건강 문제의 원인이 되고 학업, 또래 문제 등 다양한 부적응 문제를 일으킬 수 있다. 학생의 일상적 스트레스는 건강한 성장과 발달에 부정적 영향을 미치므로 학교현장에서 적극적 개입이 필요하다.

(2) 일상적 스트레스 대처

모든 학생이 스트레스에 대처하지 못하고 적응에 실패하는 것은 아니다. 어떤 학생은 작은 스트레스 상황도 견디지 못하고 적응에 어려움을 보이지만 과도한 스트레스 상황에서도 심리적으로 안정감을 유지하고 상황을 통제하며 적응을 잘하는 학생도 있다. Lazarus와 Folkman(1984)은 스트레스를 개인과 환경 간의 상호작용으로 보았고 스트레스 상황에서 개인이 개인적·환경적 요인을 어떻게 인지적으로 평가하고 대처하는지가 적응에 중요하다. 스트레스 대처는 개인이 내외적 스트레스 상황을 다스리기 위하여 부단히 노력하는 인지적·행동적 과정이다. 문제중심적 대처는 스트레스를 유발하는 사건이나 상황의 해결을 위해 현실적 방법을 선택하고 도움 추구나 회피를 하는 것이며, 정서중심적 대처는 스트레스 요인을 중화하거나 이로 인해 파생되는 부정적 정서를 차단하고 자신의 감정을 보호하는 것이다. 아동기에 사용한 스트레스 대처는 성인이 된 후에도 적용되므로 스트레스를 건강하게 해소할 수 있는 대처 전략을 키우는 것이 중요하다. 학교미술치료 프로그램은 스트레스 상황에 대한 자신의 감정을 표현하고 자기이해와 수용을 통해 긍정적 재해석, 적극적 대처, 성장과 같이 긍정적인 대처 전략을 키우는 데 도움을 준다(Linley et al., 2006). 학생이 습득한 긍정적 대처방법은 일상생활의 적응을 돕고 자아탄력성을 향상시키며 긍정적 자아개념을 형성시킨다.

2) 일상적 스트레스 대처에 유용한 미술치료 기법

미술활동은 크게 평면표현과 입체표현으로 구분된다. 그중에서 소조활동(점토와 같은 재료를 사용하는 활동)은 자신의 마음을 언어적으로 표현하기 어려운 내담자에게 적절한 기법 중 하나이다. 점토표현은 입체적 표현이 가능하고 자신의 생각을 자유자재로 표현하여 의도에 맞는 작품을 만들 수 있어 스트레스 대처에 바람직한 미술활동으로 볼 수 있다. 또한 부드러운 점토의 촉감을 직접 느끼고 자유롭게 자신의 손으로 활동하는 것은 긴장을 해소시킨다. 스트레스로 인한 부정적 감정을 표출하고 발산할 기회를 가질 수 있다.

- 준비물: 4절 켄트지, 플라스틱 찰흙판, 그 외 다양한 소조활동 재료(묽은 찰흙, 찰흙, 고무 찰흙, 색밀가루, 물풀 등)
- 적용 시기: 초기, 중기, 말기
- 목표: 미술치료 프로그램의 각 단계별로 이론적 근거에 의해 소조재료를 활용할 수 있다. 자신의 스트레스나 부정적 감정에 대해 표현함으로써 내면의 스트레스를 해소하고 조절할 수 있다.

활동 주제(예)	이론적 근거
묽은 찰흙을 가지고 놀기	묽은 찰흙은 액체 도구로 내면의 분노, 적개심의 표현에 유용하며 질감을 느낌으로써 감정 이완을 돕는다(김영민, 2010). 집단프로그램에 사용할 때 집단원들과 친밀감 형성에 긍정적 영향을 준다.
나의 스트레스를 찰흙으로 표현하기	찰흙을 반죽하고 만지면서 자신 내면에 감추어 두었던 감정을 표현하고 쌓였던 스트레스를 해소할 수 있다(송인숙, 2007).
고무찰흙으로 생활(가정, 학교, 또래관계) 꾸미기	찰흙을 이용하여 자신의 일상생활을 꾸미고 표현하도록 돕는다. 작품에 대한 생각과 느낌을 나누면서 자신의 마음을 이해하고 수용하는 태도를 갖는다.

색밀가루 반죽 만들기	내면에 억제되었던 감정을 수용하고 신체적·정신적으로 이완하도록 돕는다. 다양한 자극으로 인해 흥미 유발과 이완효과를 얻을 수 있고 스트레스 감소 및 대처 능력을 향상시킨다.
자기를 담을 그릇 만들기	현재의 생활에서 어렵고 힘들게 하는 것을 벗어나 자신이 무엇이 되고 싶은지, 어떠한 환경에 있고 싶은지 등을 상상하고 표현한다. 치료자 또는 집단원과 이야기를 나누며 긍정적 자기 평가와 자신감을 형성하고 스트레스 감소 및 대처 능력을 강화시킨다.
물풀로 이미지 표현하기	자신의 손에 물풀을 묻혀 자유롭게 그리며 정서의 안정을 도모하고 거부와 저항이 감소하며 이완의 효과를 얻어서 스트레스 해소에 도움이 된다.

3) 한부모가정 학생의 일상적 스트레스 대처 프로그램 사례

한부모가정 아동의 적응행동을 향상시키고 일상적 스트레스를 감소시키기 위하여 집단 미술치료를 실시하고 효과성을 검증한 강선화(2010)의 연구에 제시된 사례와 기법, 프로그램을 중심으로 소개하였다. 부모의 사별, 이혼이나 별거 등의 상실은 단순히 스트레스 상황일 뿐 아니라 이후에도 어려움을 주는 연속성이 있는 사건이다. 이별로 인한 슬픔, 상실감 등의 정서적 어려움, 변화된 가족에 대한 적응, 동일시 대상의 상실, 부모 역할을 대신 수행해야 하는 역할 과중 등이 심리적 위기로 작용한다. 한부모의 경제적 활동으로 인해 아동은 방과 후 관리, 감독 없이 방치되고 과도한 인터넷, 모바일 사용에 노출되어 발달상의 불이익과 어려움을 겪을 수 있다. 부모의 이혼으로 인한 상황과 환경의 변화는 일상적 스트레스가 되어 정서적 불안과 부적응으로 연결될 수 있다. 일상적 스트레스는 그 자체만으로는 심각하지 않지만 누적된 경험은 삶의 위협적인 부적응으로 작용할 수 있다. 모든 한부모가정이 문제를 지니는 것은 아니지만 가족의 기능상으로 취약한 점이 있다. 한부모가정 학생의 일상적 스트레스를 감소시키고 적응 행동을 높이기 위한 보다 효과적인 실천적 접근이 학교장면에서 필요하다.

(1) 일상적 스트레스 대처 프로그램 효과

지역아동센터에서 초등학교 4~6학년인 한부모가정 아동 각 6명을 실험집단과 통제집단으로 구성하였다. 프로그램은 주 1~2회(1회 100분), 사전–사후 검사를 포함하여 총 20회기를 실시하였다. 적응행동을 측정하기 위한 적응행동 척도와 K-HTP 검사, 일상적 스트레스를 측정하기 위한 일상적 스트레스 척도와 DAPR 검사를 실시하였다.

사례 A(여, 11세): 모자가정(이혼), 모의 직업은 식당 점원. A는 고집이 세고 자주 삐치며 토라짐. 최근 어머니의 연애로 인해 엄마에 대한 불만과 함께 보내는 시간이 적어 스트레스가 많음

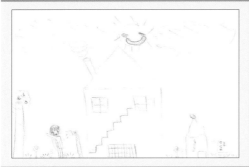

(A) KFD 사전

(A) KFD 사후

(A) KFD 사전	(A) KFD 사후
• 행동 관찰: 그리기 어렵다며 한숨을 자주 쉼. 그림을 볼까 봐 팔로 가리고 눈치를 살핌. 흐린 필압. 나무, 사람 머리, 구름, 해, 창문 등에 음영 처리함	• 행동 관찰: 자신감 넘침. 필압이 강하고 사람의 머리에 음영. 그림을 빨리 끝내고는 치료자에게 개인적인 여러 가지 질문을 함
• 내용 설명: 커서 분가한, 강아지와 살고 있는 시골집. 평범한 주부. 웃으며 사진 찍고 있음. 꽃집 아줌마가 생각남. 나무의 나이는 11세이고 55년을 더 살 것. 엄마, 아빠가 보고 싶음. 봄이며 하루 중 오후(엄마의 심부름이 힘들다고 함)	• 내용 설명: 내가 혼자 사는 아파트이며, 아파트이니 여러 사람들과 함께 살고 있다고 함. 나는 행복하고 기분이 좋아 팔짝 뛰고 있음. 건강하며 커서 대통령이 될 것임. 나무는 소나무이고 2000년 넘게 살 것이고 봄이며 점심임
• 내용 해석: 집 → 사람 → 나무. 집 투영성 반영. 덧문, 손잡이가 없음. 강아지와 혼자 사는 집. 굴뚝의 연기가 피어나는 모습, 큰 태양, 자아상인 나무와 집의 거리로 긴장, 가정 내의 갈등, 정서 혼란의 가능성을 시사함. 나무줄기로 융통성과 생동감이 결여되어 보이나 꽃들로 꾸밈으로써 생동감과 사랑의 욕구를 표현하고, 사람을 작고 부동적으로 표현해 위축된 모습을 보임	• 내용 해석: 나무 → 사람 → 집. 자아상이 커지고 중앙에 위치하며 활발한 모습으로 자신에 대한 자아개념이 향상됨. 창문 수와 아파트, 큰 눈 등으로 보아 대인관계에 대해 개방적인 모습을 취하고 있으나 두 팔을 숨김으로써 강한 욕구에 비해 내적인 갈등과 위축감이 여전히 내재함. 미래에 대한 포부와 사회와의 접촉을 꿈꾸고 있는 것으로 보임

(A) DAPR 사전	(A) DAPR 사후
• 내용 설명: 비가 많이 오며, 11살의 나로 기분이 꽝이라고 표현함. 집에 가는 길이며, 요즘 엄마 때문에 스트레스가 많아 '엉엉' 울고 있음 • 내용 해석: 큰 구름 아래로 자신이 직접적으로 비를 맞으며 울고 있는 모습에서 스트레스에 대처하는 능력이 미흡하다는 것이 보임	• 내용 설명: 나이며, 우산을 쓰고 친구의 집에 놀러 가고 있음. 자동차가 지나가면서 비를 튀겨 옷이 젖었지만 기분은 좋음 • 내용 해석: 나를 더욱 성숙한 모습으로 표현함. 우산을 쓰고 있는 모습과 웅덩이로 인해 옷이 젖었으나 밝은 표정으로 변화를 보임

사례 B(여, 12세): 부자가정(이혼)이며 조부와 함께 거주함. 부의 직업은 이사 청소. B는 초 2까지 일본에서 거주해 한글에 대한 이해력이 부족함. 친구들에게 왕따를 당하고 있다고 느껴 먼저 친구를 따돌리며 친구들과의 관계가 어려움

(B) KFD 사전	(B) KFD 사후
• 행동 관찰: 늦게 마쳐 친구들에게 핀잔 받음. 자를 사용함. 타인이 볼까 봐 팔로 가리고 설명을 힘들어함 • 내용 설명: 시골집으로 집안에는 다른 가족들이 화목하게 살고 있음. 나는 어떤 포즈로 사진을 찍을지 고민하고 있고 미래에 사진작가가 될 것임. 사과나무로 건강하며 80세임. 100세를 더 살 것임. 여름날의 아침	• 행동 관찰: 친구가 볼까 봐 눈치를 살핌. 집을 정성스럽게 그림. 자신의 그림에 대해 자세히 설명함 • 내용 설명: 엄마, 아빠, 나와 할머니가 살고 있고 평화롭고 행복함. 나는 물고기에게 먹이를 줌. 커서 단짝친구와 그룹가수가 될 것임. 코코넛나무는 가족들의 관심으로 건강하고 사랑으로 가득 차 있음. 여름날의 아침

- **내용 해석:** 나무 → 집 → 사람. 집을 그리며 지우개 사용을 자주하였고 결국 자를 대고 비스듬히 그린 것과 목의 생략으로 보아 자기통제력이 약한 것으로 사료됨. 건강한 사과나무임에도 사과를 하나 그려 넣었고 필압이 약하게 끊어진 선들로 연결되어 있어 에너지의 수준 또한 낮을 것으로 보임. 집에는 가족이 살고 있으나 B의 가족은 아닌 점에 가족에 대한 회피나 갈등이 있을 것으로 보임

- **내용 해석:** 집 → 나무 → 사람. 화지가 안정적임. 크게 집을 표현함으로써 가족에 대하여 긍정적으로 변화한 것으로 사료됨. 팔의 형태로 위축되어 보이나 자신이 물고기를 돌보는 적극적 모습을 보이고 사람 목이 생겨 조절력의 힘이 생김. 큰 창문과 문으로 대인관계에 변화를 보임. 꿈에 대해 이야기하며 행복감을 나타냄. 긍정적으로 사고하고 가족에 대한 사랑의 표현을 보임

(B) DAPR 사전	(B) DAPR 사후

- **내용 설명:** 강한 비바람. 나는 우울함. 친구들에게 왕따를 당하고 있는 것 같기 때문임
- **내용 해석:** 구름과 굵은 빗방울. 자신을 작게 표현하며 위축된 모습. 왕따를 당하고 있다는 느낌으로 또래관계에서 스트레스 상태로 보임

- **내용 설명:** 비가 아주 많이 내리지 않아 웅덩이에서 놀고 있음. 옷이 젖었지만 재미있음.
- **내용 해석:** 자아상이 안정적으로 배치됨. 여전히 팔과 다리가 위축되어 있음. 비를 즐기고 우산의 안정적 위치로 스트레스의 감소가 보임.

(2) 일상적 스트레스 대처를 위한 미술치료 프로그램

내담자들의 흥미 유발과 솔직한 감정표현을 위해 다양하고 풍부한 재료를 준비하여 자유롭게 사용하도록 하였다. 작품작업과 집단활동을 통하여 내담자의 성취감과 적응적인 활동, 협동성을 발휘하도록 구성되었다. 매 회기마다 가정과 학교에서 경험하는 생활 사건 및 기분과 감정에 대해 나누기, 활동, 피드백과 공감 나누기, 정리 순의 형태로 진행되었다.

- 초기 단계(1~5회기): 치료자-내담자 라포 형성, 집단원들의 관계 형성, 흥미 유발에 초점을 두고 진행되었다. 스트레스 요인을 분석하고 구체적으로 탐색하며 표출하도록 하였다. 자유롭게 매체를 사용하도록 하여 미술에 대한 두려움을 줄이고 소외되었던 감정을 충분히 이완하고 해소하는 데 목적을 두었다.

- 중기 단계(6~16회기): 역동적인 다양한 미술활동을 통해 내담자들의 흥미를 유발하고 주의집중하는 시간을 늘렸다. 자기가치, 가족과 친구, 자신이 속한 환경에 대한 인식을 긍정적으로 재정립하는 데 목적을 두었다. 결과물인 작품을 통해 자신감과 성취감을 얻고 집단원들과 함께하는 즐거움을 느껴 보는 데 목적을 두었다.
- 종결 단계(17~20회기): 자신, 가족, 친구, 치료자와의 인간관계에 바르게 적응하고 감사와 고마움을 표현하는 방법을 알 수 있다. 자신의 부정적 감정을 인식하고 긍정적으로 해소하는 방법을 이어갈 수 있도록 하여 진취적인 미래상을 형성하는 데 목적을 두었다.

	회기 / 주제	활동 내용	기대효과	매체
	1	사전검사 I – K-HTP, DAPR / 사전검사 II – 적응행동, 일상적 스트레스 척도검사		
초기	2	별칭 목걸이	• 미술치료이해와 약속 • 별칭짓고 표현	• 친밀감 형성, '나'에 대한 이해와 동기 유발	색종이, 색지, 목걸이, 채색도구
	3	점토로 말해요	• 자유로운 형태 만들기	• 신체·정서적 이완	찰흙, 지점토, 클레이
	4	쉐이빙 폼 페인팅	• 자유로운 이미지와 감정 표현	• 잠재의식 표출, 스트레스 해소	쉐이밍폼, 화드보드지, 수채화물감
	5	난화 숨은 그림 찾기	• 2인 1조로 마음껏 낙서 후 연상되는 그림 찾아 이야기 만들기	• 감정과 신체이완, 표현에 대한 불안감소와 호기심 자극	화지, 색지, 채색도구
중기	6	가면 만들기	• 현재의 나의 모습을 가면 통해 들여다보기	• 자아개념 표출과 인식, 성취욕구와 사교성	가면 틀, 채색도
	7	가면놀이	• 완성된 가면으로 역할극 하기	• 집단역동탐색, 의사소통 기술 향상, 친밀감 증진	완성된 가면
	8	마음의 문 (꼴라쥬)	• 갖고 싶은 나의 모습과 버리고 싶은 나의 모습 잡지로 표현하기	• 내면의 욕구 탐색 • '나'에 대한 이해 및 타인 이해	잡지, 색지, 가위, 풀
	9	함께하는 상상 속 바다	• 협심하여 돌아가며 그린 후 등분해 완성하기	• 타인존중과 이해 • 협동심, 친밀감 향상	전지, 사인펜, 매직, 채색도구
	10	나의 소중한 손	• 2인 1조로 장점을 나누고 서로의 손 본뜨기	• 긍정적 신체상 형성 • 자신, 타인 수용	석고붕대, 가위
	11	나의 석고 손 꾸미기	• 석고로 만들어진 소중한 나의 손 꾸미기	• 긍정적 자기모습과 신체에 대한 소중함	석고 손, 아크릴 물감
	12	나의 미래 퍼즐화	• 퍼즐판에 나의 자랑스런 미래 모습 그리기	• 긍정적 자아상 심기, 자존감 향상, 희망적 사고	퍼즐 판, 채색도구

13	신체 본뜨기 I	• 2인 1조로 신체 본을 뜨고 협동하여 꾸미기	• 긍정적 신체상과 상호신뢰감과 사교성 형성	벽지, 시트지, 한지, 잡지, 천 등
14	신체 본뜨기 II	• 2인 1조로 신체 본을 뜨고 협동하여 꾸미기	• 긍정적 신체상과 상호신뢰감과 사교성 형성	벽지, 시트지, 한지, 잡지, 천 등
15	우리의 소원나무 I	• 자신과 우리의 희망, 꿈, 소원을 적어 희망나무 꾸미기	• 자기 통찰과 수용 • 적응력과 자신감, 집단 응집력	나무, 화지, 채색도구, 리본, 클레이
16	우리의 소원나무 II	• 자신과 우리의 희망, 꿈, 소원을 적어 희망나무 꾸미기	• 자기 통찰과 수용 • 적응력과 자신감, 집단 응집력	나무, 화지, 채색도구, 리본, 클레이
종결	17 — 양초 만들기	• 양초의 의미를 생각해 보고 나, 타인을 이입하여 양초 만들기	• 나와 타인 소중함 인식과 인정 • 만족감과 성취감	양초, 양초 클레이
	18 — 나에게 쓰는 명화 엽서	• 엽서 제작, 나에게 엽서 쓰기 • 치료자가 명화엽서 발송하기	• 정리와 다짐 • 성취감과 만족감	명화 그림, 머메이드지, 먹지, 채색도구
	19 — 나만의 소중한 작품 북 만들기	• 회기 동안 작업한 작품사진으로 나만의 소중한 작품 북 제작하기	• 회기 중 얻은 경험과 의미 발견, 자신감과 사회적 능력 확대 지속	작품사진, 화지, 채색도구
	20	사후검사 I – K–HTP, DAPR / 사전검사 II – 적응행동, 일상적 스트레스 척도검사		

4) 학업 스트레스로 우울, 불안한 학생의 미술치료 사례

학업 스트레스(academic stress)는 학업에 관련하여 발생되는 정신적 부담과 함께 진로와 진학에 대한 우울, 불안의 부정적인 심리상태이다(김종권, 2018). 학생들이 가정, 학교에서 학습활동을 통해 겪는 억압과 갈등으로 일어나는 불편한 심리상태라고 할 수 있다. 학업경쟁과 입시를 준비하는 과정에서 느끼는 스트레스와 압박감은 정신적 부담을 가중시킨다. 학습의 난이도가 높아지면서 어려움을 느끼게 되어 흥미를 잃고 학습을 쉽게 포기하기도 한다. 장기간의 과도한 학업량과 학습난이도로 스트레스가 증가하고, 자신감과 학업성취가 낮아지며, 학업소진으로 이어진다. 학년이 올라갈수록 부모의 학업성취에 대한 압력과 공부가 하기 싫어도 해야 한다는 압박감이 가중되고 불안, 우울, 일탈 행동 등으로 이어질 수 있다. 학업 스트레스에 정서적으로 대처하는 고등학생은 심리적 갈등과 압박으로 일탈 행동을 하거나 불안, 우울, 분노를 나타낸다(신서희, 2019). 학업 스트레스가 높아지면 정서적 문제뿐만 아니라 비행, 학교폭력, 흡연, 회피행동의 행동적 문제가 발생할 수 있다. 학업 스트레스를 완화하여 심리적 안녕감을 유지하려면 자기효능감, 사회적 지지 등이 필요하다. 자기효능감은 학업소진을 극복할 수 있는 긍정적 요인으로 자신감을 높이게 한다. 학교미술치료 개입은 학업 스트레스가 있는 학생이 미술을 매개로 한 사회적 지지와 자기효능감을 경험함으로써 적절하게 대처할 수 있도록 도움을 준다.

여기서는 학업 스트레스 문제를 지닌 중학교 남학생을 대상으로 미술치료 개입 효과를 검증한 사례연구(함태원, 2022)를 소개하였다. 내담자는 죽고 싶다고 생각할 만큼 학업 스트레스가 많아서 우울하고 불안한 상태이다. 프로그램 도입은 정신분석 미술치료, 실행은 인지행동 미술치료, 종결은 인간중심 미술치료에 근거하여 총 18회기로 진행되었다.

(1) 사례 개요

- 대상: 중학교 3학년 남학생(16세)
- 주호소 문제
  - 내담자의 주호소 문제: 공부가 잘 안 되고, 집중이 어려우며, 자기도 모르게 머리를 뽑으며, 걱정이 많고, 기분이 좋지 않으며, 죽고 싶다는 생각이 자주 든다고 하였다.
  - 양육자의 주호소 문제: 내담자가 요즘 들어 말수가 적어지고, 모에게 짜증을 많이 내며, 집에서는 자신의 방에만 있다. 모발을 뽑고, 밤에는 잠을 잘 못 자며, 죽고 싶다고 말하며 요즘 들어 부쩍 학업에 어려움을 겪고, 우울과 불안이 많다.
- 첫인상 및 행동 관찰: 첫인상은 작은 키에 조금 마른 체구를 하고 있으며, 눈을 못 마주치고 주로 책상을 바라보았다. 질문에 생각을 한참하고 더듬거리며 말을 하였고, 긴 문장의 표현보다는 주로 짧게 대답하는 모습을 보였으며, 학교 성적은 상위권이었다.
- 가족관계: 가족으로는 친할머니와 부모, 남동생이 있으며, 부모님은 모두 공직에 있고, 아버지는 장남으로 조금 엄한 편이며, 어머니는 다정한 성격이다. 고민 상담은 주로 어머니와 하고 있으며, 외향적인 성격을 가진 한 살 아래(15세)인 남동생이 있다.
- 양육사: 생후 0~3개월은 어머니가 양육을 하였고, 4~24개월은 외할머니가 돌보았으며, 24개월부터는 어린이집을 다니며 어머니가 전적으로 양육하였다. 어머니에 따르면, 내담자는 어린 시절 잘 울지도 않고, 건강하고, 음식을 가리지 않지만 먹어보고 결정하였고, 밝고 에너지 넘치는 아이였다. 초등학교 때는 발표도 잘하고, 엄청나게 활력이 넘치며 초등학생 내내 성적도 우수하여 담임선생님이 공부 잘하는 아이들은 대부분 얌전한데 의외라고 하였다. 책 읽는 것을 좋아하고 잘못은 바로 인정하는 건강한 아이였다.

(2) 그림검사에 나타난 학업 스트레스 개입 효과

• 빗속의 사람 그림검사를 사전-사후에 실시한 결과, Lack의 빗속의 사람 그림 채점체계로 본 스트레스 점수, 자원 점수, 대처 능력 점수가 매우 긍정적인 변화를 보였다.

	사전	사후
그림		
내용	가을 밤, 장대비, 3일 전부터 내림, 장대비는 언제 끝날지 모르겠다. 우산을 쓰고 장화를 신고, 바람이 부는데 비를 맞으며 학원을 향해 걷고 있다. 사람들도 없고, 무섭고, 힘들고, 추워서 건물에 빨리 들어가고 싶다. 주변이 깜깜하나 가로등이 있어 빛이 조금 보인다.	공원에서 친구를 기다린다, 빨리 친구를 만나 놀고 싶다, 친구는 곧 온다. 여름 오후 1시, 두 시간 후면 소나기는 그친다. 비가 그친 곳에는 무지개가 떠 있다. 주변은 밝고, 나무와 풀은 파릇파릇하다. 희망과 활기가 느껴지고 내가 기쁘다고 느껴진다.
점수	스트레스 점수 = 9 자원 점수 = -2 대처 능력 점수 = -11	스트레스 점수 = 4 자원 점수 = 7 대처 능력 점수 = 3
평가	인물화는 옆모습이며, 얼굴에는 눈만 있고, 눈은 음영이 있으며, 목은 생략됨. 자기조절이 어려우며, 양가감정이 있고, 위치는 아래 왼쪽에 치우쳐 우울하고 불안한 마음을 표현함. 학원을 향해 가는 자신의 모습으로 학업 스트레스를 표현함. 스트레스 점수는 9점으로 심한 상황이며, 자원점수는 -2점이고, 대처능력점수도 -11점으로 매우 낮은 상태임. 내담자는 스트레스 상황에서 자신을 보호하지 못하고, 불안한 환경에 대처하지 못함. 스트레스 환경을 통제할 수 있는 역량도 낮고 자아 강도도 낮음	인물화는 정면을 보고 활짝 웃고 있음. 중앙에서 살짝 오른쪽으로 치우침. 사전에 생략되었던 코, 입, 목을 그려 자신에 대해 매우 긍정적임. 스스로 색을 칠하고 싶다며 색칠하여 에너지와 기쁜 마음을 표현함. 다만 한 손을 주머니에 넣고 있어 죄책감을 표현했는데 이는 1학년 때 친구에게 잘못한 행동에 대한 죄책감이 남아 있음을 표현한 것으로 사료됨. 사전에 비해 스트레스 점수는 5점 줄었고, 대처자원 점수는 5점 늘었으며, 대처 능력 점수도 7점 증가하여 매우 긍정적인 변화를 보임

(3) 미술치료 개입 내용

미술치료 진행은 주 1회, 60~90분으로 진행하였고, 30분 정도 모와 면담을 통해 상담 내용을 전달하였다. 내담자의 변화 과정을 확인하고 가정 내 환경적인 변화를 시도하였으며, 사전-사후 검사 각 1회를 포함하여 총 18회기를 실시하였다. 각 회기 종료 시마다 상담일지를 작성하고 작품 촬영을 하였다.

- 도입 단계(1~6회기): 신뢰감 형성과 가족에 대한 인식, 자아상을 탐색하기 위해 정신분석 미술치료로 내담자의 무의식을 의식화하여 문제 원인을 파악하는 데 중점을 두고, 주제와 기법은 나, 동적 가족화, 색채, 내가 좋아하는 것들, 9분할이 실시되었다.
- 실행 단계(7~11회기): 비언어적 매체를 사용하여 왜곡된 인지와 비합리적 신념을 시각화할 수 있도록 인지행동 미술치료로 구성하였다. 자신에 대한 감정탐색, 감정표출, 자기수용을 위해 세 가지 사건, 감정 도표, 우울과 불안, 학업, 시간 등의 주제로 부정적 감정을 표출하여 문제점과 해결방안에 대한 대안들을 긍정적으로 찾아가도록 하였다.
- 종결 단계(12~16회기): 인간중심 미술치료를 적용하여 자신의 문제를 구체화하고 스스로 해결할 힘을 갖고 긍정적인 자기 변화를 인식하도록 하였다. 자신의 욕구를 인지하고 미래관을 확립하여 긍정적인 자신의 삶을 실현하는 것을 조력하기 위해 나를 힘들게 하는 것, 친구, 행복, 달라진 나, 과거-현재-미래 등의 주제로 구성되었다.

단계	회기	목표	활동명	활동 내용	기대 효과
도입 (라포 형성 및 자기인식: 정신분석적 접근)	1	나 표현	나	여러 가지 잡지를 이용하여 콜라주로 자유롭게 나를 표현해 본다.	라포 형성/ 긴장완화
	2	가족 내 자아상 탐색	동적 가족화	우리 가족을 그림으로 표현해 보고 이야기를 나누며 가족 간의 역동성을 파악한다.	가족 간 역동
	3	나의 무의식 인식	색채	나의 삶을 느끼는 색채로 표현하며 자아상을 탐색해 본다.	내면 탐색
	4	학업, 교사 및 교우관계 탐색	학교 생활화	자신을 포함하여 교사, 교우들이 학교에서 무엇인가를 하고 있는 그림을 그려 보고, 학교생활 전반과 교사 및 교우 관계를 파악한다.	학교생활 및 스트레스
	5	나 탐색 및 내면 인식	내가 좋아하는 것들	내가 좋아하는 것을 콜라주로 표현해 보고 긍정적인 자아감을 탐색한다.	자유로운 감정표현 건강한 자아상 확립

	6	탐색 및 자기수용	9분할 하루	하루 일과를 9분할로 표현하며 나의 일상을 탐색해 본다.	객관적 자아상 탐색
실행 (감정표출, 비합리적 신념인지: 인지행동적 접근)	7	감정표현 및 회상하기	세 가지 사건	지금까지의 경험을 통해 기억되는 세 가지 사건을 자유롭게 표현해 본다.	상처 표현 상처 회복
	8	감정 인식	감정도표	원안에 느끼는 여러 가지 감정을 표시하고, 느끼는 색채로 표현하며 자신의 여러 가지 감정을 인식한다.	감정 인식 감정 표현
	9	욕구인지 및 감정표출	우울과 불안	내가 느끼는 우울과 불안에 대해 표현해 보고 왜곡된 신념을 탐색한다.	우울 불안 표출 우울 불안 감소
	10	감정 인식 및 욕구표출	학업	학업에 대한 나의 이미지를 표현하고 학업 스트레스를 표출하며 나의 감정을 인식한다.	학업 스트레스 표출 비합리적 신념 확인
	11	욕구표출과 해결방안 인식	시간	갈등하던 고민을 표현하고 나의 욕구를 알아 본다.	학업 스트레스 표출 문제점과 대안 인식
종결 (긍정적 자기변화 인식: 인본주의적 접근)	12	우울, 불안 해소와 긍정적 자아 인식	나를 힘들게 하는 것	나를 힘들게 하는 것을 표현하며, 왜곡된 자아상을 탐색해 본다.	자기탐색 자기효능감 인식
	13	긍정적 친구 관계와 사회성 인식	친구	친구에 대한 생각을 자유롭게 표현하고 또래관계 속에서의 사회성과 자아관을 탐색해 본다.	자기탐색 긍정적 자기인식
	14	긍적적인 나 인식	행복	내가 행복할 때를 생각하며 콜라주로 표현하고 긍정적인 나를 탐색해 본다.	자기탐색 욕구 충족
	15	긍정적인 변화 인식	달라진 나	상담 후 달라진 것들을 자유롭게 표현하고 이야기를 나누며 나의 긍정적인 변화를 인지한다.	학업 스트레스·우울·불안 감소 및 긍정적 변화 인식
	16	자신의 변화를 알고, 긍정적 미래관 확립	과거, 현재, 미래	과거-현재-미래를 콜라주로 표현해 보고, 이야기를 나누며 자신의 변화와 미래관을 확립하고, 긍정적인 나를 인식한다.	긍정적 자기인식, 미래관 확립

2. 학습동기 향상을 위한 학교미술치료

학생은 학년이 올라갈수록 학습 능력에 자신감이 없어지고 학습동기가 낮아지는 경향이 있다. 학년이 높아지면서 학습량이 급격하게 많아지고 기대와 함께 성취와 경쟁에 대한 의식도 생긴다. 경쟁의식이 과도해지거나 부모의 기대가 지나치면 학생은 심리적 압박을 느끼고 스트레스를 경험할 수 있다. 학업 스트레스로 인해 의욕과 동기가 저하되고 주의집중력의 어려움을 겪는 등 학습을 방해하는 부정적 요인이 된다. 학업성취 결과에 대한 부모와 교사의 부정적 피드백은 학습 흥미를 떨어뜨리고 학습동기와 자기효능감을 낮춘다. 학업 난이도 및 부모와 교사의 압력이 높아지는 시기에 학업 스트레스를 관리하고 학습동기를 향상시키는 개입이 필요한 학생들이 있다. 특히 학습동기의 하락이 심해지는 초등학교 고학년과 중학교 저학년 이후부터 학습동기 향상을 돕는 학교미술치료가 필요하다. 학생의 주의집중력 향상, 학업적 부적응 문제와 관련한 인지적·정서적 어려움에 대한 개입이 필요하다. 미술작업 과정과 시각적으로 결과를 확인할 수 있는 작품은 참여동기를 촉진하고 성취감을 느끼게 하므로 긍정적인 자기개념, 자기효능감과 함께 정서적 안정감을 바탕으로 동기를 향상시킨다.

1) 학습동기의 개념

동기는 인간을 움직이고 행동을 유지하며 목표를 향해 나아가게 하는 힘이다. 학습동기는 학습자의 학습 행동을 유발하도록 이끌어 가는 힘과 경향성이며(Brophy, 2004), 학습활동을 가치 있는 것으로 여기고 열심히 하려는 경향(Woolfolk, 1998)이다. 학습동기는 학습효과에 가장 큰 영향을 미치는 중요한 요인이며 학습동기 향상을 위해서는 주의집중력, 관련성, 자신감, 만족감을 유지하는 것이 필요하다(Keller, 1983). 학생들이 학습동기를 포함하여 학습에 대한 태도를 형성하는 것은 중요하다. 학년이 높아질수록 하루의 많은 시간을 학습활동에 사용하고 내외적으로 학습에 대한 다양한 요구를 받는다. 외적으로 부모와 교사가 성적으로 경쟁, 비교하는 경험을 하고 내적으로 추상적 사고력 발달, 자기평가 능력이 높아지면서 내외적으로 갈등을 겪는다(Midgley, Feldlaufer, & Eccles, 1989). 학생이 학습동기를 가지느냐에 따라 학습태도, 학업성취, 삶의 만족도와 정서적 안녕감에 영향을 미친다. 일반적으로 학업 스트레스는 중학교에 진급하면서 점점 증가하고 이러한 경향은 고등학교 2학년

까지 계속되는 경향이 있다. 중학생이 느끼는 공부에 대한 부담감은 자아존중감, 우울, 부모
자녀관계, 부부불화 및 부모학대, 비행친구, 성별, 가구 소득와 같은 청소년기 스트레스보다
영향력이 크다(조윤주, 2010). 학업성취가 낮아서 스트레스를 계속 받으면 공부에 대한 어떠
한 내외적 동기도 없는 무동기 상태에 이를 수 있다. 이런 학생은 수업 시간이 지루하고 주
의를 집중하기 어려워져 다시 학업성취가 낮아진다. 스트레스가 높아지면 또래관계 문제,
학교부적응과 중도탈락으로 이어질 수 있다.

2) 학습동기 향상 과정

학생의 학습 행동이 변화하기 위해서는 강한 동기가 형성되어야 한다. 학습동기의 개념
은 Ryan과 Deci의 자기결정이론(self-determination theory)을 토대로 발전해 왔다.

- 내재적 학습동기는 외적 보상이 없어도 학습 내용에 대한 관심, 흥미 때문에 학습하는
  경향이고, 외재적 학습동기는 학습을 통해 얻는 보상에 의해 학습하는 경향이다. 내적
  동기는 능력과 성취, 만족을 통해 촉진되고 유지된다. 반면, 외적 동기는 외부의 보상
  이나 강화물을 통해 학습을 지속하는 것으로 상과 벌, 칭찬 등과 같이 외적인 보상을 통
  해 유지되나 지속적이고 장기적인 효과는 없다. 학생이 학습을 하고자 하는 마음을 가
  지기 위해서는 학업에 대한 탐구능력이 필요하며 내적 동기인 학습에 대한 호기심이
  유발되어야 한다. 내적 동기는 스스로 과제를 수행하고 학업적으로 어려운 상황에 직
  면하더라도 끈기를 유지하는 힘이다(Schunk, 1990).
- 인간의 행동은 타고난 기본적 심리적 욕구인 자율성, 유능성, 관계성에 의해 동기화된
  다. 기본적 심리욕구는 타인의 지지, 격려와 같은 사회적 지지 환경에서 증진된다(Ryan
  & Conmell, 1989).

동기화 정도는 단계를 거치면서 점진적으로 변화해 가는 과정이다. Prochaska와
DiClemente(1983)는 범이론적 모형(Transtheoretical model: TTM)을 개발하여 동기 변화의
5단계를 제시하였다. 각 단계들은 연속성이 있고 순환하며 다음 단계로 발전하기도 하지만
이전 단계로 퇴보하기도 한다.

- 전숙고 단계(precontemplation stage): 동기가 없는 상태에 계속 머무르고자 하는 상태이

지만 성적 향상을 위해 공부 결심을 하는 단계이다.

- 숙고 단계(contemplation stage): 공부를 할지 말지 고민하는 양가감정을 해결하고 공부할 결심을 하게 된 단계이다. 외재적 동기가 형성되었다는 것을 의미한다. 학습동기에 대한 다차원적인 이론을 제시한 자기결정동기 이론에 따르면, 세 가지 외재적 동기가 있고 서로 상관관계가 있으며 순차적으로 발달한다(Ryan & Connell, 1989).
  - 외적 조절 동기: 부모나 교사가 시키거나 야단맞을까 봐 공부하는 것
  - 내사 조절 동기: 공부를 안하면 불안하고 성적이 낮으면 창피하니까 공부하는 것
  - 동일시 조절 동기: 공부가 자기 삶에 중요하니까 공부하는 것

  학업성취에 영향을 주는 외재적 동기가 동일시 조절뿐이라고 전제할 때(이민희, 2009) 학생이 학습동기가 없는 것을 벗어나 외재적 동기를 갖게 되고 학업성취가 향상되었다는 것은 동일시 조절 동기를 획득했다고 할 수 있다. 외적 조절과 내사 조절은 타율적 동기지만 동일시 조절은 자율적 동기로 내재적 동기와 유사하다. 학습동기 없음에서 자율적 동기로 변화하는 데는 상당한 어려움이 따른다(조은문, 이종윤, 2016).

- 준비 단계(preparation stage): 학생들에게 공부를 하고자 하는 동기가 생겨서 변화를 계획하고 의지를 다지는 단계이다.
- 실행 단계(action stage): 실제적인 변화를 행동으로 실천하고 공부 의지를 가지고 학습에 참여하는 행동화 단계이다.
- 유지 단계(maintanance stage): 학습 의지와 참여행동이 유지되는 단계이다.

중학생이 학습 무동기를 스스로 극복하고 학업성취 향상에 이르는 과정을 탐색한 조은문과 이종윤(2016)은 Prochaska와 DiClemente의 5단계 이론과 근거이론을 바탕으로 학습무동기 극복과정에 대한 패러다임 모형을 제시하였다. 학생이 현실을 인식하고 긍정적 변화와 성장을 이루는 과정에서 맥락적 조건과 중재적 조건이 중요하게 작용한다. 예를 들면, 자기조절 효능감, 유능감과 자율성과 같은 개인내적 특성, 격려와 인정, 도움 구하기와 같은 사회적 지지이다. 학교미술치료를 활용하여 학습동기가 없는 학생을 조력하고 이러한 조건을 향상하도록 도와줄 필요가 있다.

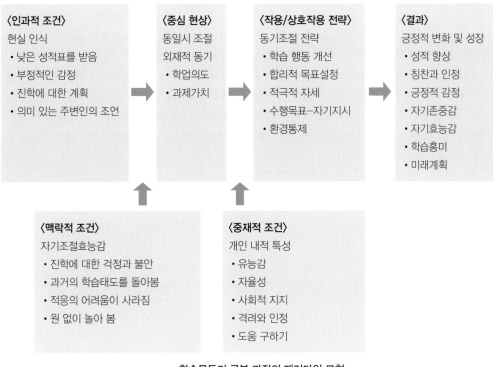

〈인과적 조건〉
현실 인식
• 낮은 성적표를 받음
• 부정적인 감정
• 진학에 대한 계획
• 의미 있는 주변인의 조언

〈중심 현상〉
동일시 조절
외재적 동기
• 학업의도
• 과제가치

〈작용/상호작용 전략〉
동기조절 전략
• 학습 행동 개선
• 합리적 목표설정
• 적극적 자세
• 수행목표–자기지시
• 환경통제

〈결과〉
긍정적 변화 및 성장
• 성적 향상
• 칭찬과 인정
• 긍정적 감정
• 자기존중감
• 자기효능감
• 학습흥미
• 미래계획

〈맥락적 조건〉
자기조절효능감
• 진학에 대한 걱정과 불안
• 과거의 학습태도를 돌아봄
• 적응의 어려움이 사라짐
• 원 없이 놀아 봄

〈중재적 조건〉
개인 내적 특성
• 유능감
• 자율성
• 사회적 지지
• 격려와 인정
• 도움 구하기

학습무동기 극복 과정의 패러다임 모형

2) 학습동기 향상을 위한 기법과 프로그램

(1) 그림검사에 나타난 학습동기 향상 효과

학습부진 중학생의 학습동기와 학교적응력 향상을 위한 집단미술치료 프로그램의 효과를 살펴본 박미선과 김진희(2017)의 연구에 제시된 사례를 소개하였다. 프로그램은 주 1회, 1회기 90분씩 총 10회기를 실시하였다.

사례(여, 중 1): 꿈이 없어 고민을 많이 하고 있다. 하지만 하고자 하는 과목은 본인이 할 수 있는 한 최선을 다하려고 한다. 평소 게임을 좋아하여 방과 후에 게임하는 시간이 많다. 학습동기부여를 통해 자기주도학습, 시간 관리, 꿈과 관련된 진로 · 진학 목표가 필요하다.

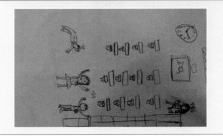
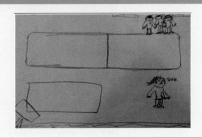

(KSD) 사전	(KSD) 사후
• 내용 설명: 수업시간에 친구들과 교실 뒤에서 체벌을 받아 속상하다고 함 • 내용 해석: 교사에게 체벌받는 장면으로 교사상을 여러 차례 지우고 강한 선으로 반복적 표현을 한 것으로 보아 교사에 대해 부정적 지각을 시사하며 슬픈 얼굴 표정으로 보아 학교생활에 대한 불만족감으로 보임	• 내용 설명: 수업시간에 모둠수업 활동으로 친구들과 즐겁다고 함 • 내용 해석: 책상으로 교사와의 사이에 장애물을 두어 거리감을 유지하고 있으나 웃는 얼굴 표정과 수업이 즐겁다고 표현하는 것으로 보아 학교생활 및 학습동기에 대한 긍정적 변화로 보임

(2) 학습동기 향상에 유용한 미술치료 기법

① 만다라 활동

만다라 활동은 무의식에 있는 내용을 의식화하고 정서적 편안함을 제공한다. 만다라 미술활동을 통하여 다음과 같은 효과를 얻을 수 있다(정여주, 20110; Dahlke, 1999; Wuillemet, & Cavelius, 1997).

- 자신에게 침착하고 고요해질 수 있다.
- 불안이 사라지고 정신을 집중함과 동시에 이완을 할 수 있다.
- 경험한 것을 잘 통합하며 일체감을 경험한다.
- 원만한 성격을 키운다.
- 자신의 중심에서 나온 힘을 얻는다.
- 인간적인 따스함을 경험한다.
- 자기 자신과 단체 생활에 대해 집중할 수 있다.
- 여유와 민감성을 갖는다.
- 창의적이고 적극적인 학습 자세를 갖게 된다.

- 준비물: 만다라 주제에 따라 다양한 준비물 구성 가능
- 적용 시기: 초기, 중기, 말기
- 목표: 미술치료 프로그램 각 단계별로 이론적 근거에 따라 만다라 활동을 할 수 있다. 작업하는 과정을 통해 내적 주의집중력이 증가하며 심리적 이완을 경험할 수 있다.

만다라 활동	이론적 배경
문양 만다라 (색연필, 크레파스, 물감 등)	자신의 기분과 느낌에 집중하고 마음속에 떠오르는 색을 생각하며 만다라 작업에 참여한다. 문양의 크기는 A4 정도가 좋으며 색을 모두 다 채우지 않아도 된다(최은선, 2003).
만다라 제작	스스로 만다라를 구상하여 그리고 제작한다. 이완, 시각화, 상상연습을 통해 자신의 마음에 드는 크기의 종이에 그릴 수 있다(임미은, 2003).
집단 만다라 – 짝과 함께 돌려 가며 그리기 – 짝과 협력하여 만다라 그리기 – 모둠별로 만다라 그리기	집단응집력을 위해 구성원이 모두 함께 참여한다. 자유화를 통해 자유롭게 색칠할 수 있으며 다양한 매체를 활용하여 작업할 수 있다 (정여주, 2001).
매체를 활용한 만다라 – 자연물, 점토, 잡지, 색종이 등	주변에서 쉽게 구할 수 있는 재료를 활용하여 쉽고 간단하게 제작할 수 있도록 활동을 구성하여 작업한다(박숙희, 2007).

② 콜라주 활동: 미래의 내 모습 만들기(박미선, 김진희, 2017; 유소희, 김향숙, 2018)

콜라주는 서로 관련이 없고 의미가 없어 보이는 것들을 조합하여 의미를 창조하는 예술 작업 형태이다. 서로 연관성이 없어 보이는 재료를 가지고 의미를 만들어 내고 그 의미가 강력한 정서를 만들어 낸다. 이는 상상의 이미지가 구체화된 것이다(장미경, 2017).

- 준비물: 잡지, 종이(8절지 또는 4절지), 풀, 가위, 크레파스, 사인펜, 색연필 등
- 적용 시기: 중기, 말기
- 목표: 자신의 꿈을 떠올리고 이미지화함으로써 미래에 대한 희망적 정서와 내재적 동기를 고취시킨다. 미래의 보다 나은 자신의 모습을 구체화하여 작업함으로써 자아존중감과 학습동기를 향상하고 유지하는 기반을 만든다.
- 작업 과정
  - 조용히 눈을 감고 편안한 자세로 자신의 미래에 대하여 생각하고 상상해 보도록 한다. 내담자가 자신의 내면을 들여다볼 수 있도록 분위기와 충분한 시간을 준다.

－ 내담자가 생각하고 떠올린 내용에 대하여 이야기를 나눈다.

－ 잡지책의 그림이나 사진을 내담자의 마음이 이끄는 대로 선택하여 희망하는 나의 미래 모습을 표현한다. 크레파스 등 다른 매체를 활용하여 표현할 수 있다.

－ 미래의 나를 위해 현재 내가 변화해야 할 점을 적어 보고 이야기를 나눈다.

- 고려할 점
  - 몰입이 어려운 내담자나 분위기인 경우, 자신의 미래를 생각하고 상상할 때 명상음악을 사용하면 도움이 될 수 있다.
  - 미래는 내담자가 설정할 수도 있고, 가까운 미래 또는 중장기 미래로 필요에 따라 정할 수 있다.
  - 치료 진행과 프로그램 구성을 고려하여 나의 과거, 현재, 미래 모습을 표현함으로써 내담자가 자신의 변화된 모습을 확인하고 희망찬 미래의 동기를 강화할 수 있다.
  - 매체가 다양하면 내담자가 자신의 미래를 표현하는 것이 더 용이할 수 있다.

③ 포토북 만들기(유소희, 김향숙, 2018)
- 준비물: 작품사진, 다양한 색상의 화지, A4 용지, 색채도구, 풀, 칼, 자, 가위, 네임펜, 스티커, 송곳 또는 펀칭, 끈 등
- 적용 시기: 말기
- 목표: 미술치료 과정에서 활동했던 작품 사진을 이용하여 포토북을 만든다. 미술치료를 통하여 새롭게 깨닫고 긍정적으로 변화된 내용을 포토북으로 만들어 정리함으로써 자신의 변화 기록을 간직할 수 있고 긍정적 정서와 변화를 다진다. 치료종결 후에도 미술치료 과정을 되돌아보고 깨달은 바를 되새기면서 긍정적 정서와 동기를 유지할 수 있다.
- 작업 과정
  - 눈을 감고 편안한 자세로 미술치료 과정을 떠올려 본다.
  - 작품 사진을 보며 떠올린 내용을 이야기 나눈다.
  - 작품 사진과 매체를 활용하여 사진을 붙이고 내용을 적어서 꾸미고 포토북을 엮는다.
  - 겉표지에 제목을 적고 지은이, 출판사, 바코드, 가격 등을 적는다.
  - 나만의 책인 포토북에 대하여 이야기 나눈다.
- 고려할 점
  - 종이는 내담자가 선택하도록 준비하는 것이 좋다. 8절지를 사용할 경우에는 반으로

접어서 책으로 엮는다.

- 다양한 매체를 준비하고 표지는 두꺼운 종이를 사용하는 것이 완성도가 높다.
- 포토 나무 꾸미기 등 다양하고 창의적인 방법으로 자신의 변화 기록을 작품으로 만들어 볼 수 있다.

(3) 학습동기 향상을 위한 프로그램 사례

긍정심리학에 근거한 집단미술치료가 학습부진 여중생의 학습동기와 자기효능감에 미치는 영향을 살펴본 유소희, 김향숙(2018)의 사례를 소개하였다. 긍정심리학에서는 인간은 행복을 추구하는 존재이고 지속적인 긍정적 정서를 통해 자기실현을 이루는 삶을 지향한다고 본다. 중학교 2학년 여학생을 대상으로 매 회기 100분씩 12회기 집단미술치료를 실시하였다. 내담자들은 회기가 진행될수록 꿈이나 진로에 대한 관심을 표현하며 학습동기와 자기효능감에 긍정적인 변화를 보였다.

- 1단계(도입 및 긍정적 정서 불러오기): 집단미술치료에 대한 이해를 돕기 위해 프로그램을 소개하고 구조화하여 신뢰감을 형성하고 흥미와 동기를 부여하는 시간으로 구성하였다.
- 2단계(현재에 대한 긍정적 정서 키우기): 학업에 대한 부정적 정서를 표출하여 이완하고, 공부가 어렵고 힘든 요인을 탐색하고 대안을 찾으며, 개인이 지니고 있는 긍정적 요인을 발견하고 성장시킬 수 있도록 구성하였다.
- 3단계(미래에 대한 긍정적 정서 키우기): 집단원과 응원의 메시지를 주고받으며 자기효능

감을 향상시키고, 잠재력과 강점을 발견하며, 하루 시간 계획과 활용에 대해 자신감을 갖고 미래를 긍정적이고 희망적으로 볼 수 있도록 구성하였다.

- 4단계(긍정적 정서 다지기): 집단미술치료 과정에서 새롭게 깨닫고 긍정적으로 변화된 내용을 기억할 수 있도록 정리하고 소감을 나누는 시간으로 구성하였다.

단계	회기	주제	목표	활동 내용	매체
도입 및 긍정적 정서 불러오기	1	오프닝	집단미술치료에 대한 이해, 프로그램에 대한 동기 유발	집단미술치료 소개 및 구조화	
	2	이름이 뭐예요?	집단원과의 친밀감 형성	화지에 자신의 이름을 적고 배경을 꾸민 후 주제를 정하여 자기 소개하기	화지, 색채도구
	3	내가 그리는 풍경	심리적 정화를 통한 편안함 및 안정감 가지기, 집단원에 대한 이해 및 신뢰감 형성	테두리가 그려진 화지에 열 가지(강, 산, 밭, 길, 집, 나무, 사람, 꽃, 동물, 돌)를 차례대로 그리며 풍경화 완성하기, 완성된 작품에 질문을 더하며 집단원과 나누기	테두리가 그려진 화지, 검은색 사인펜, 색채도구
현재에 대한 긍정적 정서 키우기	4	공부에 대한 감정	공부에 대한 감정 탐색, 공부에 대한 부정적 감정을 긍정적으로 바꾸기	공부와 관련된 다양한 감정을 떠올리고 찰흙으로 빚기, 집단원과 서로 나누며 기억을 공유하고 공감하기	찰흙, 찰흙칼
	5	공부 너!	현재 자신의 학습 상태 점검, 학습에 대해 보충해야 할 요인 찾기	감정 피자 기법을 활용하여 공부가 어렵고 힘든 요인을 찾고 긍정적으로 해결할 수 있는 방법 찾기, 완성된 작품을 다트판에 붙이고 다트 활동을 통해 감정 표출하기	화지, 색채도구, 다트판
	6	긍정 캐릭터 만들기	학습에 대한 긍정적 정서 키우기	천사점토를 활용해 학업에 도움을 주는 긍정적 강화물이 될 수 있는 캐릭터 만들기, 집 혹은 학교 책상에 올려놓고 시각적 효과로 활용하기	천사점토, 종이접시, 찰흙칼, 스팽글

미래에 대한 긍정적 정서 키우기	7	너의 날개를 펼쳐 봐	응원의 메시지를 나눔으로 미래에 대한 긍정적 정서 키우기	6회기 작품을 화지 위에 올려놓고 집단원 서로에게 응원의 메시지를 남기고 격려해 주기	화지, 색채도구
	8	소녀시대	자기효능감 향상	석고붕대를 활용하여 손을 본뜨고 강점과 장점을 찾아 꾸미기	석고붕대, 물, 색채도구
	9	시간은 ○○○이다	시간의 소중함 알기, 시간을 효율적으로 사용할 수 있다는 자신감 갖기	내가 생각하는 시간이란? 마인드 맵, 그림 등 다양하게 표현하기, 집 방문 앞에 걸어놓을 수 있는 나의 시간 안내 푯말 만들기	우드락, 화지, 색채도구, 스팽글
	10	희망찬 미래의 내 모습	희망적인 미래의 내 모습 그리기	긍정적이고 희망적인 미래의 모습, 되고 싶은 모습을 잡지를 활용해 콜라주하기	잡지, 화지, 색채도구
긍정적 정서 다지기	11	지피지기 백전백승	집단미술치료 과정에서 새롭게 깨닫고 긍정적으로 변화된 내용 정리하기	지금까지 활동했던 작품 사진을 이용해 포토북 만들기, 매 회기 작품을 완성하며 느낀 점을 기록하여 간직할 수 있도록 함	작품사진, 화지, 색채도구ㆍ스티커
	12	클로징	소감 나누기	소감 나누기	

참고문헌

강민경, 이근매, 김진희(2019). 활동중심 집단미술치료가 ADHD 성향 아동의 주의집중력 및 자기조절에 미치는 효과. 정서·행동장애연구, 35(4), 167-188.

강선화(2010). 집단미술치료가 한부모가정 아동의 적응행동 및 일상적 스트레스에 미치는 효과. 한양대학교 산업경영디자인대학원 석사학위논문.

강지연(2020). 비자살적 자해를 겪는 우울증 청소년의 미술치료 사례연구. 차의과학대학교 미술치료대학원 석사학위논문.

건강보험심사평가원(2021). ADHD 진료 통계. http://opendata.hira.or.kr/op/opc/olapMfrnIntrsIlnsInfo.do

고다연, 김소영(2016). 콜라주를 활용한 집단미술치료가 청소년 우울감소에 미치는 영향. 통합심신치유연구 3(1), 39-60.

국립정신건강센터(2022). 2022년 정신건강실태조사 보고서. 국립정신건강센터.

과학기술정보통신부(2019a). 2018 인터넷이용실태조사.

과학기술정보통신부(2019b). 2018 스마트폰 과의존 실태조사.

곽진영, 원희랑(2019). 등교거부 청소년의 등교거부 및 우울감 감소를 위한 인간중심 미술치료 사례연구. 미술치료연구, 26(5), 1135-1157.

교육부(2022a). 2022년 학생정서·행동특성검사 및 관리 매뉴얼. https://www.moe.go.kr

교육부(2022b). 2022년 학교폭력 실태조사. https://www.moe.go.kr

권석만(2013). 현대이상심리학. 학지사.

권선영(2022). COVID-19 완치 유아의 불안 행동 감소를 위한 미술치료 사례 연구. 대구대학교 재활과학대학원 석사학위논문.

권소선, 김현정. 선택적함구증 아동의 활동중심 미술치료 사례연구. 임상미술심리연구, 10(1), 21-52.

김갑숙, 이미옥, 전영숙, 기정희(2019). 그림을 통한 심리진단 및 평가 Ⅰ, Ⅱ. 학지사.

김경, 강영심(2008). ADHD 아동의 정서 · 행동문제 개선을 위한 미술치료 사례연구. 미술치료연구, 15(2), 251-274.

김경식(2013). 입체매체와 평면매체를 활용한 집단미술치료가 ADHD 경향 아동의 문제행동에 미치는 효과. 미술치료연구, 20(1), 21-46.

김광수, 김선정(2011). ADHD 아동 대상 국내 미술치료 중재연구 현황 분석. 한국초등교육 21(2), 23-44.

김도희, 전영희(2014). ADHD 성향 아동의 충동성 감소를 위한 미술치료 사례연구. 미술치료 연구, 21(6), 1323-1346.

김동건(2021). 뇌교육 기반 명상과 응용근신경학을 활용한 PTSD 증상 완화프로그램 개발 및 적용에 관한 실행연구. 국제뇌교육종합대학원대학교 박사학위논문.

김란(2019). 유아의 스마트폰 과의존 경향성과 인물화 검사와의 관계-지능, 정서를 중심으로. 건국대학교 예술디자인대학원. 석사학위논문.

김문희(2017). 가정폭력을 경험한 청소년의 집단미술치료 사례연구. 동국대학교 석사학위논문.

김미분(2013). 미술치료가 학교폭력 피해아동의 위축행동과 자아존중감에 미치는 효과연구. 경남과학기술대학교 석사학위논문.

김미진(2014). 미술치료의 치료적 요인별 미술 매체 분석. 평택대학교 일반대학원 박사학위논문.

김미희, 김정일(2016). 집단미술치료프로그램이 부모의 정서표현성과 양육효능감, 생활만족도변화에 미치는 효과. 예술교육연구, 14(2), 1-19.

김민지(2014). 가정폭력에 노출된 아동의 문제행동 감소를 위한 미술치료 사례연구. 영남대학교 환경보건대학원 석사학위눈문.

김보경(2020). 분석심리학적 관점에서 미술치료사의 자기성장 경험에 대한 존재론적 자전적 탐구. 건국대학교 예술디자인대학원 석사학위논문.

김선주(2021). 인터넷 과의존 중학생을 대상으로 한 집단미술치료 혼합연구. 서울여자대학교 특수치료전문대학원 박사학위논문.

김수민(2022). 가정폭력 미술치료 연구동향: 국내 학술지를 중심으로. 차의과학대학교 미술치료대학원 석사학위논문.

김영민(2010). 부모상실 아동을 위한 미술치료 프로그램의 효과. 상명대학교 복지상담대학원 석사학위논문.

김영아(2019). 학대피해아동과 미술치료사의 미술치료 체험에 대한 해석학적 현상학 연구. 영남대학교 대학원 박사학위논문.

김영애, 김갑숙(2015). 집단미술치료가 중학생의 우울과 자기효능감에 미치는 효과. 인문학논총, 37, 81-115.

김윤경(2019). 정서적 방임아동의 점토중심 집단미술치료 사례연구. 차의과학대학교 대학원 석사학위논문.

김예원(2014). 가정폭력 피해아동의 미술치료 단일사례. 동국대학교 문화예술대학원 석사학위논문.

김은숙, 정현희(2017). 중학생의 학교폭력 피해경험과 가해행동의 관계:인지적 정서조절 전략과 공격성의 매개효과. **청소년학연구**, 24(.7), 141-166.

김은영(2014). 임상미술치료가 학교부적응 청소년의 분노, 공격성 및 자아탄력성에 미치는 영향. 차의과학대학교 통합의학대학원 석사학위논문.

김정규(1995). **게슈탈트 심리치료**. 학지사.

김정규(2015). **게슈탈트 심리치료**(2판). 학지사.

김정미, 박은선, 정옥현(2018). ADHD 초등학생 대상 미술치료 프로그램에 대한 메타분석. **미술치료연구**, 25(4), 421-438.

김종권(2018). 고등학생의 학업스트레스가 자살생각에 미치는 영향. 국제신학대학원대학교 박사학위논문.

김진경(2013). 인터넷 중독 초등학생의 PPAT(사과나무에서 사과 따는 사람 그리기) 검사 반응 특성. 서울여자대학교 특수치료전문대학원 석사학위논문.

김진숙(1993). **예술심리치료의 이론과 실제**. 중앙적성출판사.

김진영(2020). 지역아동센터아동의 자기효능감 및 또래관계 향상을 위한 북 아트 집단미술치료 효과. 차의과학대학교 미술치료대학원 석사학위논문.

김진영(2021). ADHD 아동의 주의집중력과 자아존중감 향상에 대한 미술치료 사례연구. 경기대학교 대체의학대학원 석사학위논문.

김진희, 이근매(2016). 아동의 학습요인에 관한 예술심리치료 연구동향. **예술심리치료연구**, 12(4), 1-24.

김찬미(2019). 아동의 사회적 불안 완화를 위한 미술치료 질적 사례연구. 이화여자대학교 교육대학원 석사학위논문.

김춘경, 이수연, 이윤주, 정종진, 최웅용(2016). **상담학 사전**. 학지사.

김효정(2020). 코로나19와 가정폭력: 펜데믹의 젠더화된 효과. **여성연구**, 107(4). 5-29.

김해인(2016). 협동작업 중심의 집단미술치료가 학교폭력 가해청소년의 자기통제력 향상에 미치는 효과. 평택대학교 상담대학원 석사학위논문.

김혜숙, 황매향(2009). 초등학생 문제행동 체크리스트 개발연구. **초등교육연구**, 22(2), 123-138.

김혜인(2022). 학대 피해아동 대상 미술치료 체계적 문헌고찰 및 메타분석. 숙명여자대학교 심리치료대학원 석사학위논문.

김희경(2016). 애착 유형과 인지적 정서조절전략 및 새둥지화의 반응특성 연구. 한양대학교 예술디자인대학원 석사학위논문.

남기엽(2007). 자기표현 훈련프로그램이 위축아동의 자아존중감 향상에 미치는 효과. 고신대학교 교육대학원 석사학위논문.

노강욱(2012). 중·고등학생 학교폭력 가해학생과 피해학생의 그림검사 비교연구. 원광대학교 동서
    보완의학대학원 석사학위논문.

동혜정, 박성혜(2022). 상담이론 기반 미술치료 연구동향 분석 : 국내 학술지 논문 (2011-2021)을 중
    심으로. 미술치료연구, 29(4), 1061-108.

류정희(2016). 방임아동의 사회적 보호를 위한 정책방안 연구. 한국정책학회, 2016, 263-290.

문효빈, 최윤정(2018). 국내 ADHD 청소년 상담개입 성과 연구의 동향과 향후 과제. 청소년 상담연구,
    26(2), 91-115.

민하영, 유안진(1998). 학령기 아동의 일상적 생활 스트레스 척도 개발. 아동학회지, 19(2), 77-96.

박미선, 김진희(2017). 집단미술치료 프로그램이 중학교 학습부진아의 학습동기와 학교적응력에 미
    치는 영향. 임상미술심리연구, 7(1), 35-59.

박소영(2014). 집단따돌림 예방을 위한 초등학교 6학년 집단미술치료 프로그램 개발 연구. 한양대학
    교 교육대학원 석사학위논문.

박숙희(2007). 만다라 그리기가 학습부진아의 불안과 자아개념에 미치는 영향. 한국교원대학교 교육
    대학원 석사학위논문.

박승숙(2000). 영화로 배우는 미술치료 이야기. 들녘.

박은혜, 김승환(2020). 학교집단미술치료 프로그램이 초등학교 고학년의 또래관계와 학급응집력에
    미치는 효과 연구. 미술치료연구, 27(4), 747-766.

박세화(2017). 집단미술치료가 지역아동센터 아동의 공감능력과 또래관계에 미치는 영향. 한양대학
    교 예술디자인대학원 석사학위논문.

박완주, 박신정, 황성동(2015. 한국 학령기 ADHD 아동을 위한 인지행동중재의 효과 연구. Journal of
    Korean Academy of Nursing, 45(2), 169-182.

박은숙(2008). 꿈 분석을 통한 중년기 개성화 과정에 대한 연구. 상명대학교 정치경영대학원 석사학
    위논문.

박정은, 이미옥, 전효정(2019). 우울한 아동을 위한 집단미술치료 효과에 대한 메타분석. 미술치료연
    구, 26(4), 629-647.

박재신(2013). 학습부진 초등학생의 학교생활 적응과학습활동 행상을 위한 미술치료사례연구. 한국
    미술치료학회논문지, 20(1), 129-157.

박지효(2015). 점성매체를 이용한 집단미술치료가 학교부적응아동의 자기효능감 및 사회성에 미치
    는 영향. 원광대학교 대학원 석사학위논문.

보건복지부(2022a). 2022년 정신건강사업안내.

보건복지부(2022b). 2021 아동학대 주요통계.

박현주, 서명옥(2015). 미술치료의 매체 활용법. 학지사.

배성만(2017). 학교폭력 피해와 비행과의 관계에서 우울과 공격성의 매개효과. 청소년학연구, 24(3),
    251-268.

배주미(2000). 아동 및 청소년의 우울증상과 인지변인의 지속성과 상호예측. 연세대학교 대학원 박사학위논문.

백사인, 배양자, 박병훈, 염영미(2015). **청소년복지론**. 창지사.

백희진(2010). 외상경험 아동의 우울 및 불안완화의 미술치료 사례연구. 영남대학교 환경보건대학원 석사학위논문.

서정훈, 고영란(2011). 집단미술치료가 ADHD 시설아동의 자기통제와 자아존중감에 미치는 영향. 재활심리연구, 18(2), 177-201.

서주연, 원상화(20110. 예술심리치료가 학교부적응 여학생의 자아존중감 및 학교적응력에 미치는 단일사례 연구. 예술심리치료연구, 7(1), 9-44.

석말숙, 구용근. (2016). 청소년의 개인요인, 가족요인, 학교요인이 스마트폰 중독에 미치는 영향. 청소년복지연구, 18(1), 53-77.

선영운(2016). 아동의 모애착, 또래관계기술, 안녕감의 관계에서 부애착의 조절효과 및 조절된 매개효과. 아시아교육연구, 17(3), 49-80.

설미정, 이근매(2011). 콜라주 미술치료가 청소년의 스트레스에 대한 자율신경계 활동에 미치는 효과. **미술치료연구**, 18(6), 1247-1258.

성경선, 김진선(2017). 초등학생 집단미술치료프로그램 효과에 대한 메타분석. 한국예술치료 학회지, 17(2), 87-105.

송소현, 김진희(2021). 국내 학대피해 아동 미술치료 연구동향. **예술심리치료연구**, 17(4), 91-118.

송인숙(2007). 집단미술활동이 초등학생의 스트레스 감소에 미치는 효과. 아주대학교 대학원 석사학위논문.

송제연(2016). 꿈 시각화를 통한 미술치료에 따른 성인 내담자의 꿈 변화 분석. 건국대학교 예술디자인대학원 석사학위논문.

송주은(2022). 다문화 아동의 비대면 게슈탈트 미술치료 사례연구한국-베트남 다문화 아동을 대상으로. 가천대학교 대학원 박사학위논문.

송현종, 신소영. 중학생의 우울과 대인불안 감소를 위한 추상표현 중심 미술치료 사례연구. 미술치료연구, 19(5), 1193-1215.

신민섭(2003). **그림을 통한 아동의 진단과 이해**. 학지사.

신서희(2019). 고등학생의 학업스트레스와 분노표현방식의 관계. 아주대학교 대학원 박사학위논문.

신성숙(2017). 학대로 인한 우울 청소년의 학업중단위기 예방을 위한 학교미술치료 사례연구. 임상미술심리연구, 7(2), 141-165.

신아름(2011). 인터넷중독 청소년의 대인관계와 인터넷중독 개선을 위한 미술치료 사례연구: Winnicott의 대상관계 이론을 중심으로. 건국대학교 디자인대학원 석사학위논문.

신태섭, 정윤희, 김경천, 김희하, 허용건, 박대광, 현영후, 김진기, 조일육, 이효석, 정재욱, 나태규, 민경준(2021). **학교폭력 사안처리 가이드북**. 교육부.

안영옥(2013). 집단미술치료가 중학교 폭력 가해 학생의 공격성 감소 및 또래관계 향상에 미치는 영
　　향. 원광대학교 동서보완의학대학원 석사학위논문.

안진주(2022). 학대피해아동의 회복 탄력성을 위한 미술치료 질적 사례연구. 이화여자대학교 교육대
　　학원 석사학위논문.

안현의(2007). 복합외상의 개념과 경험적 근거. 한국심리학회지, 26(1), 105-119.

양미진, 김래선, 이형초, 김신아, 김진수, 이승근, 홍예진(2019). 저연령 인터넷 · 스마트폰 과의존 청소
　　년 상담프로그램 개발. 한국청소년상담복지개발원.

오민혜(2015). 등교거부 아동의 불안감소와 긍정적 자아상 확립을 위한 미술치료 사례. 임상미술심리
　　연구 5(2), 85-104.

오소원(2016). 집단미술치료가 아동의 공감능력과 또래관계에 미치는 효과. 명지대학교 사회교육대
　　학원 석사학위논문.

오승진, 류정미(2020). 미실심리진단평가. 어우리.

오종은, 김세영(2014). 학교폭력 가해청소년과 일반청소년의 이야기그림검사 반응특성 비교 연구.
　　미술치료연구, 21(5), 899-917.

옥금자(2013). 아동청소년 치료의 평가기법과 임상 준비를 위한 학교미술치료 지침서. 시그마프레스.

우성주(2007). 청소년 우울증에 대한 인지행동 미술치료의 사례연구. 미술치료연구, 14(4), 711-734.

우소연, 박경자(2009). 학령 후기 아동의 일상적 스트레스가 학교생활적응에 미치는 영향을 중재하
　　는 보호요인. 아동학회지, 30(2), 113-127.

위지희, 채규만(2004). 주의력결핍 과잉행동 청소년의 인터넷 중독성향과 심리 · 사회적 특성.
　　Korean Journal of Clinical Psychology, 23(2), 397-416.

유소희, 김향숙(2018). 긍정심리학에 근거한 집단미술치료가 학습부진 여중생의 학습동기와 자기 효
　　능감에 미치는 영향. 미술심리연구, 25(1), 83-100.

윤인영(2020). 긍정심리기반미술치료프로그램이 학교폭력피해 청소년의 자아존중감과 회복탄력성
　　에 미치는 효과에 관한 단일사례연구. 공주교육대학원 석사학위논문.

유현영, 이근매(2021). 인터넷 · 스마트폰 중독 관련 미술치료 연구 동향. 정서 · 행동장애연구, 37(1),
　　151-170.

유화영, 이종한(2016). 학교폭력 피해청소년의 자아존중감 및 사회적 기술 향상을 위한 집단 미술치
　　료 프로그램의 효과. 통합교육과정연구, 10(4), 49-69.

윤라미, 박윤미(2017). 불안에 대한 미술치료 연구동향. 미술치료연구, 24(3), 701-718.

윤인영(2020). 긍정심리기반 미술치료프로그램이 학교폭력피해 청소년의 자아존중감과 회복탄력성
　　에 미치는 효과에 관한 단일사례연구. 공주교육대학교 교육대학원 석사학위논문.

윤지영(2020). 학급중심 학교미술치료 효과에 대한 메타분석: 초등학교를 중심으로. 이화여자대학
　　교 교육대학원 석사학위논문.

이계희(2020). 초등돌봄교실아동과 일반아동의 새둥지화에 나타난 또래관계 반응특성 연구. 국내석

사학위논문 한세대학교 석사학위논문.

이근매(2016). 학교미술치료의 현황과 발전방향. 미술치료연구, 23(4), 925-945.

이난주, 김선희(2015). 외상에 대한 미술 심리 치료의 위기개입에 관한 고찰. 심리치료: 다학제적 접근 15(1), 149-174.

이명주, 김갑숙(2013). 집단미술치료가 청소년의 우울과 자살생각에 미치는 효과. 예술심리치료연구, 9(4), 349-375.

이미옥(2012). 아동용 한국판 동적가족화 평가기준 개발. 미술치료연구, 19(6), 1355-1376.

이미영, 한경아(2020). 학교폭력 예방 집단미술치료가 초등학교 저학년 학생의 공감 능력과 또래관계의 질 향상에 미치는 효과. 조형교육, 73, 217-244.

이민희(2009). 자기결정이론을 토대로 한 학습상담 전략 탐색. 한국심리학회지 상담 및 심리치료, 21(3), 703-721.

이상호(1990). 한국 현대시의 의식 분석적 연구. 국학자료원.

이선민(2016). 아동을 대상으로 한 미술치료 사례 동향 연구. 이화여자대학교 교육대학원 석사학위논문.

이영주, 류진아(2013). 아동이 지각하는 사회적 지지와 학교생활적응과의 관계에서 자아탄력성의 매개효과. 상담학연구, 14(4), 2049-2066.

이우경, 이원혜(2019). 심리평가의 최신흐름. 학지사.

이윤주(2001). 상담 사례개념화 요소목록 개발 및 수퍼비전에서 중요하게 지각되는 사례개념화요소 분석. 한국심리학회지: 상담 및 심리치료, 13(1), 79-93.

이정애, 정영인(2018). 비행청소년과 일반청소년의 "새둥지화" 반응특성에 관한 비교연구. 미술과 교육, 19(4), 129-150.

이정희(2002). 미술치료가 인터넷 중독장애 청소년의 가족관계 학교생활 및 사회성기술에 미치는 효과. 대구대학교 석사학위논문.

이지나, 신지현(2020). 동기강화 집단미술치료가 인터넷 중독 아동의 인터넷 중독 증상과 자기통제력에 미치는 효과. 미술치료연구, 27(2), 259-281.

이진아(2022). 가정폭력 피해 아동의 자아존중감과 공격성에 대한 미술치료 사례연구. 경기대학교 대체의학대학원 석사학위논문.

이춘재(1999). 청소년폭력 가해자와 가해집단에 관한 연구. 연구보고서 99-R 42. 한국청소년 개발원.

이현진, 이미옥(2006). 협동작업중심의 집단미술치료가 저소득층 아동의 또래관계 및 사회성에 미치는 효과. 미술치료연구, 13(3), 459-481.

이혜진(2015). 국내 아동 심리치료의 최근 동향. 동국대학교 대학원 석사학위논문.

임경희, 조붕환(2004). 성, 학년, 지역에 따른 초등학생의 ADHD 출현을 조사 연구. 초등교육연구, 17(1), 235-260.

임미은(2003). 만다라 그리기가 초등학생의 주의집중에 미치는 효과. 창원대학교 교육대학원 석사학위논문.

임선화, 이정윤(2008). 집단미술치료 프로그램이 우울성향 청소년의 우울, 스트레스 대처, 자기존중
　　감에 미치는 효과. 미술치료연구, 15(2), 339-360.

임승현, 박성연(2010). 학령기 아동의 기질, 어머니의 온정성 및 아동의 학업적 자기효능감이 또래관
　　계의 질에 미치는 영향. 아동학회지, 31(2), 85-101.

장미경(2017). 분석심리학적 모래놀이치료. 학지사.

장성숙, 이근매(2016). 집단미술치료 프로그램이 인터넷중독 아동의 문제행동 감소와 자기효능감에
　　미치는 효과. 임상미술심리연구, 6(1), 85-103.

장수한(2010). 청소년복지론. 양서원.

장영하(2010). 집단미술치료가 초등학생의 불안에 미치는 효과. 영남대학교 환경보건대학원 석사학
　　위논문.

전순영(2003). 정신 역동적 미술치료가 집단 따돌림 피해 아동 어머니의 양육태도와 아동의 적응행
　　동에 미치는 효과. 대구대학교 대학원 박사학위논문.

전순영(2011). 미술치료의 치유요인과 매체. 하나의학사.

전은진, 박윤미(2020). 초등학교 신입생의 또래관계기술 향상을 위한 콜라주중심 집단미술치료 사례
　　연구. 학습자중심교과교육연구, 20(20), 1261-1287.

전지연(2008). 점토를 활용한 협동 활동이 정신지체 청소년의 사회성 기술에 미치는 영향. 대구대학
　　교 대학원 석사학위논문.

정동영(2005). 미술치료가 인터넷게임 중독아동의 주의집중력, 대인관계 및 자기조절력 향상에 미치
　　는 효과. 미술치료연구, 12(2), 355-381.

정대영, 정창숙(2015). 인지행동미술치료가 정서·행동장애 위험군 아동의 문제행동과 사회적 기술
　　에 미치는 영향. 미술치료연구, 2(4), 1133-1160.

정은주(2016). ADHD 성향 아동의 문제 행동 감소를 위한 인간중심 미술치료 사례연구. 미술치료연
　　구, 23(2), 503-530.

정여주(2001). 만다라와 미술치료. 학지사.

정여주(2014). 미술치료의 이해(2판): 이론과 실제. 학지사.

정여주(2016). 미술치료에서 미술의 특성과 창의적 과정의 치료적 의미. 미술치료연구, 23(5).

정여주(2017). 학교폭력 감소와 예방을 위한 미술프로그램 개발. 미술치료연구, 24(1), 137-156.

정익중, 이수진, 강희주(2020). 코로나19로 인한 아동일상 변화와 정서 상태. 한국아동복지학, 69(4),
　　59-90.

정진숙, 김갑숙(2011). 아동의 학대경험 진단도구로서의 동적가족화(KFD) 활용. 미술치료연구,
　　18(2), 407-424.

정현희(2020). 실제 적용 중심의 미술치료. 학지사.

조붕환(2006). 초등학생의 생활스트레스와 스트레스 대처행동 척도 개발을 위한 연구. 아동교육,

15(3), 5-21.

조숙연(2018). 학대피해아동의 자아존중감 향상과 공격성감소를 위한 미술치료 사례연구. 대전대학교 보건의료대학원 석사학위논문.

조순아, 오승진(2017). 학대받은 아동의 자아존중감과 문제행동에 미치는 미술치료 사례연구. 아동미술교육, 16, 21-41.

조영미, 이동영(2016). 아동청소년대상 미술치료프로그램의 사회성 증진효과에 대한 메타분석. 미래청소년학회지, 13(2), 135-162.

조윤주(2010). 청소년초기 스트레스의 종단적 변화 양상과 관련변인에 관한 연구: 잠재성장모형 분석. 미술치료연구, 17(3), 17-35.

조은문(2016). 중학생의 학습무동기 극복 과정에 대한 질적 연구. 학습자중심교과교육연구, 16(5), 611-637.

조정자, 김동연(1996). 미술치료기법을 통한 성폭행 피해아동의 상담사례. 미술치료연구, 3(2), 145-159.

조희정, 정여주(2021). 주요 미술매체를 활용한 집단미술치료 연구의 효과에 대한 체계적 문헌고찰. 예술심리치료연구, 17(.4), 223~253.

주리애(2010). 미술치료학. 학지사.

주소영(2010). 아동학대 경험에 대한 질적 연구. 영유아아동정신건강연구, 3(2), 47-64.

최병상(1990). 조형. 미술공론사.

최상열(2014). 학교폭력 가해청소년의 자기통제력 향상을 위한 집단미술치료 프로그램 개발. 평택대학교 대학원 박사학위논문.

최은선(2003). 만다라 그리기 활동의 교육적 효과에 대한 연구. 인천교육대학교 교육대학원 석사학위논문.

최선남, 장현정(2017). 학교폭력 미술치료 연구 동향 분석. 미술치료연구, 24(1), 97-113.

최은영, 이은봉, 조규영(2015). 우울에 대한 미술치료 연구동향. 통합심신치유연구, 2(1), 42-71.

최외선, 이근매, 김갑숙, 최선남, 이미옥(2006). 마음을 나누는 미술치료. 학지사.

한국정보화진흥원(2019). 2019년 스마트폰 과의존 예방 가이드라인 매뉴얼.

한미현, 유안진(1996). 아동의 스트레스 및 사회적 지지 지각의 행동문제. 아동학회지, 17(1), 173-188.

한상영(2012). 청소년의 스트레스요인에 따른 신체증상, 정신건강 비교분석. 한국산학기술학회논문지, 13(12), 5800-5807.

함태원(2022). 미술치료가 중학생 학업스트레스 · 우울 · 불안에 미치는 효과. 대전대학교 보건의료대학원 석사학위논문.

현소혜(2017). 아동학대범죄의 처벌 등에 관한 특례법의 문제점과 개선방안. 법학논총, 24(2). 387-421.

홍지영, 임지현, 이승희, 하승연(2015). 집단미술치료를 통해 본 불안에 관한 질적 연구. 디지털디자인학연구, 15(3), 115-128.

홍강의 등(2023). 소아정신의학. 학지사.

홍현정, 김선희(2018). 학교미술치료가 초등학교 고학년 아동의 정서표현과 스트레스 대처행동 및 미술자기표현에 미치는 효과. 예술교육연구, 16(1), 17-35.

황순옥(2016). 미술치료가 방임아동의 불안과 우울에 미치는 효과 연구. 한일장신대학교 심리치료대학원 석사학위논문.

사카노 유지(2005). 인지행동치료. (김유숙 역, 2005). 하나의학사.

Abt, T. (2007). 융 심리학적 그림해석. (*Introduction to picture interpretation*). (이유경 역). 학지사. (원저는 2005년에 출판).

Ackroyd, E. (1997). 꿈 상징 사전. (*Dictionary of dream symbols: with an introduction to dream psycho*). (김병준 역). 한국심리치료연구소. (원저는 1993 출판).

Alberti, R. E., & Emmons, M. L.(1978). *Your Perfect Right: A Guide to Assertive Behavior* (3rd ed.). San Luis Obispo, Impact.

Allen, B. (2011). The use and abuse of attachment theory in clinical practice with

Altman, I. (1975). The environment and social behavior: privacy, personal space, territory, and crowding.

American Academy of Pediatrics. (2016). ADHD에 대한 가장 완전한 지침서. 범문에듀케이션.

American Psychiatric Association. (2023). *Diagnostic and statistical manual of mental disorders* (5th ed., Text Revision). American Psychiatric Publishing.

Amini, Y. S. J. (2008). *Bullying: Mengatasi kekerasan di sekolah dan lingkungan sekitaranak*. Grasindo.

Anastopoulos, A., Shelton, T. L., & Barkley, R. (2005). Family-based psychosocial treatments for children and adolescents with attention-deficit/hyperactivity disorder. Psychosocial treatments for child and adolescent disorders: Empirically based strategies for clinical practice, 327-350.

Anderson, J. C. (1994). *Epidemiological issues. In International handbook of phobic and anxiety disorders in children and adolescents* (pp. 43-65). Springer US.

Angold, A., & Costello, E. J. (2001). The epidemiology of depression in children and adolescents. *The Depressed Child and Adolescent, 2*, 143-178.

Arseneault, L., Bowes, L., & Shakoor, S. (2010). Bullying victimization in youths and mental health problems: 'Much ado about nothing'?. *Psychological Medicine, 40*(5), 717-729.

Aziz. N. (2020). Internet Addiction in India. *Current Psychiatry and Reviews, 2020, 16. 20–30(11).*

Bandura, A. (1986). *Fearful expectations and avoidant actions as coeffects of perceived self-inefficacy.*

Bach, S. (1990). *Life paints its own span.* Daimon.

Barkley, R. A. (2006). A theory of ADHD. Attention–deficit hyperactivity disorder. *A handbook for diagnosis and treatment* (pp. 297–334).

Barkley, R. A., DuPaul, G. J., & McMurray, M. B. (1990). Comprehensive evaluation of attention deficit disorder with and without hyperactivity as defined by research criteria. *Journal of Consulting and Clinical Psychology, 58*(6), 775.

Barkley, R. A., Fisher, M., Smallish, L., & Fletcher, K. (2002). The persistence of attention–deficit/hyperactivity disorder into young adulthood as a function of reporting source and definition of disorder. *Journal of Abnormal Psychology, 111*(2), 279–288.

Barlow, D. H., Raffa, S. D., & Cohen, E. M. (2002). Psychosocial treatments for panic disorders, phobias, and generalized anxiety disorder. *A Guide to Treatments that Work, 2,* 301–336.

Bates, R. H. (1998). *Analytic narratives.* Princeton University Press.

Baweja, R., Mayes, S. D., Hameed, U., & Waxmonsky, J. G. (2016). Disruptive mood dysregulation disorder: *current insights. Neuropsychiatric Disease and Treatment,* 2115–2124.

Beck, A. T. (1967). *Depression: Clinical, experimental, and theoretical aspects.* Harper & Row.

Beidel, D. C., Turner, S. M., & Morris, T. L. (1999). Psychopathology of childhood social phobia. *Journal of the American Academy of Child & Adolescent Psychiatry, 38*(6), 643–650.

Bell, C. C. (1994). DSM–IV: Diagnostic and statistical manual of mental disorders. *Jama, 272*(10), 828–829.

Bell-Dolan, D., & Brazeal, T. J. (1993). Separation anxiety disorder, overanxious disorder, and school refusal. *Child and Adolescent Psychiatric Clinics of North America, 2*(4), 563–580.

Brassett-Harknett, A., & Butler, N. (2007). Attention–deficit/hyperactivity disorder: An overview of the etiology and a review of the literature relating to the correlates and lifecourse outcomes for men and women. *Clinical Psychology Review, 27*(2), 188–210.

Brent, D. A, & Weersing, V. R. (2006). Depressive disorders in childhood and adolescence: An overview: epidemiology, clinical manifestation and risk factors. *Child Adolesc Psychiatr Clin N Am., 15*(4), 827–41. DOI: 10.1016/j.chc.2006.05.002

Bernstein, G. A., & Borchardt, C. M. (1991). Anxiety disorders of childhood and adolescence: A critical review. *Journal of the American Academy of Child & Adolescent Psychiatry, 30*(4), 519–532.

Biederman, J., Faraone, S. V., & Lapey, K. (1992). Comorbidity of diagnosis in attention–deficit hyperactivity disorder. In G. Weiss (Ed.), *Child and adolescent psychiatry clinics of North America: Attentiondeficit disorder* (pp. 335-360). W. B. Saunders.

Bierman, K. L., & Welsh, J. A. (1997). Social relationship deficits.

Black, B., & Uhde, T. W. (1995). Psychiatric characteristics of children with selective mutism: A pilot study. *Journal of the American Academy of Child & Adolescent Psychiatry, 34*(7), 847–856.

Blackford, J. U., & Pine, D. S. (2012). Neural substrates of childhood anxiety disorders: a review of neuroimaging findings. *Child and Adolescent Psychiatric Clinics, 21*(3), 501–525.

Blomdahl, C., Gunnarsson, B. A., Guregård, S., Rusner, M., Wijk, H., & Björklund, A. (2016). Art therapy for patients with depression: Expert opinions onits main aspects for clinical practice. *Journal of Mental Health, 25*(6), 527–535.

Bornstein, M. R., Bellack, A. S., & Hersen, M. (1977). Social-skills training for unassertive children: A multiple-baseline analysis 1. *Journal of Applied Behavior Analysis, 10*(2), 183–195.

Bowlby, J. (1969). *Disruption of affectional bonds and its effects on behavior.* Canada's mental Health Supplement.

Bowlby, J. (2008). *Attachment.* Basic books.

Brophy, J. (2004). *Motivating students to learn.* Routledge.

Buch, J. (2008). 학교미술치료 핸드북. (*A Handbook of School Art Therapy*). (노용, 이경원 공역). 학지사. (원저는 1997년에 출판).

Buck, J. N. (1948). The HTP technique; a qualitative and quantitative scoring manual. *Journal of clinical psychology.*

Bukowski, W. M., & Hoza, B. (1989). Popularity and friendship: Issues in theory, measurement, and outcome.

Burns, R. C. & Kaufman, S. H. (1970). *Kinetic Family Drawings(K-F-D): An Introduction to understanding children through kinetic drawings.* Brunner/Mazel.

Burns, R. C., & Kaufman, S. (1972). *Actions, styles and symbols in kinetic family drawings (KFD): Research and application.* Brunner/Mazel.

Burns, R. C. (1982). Self-growth in families: *Kinetic Family Drawings (KFD) research and application.* (No Title).

Bush, J. (1997). *The handbook of school art therapy: Introducing art therapy into a school system.* Springfield, IL: Charles C Thomas.

Buss, A. H., & Plomin, R. (2014). *Temperament (PLE: Emotion): Early developing personality traits.* Psychology Press.

Cane, F. (1951). *The artist in each of us.* (No Title).

Carsley, D., Heath, N. L., & Fajnerova, S. (2015). Effectiveness of a classroom mindfulness coloring activity for test anxiety in children. *Journal of Applied School Psychology, 13*(3), 239-255.

Carlson, G. A., & Kashani, J. H. (1988). Phenomenology of major depression from childhood through adulthood: Analysis of three studies. *The American Journal of Psychiatry, 145*(10), 1222-1225.

Carlton, N. R. (2014). Digital culture and art therapy. *An Art Psychoder,* 41-45.

Caspi, A., Henry, B., McGee, R. O., Moffitt, T. E., & Silva, P. A. (1995). Temperamental origins of child and adolescent behavior problems: From age three to age fifteen. *Child Development, 66*(1), 55-68.

Caspi, A., Moffitt, T. E., Newman, D. L., & Silva, P. A. (1996). Behavioral observations at age 3 years predict adult psychiatric disorders: Longitudinal evidence from a birth cohort. *Archives of general psychiatry, 53*(11), 1033-1039.

Cowdry, R. W., & Gardner, D. L. (1988). Pharmacotherapy of borderline personality disorder: alprazolam, carbamazepine, trifluoperazine, and tranylcypromine. *Archives of General Psychiatry, 45*(2), 111-119.

Chavira, D. A., Garland, A. F., Daley, S., & Hough, R. (2008). The impact of medical comorbidity on mental health and functional health outcomes among children with anxiety disorders. *Journal of Developmental and Behavioral Pediatrics, 29*(5), 394.

Cooper, J. C. (1994). 세계 문화 상징 사전. (*An illustrated encyclopaedia of traditional symbols*). (이윤기 역). 까치. (원저는 1978년에 출판).

Costello, E. J., Egger, H. L., & Angold, A. (2005). The developmental epidemiology of anxiety disorders: phenomenology, prevalence, and comorbidity. *Child and Adolescent Psychiatric Clinics, 14*(4), 631-648.

Courtois, C. A., & Ford, J. D. (2012). Treatment of complex trauma: A sequenced, relationship-based approach. Guilford Press.

Dahlke, R. (1999). *Mandalas: Wege zur eigenen Mitte; Heilmeditationen.* BAuer.

Demehri, S., Rybicki, F. J., Desjardins, B., Fan, C. M., Flamm, S. D., Francois, C. J., ⋯ & Dill, K. E. (2012). ACR Appropriateness Criteria® blunt chest trauma-suspected aortic injury. *Emergency Radiology, 19,* 287-292.

DeLue, C. (1998). Physiological effects of creating mandalas. In C. A. Malchiodi (Ed.) *Medical art therapy with children* (pp. 33-49). Kingsley.

Dennis, T. A., Brotman, L. M., Huang, K. Y., & Gouley, K. K. (2007). Effortful control, social competence, and adjustment problems in children at risk for psychopathology. *Journal of*

Clinical Child and Adolescent Psychology, 36(3), 442-454.

Deveney, C. M., Connolly, M. E., Haring, C. T., Bones, B. L., Reynolds, R. C., Kim, P., ⋯ & Leibenluft, E. (2013). Neural mechanisms of frustration in chronically irritable children. *American Journal of Psychiatry, 170*(10), 1186-1194.

Domalanta, D. D., Risser W. L., Roberts, R. E., & Risser, J. M. H. (2003). Prevalence of depression and other psychiatric disorders among incarcerated youths. *I Am Acad Child Adolesc Psychiatry, 42*, 477-484. DOI: 10.1097/01.CHI.0000046819.95464.0B

Dorn, L. D., Campo, J. C., Thato, S., Dahl, R. E., Lewin, D., Chandra, R., & Di Lorenzo, C. (2003). Psychological comorbidity and stress reactivity in children and adolescents with recurrent abdominal pain and anxiety disorders. *Journal of the American Academy of Child & Adolescent Psychiatry, 42*(1), 66-75.

D'souza, R., & Sudhamayi, P. (2016). The impact of parenting styles on anxiety and depression in children with learning disabilities. *Indian Journal of Health and Wellbeing, 7*(9), 916.

Duckworth, M. P., & Follette, V. M. (2011). Retraumatization: Assessment, treatment, and prevention. Routledge.

Duong, K., Stargell, N. A., & Mauk, G. W. (2018). Effectiveness of Coloring Mandala Designs to Reduce Anxiety in Graduate Counseling Students. *Journal of Creativity in Mental Health, 13*(3), 1-13.

Dupaul, G. J., Power, T. J., Anastopoulos, A. D., & Reid, R. (1998). *ADHD Rating Scale-IV: Cheklists, norm5, and clinical interpretation.* The Guilford Press.

Edinger, E. F. (2017). *Ego and archetype.* Shambhala Publications.

Edwards, M. (1987). Jungian analytic art therapy. In J. Rubin (Ed.), *Approaches to art therapy* (pp. 92-113). Brunner/Mazel.

Eells, T. D. (1997). Psychotherapy case formulation: History and current status.

Eisenberg, N., & Fabes, R. A. (1994). Mothers' reactions to children's negative emotions: Relations to children's temperament and anger behavior. *Merrill-Palmer Quarterly* (1982-), 138-156.

Elkins, I. J., McGue, M., & Iacono, W. G. (2007). Prospective effects of attention-deficit/hyperactivity disorder, conduct disorder, and sex on adolescent substance use and abuse. *Archives of General Psychiatry, 64*(10), 1145-1152.

Elliott, S. N., & Gresham, F. M. (1993). Social skills interventions for children. *Behavior Modification, 17*(3), 287-313.

Epp, K. M. (2008). Outcome-based evaluation of a social skills program using art therapy and group therapy for children on the autism spectrum. *Children & Schools, 30*(1), 27-36.

Epperson, J., & Valum, J. L. (1992). The effects of stimulant medications on the art products of

ADHD children. *Art Therapy, 9*(1), 36-41.

Erath, S. A., Flanagan, K. S., & Bierman, K. L. (2007). Social anxiety and peer relations in early adolescence: Behavioral and cognitive factors. *Journal of Abnormal Child Psychology, 35*, 405-416.

Essau, C. A., & Petermann, F. (Eds.). (2013). *Anxiety disorders in children and adolescents: Epidemiology, risk factors and treatment.* Routledge.

Eth, S., & Pynoos, R. (1985). Developmental perspective on psychic trauma in childhood. *Trauma and Its Wake, 1*, 36-52.

Fabes, R. A., & Eisenberg, N. (1992). Young children's coping with interpersonal anger. *Child Development, 63*(1), 116-128.

Farrington, D. P. (1993). Understanding and preventing bullying. *Crime and Justice, 17*, 381-458.

Fischer, M., Barkley, R. A., Smallish, L., & Fletcher, K. (2005). Executive functioning in hyperactive children as young adults: Attention, inhibition, response perseveration, and the impact of comorbidity. *Developmental Neuropsychology, 27*(1), 107-133.

Fonagy, P., & Target, M. (2006). The mentalization-focused approach to self pathology. *Journal of Personality Disorders, 20*(6), 544-576.

Freedman, S. M., & Phillips, J. S. (1985). The effects of situational performance constraints on intrinsic motivation and satisfaction: The role of perceived competence and self-determination. *Organizational Behavior and Human Decision Processes, 35*(3), 397-416.

Freeman, A., Tyrovolas, S., Koyanagi, A., Chatterji, S., Leonardi, M., Ayuso-Mateos, J. L., ··· & Haro, J. M. (2016). The role of socio-economic status in depression: Results from the COURAGE (aging survey in Europe). *BMC Public Health, 16*, 1-8.

Freud, S. (1977). *Introductory lectures on psychoanalysis.* WW Norton & Company.

Freud, S. (1978). *Das ich und das es.* Frankfurt: Fischer Taschenbuch Verl.

Furth, G. M. (1988). *The secret world of drawings: Healing through art.* Sigo Press.

Gallese, V., Keysers, C., & Rizzolatti, G. (2004). A unifying view of the basis of social cognition. *Trends in Cognitive Sciences, 8*(9), 396-403.

Gallese, V. (2006). Intentional attunement: A neurophysiological perspective on social cognition and its disruption in autism. *Brain Research, 1079*(1), 15-24.

Gantt, L. & Tabone, C. (1998). The Formal Elements Art Therapy Scale: The rating manual. Morgantown, W V: Garfoyle Press.

Garai, J. (1987). A humanistic approach to art therapy. *Approaches to Art Therapy, 188*, 207.

Gerald, K., & Gerald, D. (2004). Counselling Adolescents.

Garfiled, S. L. (2002). 단기심리치료. (*The Practice of Brief Psychotherpy*). (권석만, 김정욱, 문형춘,

신희천 역). 학지사. (원저는 1998년에 출판).

Gil, E. (2006). *Helping abused and traumatized children*. Guilford Press.

Giordano, M., Landreth, G. L., & Jones, L. (2005). *A practical handbook for building the play therapy relationship*. Jason Aronson.

Glassman, E. L., & Prasad, S. (2013). Art therapy in schools. *Using art therapy with diverse Populations: Crossing Cultures and Abilities, 126*.

Goldsmith, H. H., & Gottesman, I. I. (1981). Origins of variation in behavioral style: A longitudinal study of temperament in young twins. *Child Development*, 91-103.

Colorosa, B. (2008). *The bully, the bullied, and the bystander*. New York, NY: HarperCollins Publishers.

Good, J., & Card, I. (1971). The diagnostic process with special reference to errors. *Methods of Information in Medicine, 10*(03), 176-188.

Goodenough, F. L. (1926). A new approach to the measurement of the intelligence of young children. *The Pedagogical Seminary and Journal of Genetic Psychology, 33*(2), 185-211.

Griffiths, M. D., Kuss, D. J., & Demetrovics, Z. (2014). Social networking addiction: An overview of preliminary findings. *Behavioral Addictions*, 119-141.

Gullestad, S. E. (2001). Attachment theory and psychoanalysis: controversial issues. *The Scandinavian Psychoanalytic Review, 24*(1), 3-16.

Gupta, R., & Derevensky, J. L. (2000). Adolescents with gambling problems: From research to treatment. *Journal of Gambling studies, 16*, 315-342.

Hammen, C. (2009). Adolescent depression: Stressful interpersonal contexts and risk for recurrence. *Current Directions in Psychological Science, 18*(4), 200-204.

Harrington, R., & Vostanis, P. (1995). Longitudinal perspectives and affective disorder in children and adolescents. *The Depressed Child and Adolescent: Developmental and Clinical Perspectives*, 311-341.

Harrell, A. W., Mercer, S. H., & DeRosier, M. E. (2009). Improving the social-behavioral adjustment of adolescents: The effectiveness of a social skills group intervention. *Journal of Child and Family Studies, 18*,

Hartup, W. W. (1992). Friendships and their developmental significance. *Childhood Social Development: Contemporary Perspectives*, 175-205.

Hartup, W. W. (1993). Adolescents and their friends. *New Directions for Child and Adolescent Development, 1993*(60), 3-22.

Harter, S. (1982). The perceived competence scale for children. *Child Development*, 87-97.

Hass-Cohen, N. (2008). Partnering of art therapy and clinical neuroscience. *Art therapy and*

Clinical Neuroscience, 21-42.

Hass-Cohen, N., & Carr, R. (2008). *Art Therapy and Clinical Neuroscience*. Jessica Kingsley Publishers.

Hass-Cohen, N., & Carr, R. (2011). 미술치료와 임상뇌과학. (*Art therapy and clinical neuroscience*). (김영숙, 원희랑, 박윤희, 안성식 공역). 시그마프레스. (원저는 2008년에 출판).

Henley, D. (1991). Facilitating the development of object relations through the use of clay in art therapy. *American Journal of Art Therapy, 29*, 69-76.

Henley, D. (1992). *Exceptional children, exceptional art*. Worcester, Davis.

Herrera Ortiz, A.F., Rincón Cuenca, N.T., & Fernández Beaujon, L. (2021). Brain changes in magnetic resonance imaging caused by child abuse: A systematic literature review. *SSRN Electron. J., 27*, 27-33.

Hinz. D. L. (2006). *Drawing from within: Using art to Treating Eating Disorder*. Jessica Kingsley Publishers.

Hinz, L. (2009). *Expressive therapies continuum: A frameworkfor using art in therapy*. Routledge.

Hirsch, E., & Hulvershorn, L. (2019). Neural findings in pediatric irritability. *Irritability in Pediatric Psychopathology, 171*.

Hoover, J. H., & Oliver, R. (1996). The bullying prevention handbook: A guide for principals, teachers, and counselors.

Huang, C. Y., Cheng, H., & Su, S. M. (2021). Effects of group art therapy on adolescents' self-concept and peer relationship: A mixed-method study. *New Directions for Child and Adolescent Development, 179*, 75-92.

Huss, G., Magendie, C., Pettoello-Mantovani, M., & Jaeger-Roman, E. (2021). Implications of the COVID-19 pandemic for pediatric primary care practice in Europe. *The Journal of Pediatrics, 233*, 290-291.

Ialongo, N., Edelsohn, G., Werthamer-Larsson, L., Crockett, L., & Kellam, S. (1995). The significance of self-reported anxious symptoms in first grade children: Prediction to anxious symptoms and adaptive functioning in fifth grade. *Journal of Child Psychology and Psychiatry, 36*(3), 427-437.

Jackson, Y., Puddy, R. W., & Lazicki-Puddy, T. A. (2001). Ethical practices reported by play therapist: An outcome study. *International Journal of Play Therapy, 10*(1), 31-51.

Jaroenkajornkij, N., Lev-Wiesel, R., & Binson, B. (2022). Use of self-figure drawing as an assessment tool for child abuse: Differentiating between sexual, physical, and emotional abuse. *Children, 9*(6), 868.

Jesepson, J. R. M., & Michel, M. (2006). ADHD and the symptom dimensions inattention, impulsivity, and hyperactivity: A review of aetiological twin studies from 1996 to 2004. *Nordic Psychology, 58*(2), 108-135.

Jones, A. S., & Logan-Greene, P. (2016). Understanding and responding to chronic neglect: A mixed methods case record examination. *Children and Youth Services Review, 67*, 212-219.

Jung, C. C. (1916). *The transcendent founction. CW 8.* Bollingen Press. (Reprinted).

Jung, C. G. (1934). *Mandala symbolism.* Princeton University Press.

Jung, C. G. (1964). *Man and symbols.* Doubleday.

Jung, C. G. (1973). *Synchronicity: An acausal connecting principle* (2nd ed.). Princeton, N.J.: Princeton University Press.

Jung, C. G., & Pacheco, J. L. (1969). *Los complejos y el inconsciente.* Alianza.

Kaiser, D. H. (1993). Attachment organization as manifested in a drawing task. Unpublished master's thesis, Eastern Virginia Medical School, Norfolk.

Kaiser, D. H. (1996). Indications of attachment security in a drawing task. *The Arts in Psychotherapy, 23*(4), 333-340.

Kaitlin, L. B. (2017). Effect of coloring on student stress levels. *American Journal of Recreation Therapy, 16*(1), 9-16.

Kaplan, F. (Ed) (2007). *Art Therapy and Social Action.* Jessica Kingsley Publisher.

Kaplan, F. F. (2013). 미술, 과학, 미술치료. (장연집 역). 시그마프레스.

Kaplan, H, & Sadock B. G. (1994). *Kaplan and Sadock's Synopsis of Psychiatry.* 7. Williams & Wilkins.

Keller, G. (1983). *Academic strategy: The management revolution in American higher education.* JHU press.

Kernberg, P. F., & Chazan, S. E. (1991). *Children with conduct disorders: A psychotherapy manual.* Basic Books.

Kessler, R. C., McGonagle, K. A., Zhao, S., Nelson, C. B., Hughes, M., Eshleman, S., Wittchen, H-U., & Kendler, K. S. (1994). Lifetime and 12-month prevalence of DSM-III-R psychiatric disorders in the United States: results from the National Comorbidity Survey. *Archives of General Psychiatry, 51*(1), 8-19.

Kessler, R. C., Sonnega, A., Bromet, E., Hughes, M., & Nelson, C. (1995). Posttraumatic stress disorder in the National Comorbidity Survey. *Archives of General Psychiatry, 52*, 1048−1060.

Keys, M. (1983). *Inward journey: Art as therapy.* La Salle, Il; Open Court.

Khadar, M. G., Babapour, J., & Sabourimoghaddam, H. (2013). The effect of art therapy based on painting therapy in reducing symptoms of separation anxiety disorder (SAD) in elementary school boys. *Procedia-Social and Behavioral Sciences, 84*, 1697-1703.

Khaleque, A., & Rohner, R. P. (2002). Perceived parental acceptance-rejection and psychological adjustment: A meta-analysis of cross-cultural and intracultural studies. *Journal of Marriage and Family, 64*(1), 54-64.

Khan, A., Leventhal, R. M., Khan, S., & Brown, W. A. (2002). Suicide risk in patients with anxiety disorders: a meta–analysis of the FDA database. *Journal of Affective Disorders, 68*(2-3), 183–190.

Killgore, W. D., & Yurgelun-Todd, D. A. (2005). Social anxiety predicts amygdala activation in adolescents viewing fearful faces. *Neuroreport, 16*(15), 1671-1675.

Klein, M. (1955). The psychoanalytic play technique. *American Journal of Orthopsychiatry, 25*(2), 223.

Klein, M. (1964). *Contributions to psychoanalysis*. McGraw-Hill.

Klein, R. G., Abikoff, H., Hechtman, L., & Weiss, G. (2004). Design and rationale of controlled study of long-term methylphenidate and multimodal psychosocial treatment in children with ADHD. *Journal of the American Academy of Child & Adolescent Psychiatry, 43*(7), 792-801.

Klepsch, M., & Logie, L. (1982). *Children draw and tell: An introduction to the projective uses of children's human figure drawings*. Psychology Press.

Knoff, H. M., & Prout, H. T. (1985). The kinetic drawing system: A review and integration of the kinetic family and school drawing techniques. *Psychology in the Schools, 22*(1), 50-59.

Kolvin, I., Barrett, L. M., Bhate, S. R., Berney, T. P., Famuyiwa, O. O., Fundudis, T., & Tyrer, S. (1991). The Newcastle Child Depression Project diagnosis and classification of depression. *The British Journal of Psychiatry, 159*(S11), 9-21.

Kramer, E. (1979). *Childhood and art therapy*. Schocken Books.

Kramer, E. (2007). 치료로서의 미술. (*Art as therapy*). (김현희, 이동영 공역). 시그마프레스. (원저는 2000년에 출판).

Lack, H. S. (1996). *The Person-in the-rain projective drawing as A measure of children's coping capacity: A concurrent validity study using Rorschach, psychiatric, and life history variables*. The California School of Professional Psychology Berkeley/Alameda(0039). Degree: PHD.

Landgarten, H. (1987). *Family art psychotherapy: A clinical guide and casebook*. Brunner/Mazel Publishers.

Landreth, G. L. (1991). *Pray therapy: The art of relation ship*. PA.

Landreth, G. L. (2002). Therapeutic limit setting in the play therapy relationship. *Professional Psychology: Research and Practice, 33*(6), 529.

Lahtinen, H. M. (2022). Child abuse disclosure: from the perspectives of children to influencing attitudes and beliefs held by interviewers (Doctoral dissertation, Itä-Suomen yliopisto).

Lahtinen, H.-M., Laitila, A., Korkman, J., Ellonen, N., Honkalampi, K. (2020). Children's Disclosures of Physical Abuse in a Population-Based Sample. *J. Interpers. Violence, 37*, 2011-2036.

Lazarus, R. S., & DeLongis, A. (1983). Psychological stress and coping in aging. *American Psychologist, 38*(3), 245.

Lazarus, R. S., & Folkman, S. (1984). *Stress, Appraisal, and coping*. Springer Publishing Company.

Ledoux, S. F. (2002). Defining natural sciences. *Behaviorology Today, 5*(1), 34-36.

Lee, R., Wong, J., Shoon, W. L., Gandhi, M., Lei, F., Kua, E. H., ⋯ & Mahendran, R. (2019). Art therapy for the prevention of cognitive decline. *The Arts in Psychotherapy, 64*, 20-25. *Adolescent Psychiatry, 33*(9), 1289-1298.

Lev-Wiesel, R., Goldner, L., & Daphna-Tekoah, S. (2022). Introduction to the Special Issue The Use of Creative Art Therapies in the Prevention, Screening, and Treatment of Child Sexual Abuse. *Journal of Child Sexual Abuse, 31*(1), 3-8.

Lieberman, M. D. (2007). Social cognitive neuroscience: a review of core processes. *Annu. Rev. Psychol., 58*, 259-289.

Linley, P., Joseph, S., Harrington, S., & Wood, A. M. (2006). Positive psychology: Past, present, and (possible) future. *The Journal of Positive Psychology, 1*(1), 3-16.

Lloyid, M. A. (1985). *Adolescence*. Harper& Row.

Loganbill, C., & Stoltenberg, C. (1983). The case conceptualization format: A training device for practicum. *Counselor Education and Supervision, 22*(3), 235-241.

Lowenfeld, V., & Brittain, L. (1987). *Creative and mental growth* (8th ed.). Macmillan.

Ludeke, R. J., & Hartup, W. W. (1983). Teaching behaviors of 9-and 11-year-old girls in mixed-age and same-age dyads. *Journal of Educational Psychology, 75*(6), 908.

Lusebrink, V. B. (1990). *Imagery and visual expression in therapy* (pp. 67-114). Plenum Press.

Lusebrink, V. B. (2010). Assessment and therapeutic application of the expressive therapies continuum: Implications for brain structures and functions. *Art Therapy, 27*(4), 168-177.

Lyons-Ruth, K., David, B. C., Henry, U. G., Sheila, B. (1990). Infants at social risk: Maternal depression and family support services as mediators of infant development and security of attachment. *Child Development, 61*(1), 85-98.

Machover, K. (1949). *Personality projection in the drawing of the human figure* (A method of personality investigation).

Magnusson, D. (1992). Individual development: A longitudinal perspective. *European Journal of Personality, 6*(2), 119-138.

Malchiodi, C. A., & Cattaneo, M. (1988). Creative process/therapeutic process: Parallels and interfaces. *Art Therapy, 5*(2), 52–58.

Malchiodi, C. A. (1997). *Breaking the silence: Art therapy with children from violent homes*. Psychology Press.

Malchiodi, C. A. (1998). *Understanding children's drawings*. Guilford Press.

Malchiodi, C. A. (1999a). The artist's way: Is it the art therapy's way? [Editorial.] *Art Therapy: Journal of the American Art Therapy Association, 16*(1), 2–3.

Malchiodi, C. A. (1999b). *Medical art therapy with children*. Jessica Kingsley Publishers.

Malchiodi, C. A. (2001). Using drawings as intervention with traumatized children. *Trauma and Loss: Research and Interventions, 1*(1), 21–27.

Malchiodi, C. A. (2003a). *Art therapy and the brain. Handbook of art therapy*, 16–24.

Malchiodi, C. A. (2003b). 아동 임상미술치료. (김동연, 최은영 공역). 학지사. (원저는 1999년에 출판).

Malchiodi, C. A. (2006). 학대받은 아동을 위한 미술치료. (이재연, 홍은주, 이지현 공역). 학지사. (원저는 1997년에 출판).

Malchiodi, C. A. (2007). *The Art Therapy Sourcebook*. McGraw-Hill.

Malchiodi, C. A. (2008). 미술치료. (최재영, 김진연 공역). 조형교육. (원저는 2006년에 출판).

Malchiodi, C. A. (2010). 미술치료사를 위한 아동미술심리 이해. (김동연, 이재연, 홍은주 공역). 학지사. (원저는 1998년에 출판).

Malchiodi, C. A. (2011). Trauma informed art therapy with sexually abused children. *Handbook of Child Sexual Abuse: Prevention*, Assessment, and Treatment.

Malchiodi, C. A. (Ed.). (2012a). *Art therapy and health care*. Guilford Press.

Malchiodi, C. A. (2012b). 미술치료 입문. (임호찬 역). 학지사.

Wuillemet, S., & Cavelius, A. (1997). *Mandalas malen: zur Stille finden; 85 entspannende Malvorlagen*. Pattloch.

Morahan-martin, J. (2005). Internet abuse: addiction disorder symptoms. *Alternative Explanations Social Science Computer Review, 23*, 39–48.

Mash, E. J., & Terdal, L. G. (1997). Assessment of child and family disturbance. *Assessment of Childhood Disorders*, 3–68.

McGuire, K., London, K. (2020). A Retrospective Approach to Examining Child Abuse Disclosure. *Child Abuse Negl, 99*, 104263

McNeilly, G. (2005). *Group analytic art therapy*. Kingsley.

McNiff, S. (1998). *Art-based research*. Jessica Kingsley Publishers.

Meichenbaum, D. (1985). *Stress inoculation training*: 304.

Meyers, A. (2014). A call to child welfare: Protect children from sibling abuse. *Qualitative Social Work, 13*(5), 654–670.

Midgley, C., Feldlaufer, H., & Eccles, J. S. (1989). Change in teacher efficacy and student self- and task-related beliefs in mathematics during the transition to junior high school. *Journal of educational Psychology, 81*(2), 247.

Milich, R., Balentine, A. C., & Lynam, D. R. (2001). ADHD combined type and ADHD predominantly inattentive type are distinct and unrelated disorders. *Clinical Psychology: Science and practice, 8*(4), 463.

Miller, M., & Hinshaw, S. P. (2010). Does childhood executive function predict adolescent functional outcomes in girls with ADHD?. *Journal of Abnormal Child Psychology, 38*, 315-326.

Monroe, S. M., Anderson, S. F., & Harkness, K. L. (2019). Life stress and major depression: The mysteries of recurrences. *Psychological Review, 126*(6), 791.

Montgomery, A. (2018). Anxiety Reducing Drawing Activities in Secondary Education (Doctoral dissertation, Moore College of Art & Design).

Moriya, D. (2000). *Art Theraphy In School*. Ramat Hasharon.

Moriya, D. (2006). Ethical Issues in School Art Therapy. *Journal of the American Art Therapy Association, 23*(2). 59-65.

Mortola, P. (2006). Learning From Experience: The Oaklander Approach to Teaching Child Psychotherapists. *Gestalt Review, 10*(2), 110-122.

Munley, M. (2002). Comparing the PPAT drawings of boys with AD/HD and age-matched controls using the Formal Elements Art Therapy Scale. *Art Therapy, 19*(2), 69-76.

Nadeau, K. G., & Quinn, P. O. (2002). Rethinking DSM-IV.

Naveh-Benjamin, M., McKeachie, W. J., & Lin, Y. G. (1987). Two types of test-anxious students: Support for an information processing model. *Journal of educational psychology, 79*(2), 131.

Naumburg, M. (1966). *Dynamically oriented art therapy: Its principles and practices, illustrated with three case studies*. Grune & Stratton.

Net Addiction. (2017). Treatment services. http://netaddiction.com에서 2017.1.25. 인출.

Newman, M. G., Zuellig, A. R., Kachin, K. E., Constantino, M. J., Przeworski, A., Erickson, T., & Cashman-McGrath, L. (2002). Preliminary reliability and validity of the Generalized Anxiety Disorder Questionnaire-IV: A revised self-report diagnostic measure of generalized anxiety disorder. *Behavior Therapy, 33*(2), 215-233.

Nikolas, M. A., & Burt, S. A. (2010). Genetic and environmental influences on ADHD symptom dimensions of inattention and hyperactivity: a meta-analysis. *Journal of abnormal psychology, 119*(1), 1.

Nolting, H. P. (1989). *Lernfall aggression*. Rowohlt Taschenbuch Verl.

Norcross, J. C. (2005). A primer on psychotherapy integration. In J. C. Norcross & M. R. Goldfried (Eds), *Handbook of psychotherapy integration* (2nd ed., pp. 3-23). Oxford University Press.

Norcross, J. C., & Wampold, J. C. (2011a). Evidence-based therapy relationships: Research conclusions and clinical practice. In J. C. Norcross (Ed.), *Psychotherapy relationships that work: Evidence responsiveness* (2nd ed., pp. 423-430). New York: Oxford University Press.

Norcross, J. C., & Wampold, J. C. (2011b). What works for whom: Tailoring Psychotherapy to the person. *Journal of Clinical Psychology, 67*(2), 127-132.

Nucho, A. O. (2003). *The psychocybernetic model of art therapy*. Charles C Thomas Publisher.

Nurnberger, J. I., McInnis, M., Reich, W., Kastelic, E., Wilcox, H. C., Glowinski, A., ⋯ & Monahan, P. O. (2011). A high-risk study of bipolar disorder: Childhood clinical phenotypes as precursors of major mood disorders. *Archives of General Psychiatry, 68*(10), 1012-1020.

Oaklander, V. (1978). Windows to our children: A Gestalt therapy approach to children and adolescents. (No Title).

Oaklander, V. (2006). Introduction to Two Articles. *Gestalt Review, 10*(2), 97-97.

Olweus, D. (1993). Bullying at school: What we know and what we can do. Cambridge, MA: Blackwell. ED 384 437.

Olweus, D. (1996). Bully/victim problems at school: Facts and effective intervention. *Reclaiming Children and Youth: Journal of Emotional and Behavioral Problems, 5*(1), 15-22.

Olweus, D. (1997). Bully/victim problems in school: Facts and intervention. *European Journal of Psychology of Education, 12*, 495-510.

Oster, G. D., & Gould, P. (1987). *Using drawings in assessment and therapy*. New York: Brunner.

Parker, J. G., & Asher, S. R. (1987). Peer relations and later personal adjustment: Are low-accepted children at risk?. *Psychological Bulletin, 102*(3), 357.

Parker, J., Rubin, K. H., Erath, S., Wojslawowicz, J. C., & Buskirk, A. A. (2006). Peer relationships and developmental psychopathology. In D. Cicchetti & D. Cohen (Eds.), *Developmental psychopathology. Vol. 2: Risk, disorder, and adaptation* (2nd ed., pp. 419 – 493). Wiley.

Peterson, C., & Rappaport, L. (2014). Mindfulness-based art therapy. *Mindfulness and the Art Therapies: Theory and Practice*, 42-58.

Perry, B. D. (2006). Applying principles of neurodevelopment to clinical work with maltreated and traumatized children: The neurosequential model of therapeutics.

Perry, B. D. (2009). Examining child maltreatment through a neurodevelopmental lens: Clinical applications of the neurosequential model of therapeutics. *Journal of Loss and Trauma, 14*(4), 240-255.

Petry, N. M., Rehbein, F., Gentile, D. A., Lemmens, J. S., Rumpf, H. J., Mößle, T., ⋯ & O'Brien, C.

P. (2014). An international consensus for assessing internet gaming disorder using the new DSM-5 approach. *Addiction, 109*(9), 1399-1406.

Pifalo, T. (2007). Jogging the cogs: Trauma-focused art therapy and cognitive behavioral therapy with sexually abused children. *Art Therapy, 24*(4), 170-175.

Prasad, V., Brogan, E., Mulvaney, C., Grainge, M., Stanton, W., & Sayal, K. (2013). How effective are drug treatments for children with ADHD at improving on-task behaviour and academic achievement in the school classroom? A systematic review and meta-analysis. *European Child & Adolescent Psychiatry, 22*, 203-216.

Prioli, K. M., Pizzi, L. T., Kash, K. M., Newberg, A.B., Morlino, A. M., Matthews, M. J., & Monti, D. A. (2017). Costs and effectiveness of mindfulness-based art therapy versus standard breast cancer support group for women with cancer. *American Health & Drug Benefits, 10*(6), 288.

Raver, C. C., & Zigler, E. F. (1997). Social competence: An untapped dimension in evaluating Head Start's success. *Early Childhood Research Quarterly, 12*(4), 363-385.

Reid, R., & Johnson, J. (2011). *Teacher's guide to ADHD.* Guilford Press.

Reijntjes, A., Kamphuis, J. H., Prinzie, P., Boelen, P. A., Van der Schoot, M., & Telch, M. J. (2011). Prospective linkages between peer victimization and externalizing problems in children: A meta-analysis. *Aggressive Behavior, 37*(3), 215-222.

Reinherz, H. Z., Giaconia, R. M., Hauf, A. M. C., Wasserman, M. S., & Paradis, A. D. (2000). General and specific childhood risk factors for depression and drug disorders by early adulthood. *Journal of the American Academy of Child & Adolescent Psychiatry, 39*(2), 223-231.

Remley Jr, T. P., & Herlihy, B. (2005). Ethical, legal, and professional issues in counseling. Columbus, Ohio.

Resnick, H. S., Kilpatrick, D. G., Dansky, B. S., Saunders, B. E., & Best, C. L. (1993). Prevalence of civilian trauma and posttraumatic stress disorder in a representative national sample of women. *Journal of Consulting and Clinical Psychology, 61*, 984-991.

Rey, A. (1946). Drawing tests witness to mental development. *Archives de Psychologie, 31*(124), 369-380.

Reynolds, C. R., & Richmond, B. O. (1978). What I think and feel: A revised measure of children's manifest anxiety. *Journal of Abnormal Child Psychology, 6*, 271-280.

Riley, S. (1999). *Contemporary art therapy with adolescents.* Jessica Kingsley Publishers.

Robbins, A. (1987). *The artist as therapist.* Human Sciences Press.

Robbins, A. (2001). Object relations and art therapy. In J. Rubin (Ed.), *Approaches to art therapy* (2nd ed., pp. 54-65). Brunner_Routledge.

Robbin, C. R. (1996). Scipione Borghese's Acquisition of Paintings and Drawings by Ottavio Leoni. *The Burlington Magazine, 138*(1120), 453-458.

Roberts, R. E., Lewinsohn, P. M., & Seeley, J. R. (1995). Symptoms of DSM-III-R major depression in adolescence: Evidence from an epidemiological survey. *Journal of the American Academy of Child & Adolescent Psychiatry, 34*(12), 1608-1617.

Roberts, R. D., Matthews, G., & Zeidner, M. (2010). Emotional intelligence: Muddling through theory and measurement. *Industrial and Organizational Psychology, 3*(2), 140-144.

Roff, M. F., Sells, S. B., & Golden, M. M. (1972). Social adjustment and personality development in children. U of Minnesota Press.

Rogers, N. (2007). 인간중심 표현예술치료-창조적 연결. (*The creative connection: Expressive arts as healing*). (이정명, 전미향, 전태옥 공역). 시그마프레스. (원저는 1999년에 출판).

Rogers, C. R. (2007). 칼 로저스의 사람-중심 상담. [*A way of being*(Revised Edition)]. (오제은 역). 학지사. (원저는 1993년에 출판).

Rohde, P., Lewinsohn, P. M., & Seeley, J. R. (1994). Are adolescents changed by an episode of major depression?. *Journal of the American Academy of Child &*

Rosal, M. L. (1992). Approaches to art therapy with children. In F. E. Anderson (Ed.), *Art for all the children* (pp. 142-183),

Ross, A. O. (1974). *Psychological disorders of children.* Mcgraw_ hill Kogakushs LTD.

Rothschild, B. (2000). *The body remembers continuing education test: The psychophysiology of trauma & trauma treatment.* WW Norton & Company.

Rubin, J. A. (1978). *Child art therapy.* New York: Van Nostrand Reinhold.

Rubin, J. A. (1982). Art therapy: What it is and what it is not. *American Journal of Art Therapy.*

Rubin, J. A. (1987). *Approaches to art therapy: Theory and Technique.* Brunner/Mazel/ Philadelphia: Brunner -Routledge.

Rubin, J. A. (2001). 이구동성 미술치료. (주리애 역). 학지사. (원저는 2001년에 출판).

Rubin, J. A. (2007). Rubin의 통합적 예술치료 읽기. (최소영, 김혜정 공역). 시그마프레스.

Rubin, J. A., Joost, H., & Aron, D. B. (2008). *Art therapy has many faces.* Expressive Media.

Rubin, J. H. (1993). Delacroix's Dante and Virgil as a Romantic Manifesto: Politics and Theory in the Early 1820s. *Art Journal, 52*(2), 48-58.

Rubin, W. (1984). Primitivism in 20th century art: affinity of the tribal and the modern.

Rubin, K. H., LeMare, L., & Lollis, S. (1990). Social withdrawal in childhood: Developmental path ways to peer rejection. In S. R. Asher & J. D. Coie, (Eds.), *Peer rejection in childhood.* Cambridge University Press.

Rutkofsky, I. H., Fisher, K. A., Villalba, C. L. A., & Neuhut, S. (2020). Gabapentin for Post-

Hospitalization Alcohol Relapse Prevention; Should Gabapentin Be Considered for FDA Approval in the Treatment of Alcohol Use Disorder?: A Case Presentation and Literature Review. *Cureus, 12*(6).

Ryan, R. M., & Connell, J. P. (1989). Perceived locus of causality and internalization: examining reasons for acting in two domains. *Journal of Personality and Social Psychology, 57*(5), 749.

Ryan, N. D., Puig-Antich, J., Ambrosini, P., Rabinovich, H., Robinson, D., Nelson, B., ⋯ & Twomey, J. (1987). The clinical picture of major depression in children and adolescents. *Archives of General Psychiatry, 44*(10), 854-861.

Sadock, B. J., Sadock, V. A., & Levin, Z. E. (Eds.). (2007). *Kaplan and Sadock's study guide and self-examination review in psychiatry.* Lippincott Williams & Wilkins.

Safran, D. S. (2002). *Art Therapy and ADHDdiagnostic and therapeutic approaches.* Jessica Kingsley.

Salovey, P., & Mayer, J. D. (1990). Emotional intelligence.. Imagination, *Cognition, and Personality, 9,* 185-211.

Salzano, A. T., Lindemann, E., & Tronsky, L. N. (2013). The effectiveness of a collaborative art-making task on reducing stress in hospice caregivers. *The Arts in Psychotherapy, 40*(1), 45-52.

Salzinger, S., Feldman, R. S., Ng-Mak, D. S., Mojica, E., & Stockhammer, T. F. (2001). The effect of physical abuse on children's social and affective status: A model of cognitive and behavioral processes explaining the association. *Development and Psychopathology, 13*(4), 805-825.

Saneei, A., Bahrami, H., & Haghegh, S. A. (2011). Self-esteem and anxiety in human figure drawing of Iranian children with ADHD. *The Arts in Psychotherapy, 38*(4), 256-260.

Santrock, J. W. (2004). Language development. *Child development* (10th ed., pp. 313-341). McGraw-Hill.

Saul, L. J. (1972). *Pshchodynamically based psychotherapy.* Science House.

Schaverien, J. (1977). *The revealing image.* Routledge.

Schore, A. N. (2001). The effects of early relational trauma on right brain development, affect regulation, and infant mental health. *Infant Mental Health Journal: Official Publication of The World Association for Infant Mental Health, 22*(1-2), 201-269.

Schore, A. (2014). Art therapy, attachment, and the divided brain. *Art Therapy, 31*(2), 91-94.

Schunk, D. H. (1990). Goal setting and self-efficacy during self-regulated learning. *Educational Psychologist, 25*(1), 71-86.

Shear, K., Jin, R., Ruscio, A. M., Walters, E. E., & Kessler, R. C. (2006). Prevalence and correlates of estimated DSM-IV child and adult separation anxiety disorder in the National Comorbidity Survey Replication. *American Journal of Psychiatry, 163*(6), 1074-1083.

Siegel, D. J. (1999). *The developing mind: Toward a neurobiology of interpersonal experience.* Guilford Press.

Siegel, D. J. (2012). *Pocket guide to interpersonal neurobiology: An integrative handbook of the mind (norton series on interpersonal neurobiology).* WW Norton & Company.

Simon, R. (2005). *Self-healing through visual and verbal art therapy.* Kingsley.

Silver. R. A. (1987). *A cognitive approach to art therapy.* In J. A. Rubin (Ed.), *Approaches to art therapy* (pp. 00-00). Brunner/Mazel.

Silver, R. (1988). Screening-children and adolescents for depression through draw-a-story. American *Journal of Art Therapy, 26*(4), 119-124.

Silver, R. (2007). 세 가지 그림검사. (*Three Art Assessments*). (이근매, 조용태, 최외선 공역). 시그마 프레스. (원저는 2002년에 출판).

Silver, R. (2005). *Aggression and depression assessed through art: Using draw-a-story to identify children and adolescents at risk.* Routledge.

Silver, R. (2009). Identifying children and adolescents with depression: Review of the stimulus drawing task and draw a story research. *Art Therapy, 26*(4), 174-180.

Silverstone, L. (1997). *Art therapy the person-entered Way. Art and the development of the person* (2nd ed.). JKP.

Silverstone, L. (2009). *Art therapy exercises: Inspirational and practical ideas to stimulate the imagination.* Jessica Kingsley Publishers.

Simon, E., & Verboon, P. (2016). Psychological inflexibility and child anxiety. *Journal of Child and Family Studies, 25,* 3565-3573.

Situmorang, D. D. B. (2021). Expressive art therapies for treating online games addiction in COVID-19 outbreak: Why are they important?. *Ethics, Medicine, and Public Health, 18,* 100691.

Snider, V. E., Frankenberger, W., & Aspenson, M. R. (2000). The relationship between learning disabilities and Attention Deficit Hyperactivity Disorder: A national survey. *Developmental Disabilities Bulletin.*

Solanto, M. V. (2013). *Cognitive-behavioral therapy for adult ADHD.* Guilford.

Soldin, O. P., Nandedkar, A. K., Japal, K. M., Stein, M., Mosee, S., Magrab, P., ⋯ & Lamm, S. H. (2002). Newborn thyroxine levels and childhood ADHD. *Clinical Biochemistry, 35*(2), 131-136.

Spencer, T. J., Biederman, J., Madras, B. K., Dougherty, D. D., Bonab, A. A., Livni, E., ⋯ &

Fischman, A. J. (2007). Further evidence of dopamine transporter dysregulation in ADHD: a controlled PET imaging study using altropane. *Biological Psychiatry, 62*(9), 1059-1061.

Sperry, L. (2010). Culture, personality, health, and family dynamics: Cultural competence in the selection of culturally sensitive treatments. *The Family Journal, 18*(3), 316-320.

Sperry, L. (2012). S*pirituality in clinical practice: Theory and practice of spiritually oriented psychotherapy*. Routledge.

Sperry, L., & Sperry, J. (2015). 상담실무자를 위한 사례개념화 이해와 실제. (이명우 역). 학지사. (원저는 2012년에 출판).

Steele, V. (1997). Exhibition Review: Two by Two. The Metropolitan Museum of Art. *Fashion Theory, 1*(1), 105-110.

Steele, W., & Malchiodi, C. A. (2012). *Trauma-informed practices with children and adolescents*. Taylor & Francis.

Steele, W., & Raider, M. (2001). *Structured sensory intervention for traumatized children, adolescents, and parents: Strategies to alleviate trauma* (Vol. 1). Edwin Mellen Press.

Stein, M. A., Weiss, M., & Hlavaty, L. (2012). ADHD treatments, sleep, and sleep problems: complex associations. *Neurotherapeutics, 9*, 509-517.

Stewart, T., & Brosh, H. (1997). The use of drawings in the management of adults who stammer. *Journal of Fluency Disorders, 22*(1), 35-50.

Sugden, K., Arseneault, L., Harrington, H., Moffitt, T. E., Williams, B., & Caspi, A. (2010). Serotonin transporter gene moderates the development of emotional problems among children following bullying victimization. *Journal of the American Academy of Child & Adolescent Psychiatry, 49*(8), 830-840.

Sullwold, E. (1982). Treatment of children in analytic psychology. In M. Stein (Ed.), *Jungiananalysis*. LaSalle, IL :OpenCount.

Tapscott, D. (2008). *Grown up digital* (p. 384). Boston: McGraw-Hill Education.

Taylor, J. (2007). 사람이 날아다니고 물이 거꾸로 흐르는 곳. (*Where people fly and water runs uphill*). (이정규 역). 동연. (원저는 1992년에 출판).

Thomas, A., & Chess, S. (1977). *Temperament and development*. Brunner/Mazel.

Thomas-Taupin, C. (1976). Where do your lines lead?: Gestalt art groups. In J. Downing (Ed.), *Gestalt awareness* (p. 113). Brunner/Mazel.

Thompson, M. P., Kingree, J. B., & Desai, S.(2004). Gender differences in long-term health consequences of physical abuse of children: data from a nationally representative survey. *American Journal of Public Health, 94*(4), 599-604.

Tirumalaraju, V., Suchting, R., Evans, J., Goetzl, L., Refuerzo, J., Neumann, A., ⋯ & Selvaraj,

S. (2020). Risk of depression in the adolescent and adult offspring of mothers with perinatal depression: a systematic review and meta-analysis. *JAMA Network Open, 3*(6), e208783-e208783.

Tonge, B. (1994). Separation anxiety disorder. In *International handbook of phobic and anxiety disorders in children and adolescents* (pp. 145-167). Springer US.

Toolan, J. M. (1962). Depression in children and adolescents. *American Journal of Orthopsychiatry, 32*(3), 404.

Tyler, K. A. (2002). Social and emotional outcomes of childhood sexual abuse: A review of recent research. *Aggression and Violent Behavior, 7*(6), 567-589.

Tytherleigh, L., & Karkou, V. (2010). Dramatherapy, autism and relationshipbuilding: A case study. *Arts Therapies in Schools: Research and Practice* (pp. 197-216). Jessica Kingsley Publishers.

Ulman, E. (1987). *Variations on a Freudian theme: Three art therapy theorists.* In J. A. Rubin (Ed), Approaches to art therapy. Brunner/Mazel.

Ulman, E. & Dachinger, P. (1975/1996). *Art Therapy in Theory and Practice.* Schocken Books.

Underwood, M. K., & Rosen, L. H. (Eds.). (2013). *Social development: Relationships in infancy, childhood, and adolescence.* Guilford Publications.

Van der Kolk, B. A. (2006). Clinical implications of neuroscience research in PTSD. *Annals of the New York Academy of Sciences, 1071*(1), 277-293.

Van der Kolk, B. (2014). *The body keeps the score: Brain, mind, and body in the healing of trauma.* New York: 3.

van Dick, R., & Wanger, U. (2001). Stress and strain in teaching: A structural equation approach. *British Journal of Educational Psychology, 71*, 243-259.

Voeller, J. (2023). Facilitating Attachment through Therapeutic Rapport and Expressive Arts Therapy with Children Experiencing Complex Trauma: A Literature Review. *Expressive Therapies Capstone Theses. 544.* https://digitalcommons.lesley.edu/expressive_theses/544

Wadeson, H. (1980/2010). *Art psychotherapy* (2nd ed.). John Wily & Sons. (Original work published in 1980).

Wadeson, H. W. (2008). 미술심리치료학. (장연집 역). 시그마프레스. (원저는 1994년에 출판)

Wadeson, H. W. (2012). 임상미술심리치료학(제2판). 시그마프레스.

Wallin, D. J. (2007). *Attachment in psychotherapy.* Guilford press.

Honos-Webb, L. (2008). *The Gift of ADHD Activity Book: 101 Ways to Turn Your Child's Problems Into Strengths.* New Harbinger Publications.

Weber, D. H. (2007). Usefulness of the draw-a-person-in-the-rain projective drawing as a screening for special education evaluations (Psy, D. Adler School of Professional Psychology).

Weisman Kra-Oz, O., & Shorer, M. (2017). Playful exposure: An integrative view on the contributions of exposure therapy to children with anxiety. *Journal of Psychotherapy Integration, 27*(4), 495.

Welsh, W. N., Stokes, R., & Greene, J. R. (2000). A macro-level model of school disorder. *Journal of Research in Crime and Delinquency, 37*(3), 243-283.

Werner, C., & Engelhard, K. (2007). Pathophysiology of traumatic brain injury. *British Journal of Anaesthesia, 99*(1), 4-9.

Whitenburg, M. E. (2020). Art Therapy as an Intervention and Its Effects on Anxiety and Depression. *McNair Scholars Research Journal, 13*(12).

Wicks-Nelson, R. (2015). *Abnormal child and adolescent psychology*. Psychology Press.

Wicks-Nelson R., & Israel, A. C. (2009). *Abnormal child and adolescent psychology* (7th ed.). Upper Saddle River, Pearson Prentice Hall.

Windle, M., & Windle, R. C. (1996). Coping strategies, drinking motives, and stressful life events among middle adolescents: Associations with emotional and behavioral problems and with academic functioning. *Journal of Abnormal Psychology, 105*, 551-560.

Winnicott, D. W. (1953). Transitional objects and transitional phenomena. *Journal of Psychiatry, 34*, 89-97.

Winnicott, D. W. (1997). 놀이와 현실. (이재훈 역). 한국심리치료연구소. (원저는 1971년에 출판).

Wintsch, J. (1935). Le dessin comme témoin du développement mental. *Zeitschrift für Kinderpsychiatric, 2*, 33-44.

Woolfolk, A. E. (1998). *Readings in educational psychology*. Prentice Hall/Allyn & Bacon, 200 Old Tappan Rd., Old Tappan, NJ 07675; fax: 800-445-6991; toll-free.

Wolraich, M. L., & DuPaul, G. J. (2010). *ADHD Diagnosis and Management: A Practical Guide for the Clinic and the Classroom*. Brookes Publishing Company. PO Box 10624, Baltimore, MD 21285.

Workman, S. L. (2001). *Expressive arts therapy for a boy with ADHD, learning disabilities and divorce issues*. Ursuline College.

Young, K. S. (1996). Psychology of computer use: XI., Addictive use of the Internet: A case that breaks the stereotype. *Psychological Report, 79*(3), 899-902.

Young, K. S.(1998). Internet addiction: The emergence of a new clinical disorder. *Cyber Psychology & Behavior, 1*(3), 237-244.

Zachor, D., Hodgens, B., & Patterson, C. (2009). Treatment of attention-deficit/hyperactivity disorder (ADHD). In *Treating childhood psychopathology and developmental disabilities* (pp. 139-181). Springer New York.

Zeidner, M., Roberts, R. D., & Matthews, G. (2002). Can emotional intelligence be schooled? A critical review. *Educational Psychologist, 37*(4), 215-231.

Zhou, S. X., & Leung, L. (2012). Gratification, loneliness, leisure boredom, and self-esteem as predictorsof SNS-game addiction and usage pattern among Chinese college students. *Int J Cyber Behav Psychol Learn (IJCBPL), 2*(4), 34-48.

Zinbarg, R. E., Anand, D., Lee, J. K., Kendall, A. D., Nuñez, M., Blaney, P. H., ⋯ & Millon, T. (2015). *Generalized anxiety disorder, panic disorder, social anxiety disorder, and specific phobias. Oxford Textbook of Psychopathology*, 133-162.

Zinker, J. (1977). *Creative process in Gestalt therapy*. Brunner/Mazel.

Zubala, A., Kennell, N., & Hackett, S. (2021). Art therapy in the digital world: An integrative review of current practice and future directions. *Frontiers in Psychology, 12*, 595-536.

찾아보기

🌸 내용

저자 소개

류진아(Ryu Jin-A)
숙명여자대학교 대학원 아동심리전공 박사
한국상담심리학회 상담심리사 1급
한국상담학회 전문상담사 1급
청소년상담사 1급
한국미술심리치료연구학회 미술심리상담교육전문가
현 국립한국교통대학교 교육대학원 상담심리전공 주임교수
    한국청소년상담복지개발원 상담조교수

〈저 · 역서〉
애착문제해결을 위한 창의적 예술치료와 놀이치료(공역, 2019, 학지사)
아동상담 이론과 기법(공저, 2011, 양서원)
놀이치료 기법과 실제(공저, 2010, 창지사)
인성함양(공저, 2009, 동신대학교출판부)
집단발달놀이치료 이론과 실제(공저, 2005, 학지사) 등

학교미술치료 이론과 실제
School Art Therapy Theory and Practice

2024년 2월 20일 1판 1쇄 인쇄
2024년 2월 25일 1판 1쇄 발행

지은이 • 류진아
펴낸이 • 김진환
펴낸곳 • ㈜ 학지사

04031 서울특별시 마포구 양화로 15길 20 마인드월드빌딩
대표전화 • 02-330-5114   팩스 • 02-324-2345
등록번호 • 제313-2006-000265호

홈페이지 • http://www.hakjisa.co.kr
인스타그램 • https://www.instagram.com/hakjisabook

ISBN 978-89-997-3052-8 93180

정가 25,000원

출판미디어기업 **학지사**
간호보건의학출판 **학지사메디컬** www.hakjisamd.co.kr
심리검사연구소 **인싸이트** www.inpsyt.co.kr
학술논문서비스 **뉴논문** www.newnonmun.com
교육연수원 **카운피아** www.counpia.com
대학교재전자책플랫폼 **캠퍼스북** www.campusbook.co.kr